U0894579

诸神的起源

增补本

何新 著

民主与建设出版社

图书在版编目（CIP）数据

诸神的起源：增补本/何新著．—北京：民主与建设出版社，2018.4

ISBN 978-7-5139-2084-1

Ⅰ.①诸…　Ⅱ.①何…　Ⅲ.①神—研究—中国　Ⅳ.①B933

中国版本图书馆 CIP 数据核字（2018）第062218号

诸神的起源（增补本）

ZHUSHEN DE QIYUAN（ZENGBU BEN）

出版人	李声笑
著　　者	何　新
责任编辑	王　颂　袁　蕊
特约编辑	程军川
封面设计	吕彦秋
出版发行	民主与建设出版社有限责任公司
电　　话	(010)59417747　59419778
社　　址	北京市海淀区西三环中路10号望海楼E座7层
邮　　编	100142
印　　刷	北京京都六环印刷厂
版　　次	2018年10月第1版
印　　次	2018年10月第1次印刷
开　　本	710毫米×1000毫米　1/16
印　　张	28
字　　数	400千字
书　　号	ISBN 978-7-5139-2084-1
定　　价	58.00元

注：如有印、装质量问题，请与出版社联系。

中华传统与中国的复兴
——《何新选集》总序

“推倒一世之智勇，开拓万古之心胸。”

一

面对21世纪期待复兴的中国，我们有必要抚今思昔，追溯传统。

华夏民族的先史中曾经有一个超越于考古的神话时代，这个时代就是华族所肇始和华夏文明滥觞的英雄时代。

我们华族的祖神女娲，是蹈火补天的伟大母亲——一位女性的英雄！

华族的诸父祖日神伏羲（羲和）、农神神农（历山氏）、牧神黄帝、雷神炎帝以及火神祝融、水神共工；或创世纪，或创文明，或拓大荒，或开民智，或奋己为天下先，或舍身为万世法！

帝鲧与大禹父死子继，拯黎民于水火。蚩尤、刑天九死不悔，虽失败而壮志不屈，天地为之崩裂！

后羿射天夸父逐日，体现了对神灵的藐视；而精卫填海、杜宇化鹃，则象征了对宿命的不驯……

中华民族的先古洪荒时代，是群星璀璨的时代，慷慨悲歌的时代，奋进刚毅的时代；是献身者的时代，殉道者的时代，创生英雄和俊杰辈出的时代！

传说华族是龙与凤的传人，而龙凤精神正是健与美的精神！故“天行健，君子以自强不息”！

二

然而近世以来，疑古、骂古之风盛行，时髦流行之文化却是认贼作父、数典忘祖。不肖之辈早已不知我们原是英雄种族的后裔，我们的血脉中奔流着英雄种族的血系，忘记了我们的先祖原具有一个谱系久远的英雄世系。

“中华”得名源自于日华，所谓“重华”，所谓“神华”；华者，日月之光华也！“汉”之得名源自于“天汉”；天汉者，天上之银河也（按：《诗经·小雅·大东》：“维天有汉。”《毛传》：“汉，天河也。”郑玄云：“天河谓之天汉。”《晋书·天文志》曰：“天汉起东方。”《尔雅》曰：“水之在天为汉。”刘邦以“汉”为帝国之名，本义正是上应天汉也）！

故中华者——日华也（太阳也），天汉者——天河也（银河也），日月光华乃是华族先祖赖以得名的天文图腾。

面对未来，世途多艰，多难兴邦！我们今日正需要慎终追远，回溯华夏的先祖曾怎样艰难地“筚路蓝缕，以启山林”——呼唤而重觅一种英雄的精神！

“打开窗子吧，让我们重新呼吸英雄的气息！”（罗曼·罗兰）

三

华夏文明是人类历史上所产生过的一切文明中最优秀、最智慧、最具生命力和创造力的一种渊源于远古的文明。

5000年来流传有自的世序、历法、文献记载，以及近百年来地下出土文物、文献，与这些书面记载的惊人之印证和吻合，使人可以确信，夏商周文明绝不是建立在所谓原始巫教（张光直）或野蛮奴隶制（郭沫若）基础上，而是建立在当时举世最为先进的天文历法知识、理性宗教哲学和最发达优越的农业及工艺城邦文明基础之上的。

《易经》《老子》是中国天人学与哲学之源，《尚书》《左传》《国语》《战国策》是中国政治学之源，《孙子》《孙膑兵法》是中国兵学之源，《论语》《孟子》《礼记》是中国伦理学之源，三部《礼》经是中国制度设计之源，《素问》是中国医学之源，《诗经》《楚辞》则一向被认为是中国文学之源。

然而，这些经典古书数千年间，仁者见仁，智者见智，实际从未真正透彻明晰地被人读通。而读不懂、读不通这些书，就根本没有资格讲论中国文化。

多年来，我不揣愚陋，一直有夙志于全面地重新解读这一系列古代经典。近年来，我又重新整理过去的研究札记，这些书实为中年时代（1985年—1995年）之著作，而间有新知。因此对拙著重新做了全面深入的校订，并撰成此套丛书。此套丛书汇聚了我近三十几年间对经学、朴学之研究成果，其中不同于前人之新见异解殊多。这次重新出版，亦是对予以往国学研究的一种自我总结，但学无止境，生有涯而知无涯。回忆自1980年予在近代史所及考古所的斗室之间开始对经部作探索性研究，于今忽忽竟25年矣。当年弱苗，如今壮林。木犹如此，人何以堪！感慨系之耳！是为总序。

何　新

2001年5月22日初稿于沪上雨辰斋养庐

2010年5月22日再记于京东滨河苑寓中

2017年记于北京

【目录】

第一卷

华夏上古日神与母神崇拜

导言一　关于图腾崇拜

本卷的目的是，以研究中国上古太阳神崇拜的问题为主纲，初步且力求系统地探求和追溯中国原始神话、宗教以及一些基本哲学观念的起源。

太阳神崇拜乃是远古时代遍及东西方（包括美洲在内）各大文明区的一种原始宗教形态。本书将证明，在中国上古时代（自新石器时代到早期殷商）也曾经存在过日神信仰。虽然这种信仰在商周以后就逐渐沉没于较后起的对天神、地祇、人鬼多神系统的信仰中了，但是其痕迹和遗俗仍然比比皆是。这里不妨举几个小小的例证。中国古代用于天神人君的最尊贵称呼，如神明、灵明、明保、皇、昊、天、华（晔）①等，多与太阳神信仰有关。

在商、周金文及《诗经》《尚书》中常以"丕显"或"不显"一词尊称上帝及天子，如"不显天子"（《克鼎》）、"丕显大神"（《诅楚文》）、"丕显皇祖考"（《番生簋》）、"丕显文王"（《盂鼎》）等，而丕显正是大放光明之义。《诗经》毛传："丕，大也。显，光也。"故丕显，即"大显其光辉"（郑玄亦同此说）。又"明德"一词，《诗经》《尚书》及金文中常见。此词的含义，在《楚辞·大招》中讲得很清楚："名声若日，明四海只。德誉配天，万民理只"，"雄雄赫赫，天德明只"。就是说，像太阳一样光明就叫明德。这个词在远古文化中乃是一种极神圣的价值观念。

所有这些实际上都与对太阳和光明的崇拜观念密切关联。而历来被崇奉为华夏民族始祖的伏羲、黄帝，就其初义来说，亦都是太阳神的称号。伏羲即"大曦"，黄帝即"光帝"。至于炎帝，其初义虽是火神，但后来也被认为是太阳神（《白虎通·五行》中曾谓："炎帝者，太阳也。"）。《周礼·春官·冯相氏》："冬夏致日。"《左传》桓公十七年："天子有日官，诸侯有日御，日官居卿以底日。”按，“底日”亦即“致日”（《尔雅·释言》：“底，致也。”）。“致日”即迎日出而祭拜的仪式。

在战国时楚地的祀神曲《九歌》中，太阳神同时以两重神格受祭：第一次是作为周天最高之神——昊天上帝和玉皇大帝——“东皇太一”，第二次是作为众灵之一的“东君”。盖楚国承殷商之后，是一个以太阳神为高祖的国族（“帝高阳之苗裔”）。

“楚之先祖祝融……亦即丹朱，本为日神。”（童书业《春秋左传研究》）典籍中说他“能光融天下”，“淳耀敦大，光照四海”，即所谓“有昭德”。所以楚王族昭、景、屈（即昢[②]）均以太阳光命姓。故《说苑》记：“楚俗拜日，故楚盛服、羽衣、翠被。”

又楚国号“荆、楚”，旧咸以为山草之名，实际上荆山在《山海经》中记作“景山”[③]，而“楚”字在陕西周原卜辞甲骨文及金文中（见《楚公钟》）字像日在林中之形。《国语·郑语》记：“唯荆实有昭德。”《诗经·小雅·楚茨》：“先祖是皇，神保是飨。”王国维说：“神保，即《令彝》《洛诰》之明保。”按，“保、傅”古音为双声同义之字。而“傅、辅、父”均为同源字。明保，以今语之即“太阳父亲”。凡此都可表明楚国是一个崇拜太阳神的国族。盖楚人在当时是一个后起民族，其文化传统中保存殷商遗俗甚多，故对太阳神的崇祀也最为虔敬。这些历史事实都可以证明中国远古宗教、政治文化中确曾深刻地存在过太阳崇拜观念的影响。

在研究中国远古宗教和神话的时候，我认为有必要摒弃一些旧的思想模式和过时的成见。例如，本书不采用一些国内学者目前一般接受的那种单线性的宗教发展模式。这种模式最早可能是来自19世纪的法国社会学家孔德，而特别为19世纪进化学派的英国人类学家泰勒所提倡（通过斯大林主义历史学派的中介，这种单线进化论的历史观在中国亦广有影响）。

孔德先验地提出了一个人类宗教观念的单线进化理论，即：

泰勒则断定宗教观念具有由低级信仰类型向高级复杂的信仰类型，即由泛神论的拜物教向一神教演化的规律。

这种宗教进化观在19世纪中叶以后的进化论人类学者中影响甚大。国内一些学者在采用这一模式的同时，又吸收了杜尔克姆的图腾理论、弗雷泽的巫术—魔法理论，从而在宏观上形成了这样一个线性的宗教进化模型：

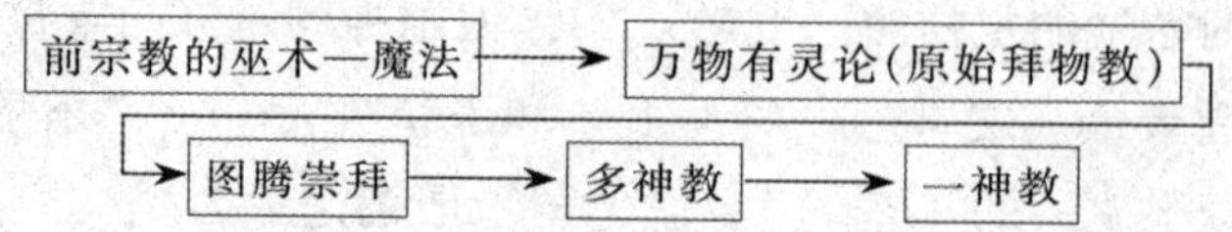

20世纪以来对原始民族生活研究的理论发展，愈来愈丰富和深刻地发现和证明了人类原始精神生活的多样性，从而显示了这种单线理论进化的贫乏和僵化。

英国人类学家安德雷·兰在1898年出版的《宗教的创生》一书中，列举大量事实证明了许多民族的原始宗教观念开始于一神教，而不是万物有灵或多神教。他的观点又进一步为文化历史学派的著名德国人类学家威廉·施莱特所论证。德国人类学家列欧·韦罗贝纽斯在1904年出版的《太阳神时代》中，试图把原始宗教观念与特定经济阶段相联系，提出了与早期人类学者的宗教演进观不同的理论：

采集狩猎经济——动植物崇拜；

定居农牧经济——氏族祖先崇拜；

城邦分工经济——太阳神首领崇拜。

这一理论中显然包含具有启发性的思想。但是，如果以之作为又一种单线演进模式，那么它就也不可避免地会变成很可疑的理论。例如，黄帝即光帝，是中国古代的太阳神首领。但《史记·五帝本纪》说他"迁徙往来无常处"，"时播百谷草木，淳化鸟兽虫蛾"，是处在游农、游牧之间的经济阶段上，这就显然与韦罗贝纽斯的上述理论不符。实际上，现代人类学者一般倾向于文化发展多元论和价值相对主义的观点。有人认为，在逐渐摆脱原始蒙昧状态以后，人类文化中衍生出了一些形态不同而独立平行的文化圈，如母系农业文化、父系图腾文化、父权游牧文化等。在这些不同的文化圈中，宗教形态也有所不同，因此种种单线的历史演化模式和宗教演化模式都是不符合复杂和生动的历史实际的。

这里还有必要谈一下关于图腾崇拜的问题。"图腾"是近年来经常被人们热衷地引用的外来概念。但在本书中，我们却尽可能慎重地避免过多涉及这个概念。这不是因为我认为中国古代没有图腾制度，而是因为我意识到，许多国内学者在研究远古文化时往往不加批判地引用“图腾”这个概念来解释中国的某些文化现象——如文身现象，龙、凤、龟、麟崇拜等。但是我以为，传统史学界关于中国古代图腾的许多观念和说法实际上大多是相当可疑的。图腾理论在西方人类学中产生过重大影响，主要是通过弗雷泽、杜尔克姆的著作（《金枝》《澳大利亚宗教生活的原始图腾体系》《宗教生活的原始形式》）和心理分析学家弗洛伊德的著作（《图腾与禁忌》）。毋庸置疑，这几位思想家的著作在人类学史和人类精神现象学的历史上都自有其深刻的价值和意义。遗憾的是，国内一些学者对图腾崇拜的知识，往往只限于所谓特殊性的动植物崇拜这样一种了解，而这实际上只是来自19世纪泰勒的泛灵论观念，却并不是20世纪人类学中图腾制理论的精义所在。在杜尔克姆和弗洛伊德看来，图腾神和图腾制度不仅是社会结构和社会心理的某种符号性象征物，更具有作为婚姻组织标志符号的社会学功能。把图腾看做文化符号和分类符号的观点，也影响了列维 · 施特劳斯的结构主义人类学理论。这里值得注意的还有20世纪人类学中文化历史学派的观点，他们指出，在许多保持着原始文化的部族中并不存在社团图腾或个人图腾，也不存在性别图腾或禁婚图腾。要了解图腾问题的复杂性，我们可以参考吉普的《图腾制真相》（1920年）一书。在此书中，他描述了40余种不同的图腾制理论。而20世纪40年代戈德维瑟的著作（《图腾制的分析研究》）甚至认为，19世纪人类学者认为图腾是原始文化普遍阶段的观点已完全过时了。

由于图腾问题的这种复杂性，加之我们目前对于中国古代真正的图腾制度所掌握的实物材料和文献材料又是如此之少，所以我尽管意识到这个问题的重要性，在本书中却还是尽可能不过多地涉及之——我认为这个问题尚有待于做更深入更周密的研究。

这里应当特别谈一下的，是在本书写作中我曾得到历史学家杨希枚先生的许多帮助。希枚先生是20世纪80年代初自海外归国的著名人类学者。他曾对中国古代的纹饰图徽作过深入的研究，有许多创获，积累了丰富的资料。本书虽未能直接使用杨先生所收集的那些资料，但从杨先生的方法——特别是他所倡导的以文化人类学方法研究中国上古史这一重要思想——得到了深刻的启发（在国内史学诸学派中，杨先生的方法和思想自成一家，并且在许多方面深刻地冲击了某些自20世纪50年代以来自居正统的理论，也许正因为如此而受到冷落。遗憾的是杨先生的一些主要著作目前尚未在大陆出版，他所收集的大量资料也多未得到整理、印行，因此国内学术界对杨先生的成就了解不多）。杨先生慨然惠借和允许我使用他的未刊译稿《死亡与再生》，并且惠借了德尔维拉的《符号的传播》（《*The Migration of Symbols*》）等书。这些外国人类学者的著作为本书的研究提供了一个可资参照和比较的背景。当然，对于某些具体问题的看法，我和杨先生也有所分歧，但君子贵和而不贵同。现在，当此书草成之际，是不能不为希枚先生的这些帮助而向他再一次表示感谢的。

这本书实际是一部从文化上寻根的书。我研究中国神话和上古史的目的，是试图通过对中国古代神话系统深层结构的探索找到中国传统文化的根脉之所在。将来如果可能的话，我还准备写一部《古礼新探》，从现代文化人类学和比较文化学的观点，全面地探索和解释中国古代礼教和礼教文化的起源。

然而，余才非敏者，竟欲寻坠绪于数千年后，岂非“妄”乎！虽谬成此篇，又安敢自是，倘能千失一得，已感万幸万幸。或至通篇皆谬，然则真理自在，又何损于日月之明。

所以，知我、罪我，随便随便。盖皆为余所乐受而莫敢辞者也。

何新

1985年8月6日记

1986年10月改

注释

①哗，“古音读忽，与煌双声，义为光明之盛”（丁惟汾《方言音释》卷十二）。《尚书》孔颖达疏：“中国有礼义文章光华之大。”

②《淮南子·天文训》以日初始出称“昢”。昢、屈二字，一从日，一从尸。日、尸二字，古形极相似，疑相窜乱。旧说屈氏以封屈为姓（《楚辞补注》），近人多有疑者。“古今无任何记载能表明屈瑕受封之屈在什么地方”（《文史》第25辑第223页）。

③《山海经·中山经》：“荆山之首曰景山。”《左传》庄公十年杜预注曰：“荆，楚本号，后改为楚。”

导言二　十字图纹与中国古代的日神崇拜

一

在中国新石器时代器物的装饰图案中，常可见到一种十字或类十字的符号（图1）：

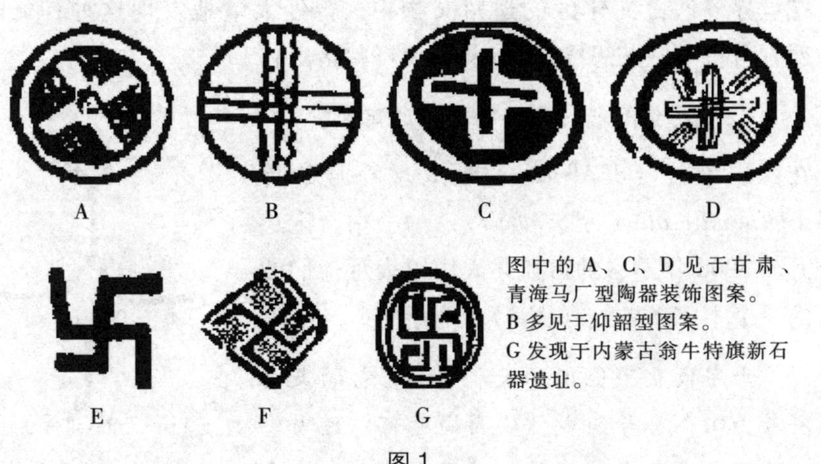

图中的A、C、D见于甘肃、青海马厂型陶器装饰图案。B多见于仰韶型图案。G发现于内蒙古翁牛特旗新石器遗址。

图1

这种十字图形图纹，也常见于商周甲骨文和青铜器铭文中（图2）：

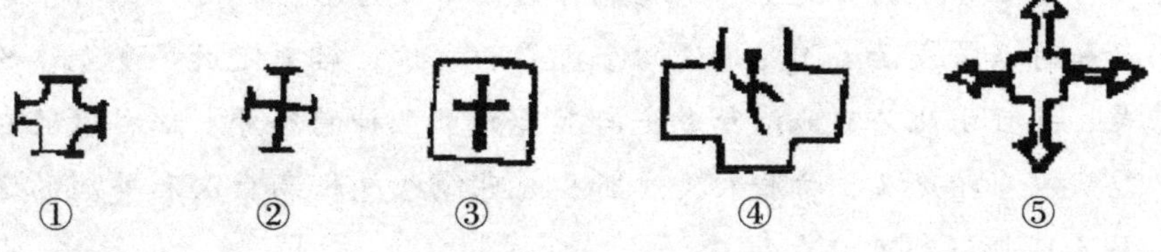

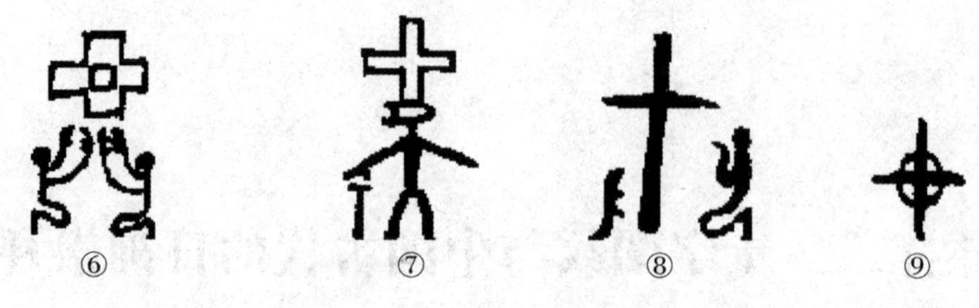

图2

请特别注意图2中的⑥和⑧两图，其图案中均有人形俯跪于十字符号之下，显然具有某种非同寻常的神秘意义。

对于中国上古纹饰中经常出现的这种十字状符号的含义，丁山先生曾指出乃是太阳神的象征（丁山著《中国古代宗教与神话考》）。其说引《左传》昭公五年："日之数十，故有十时，亦当十位。"故认为"十"即日神之象征，其字形来自钻燧取火的木架。按说"十"字来源，笔者别有所见，但其指出"十"字与日神之关系，极具卓识。

在世界各远古文化区的遗留文物中，曾经大量地发现这种神秘的符号，西方考古学家艾思缪尔（Esimmel）曾指出：

> 十字为古代一切民族所尊崇的记号。

在德尔维拉（d'Alviella）所著《符号的传播》（《*The Migration of Symbols*》）一书中，记述了公元前3000年左右的古亚述人用以表示他们的上帝的一个十字形徽纹（图3）。他指出：

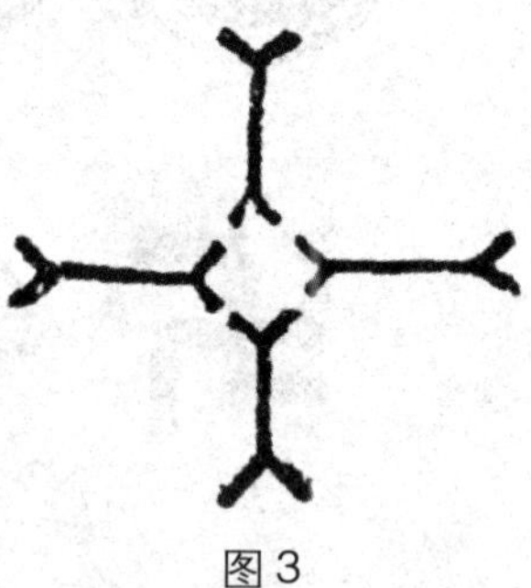
图3

> 十字代表了他们的天神Ana。它的表意符号由四个符号组成，从圆周也可以说当中的菱形成直角向外放射。圆周和菱形在楔形文字的碑文里代表着太阳——太阳不正是在宇宙空间光芒四射的吗？
>
> 对亚述人的等边十字形还能作的一个更恰当解释是：这种十字在开始时只是表示太阳照射的四个主要的方位。后来变成了发光体的符号，并且由此必然地演变成统治上天的至上神的符号。这种情况在迦勒底人、印度人、希腊人、波斯人（可能也包括高卢人和美洲的远古居民）那里都可以看到。

这里极可注意的就是德尔维拉所指出的十字符号与太阳神的关系。在同一书中，他列举了分别发现于欧、亚许多民族的早期文化中的多种多样的十字形徽纹（图4）。

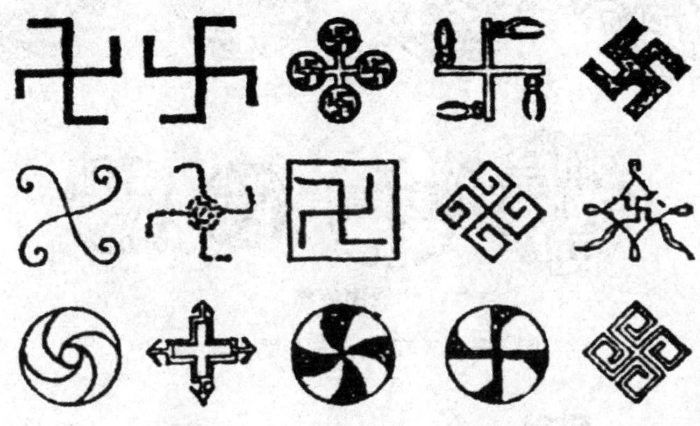

图4

多种多样的十字图纹亦广泛发现于中国新石器遗址中（图5A、图5B）。不难看出，这些中外十字图案具有惊人的相似之处：大体都是太阳图案的各种简化和变形形式。这表明它们很可能具有一种共同的母题——太阳或光明的象征。

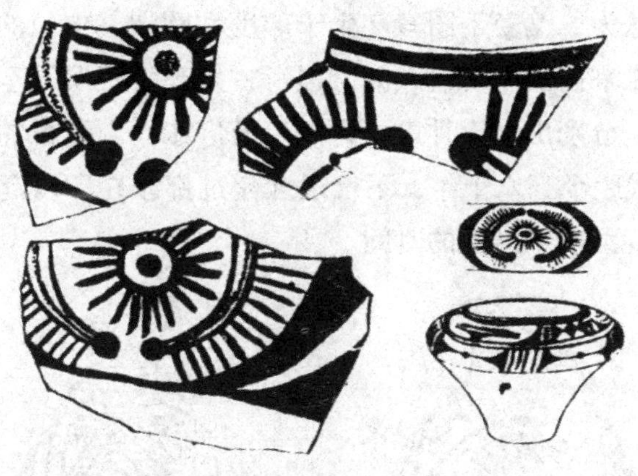

图5A　仰韶残陶片上的太阳纹

一般来说，出现于世界各地远古文化中的这种十字形图纹，可归纳为两种最基本的类型（图6）。

图6中的左侧类型，即“卍”字型，在西方百科全书中常被称作“戈麦丁（Gammadion）”。

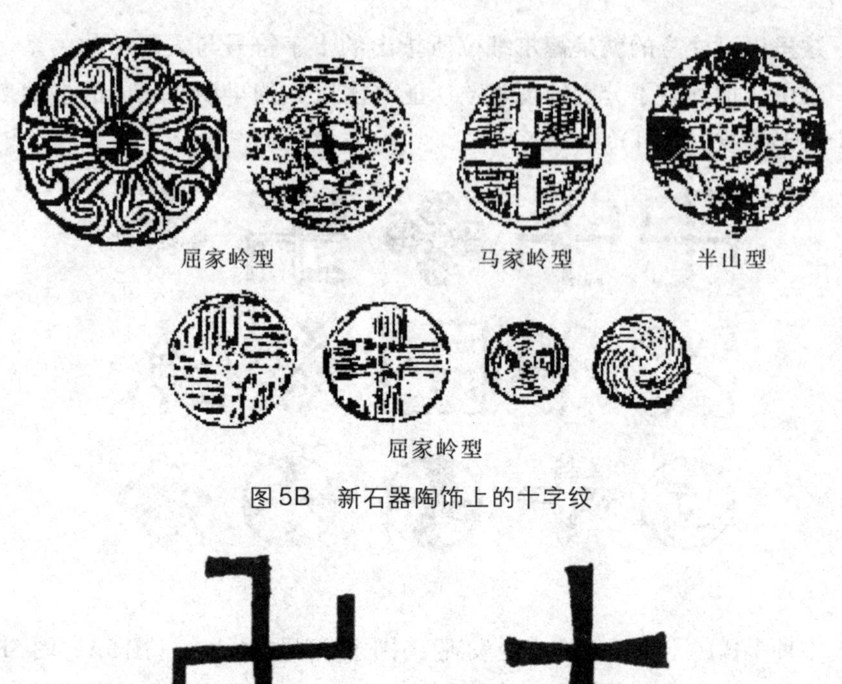

图 5B　新石器陶饰上的十字纹

图 6　十字图纹的两大类型

过去有人认为，戈麦丁图案产生于印度和欧洲，中国的戈麦丁图案则是随着佛教的东来而由印度输入的。但考古发现已证明，至少有两种类型的戈麦丁图案，分别出土于甘肃、青海以及广东、内蒙古的新石器遗物中（图 7），其时代距今五六千年，不仅远远超过佛教在印度起源的时间，而且可能早于印度戈麦丁出现的时间。

图 7　马家窑型

更为值得注意的是，十字和太阳母题的纹饰图案也大量出现在商周秦汉的铜镜、铜鼓以及宫殿瓦当中。但由于过去人们不了解十字图案与太阳的关系，这种纹饰常被考古学界定名为“脉纹”“涡云纹”等（图8）。

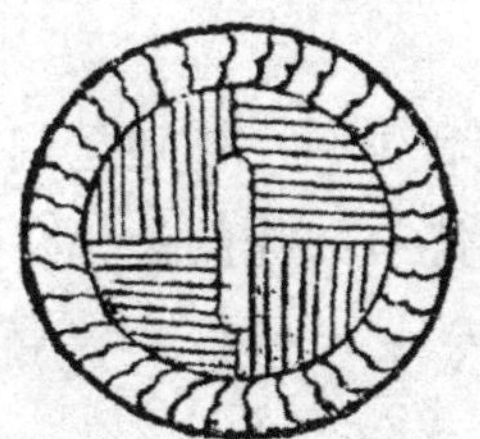

（原定名：殷平行纹镜）

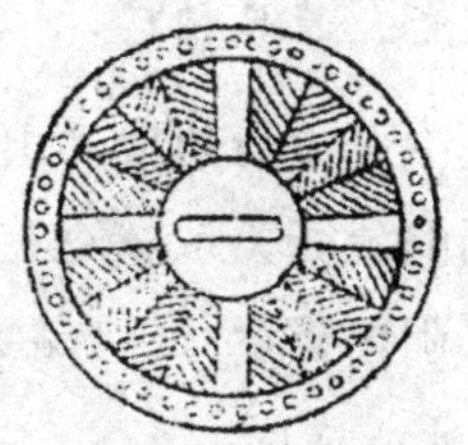

（原定名：殷叶脉纹镜）

图8　殷商的十字纹镜

只要比照一下图5B中屈家岭陶器日纹的各种变形，即可断定，这两面殷商铜镜纹饰实际上也是以太阳作为母题的。

再请看图9A、图9B。这是汉代极为常见的以日光为母题的铜镜。这种日光铜镜中心的日纹也常有采用变形十字图案的。而其镜的背面则常书有如下铭文：

铭文：见日之光

铭文：内而清而昭而明而日而月

图9A　汉日光纹镜

图9B　汉代日光铜镜

内青以昭明，光象夫日月。

见日之光，天下大明。

见日之光，长不相忘。

见日之光，长毋相忘。

由这类题词中可以清楚地看出铜镜背饰——特别是其中的星形、十字形——对于太阳的象征关系。使人感到饶有兴味的是，在中古传说中铜镜的发明被归于太阳神黄帝。《轩辕黄帝传》：

（黄）帝因铸镜以象之，为十五面神镜，宝镜也。

镜，在中国文化中不是单纯的一种用具，而是具有辟邪意义的神器。《抱朴子》记登山者“以明镜径九寸以上者背之，则邪魅不敢近”。《本草纲目》记：

镜乃金水之精，内明外暗……若有神明。故能辟邪，魑魅忤恶。凡人家宜悬大镜，可辟邪魅。

所以秦汉古镜常饰以各种神秘符号和吉祥语句，如：

长相思，毋相忘。

常贵富，乐未央。

这些吉祥语又常与太阳相关联：

见日之光，天下大阳。

见日之光，所见必当。

见日之光，天下大阳，服者君卿，所言必当。

汉镜上亦常铭有“五月丙午”的日期。“丙午”是一个吉祥的时辰。“丙午为火”（《左传》昭公十七年）。“五月火正”（《淮南子·天文训》）。所以“五月丙午火燧，可取天火，保吉祥兮宜子孙。君子宜之，长乐未央”（《天津博物馆藏东汉阳燧铭文》）。

以上铭文与记载，可以解释并且确证秦汉古镜上的“十”字中心纹饰确实是太阳的象征（图 10）。同时这也解释了古代人在坟墓中陪置铜镜的意义——用以协调阴阳（地下为阴，故以铜镜为阳），镇辟邪鬼也。

战国铜镜中常见一种“山”字形图纹和一种凤鸟形图纹（图 10 下二

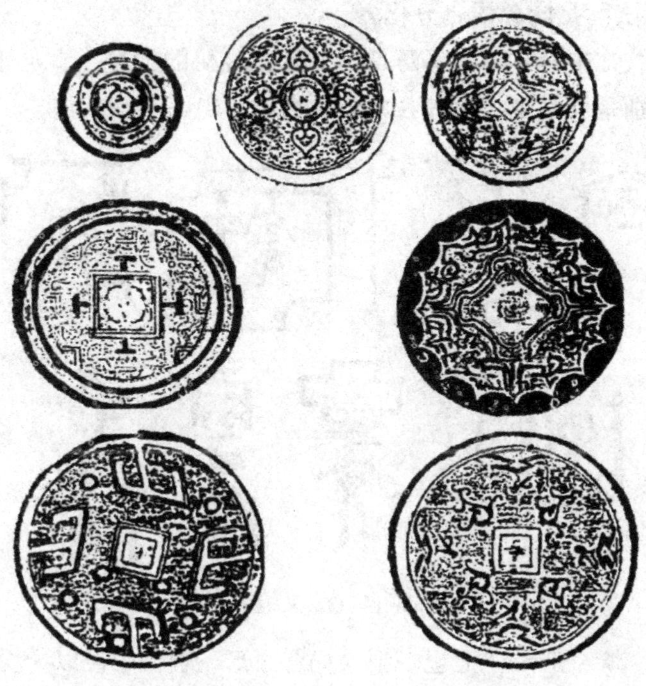

图 10

镜纹）。

凤鸟、玄鸟在古代正是太阳神的象征。汉镜铭文中的“山”字周围有圆点，所以此字疑应是“火”字（火苗形的抽象）而非“山”字（甲骨文中火字与山字形近而有点）。

图 11

汉镜中还有一种独特类型。其中部花纹常呈古文“亚”字形，典型者如图 11。

在甲骨文及金文中，“亚”字与“巫”字形如图 12。

图 12　“亚”和“巫”

我们可以看出，“亚”与“巫”二字形极相似。而就语音考之，“亚”古音灿（《玉篇》，于讶切），与“巫”（《玉篇》，武俱切）音近。我以为，

“亚”“巫”实际是同源语之分化。

在古代纹饰中，“亚”字乃是一个极为神秘的符号，常见于商周的铜器铭饰，特别是族徽中，而其含义则一直难获确解（图 13）。

图 13　采自《金文编 · 附录》

《说文》释“亚”：“丑也。象人局背之形。贾侍中说以为次第也。”

此释义明显不符合“亚”字的字形字义。在这里，许慎提出关于“亚”的两个义项：

1. 亚，丑也，象人驼背之形。实际是以亚字读为“恶”“伛”。

2. 亚，次第也。则实际上是以亚字的另一组近音字——“偶”“贰”作为“亚”的释义。

而我以为，亚字古音近“宇”，就是宇宙之“宇”的本字。《淮南子 · 齐俗训》：“四方上下谓之宇。”《天文训》：“受光于宇宙。”《说文》：“宇，屋边也。从宀，于声。《易》曰：‘上栋下宇。’”《诗经 · 豳风 · 七月》郑玄注：“屋四垂为宇。”扬雄《太玄》注：“天地昼夜之称谓宇，如屋宇之所覆也。”《尔雅 · 释诂》：“宇，大也。”我以为，亚字本形可能来源于象征太阳的十字。太阳光芒四射分布宇宙，所以推广而有宇宙之义。《玉篇》亚部收有“晋”（读亚音），从亚，从日。西汉玉盘日晷表盘（图 14A）是一个典型的宇宙图式，全图可分析为三个层面：

1. 最外的正方形象征大地，四角象征四维。

2. 大圆象征天宇，有东南西北四天门。

3. 中心的“亚”字，显然象征着太阳和四方神。

黄帝是太阳之神即光帝。古代有“黄帝四面”的传说，联系“亚”——太阳所呈现的四面，我设想这一传说的真相，实际是以太阳神为四季四方之神。

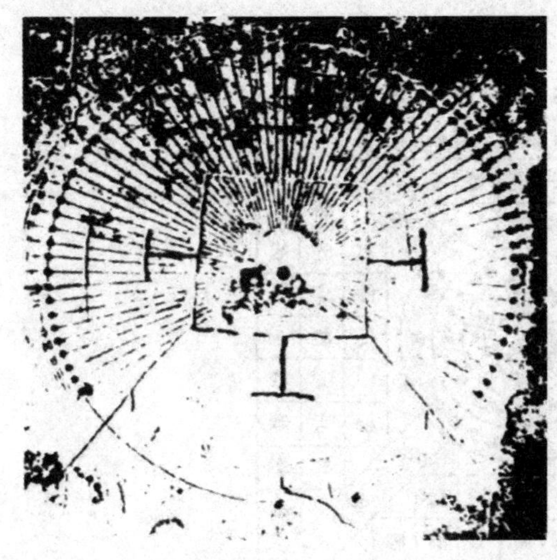

图 14A　汉代日晷

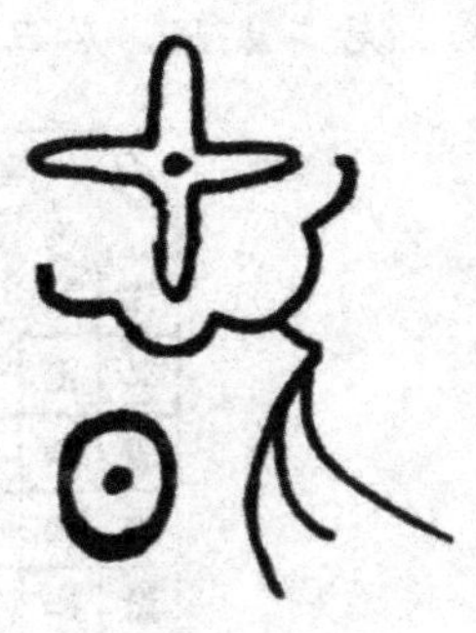

图 14B

这个奇特的纹饰见于春秋越王者旨于赐钟的铭文。古文字家厘定此字为“日”字（其实此字当读为“旸”）。据此，则此铭文中的“日”与“十”字间的确存在一种神圣的象征关系。

至于亚字中心的小圆，我以为是象征天枢北极星（古代的太极——太一之神）。

以上的分析，可以参照东汉六壬式盘（图 15）而得到进一步的印证。此盘图案由“十”与“亚”字合成。中间圆形为天盘，盘底直径 6 厘米。外面方的是地盘，边长 9 厘米。正中心为北极星，外围环绕黄道（日）、白道（月）和二十八宿（天）。

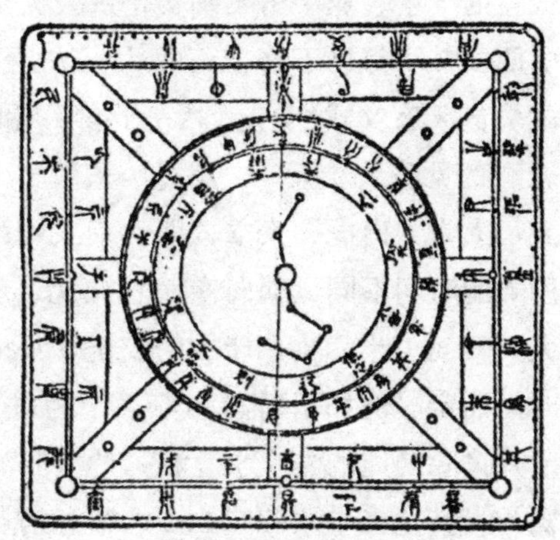

图 15　甘肃博物馆藏东汉六壬式盘

在较晚期（六朝时代）的一件铜制式盘（图 16）上，我们看到明确的中间圆的是天盘，盘底直径 6 厘米，中央隆起高约 1.5 厘米。外面方的是地盘，边长 11 厘米。地盘背后还有一段文字，其文为：

天一居在东在西，南为前；在南在北，东为前。甲戌，旦治大吉，暮治小吉；乙巳，旦治神后，暮治传送；丙丁，旦治徵明，暮治从魁；庚辛，旦治胜光，暮治功曹；壬癸，旦治太一，暮治太冲。

前一螣蛇，前二朱雀，前三六合，前四勾陈，前五青龙。后一天后，后二太阴，后三玄武，后四太常，后五白虎，后六天空。

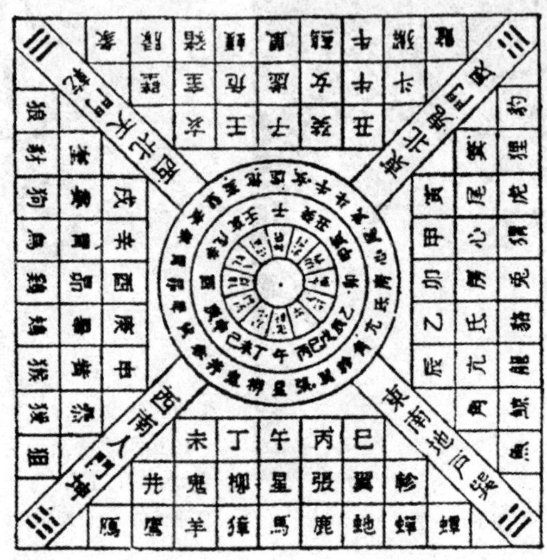

图 16　六朝铜制式盘

北宋杨维德《景祐六壬神定经》解释式盘图案的设计指出：“造式，天中作斗杓，指天罡。次作十二辰，中列二十八宿，四维局。地列十二辰、八干、五行、三十六禽、天门地户人门鬼路四隅讫。”这表明，古代式盘的十字、亚字图案确实是古人天地宇宙观念的象征。上述六朝式盘所引两段文字都见于隋《五行大义》所引，前一段引自《六壬式经》，后一段引自《玄女式经》。《六壬式经》和《玄女式经》两书在《隋书 · 经籍志》都见著录。天一、腾蛇、朱雀、六合、勾陈、青龙、天后、太阴、玄武、太常、白虎、天空，即六壬式中的十二贵神。所谓旦治、暮治，乃因用式的时间不同，朝向南而暮向北，所以采取的十二神将也不同。《五行大义》对三十六禽用十二时支配，一时配三禽，也分旦、中、暮三个不同时间而定。例如子时旦为燕，中为鼠，暮为蝠（即伏翼，亦即蝙蝠）。三十六禽除四周的鳖、象、狼、豹（猫）、雁、蟫（螾，即蚓）、鱼、狙等八禽外，其他二十八禽与二十八宿相对，中间配以七曜，即为后世演禽数的由来。

与铜镜纹、式盘纹属同类型的另一种宇宙图案也出现在秦汉时代的博盘上（图 17）。这种博盘图式也是式盘图式的一种演变（以这种“十”字、“亚”字综合的图案象征宇宙，我们在印第安人的文物中也可以看到，如图 18）。

综上所述，我们可以断定，铜镜上的“亚”字纹与式盘上的图纹都是一种象征宇宙观念的图案。

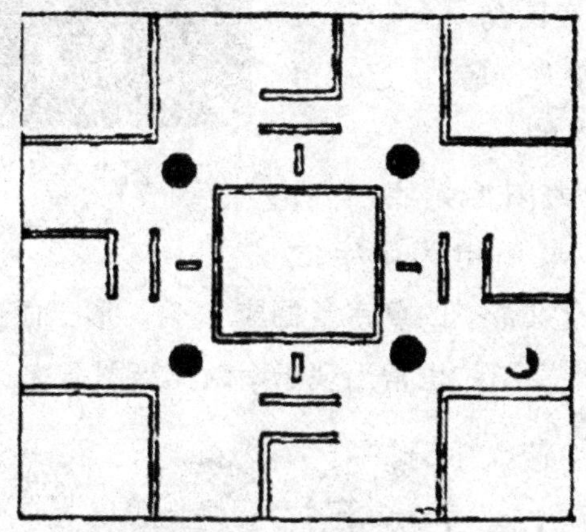

图 17　云梦睡虎地秦墓出土博盘

图 18　美洲古印第安人的宇宙图

十字代表天地四方。中心之神是光明神、火神——上帝。上方代表阳界和天堂。图中的多角日轮、开着花的宇宙树（扶桑?）和乌鸦（踆乌?）。下方代表阴界和夜晚。右方代表死神，左方代表魔界。

图19　山东嘉祥出土东汉吉祥图刻石

所以我猜想，“亚”字本义是太阳，引申而有宇宙的含义。十干中的第一字“甲”，在甲骨文字中记作“十”。十干，在干支纪日法中记作日名，亦是太阳的象征。“甲”“亚”音近相通，也似是同源语的分化。

又“亚”字古音读勿（wù），又近“乌”。太阳别名“金乌”。这一语言的巧合未必是偶然的。

由“亚”作为太阳神光照四方，引申为宇宙之宇，又引申为屋宇之“宔”。所以先秦及秦汉帝王的墓室常掘成“亚”形，而铜器族徽亦常以亚字为符号。类似的十字图纹也常出现于秦汉瓦当图案中（图20）。

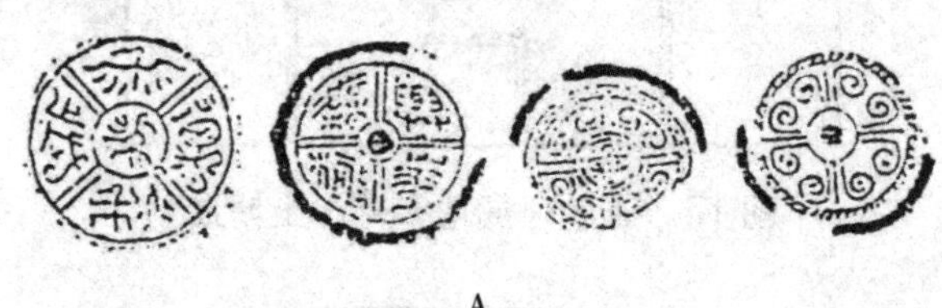

A

B　朝神之宫（西汉）

C　光耀宙宇（西汉）

D　双凤朝阳（秦）

E　黄阳当万（秦）

图20

此类秦汉皇宫或宗庙用的瓦当图案，于中心也都有一个十字。过去此类瓦当往往被定名为所谓“涡云纹”“葵纹”（图21）。

图21　秦汉铜镜与瓦当上的太阳纹

现在看来均错了。我们在瓦当的文字中往往可读到“黄阳当万　羽阳千岁　朝阳之宫　光和宙宇　与华无极”，表明瓦当上装饰十字日纹，含有太阳神福佑的神秘含义。中国古代信仰中有“瓦神”。隋唐以后重要政治、宗教建筑瓦脊上常嵌有镇邪兽。所以我想，秦汉皇宫中于瓦当上饰太阳图案及吉祥语，还可能有象征着帝王之宫，是太阳宫、天宫、明堂太室，有镇辟邪祟的含义。

这种日纹瓦当的另一型演变，很像花朵，特别是菊花。

中国人喜爱并崇拜菊花，但似乎很少有人知道菊花也是太阳的象征。《抱朴子·仙药》：“仙方所谓日精、更生、周盈，皆一菊而根茎花实之名异也。”又《本草大观》卷六记：“菊花……一名日精。”

由此可知，古人把菊花看做“日精”，恐怕不仅是因为菊花像日（太阳）的外形，而且是因为菊花耐寒，独能于秋而凌霜盛开。所以对菊的崇拜，甚至推而广之对松、竹、梅等耐寒傲冬植物的喜爱，都与对太阳的崇拜有关。

我们再把极广泛地存在于商周青铜器上的一类图纹（图22，旧误定为“囧形纹”）与图中所列“日”字的甲骨文、金文诸异体以及新石器时代的太阳图饰作一比照，当可看出，此类图纹的母题仍然是太阳。它们实际上是以下这种日形图案的简化，而同时又可能是“卍”字形图案的原型（图23）。

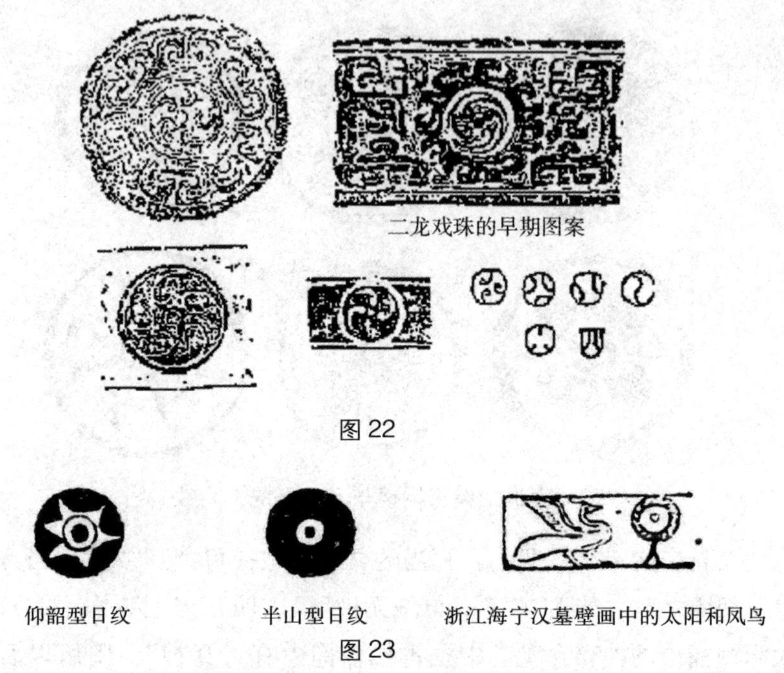

二龙戏珠的早期图案

图22

仰韶型日纹　半山型日纹　浙江海宁汉墓壁画中的太阳和凤鸟

图23

综上所述，我们可以总结和模拟出中国上古和古代太阳图案，在逻辑上可能经过的大致演变序列（图24）。

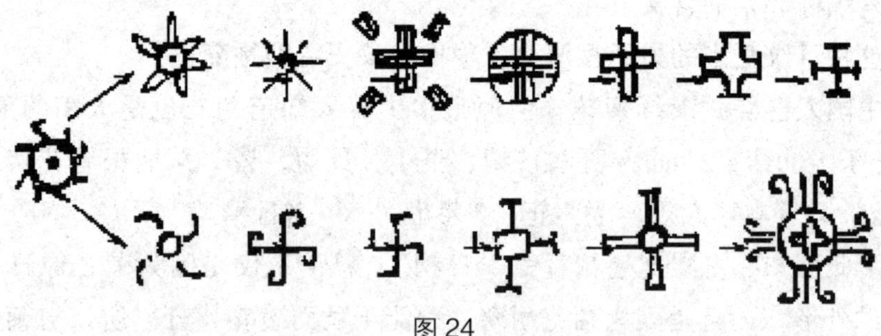

图24

当然，这只是一个拟想的，即在逻辑上可能的演变序列。黑格尔曾经指出，逻辑的东西和历史的东西不会完全一致。逻辑的东西是清除了历史偶然性后得到的东西，而历史的东西则远比逻辑的东西要丰富和复杂。

通过上面的讨论，我们可以得出的一个结论：在中国上古新石器时期的陶器和其他器物中，以及商周秦汉的青铜器和其他器物中，那种经常、大量地被表现的十字、亚字以及类十字（戈麦丁）图案，如果不能说全部都是的话，那么也肯定有相当大的一部分，是以描写太阳神的图形作为其母题的。

二

我们再来介绍一下远古先民在中国境内所留下的大量有关太阳崇拜的实物遗迹。

在新疆罗布泊新石器时代的墓葬中，考古学家发现了一种奇特的布局。在墓地中心，竖立着一根根粗细有序的木桩。这些木桩首先在中心聚成一个圆，然后一根根呈放射状地向外围扩开。整个桩区恰好组成一幅十分美妙的图案——一轮光芒四射的太阳。考古学家认为，当时的人们可能是以此作为太阳神的象征，来保佑死者灵魂的安宁和永生[①]。

在山东、四川、内蒙古、新疆等许多地区，考古学家发现了新石器时代的远古先民们所留下的许多岩画遗迹（图25A—图25D）。在图中，我们可以再次看到熟悉的十字形太阳和花纹式样的太阳——它高悬在人和动物的头上。由图中还可以看出，有些人物头部有头饰（长羽），有人佩剑，有人骑马。还有手中执有法器的，很可能是正在作法的巫师。

图25A　四川珙县麻塘坝等地的岩画

图 25B　内蒙古阴山岩画拜日图

图 25C　青海海西（巴哈毛力沟）太阳岩画

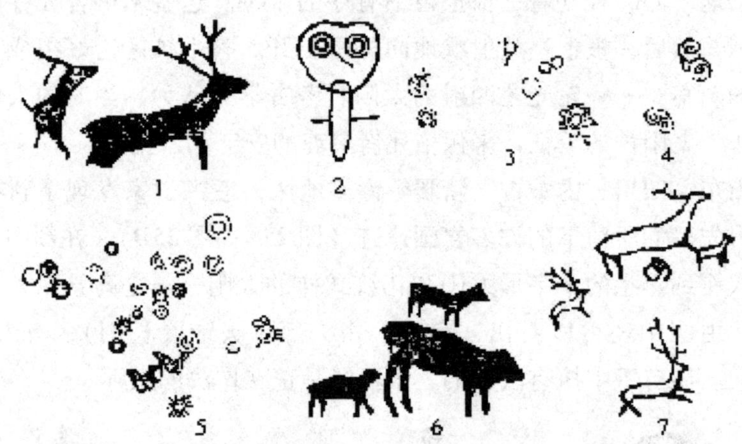

图 25D　内蒙古白岔河太阳神岩画

1 鹿　2 太阳神　3、4、5 太阳与星辰　6、7 动物

在云南沧源的岩画（新石器时代后期）中，我们可以看到如图 26 的图像。

图 26　云南沧源岩画中的太阳神

这些远古图画中太阳神的形象与古金文中的“皇”字和“昊”字极为相像（图27）。而皇和昊二字，在中国古代正是用于太阳神的两个尊贵称号。古文字学家王国维说，皇字金文像日光放射之形[②]。

图27

清文字学家吴大澂说：“皇，从日有光。”（《字说》）

金文中一些皇字形上有十字，张舜徽先生说：

> 皇，煌也，谓日出土上光芒四射也。
>
> 皇之本义为日，犹帝之本义为日。日为君象，故古代用为帝王之称[③]。

而昊字，从日从天。天、大二字在古文字中常通用，而“大”与“人”古代又是同字[④]，所以就字形看，昊字正是头上顶着太阳的大人（即神）。又从字义看，“昊者，明也”[⑤]。中国古代的太阳神有许多名称，其中之一叫做“太昊”（详见丁山《中国古代宗教与神话考》）。“其明睿照于八区，是谓太昊。”中国古代一些最尊贵的称号如神明（“神明，日也。”见《汉书·郊祀志》张晏注）、神（古文写作“𦔻”，从旦。而旦、神二字古代通用。神明也可称作“旦明”，见于《礼记·郊特牲》。日出称“旦”，所以神字本义也来自对太阳的尊称）、皇、昊、帝（张舜徽先生认为，古文字中的帝本义也是太阳）以及金文和《尚书》《诗经》中均常见的“丕显”“丕显大神”、明德、明明德（光明之德）等，在上古其实都是对太阳神的尊称或颂美之词。

三

根据以上的研究，我们作出推测，在中国上古时代，曾存在过以崇拜和敬奉太阳为主神的一种原始宗教。而这一点还可以在古文献材料中找到证据。

《礼记·郊特牲》中说：

郊之祭也，迎长日之至也，大报天而主日也。

郑玄的注文指出：

天之神，日为尊……以日为百神之王。

孔颖达的注疏中也指出：

天之诸神，莫大于日。祭诸神之时，日居群神之首，故云日为尊也。

天之诸神，唯日为尊，故此祭者，日为诸神之主，故云主日也。

但直接记载日神崇拜的最早文字记录是殷墟卜辞，其主要者如：

乙巳卜，王宾日。(《殷契佚存稿本》872)

庚子卜贞，王宾日亡尤。(《金璋所藏甲骨卜辞》44)

出、入日，岁三牛。(《殷契粹编》17)

辛未卜，又于出日。(《殷契粹编》597)

郭沫若根据上述卜辞材料断定殷商人每天早晚有迎日出、送日入的礼拜仪式。卜辞中的“宾日”“出、入日”“又日”就是这种仪式的记录[6]。

此外，《诗经》：“文王在上，于昭于天。”“昭”是太阳。《左传》桓公十七年：“天子有日官，诸侯有日御。日官居卿以底日，礼也。”《尔雅·释言》：“底，致也。”“底日”就是“致日”，即迎候日出。《尚书·尧典》：“平秩南讹，敬致。”《周礼·春官·冯相氏》：“冬夏致日。”这些记载表明古代确有迎日、拜日的正式礼仪。

由于年代之淹远，古代典籍中对这一风俗只留下了一些非常模糊和零碎的记载。若参考文化人类学家所记述的美洲印第安人的祭日礼，可以使我们对中国上古时代的拜日风俗有种比较清晰的印象。据记载：“印第安人对日出的迎祭从入夜即已开始。在一块围着松枝的空地正中点燃木头架起的巨柱（这一点很像中国古代祭天的燎祭），并一直燃烧到黎明。将近拂晓时，庆祝日出者出现了。他们的脸和全身都涂满了白色黏土，用以象征太阳的白色（据文献记载，殷商人和古代崇拜太阳的东夷民族，包括今日的日本和朝鲜[7]，都有把白色看做尊贵服色的习俗）。他们手中拿着羽毛装饰的舞棒，围着火堆排成紧密的行列而舞蹈（羽毛是鸟的象征，而在古人的眼中太阳是一只发光的神鸟。中国甲骨文和古岩画中都有许多羽人的形象。羽人是否是太阳神的又一种象征呢?)。他们从东到西来回移动，以此模拟太阳的运行。虽然火堆的热度灼人，但舞蹈者们却勇敢地尽量接近它，用火点燃他们举着的羽毛，以象征新太阳的诞生。随着舞蹈，欢乐的歌声和呐喊声响彻原野。”节目的最高潮是一个模仿日出的象征性仪式。由十六个男人抬着一个太阳的画像，让它庄严而缓慢地升起，同时进行舞蹈和歌唱。

当黎明的晨曦出现时，仪式也进入了尾声。国外考古学家指出印第安人的太阳神也具有一种“十”字形的形象。“这种象征性的画中心是一个代表太阳的球，由此引出四根线条，结果形成一种十字形装饰（令人惊异的是中国与美洲这种太阳图案的相似性）。在北美印第安人装饰艺术中时常出现的多种十字形，都不过是象征性的太阳画而已。”⑧

其他许多地方的原始部落也都有类似的祭日和拜日仪式。

中国古典籍中也有以羽毛舞崇祀太阳的风俗记载。这种羽舞在《周礼》中称作“皇舞”。皇，旧说为羽帽之名；但我以为“皇”应读作“光”，皇舞实即光明之舞。汉儒郑众注《周礼》：“皇舞者，以羽帽覆头上，衣饰翡翠之羽。”（这显然用作太阳之鸟凤凰的象征。）郑玄则谓：“皇，杂五彩羽如凤凰色，持以舞。”《礼记 · 王制》：“有虞氏皇而祭。”郑玄注：“皇，冕属也。画羽饰焉。”皇舞，又记作“翌舞”。《说文》：“翌，乐舞，以羽翿自翳其首，以祀星辰也。”《周礼 · 舞师》郑众注：“皇舞，蒙羽舞。书或作翌，或为义。”

皇舞又名“义舞”。按，“义”“仪”二字古通用。《尚书 · 益稷》“凤凰来仪”中的“仪”，显然就是皇舞。

由上述可知，皇舞的特点是头戴羽冠作舞。之所以用羽冠，可能是象征光芒四射的太阳神。甲骨文“光”字形如图28。《说文》：“光，明也。从火，在人上。光明义也。”（人头顶火冠是不可思议的，我推测：光正是皇舞的羽冠头饰，用以象征日光。甲骨文中有皇字，“光”“皇”近音通用，“光”很可能也是“皇”字的同源词和异体文。）

图28

《楚辞·九歌·东君》:

暾将出兮东方，照吾槛兮扶桑。
扶余马兮安驱，夜皎皎兮既明。
驾龙辀兮乘雷，载云旗兮委蛇。
长太息兮将上，心低徊兮顾怀。
羌声色兮娱人，观者憺兮忘归。
緪瑟兮交鼓，箫钟兮瑶簴。
鸣篪兮吹竽，思灵保兮贤姱。
翾飞兮翠曾，展诗兮会舞。
应律兮合节，灵之来兮蔽日。
青云衣兮白霓裳，举长矢兮射天狼。
操余弧兮反沦降，援北斗兮酌桂浆。
撰余辔兮高驰翔，杳冥冥兮以东行。

此篇句首之“暾”，指混沌神——太阳，亦即日神“夋”。我以为，《九歌》中的《东君》这首歌正是对于以皇舞迎纳日出这一礼仪的艺术写照。

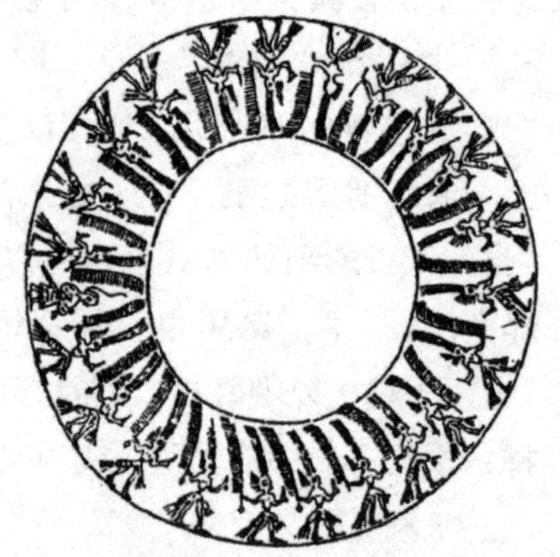

图29A　西汉滇族羽舞
（云南晋宁石寨山出土）

图30所录四川岩画中的图形，多次出现了一种手中持有十字、站立于太阳之下的巫师图形，并且出现了近似戈麦丁的一个日纹图形。而图右上角那个手执双十字、头上有光芒的无足人形，很可能也是一个作为太阳神人格化象征的图案。

1979年发现于连云港将军崖的一处岩画遗迹，也受到学术界的高度重视。近年来已有许多文章对此处岩画的题材、性质、历史背景和学术价值等问题，进行过广泛的探讨（笔者曾于1983年夏到岩画现场实地作过观摩）。将军崖岩画可能创自龙山文化晚期，距今5000年—7000年。

图 29B　广西宁明花山
太阳神舞蹈岩画

图 29C　内蒙古白岔河太阳神
与男女性爱岩画

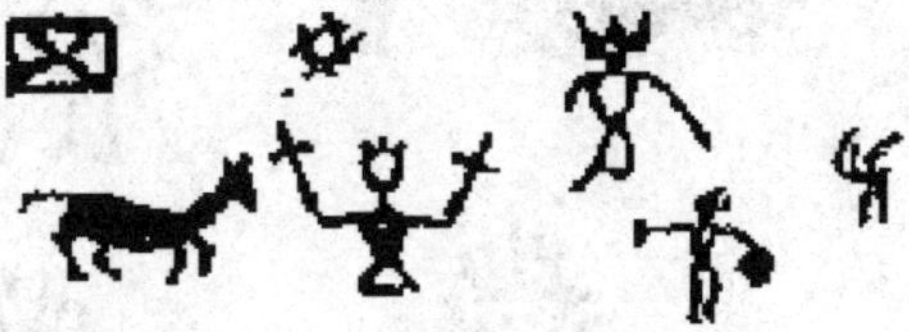

珙县麻唐坝猪圈门的岩画

珙县麻唐坝狮子岩的岩画

珙县麻唐坝九盏灯的岩画

图 30　四川岩画中的十字架

将军崖岩画的题材多种多样，但完全围绕着一个主题——太阳与星宿的崇拜。在岩画中，许多图案都是对太阳与星的摹写。

图 31　中国北部地区崖画中太阳的常见图案

在将军崖岩画的 A 组中（原编号分为 A、B 二组）多见一种有光芒的头像，有人认为这正是太阳神的象征：

> 将军崖太阳神岩画，南北排作一列，看去颇似太阳从海面升起的样子，面部采用变态的人面形，是对太阳人格化的表示。在这列太阳神之间，有一个个圆形凹窝，显然是一个个星座，表示太阳神高居于布满星斗的太空之中。⑨

与此相类似的图案，亦广泛见之于国内外其他地方的山野岩画中（图 32）。

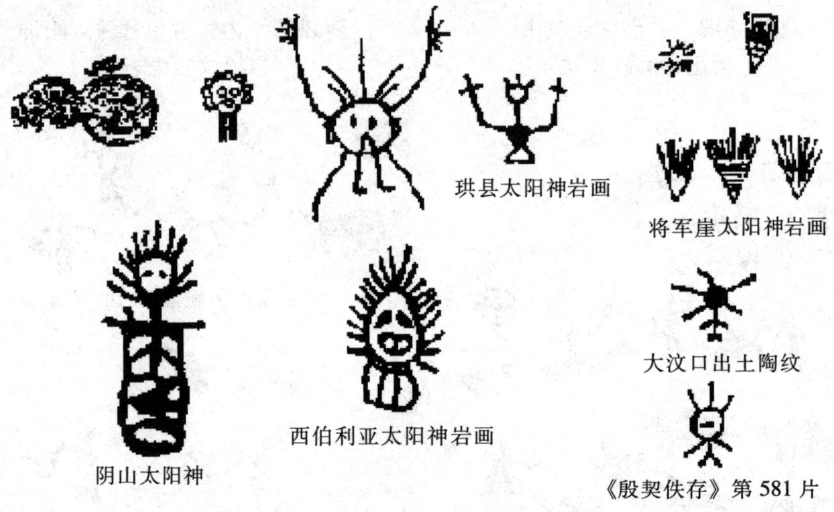

图 32

甲骨学家胡厚宣、陈梦家等曾指出，根据甲骨文的记载，殷人祭祀太阳神具有非常繁复的仪式，分为“宾”“御”“又”“岁”等多种类别，并且使用祭祀祖先的最高规格和祭法。由此可推想，中国上古先民实际上可能曾把自己看做太阳神的子孙。而在汉代人所写的《五经通义》中曾这样说：“天皇之大者曰昊天大帝。”唐代人写的《初学记》中引此文并作注说：“即耀魄宝也，亦曰玉皇大帝，亦曰太一。”这一说法还见于许多古书中，如《帝王世纪》：“天皇大帝名耀魄宝。”又《甘石星经》亦有相同的句子。那么所谓“耀魄宝”又是什么呢？原来它就是《广雅 · 释天》中所说的“曜灵”，亦即太阳。

《广雅 · 释天》：“朱明、曜灵、东君，日也。”耀魄宝就是曜灵（或记作巨灵、炬灵)，也就是太阳。此与古人称天上诸星为“曜（耀)”同义，“取其照耀有光明也”[⑩]。这些古代记载都证明，在中国上古宗教观念中，日神是百神之王，也就是上帝、玉皇大帝（本来的意义)。《庄子・天运》：“治成德备，监照下土。天下戴之，此谓上皇。”此所谓“上皇”，正是指日神。《广雅》：“乾、官、元、首、主、上……日、正，君也。”王念孙疏《礼记・祭法》：“王宫，祭日也。”注：“王宫，日坛也。王，君也。日称君。”实际上，上古传说中诸先公先王名号，如太昊、燧人、烈山、黄帝(光帝)、炎帝、高明、高辛、帝俊、尧、祝融，均与太阳或炎火光明之神有关。

四

对于宇宙中光明神（日神、月神、火神及星曜神）之崇拜，乃是人类远古时代，当原始宗教观念初发时期，普遍存在于世界许多民族中的一种引人注目的宗教文化现象。世界上一些文化古老的民族都有自己的日神和火神。如印度上古神话中有太阳神阿狄亚（Aelitya）和苏利亚（Surya)、火神阿根尼（Agni)，埃及上古神话中有太阳神阿托（Atou)、寿(Shou)[⑪]，巴比伦上古神话中有太阳神沙马士（Shamash)、月亮神辛(Sin)，波斯上古神话中有圣火之神阿达（Atar)，希腊神话中有太阳神阿波罗、盗火神普罗米修斯，大洋洲原始神话中有太阳神夷（Yhi）等。

在印度上古诗歌总集《梨俱吠陀》中有这样的颂诗赞美伟大的太阳之神：

太阳神呵——
你以光明普照众生大地，
辉耀无际太空，
君临一切凡物。
驾着雄伟的七骏之车，
光辉的苏利亚，
你冠戴赫赫的光芒之冕，飘洒金丝万缕，
明察一切呵，宇宙之大神！

在宇宙的一切光明中，太阳无疑享有最尊贵的地位。诗人拜伦说：

最辉煌的太阳呵！在你创造的神秘被揭示之前，你是唯一的崇拜！你是全能者最早的使者。迦勒底牧羊人站在高高的山顶上，在他们默默祈祷时，内心充满欢乐！你是自然的神明！你是未知者的代表，他选择你做他的影子！你是最重要的星！众星的中心！你使我们的世界地久天长！沐浴在你的光芒里，所有的人都感到心平气和！你是季节之父！气候之王！你是生活于其中的一切一切的帝王[12]！

宗教学家A. 斯麦斯·帕勒美尔说：

毫无疑问，原始人在物质世界里所知的最尊贵、最完善的力量与仁慈的象征，就是作为全能者的太阳。它是宇宙光明的源泉，它赋予大地上所有的生灵以生命、健康、温暖和慰藉，它是整个自然界的君主和统治者。所以宗教学者廷德尔说，太阳是“终极和唯一的力量源泉，其他所有的能无不源于此”。它驾驭大气中所有的蒸气，把它们引向高空，凝成雨雪。江河奔流入海的机械力，潮汐的涨落，风的威力，树木和植物的生长，动物生命的维持，无不源之于它。它是万物生机的原因，正如其名字“sun”（原始语义为生殖者）所意味的那样：它使麦浪滚滚、硕果累累；它使原野郁郁葱葱；它使苍天大地绚丽多彩；它把各种食物给予生物世界的每一种类，保持季节的交替循环……但丁说：“世上没有一种可感知的物体，可以和太阳比美、更有资格做上帝存在的证明，太阳用可见的光首先照亮了自我，而后又照亮了所有天上的和地上的物体。”[13]

神秘主义宗教学家杰克伯·鲍姆在评论“把太阳当做自然生命之核心”时说：

上帝专门拣选太阳做其仁慈的使者，它作为神圣爱心的真正形象，统治着整个可见世界，制伏了黑暗世界的猖獗。

神性、神光是所有生命的核心，因而在上帝的启示里，太阳是所有生命的核心。

天父上帝从他内心产生了爱，而太阳便象征着他的心。它是外在的世界，是上帝永恒爱心的象征，它给所有存在物和生物以力量。

这个世界有位特殊的自然神，即太阳。它从上帝之火中，而后又从上帝之光中，获得了自己的存在。所以太阳能够把力量赋予地球上的各种自然力、各种生物及各种产物[14]。

诗人也总是乐于把最美好的礼赞献给这伟大的光明之神。

啊，太阳，我毫不惊奇人们在崇拜中对你鞠躬下跪，倾诉其爱与畏惧混杂在一起的祈祷；因为你像一位神，在你的路上，光芒照耀，充满仁慈，所有的美、所有的生命、所有的欢乐，都从你而来。（罗伯特 · 骚塞）

啊，太阳！你是环抱世界的灵魂，你最美好地显示了你的创造者！我能为你歌唱吗？（詹姆斯 · 汤姆逊《夏天》）

望着升起的太阳：那里是神居住的地方，他把神的光芒送给我们，他把神的温暖送给我们，花草、树木、野兽、人类，都在早晨得到安慰，在中午获得欢乐。（威廉 · 布莱克《第六个黑夜》）

啊，你充满非凡的光辉，从你身上看到了唯一的权能，只有你是这个新世界的神明。（弥尔顿《失乐园》）

在美国印第安人部落的万神殿里，太阳占有显著的位置。这个天体被达科塔人称作"白天的神秘者"，在神话里则经常称作人类之父，他被看作是一位保护人类成长、给人类以帮助并倾听其祈祷的神祇。阿尔贡魁（美国最大的印第安部族）语的 Kesuk（太阳），来自意为"给以生命"的动词；在 Zunian 神话里，则用图像描述了"太阳构成世界的种子材料"。太阳是神性的象征，是"伟大精灵的小屋"。当被问到他们是否祈祷它时，人们回答说"不是祈祷太阳，而是祈祷住在里面的天父"[15]。

的确，几乎太阳照耀的每个地方，都被它创造出它的敬慕者。历史上的阿卡德人、巴比伦人、阿拉伯人、叙利亚人、迦南人、印度人、埃及人、波斯人、蒙古人、拉布兰人、芬兰人、萨摩亚人、斯堪的纳维亚人、阿兹特克人、印第安人——事实上就总体而论，从原始中国到古代秘鲁的整个人类都把他们的真挚热情虔诚地献给宇宙中这个宏大的物体，把它作为不可见的伟大精灵的最适宜的代表。由此我们还可以看到，埃及的法老、中国的帝王、印度的国王以及其他强大的帝王，都喜欢认为自己的宗主权力来自至高无上的太阳的授命，是代表太阳在地上行使权力的。这些君主把王冠戴在头上，作为权力的象征，而这王冠只不过是原来代表太阳光彩四射的羽冠状头饰的转型。例如 Vareno 即至上权威之光，曾被置于波斯王的头上。中国的帝王所住的王宫叫“明堂”，并且实行十二月导循异室的轮居制，也是对太阳神的模仿（见萧兵《明堂的秘密：太阳崇拜与轮居制》）。

古代埃及人给太阳冠以一个头衔，名之曰“neb maat”，意为法定君主和宇宙秩序之王。下面这首诗是他们献给太阳的：

> 万物皆由你创造，你凭意志创造了大地；原先只有你，尔后有了人、飞禽和走兽，每个在地面生活的都要靠脚行走，每个在空中生活的都要靠翅膀飞行。从塞利亚到库什的山山岭岭，以及埃及的大平原，你使万物各居其位，你使万物萌生，你使万物有其依附，你使万物有其时光的短长。[16]

在古代波斯人中，“Mihr（太阳）”被称为可爱的和仁慈的，因为他珍爱和滋养了整个世界，好像在用他的爱拥抱着世界。后来这种观念在摩尼教（明教）中得到进一步扩展（这种神秘的崇拜“明王”教，在唐代以后传入中国，影响了元末的农民起义运动，并最终建立了一个“明”帝国）。

在古代埃及，对太阳神“拉”及其崇拜者的对应关系，可追溯到将太阳拟人化为相似于自己的事物，这种自然的结果。双方在生、死及复活方面的经历，都被看做是完全一致的。

> 一当埃及人开始思索，他们立刻就觉察到太阳的经历和人的经历有极明显的相似之处。人也有自己的黎明和夕落。
>
> 人从最早的幼年微光开始，逐渐长大，达到力量和智慧的顶点；随后走上下坡路，像壮观的落日；死后则深埋大地之中，结束了自己的生涯。在埃及，太阳每晚落到利比亚山脉后面；在那里它穿过阿蒙神的地下王国，走过在第二天拂晓前必须走完的路程。所以埃及人的坟墓置于尼罗河的左岸——即这个国家的西部。所有已知的金字塔也都建在西部，在那里我们可以找到一切比较重要的“死亡城”，有孟斐斯人的公共墓地，还有阿比多人和斯比人的公共墓地。“到西方，到西方！”参加送葬的人们哭喊着。每天早上人们都看到太阳升起来，像以往的清晨一样年轻和炽热，那么，人们为何不能在完成阴间的旅

> 程，战胜阿蒙神的恐怖之后，摆脱坟墓的黑暗而重见光明呢！每个早晨都有新的征兆复活这种不死的希望，于是埃及人形成一种类推，并以此设置自己的坟墓。它们位于国家的西部，接近日落的地方，但坟墓的门却朝向东方，以便它的居住者有一天重见光明。在孟斐斯人的墓地里，几乎每座坟墓都朝向东方，就是一块独立的石碑，也无一不是面东而立……因此，在死者居住的阴暗深渊里，死者得以将眼睛转向天空的确定方位，在此方位上，生命之火每日重新点燃，由此可以等待光明驱散黑暗，把他们从长眠中唤醒⑰。

联系到新疆及中亚细亚考古中发现的那些与太阳神有关的墓地，我们似可从古埃及找到这种信仰的渊源。

有一切理由令人相信，人类关于复活、来世生活、不朽的最初希望，通过太阳的戏剧性事件的不同说法而表达出来，这或许还可以从东方（East）和复活节（Easter）这两个词及其具体化概念间的、内在而非表面的联系得到说明。

哲学家尼采曾问道：

> 难道日出不是最先令人惊奇的事吗？难道日出不是全部思想、全部哲学的最初起点吗？难道这不是对人最早的启示，从而成为所有思想、所有宗教的最初起点吗？

“金太阳像（所有自然物的）君王”，它使自己无论何时何地都要独享人类的崇拜和宗教虔敬。既然如此，没有一个创造物可以完全和太阳相比，这个光辉灿烂的球体成为上帝的令人满意的象征，在它的美丽、仁慈及卓绝无比的力量中，我们先验地假设然而又极其可能的事实只能是：太阳在所有用眼可看到、用思维可理解、用内心可感受其影响的各民族的神话里，以这种形式或那种形式扮演着引人注目的角色。

在原始宗教中，与太阳神崇拜有密切关联的另一种光明神崇拜，是火神崇拜。在原始婆罗门教中，火神阿根尼是一位双头四臂的巨神。他的双头分别象征着圣火与凡火，四只手分别握持着斧头、火把、象征风的扇子和象征祭祀的勺子。这一形象具有远较其宗教神秘性更深刻的人类文明象征意义——如果圣火象征着自然（雷电）和神力，那么人工火的取得就意味着人类对于自然和神所取得的第一次伟大胜利。从此，斧斤凿破鸿蒙，火炬点燃光明。因此《梨俱吠陀》中这样赞美这位火神说：

光明之神——
诸神圣之祭司及向导阿根尼，
已醒来召唤黎明。
他被虔诚之手燃起，
将光芒凿破黑暗之门。
……
他虽是新生者，
但却已是大地之主。
他无所不能，带来了生命与力量。
除了他，还有谁能为我们所祭奉？
一切发生与死灭不过都是他的幻影，
……
傲视一切，天上地下，众神之神呵，唯他独尊[18]！

这首献诗与其说是献给火神的，倒不如说同时也是献给太阳神的。印度原始婆罗门教中对于日神与火神这种天真而真诚的信仰，可以说相当典型地反映了人类先民所创造的原始文化的某些共有特征。因为在这种光明崇拜中已包含了两个对于后世科学与文化影响异常深远的信息：（1）太阳崇拜是占星术的起源，古代占星术中孕育着原始天文学、历法学和数学的萌芽；（2）在火祭坛腾起的熊熊圣火之光中，更预示了人类未来的全部文明，以充满原始和野蛮色彩的火文化为先导，继之而来的是陶、青铜和黑铁的时代。在这个意义上我们的确可以说，光明崇拜的产生，实际上意味着人类对于太阳和火这两种伟大事物的发现。因此这两种事物成为原始人民所普遍崇拜的宇宙中心神，原是毫不足怪的。

但是以往研究中国原始宗教神话之历史研究者，却往往忽视了光明崇拜对中国上古宗教神话哲学的意义。有的研究者根据中国神话中后羿射日的故事甚至得出吾国先民无有太阳崇拜观念的断定[19]。乍看起来，也似乎如此，既然太阳可以射落，那么又何有崇拜可言？然而神话的研究，首先要鉴别材料之真伪，继则要考订神话系统发生之先后，最后还应审定创造神话之人种与民族。若经此种审查，即可以发现，关于后羿射日的神话，其见诸文献较晚（在晚周秦汉之际）。对此神话的合理解释，与其说能证明吾华夏先民无有太阳神之观念（实际上此神话中十日本身，就证明太阳神格观念的存在），毋宁说倒隐约地透露了两个信息：（1）太阳神族与非太阳神族的斗争；（2）在夏商之际曾发生过一次历法的改革。

囿于“中国上古无有光明神崇拜”（郭沫若说）的成见，存在于中国石器文化发现（仰韶、大汶口等）中以及存在于夏商周典籍史料中的大量材料便不能得到合理的鉴定和认识。例如，以太阳神与火神为中心的光明崇拜，不仅构成华夏先民上古图腾宗教的基础观念，而且也是对于后世文化影响至为深远的中国固有哲学——阴阳五行学说之出发点。关于阴阳五行学说之起源，梁启超曾创说认为源自晚周战国之际。梁氏列举春秋前典籍中“阴”“阳”字的诸种用法，证明二字初皆为自然现象之表述，而不具有抽象本体论的意义，五行学说亦然。实则这种观点是知其一而未知其二。例如，梁氏显然未曾注意到，渊源极其古老的干支学说（在殷墟的甲骨中已发现完整的干支表），这种以十个天干字纪日象征阳，以十二个地支字纪月纪岁象征阴的二元宇宙观念，正是阴阳学说之滥觞。这里还应当指出，中国上古时代宗教、哲学、科学以至政治、伦理观念，多数都与天文历法和占星学有关。作为一种系统的宇宙本体论，阴阳五行学说确乎形成于晚周秦汉之际，但其基本观念早就孕育在中国上古光明崇拜观念的母腹之中了。那么，这种崇拜究竟流行到一种什么程度？它对于古华夏文化的形成和发展具有怎样的影响和作用？它后来是怎样消失，以至湮灭于周秦以后的多神文化中的？在华夏古典籍和神话、民俗中，是否尚保留了关于太阳崇拜的记载和遗迹？这一系列问题，关系到对华夏民族远古文明的认识和理解是否深入，但至今仍未引起学术界的重视。笔者不揣浅陋，搜拣陈编，爬罗剔抉，搜集了一些材料，写成此书，目的是从文献和考古两个方面系统地探讨一下华夏民族远古以太阳神为中心的诸神起源问题。

注释

①《文物考古工作三十年》，第 143 页，文物出版社 1979 年版。

②转引自刘盼遂《说文练习笔记》，见《古史新证——王国维最后的讲义》，清华大学出版社 1994 年版。

③张舜徽《郑学丛著》，第429页，华中师范大学出版社2005年版。

④见于省吾文《释从天从大从人的一些古文》，香港中文大学出版社1983年版《古文字学论集》。

⑤《拾遗记》卷一，中华书局1981年版。

⑥见《殷契粹编》，科学出版社1965年版，第354—355页。

⑦日本是著名的“日出之国”。而朝鲜，据朝鲜史学家解释，他们的国名也有“朝日鲜红之国”的含义（见朝鲜外国文出版社《朝鲜》汉文1980年版第一章）。

⑧材料引自利普斯（J. E. Lips）《事物的起源》第13章。

⑨见《徐州师范学院学报》1983年第4期，盖山林文。

⑩纬书《通卦验》“太皋之先与耀合元”句注。

⑪埃及太阳神与印度太阳神都被命以许多不同的圣名。中国上古也存在这种现象。

⑫拜伦《曼夫里德》第三场第二景。

⑬A. 斯麦斯·帕尔默《比较神话学·导言》。

⑭《Sechs Theos，Punkte》4，13。

⑮D. G. 布雷顿《新世界的神话》，第3版，第163—164页。

⑯比锐特《埃及史》Ⅱ，215。

⑰贝罗特·齐比兹《古埃及艺术》第1卷，第156—157页。

⑱以上译文转引自Rene. Groussef《The Civilizations of the East India》第一章。

⑲郭沫若《甲骨文字研究·释干支》。

第一章　太阳神与远古华夏民族

我们首先来研究太阳神在中国神话和古史传说中的诸种变相。

在古书中有一奇特之女名“握登”，据传说其人是尧、舜之母氏。此名来历，旧皆不解。按，《诗经·秦风·终南》“颜如渥丹”，注谓“渥丹即太阳”。“渥丹”音转即“握登”。也就是说，华夏民族的祖君尧和舜，他们的母亲名“握登”即“渥丹”，而“渥丹”乃是太阳神之名号。这可以看做古代华夏族以太阳为母神和图腾的一个确切证据。

中国神话中的太阳神，为学者所熟知的另一个名字叫“羲和”。羲和的演化故事，可以说是中国古神话中一个最复杂但也最重要的故事。让我们从伏羲谈起。

在中国历史上，伏羲是一位非常神秘的人物，又是一位非常重要的人物。《汉书·古今人表》称伏羲为“上上圣人”，列居古今一切人物之首，可见其在古人心目中地位之高。而在传说中，伏羲又具有人首蛇身的异相。关于伏羲，其名号甚多，基本可划分为如下两个类型：

1. 伏羲型，又写作伏牺、伏戏、赫胥、包羲、庖羲、宓羲、虙牺、羲皇等。

2. 大昊型，又写作太昊、泰昊、大（太）皞、大皓等。

伏羲的真相究竟是什么？皇甫谧《帝王世纪》中有这样一段话：

> 太昊帝庖牺氏……继天而生，首德于木，为百王先。帝出于震，未有所因，故位在东方。主春，象日之明，是称太昊。

张舜徽《郑学丛著·演释名》曾指出：《易经》中的“帝出乎震”一

句，帝指太阳。震，当训作晨。所以“帝出乎震”，就是日出于晨。张舜徽详说如下：

> “帝”为“日”的别名，在古书里可以找到很多的证明。《易经》上说：“帝出乎震。”注家都道：“震，东方也。”这不很明显地指出了它的本意吗！“益卦六二”：“王用享于帝。”王弼注云：“帝者，生物之主，兴益之宗。”那么，更非日不能有这威力。大约古人对这点都已明确，因此引申起来，便用为统治者至高无上的尊称。这显然揭示了奴隶制社会的思想意识：平日拿统治者比之如日，便有“天无二日，民无二王”的话；怨恨到统治阶级的严重剥削，而希望其早死，便有“时日曷丧”的诅咒。其实在当时如用本义，即写作帝字也无不可，徒以日字写来简单，便习用而不改。犹之今人每喜用“天”“日”二字连称，古人便拿“天”“帝”二字对举。《诗经》“君子偕老”篇：“胡然而天也！胡然而帝也！”旧注都不甚明了。《毛传》说：“尊之如天，审谛如帝。”后来许慎作《说文解字》，便根据这个定义解释“帝”字说“谛也”，而没有说明其所以然。我们详细玩味《毛传》的意思，实精简而明确。天地间只有太阳是最显明审谛的东西，毛公作传时，实在已经以“日”训“帝”。到了郑玄作笺的时候硬说：“帝，五帝也”，便附会到后起之义了。
>
> “帝”字的本义，在西汉学者们尚能认识清楚；到了东汉，便很含糊，从许慎、郑玄一般人的书里可以看出。至于汉以后解说《易经》的人，乃至王弼，尚能言不离宗，那恐怕都是沿用西汉经师的旧义了。所以“帝”之字源为“日”，在故训上也是讲得通的。再拿声韵来说，“娘”“日”二组的字，古读都归并到“泥”母，早已成为定论。“日”字古读当为舌头音，和“帝”音本近。今日南人小孩学语，尚时时读日为舌头音，和“帝”音相似，便是一个实证。（张舜徽《释帝字受义的根源答友问》）

张先生的说法认为，帝、日二字是同源字，其说甚确。上古称“帝”者与日神崇拜有关，这一点是无疑问的。

“太昊”，前文已经说过是太阳神之名。所以在《帝王世纪》的这段话里正透露了伏羲——太昊与太阳神的关系。但是，汉儒对伏羲一名的解释却颇不同。他们说：

> 取牺牲以供庖厨，食天下，故号曰庖牺氏。[1]
>
> 伏，服也；戏，化也。[2]
>
> 下伏而化之。[3]

也就是说：（1）庖牺就是庖厨肉食。（2）伏戏就是驯化走兽。

实际上，这两种说法都不合伏羲名号的真义，而是出自后人望文生义的杜撰。

治上古音者都知道，上古音中 fú、báo 二音本来相通，后来分化为两音。这是伏羲的名号分化为伏与包两大系统的原因所在。伏羲名号中的“伏”与“包”，之所以可写成许多形体，就是因为它们均无实义，而纯是表音之字。而以音求之，我认为伏与包都是“溥”字的同音通假字（此字可读 fú，亦可读 báo）[4]。《说文》：“溥，大也”，“丕，大也”。丕、溥音通。溥、博、薄、礴诸从“尃”之字，皆有广大之义。溥就是伟大。而所谓伏羲或包羲，其实就是“伟大的羲”。

那么，“羲”的意义又是什么？昔人解释此字多入谬说，是因为不知道“羲”之古音与今音也大不相同。凡今音 xī 者，先秦古音均读作双音节的 xi-e[5]。若连读即成为“xiē”，亦即“羲俄”或“些”[6]。王念孙《广雅疏证》：“牺，古读如娑（suō）。”牺抑或读为 xiān（《周礼·春官·司尊彝》注：献读为牺。又洗音从先，此先、洗古音通转入今例）。

弄清了这一关键问题，我们立刻知道这位“伟大的羲”——曾与女娲相并列，而被古人尊奉为人类始祖的神秘人物，其真实面目究竟是什么了。

原来，这位“伟大的羲”，或者更确切地按古音应读作“伟大的羲俄”的人物，不是别人，正是在先秦典籍中赫赫有名的太阳神——羲和[7]。由此可知他与《尚书·尧典》中那位其名曰“析”的春天之神以及甲骨文中那位东方之神“析”，也正是同一个人[8]。

伏羲的第二型名号即太昊。昊，汉代《纬书》释作大帝之名（昊天上帝），《说文》及《尔雅》释作春神或夏神之名[9]。春神名“析”，即羲。所以大羲（即伏羲）当然也可以称大昊（大、太二字古通用）。丁山《中国古代宗教与神话考》指出：太昊之昊无定字，可写作皓、皞、颢、浩，而凡此诸字皆有光明盛大之义。“大昊者，大明也”。

丁惟汾《俚语证古》卷一说：“太阳，大明也。”太昊又可写成“帝喾”[⑩]。帝喾，又名“帝夋”[⑪]。帝夋，正是中国神话中太阳神的另一系名称。凡此皆可确证，上古时代人们所崇拜的神明伏羲——太昊其实是太阳神。

1942 年，长沙战国楚墓中出土一件缯帛书。书中记载，有一位古帝颛顼，命帝夋运行日月。据《大戴礼·五帝德》，颛顼是黄帝的后裔，又是夏禹的祖父，大鲧的父亲，因此是夏族的祖先[⑫]。颛顼之名旧无释，许多人认为不可解。今按，“颛”通“耑”，具有元首的意义。而项以音求之，通于须、需。须、需古可通用。而需就是儒的本名，在古代乃是主持礼乐的大祭师。《国语·楚语》记颛顼曾“绝地天通”，发动了上古史上一次意义重大的宗教改革：

> 及少昊之衰也，九黎乱德。民神杂糅，不可方物。夫人作享，家为巫史，无有要质。民匮于祀而不知其福……颛顼受之，乃命南正重司天以属神，命火正黎司地以属民，使复旧常，无相侵渎，是谓绝地天通。

由此可见，释颛顼作耑需，亦即首席大祭师，是典有明证的（至今楚地称巫师为“端公”）[⑬]。

由此可见，颛顼实际上是一位祭师，主管对太阳神的祭祀，并观测日月的运行[⑭]。正因为如此，颛顼又有号称作“高阳氏”[⑮]。

许多古代典籍记载都说伏羲与龙有密切关系：“太昊氏以龙纪。”（《左传》）“庖牺氏……蛇身人首。”（《帝王世纪》）“蛇身之神，即羲皇也。”（《拾遗记》）

这里应当特别指出，“蛇”在上古汉语中并不专指今日人们所言之蛇。蜥蜴、鳄鱼等爬行动物在古代均可称蛇。先秦古谚：“为虺弗摧，为蛇若何？”汉儒注：“虺，虺蜴。蛇，巨蛇。”按，“虺蜴”即蜥蜴，“巨蛇”即鳄鱼。这个谚语的意思是：当它只是小小蜥蜴时不予消灭，等它长成巨大的鳄鱼时就将无可奈何！蜥蜴亦名龙子，与鳄鱼幼崽极为相像，故古人有此说。

实际上，古书中关于伏羲、女娲“人首蛇身”的说法，本义都是指蜥蜴、鳄鱼这两种“四脚蛇”。我们看汉代墓中出土的多种伏羲、女娲图（图33），就完全可以明了这一点（只是在晚期汉画及隋唐画中，才出现无脚蛇尾的二神形象）。在汉代的砖画中（图34A、34B），伏羲的形状是人首龙身，而《山海经》记颛顼的父亲韩流之相：“人面、豕喙、麟身、渠股、豚止（趾）。”这又是一种猪首龙的形象。1971年发现于内蒙古赤峰三星他拉村的新石器时代晚期玉龙，其形也是猪首曲股[16]。内蒙古地区是中国旧石器和新石器文化的主要分布地之一。据典籍记载，颛顼一族原是分布于中国北方的一个部族[17]。因此，这两者的契合恐怕不是偶然的。

图33　汉刻石伏羲女娲

图34A　汉砖画中的日神与月神

图34B　汉画中的蜥蜴——鳄鱼神

问题还不止于此。

前面，我们谈过太皓别体作帝喾。帝喾别名“帝夋”。而帝夋则是上古太阳神名号的又一个系统。

夋是什么人？据长沙出土楚帛书上说：“日月夋生。”“帝夋乃为日月之行。”夋创造了太阳和月亮，并且安排了太阳和月亮的周行。

在《山海经》的神话系统中，也记载着有一位大神名叫“俊”，是女性的日神羲和与月神常仪的丈夫，是太阳和月亮的生身父亲：

> 羲和者，帝俊之妻，生十日。（《大荒南经》）
>
> 帝俊妻常仪生月，十有二。（《大荒西经》）

夋、俊同音相假，是同一个名字的别写。在这里，夋、俊不仅是太阳神，而且是月亮神；不仅是太阳和月亮之神，实际上也是周天之神，即上帝。太阳神转变成了上帝。但在古史传说中，夋又似乎是人，是商族的祖先。王国维认为如图35中的几个甲骨文字，均是夋字。以之对比楚帛书中的夋字，可以看到后者确为前者的简化。王国维指出，卜辞中常称夋为高祖，他是殷商高祖中地位最显赫者[18]。太阳古名浑敦，《楚辞 · 九歌》中又说作“暾”。暾、夋叠韵相通。《淮南子》说：“日中有踆（蹲）乌。”高诱注：踆乌即暾乌也。

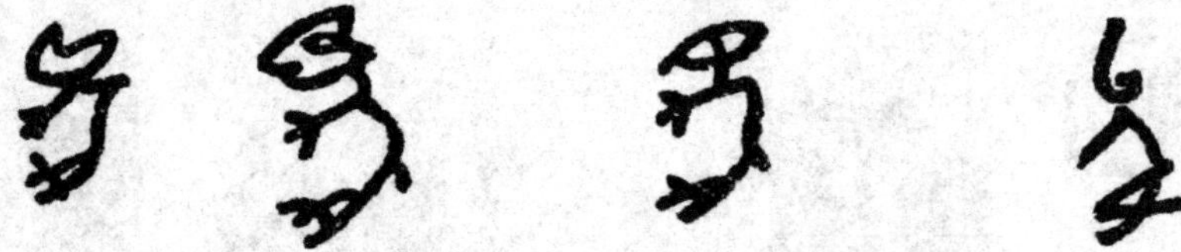

图35　甲骨文和楚帛书中的“夋”的不同写法

甲骨文中的史料表明，殷商是一个崇拜太阳神的部族（他们每天早晚都要以歌舞和祭祀迎送日出和日落），所以以太阳神夋为始祖神是毫不奇怪的。

又据晋朝人郭璞说，舜就是俊[19]，而虞舜却似乎是夏朝之前一位古帝。《史记 · 五帝本纪》中说：“虞舜者，名曰重华。”重、申二字古可通用[20]。而申即神之本字，故重华可训作“申华”，即“神华”。华有光义，则“神华”可认为还是太阳的别名（可能就是《山海经》中所说的“神红光”）。如果帝舜在历史上确有其人的话，那么他就是以太阳神给自己命名的。而他的妻子名娥，又恰恰是用了月神的名字。

综合以上的考证已可以使我们得出这样一个结论：

上古时代的中国曾广为流行对太阳神的崇拜。这些崇拜太阳神的部落也许来源于同一个祖系，也许并非来源于同一个祖系，但他们都把太阳神看做自身的始祖神，并且其酋长常有以太阳神为自己命名的风俗。这些部落后来可能主要分化为两大系统。在北方的一系（颛顼族）称太阳神为羲（伏羲），以龙为太阳神的象征。这一系可能就是夏人的先祖。在东方的一族（帝喾族），称太阳神为“夋”，以凤鸟为太阳神的象征。这一系是商人的先祖（其后裔中可能有一支南下，进入江汉平原，又成为楚王族的先祖[21]）。

颛顼号高阳氏，属于太昊族，而帝喾号高辛氏，属于少昊族[22]。少昊与太昊的称谓，表明两族既有亲缘关系，同时又暗示了某种等级性的差别。

如果上论不误，那么我们也就可以解释作为中华民族母族之一的远古华族，其族名称“华”的原因了。我推测华字是“晔”字的省文[23]。《说文》：“晔，日光也。”“晔”与“晃”虽然今音不同（与作火光讲的“烨”音相乱），但以形与义论之，古时可能为同源字。所谓“华族”，就是崇拜太阳和光明的民族。而日华之华，可能就是华夏民族得名的由来。

注释

①《礼记·月令》疏引《帝王世纪》。

②《易·系辞传》释义引孟京说。

③《白虎通·号》。

④清代学者钱大昕曾证明，上古无轻唇音。就是说“非、敷、奉、微一类音”，在上古音系中均属于“帮、滂、并、明等音纽”（参看王力《汉语音韵学》）。薄从溥（pǔ）声，而今读báo，即是证明。

⑤王念孙《读书杂志》：“古音俄、義同声。”《广雅·释诂》：“俄，古邪字。”据此可知，義（古与羲同意相假）、俄、邪三字古音相通。宋刘家立《淮南子集证》：“《周官注》云：仪、羲二字，古皆音俄。而洪丞相适尝引《诗》‘实维我仪’，协‘在彼中阿’，‘乐且有仪’，亦协‘中阿’。扬雄《太玄》亦以‘各遵其仪’协‘不偏不颇’，而汉碑‘蓼我’皆书作‘蓼俄’，然后自信嫦娥即常仪明矣！”说甚确。

⑥由此可以解决一个谜：《楚辞》中《招魂》句末，叹词用“些”字，而不与其他篇同用“兮”字，实则“些”就是“兮”，即“xiē”的合音。

⑦《楚辞》王逸注：“羲和，日神。”

⑧杨树达谓：“东方曰析者，此殆谓草木甲坼之事也。”不确！“析”就是“晰”

（《说文》：“昕，旦明也，日将出也，从日，斤声，读若析。”）的假借字。或书作曦、晞、皙。《山海经·大荒经》中所记的四方神名，与出土甲骨文略有不同，其中“东方曰折”，亦即析。

⑨上古四季观念与今不同，或以春夏为一季，故春夏神不相分。

⑩童书业《春秋左传研究》第3页。

⑪“帝喾生而神异，自言其名曰夋。”（《初学记》九引《帝王世纪》）

⑫“颛顼产鲧，鲧产文命，是为禹。”（《帝系》）“颛顼，黄帝之孙，曰高阳。”（《大戴礼·五帝德》）“黄帝妻雷祖，生昌意……生韩流……生帝颛顼。”（《山海经·海内经》）

⑬《大戴礼·五帝德》记颛顼：“洪渊以有谋，疏通而知事，养材以任地，履时以象天。依鬼神以制义，治气以教民，挈诚以祭祀，乘龙而至四海。”

⑭见《楚帛书》。

⑮《楚辞》王逸注：“高阳，是为帝颛顼。”并见《帝系》。

⑯见《文物》1984年第6期。王充说：“世俗画龙之象，马首蛇尾。由此言之，马蛇之类也。”但在古代图案中，马首、猪首常不易区分。

⑰《尔雅·释天》：“颛顼之虚，虚也。北陆，虚也。”郭璞注：“虚之正北，北方色黑……颛顼，水德，位在北方。”

⑱《王国维遗书》第一册《殷卜辞中所见先公先王考》。

⑲《山海经·大荒东经》注。

⑳《尚书·益稷》：“天其申命用休。”《史记·夏本纪》作：“天其重命用休。”又郭沫若说“申字在古有直用为神者”，如《克鼎》之“显孝于申”。（《甲骨文字研究·释干支》）

㉑屈原《离骚》：“帝高阳之苗裔兮。”王逸以颛顼为高阳，说实迂。高阳即太昊，即太阳神。楚王族三姓——昭，景，屈。《说文》：昭，日光也。景，光也。屈疑即昢之讹形。而日初之光称昢（《淮南子·天文训》：“爰始将行，是谓朏明。”）。由此可见，楚王族姓皆以日光为姓。

㉒帝喾生契（《帝系》），《世本》说：“少昊名契。”（《路史》注引）契是殷商人的先祖。

㉓晕今音与烨（火光）相窜乱。其古音读忽，与“晃”“黄”“皇”诸字音义相通。

第二章　一神三身的黄帝

以上的考证如能成立，那么我们也就可以解开中国神话和上古史中存疑已久的一系列问题了。首先是黄帝的问题。在中国古史系统中，黄帝的地位可与伏羲相比侔。在《史记》中，他被太史公作为中国成文史中的第一位帝王。古代许多典籍中亦记载了关于黄帝及其名臣观象制器的传说。中国文化的许多发明都被归之于黄帝，最可注意者，是黄帝的事迹往往与伏羲的事迹相重合。

畜牧	黄帝服牛乘马。(《易·系辞》)	伏戏服牛乘马。(《太平寰宇记》卷四二引《帝王世纪》)
火食	黄帝取牺牲以充庖厨。(《太平御览》卷七八引《帝王世纪》)	包羲取牺牲供庖厨。以炮以烙。(《帝王世纪》)
天文	黄帝使羲和占日，常仪占月。(《史记·历书》索隐注)	包栖仰则观象于天，俯则观法于地。(《易·系辞》)
医药	帝使岐伯尝味草木，典主医病，经方本草、素问之书咸出焉。(《水经注》卷二二引《帝王世纪》)	伏羲尝味百药而制针灸，明百病之理。(《太平御览》卷七二一引《帝王世纪》)
音乐	黄帝使伶伦作律吕。(同上)	伏羲始作琴瑟。(《楚辞·大招》注)
数学	黄帝使大桡作甲子，隶首作算数。(《史记》)	伏牺作九九之数。(《管子》)
文字	黄帝使沮诵、仓颉作书。(《广韵》)	作八卦以通神明之德，以类万物之情。(《易·系辞》)
相貌	(黄帝) 人首蛇身，尾交首上，黄龙体。(《史记·天官书》注)	(伏羲) 人首蛇身，尾交首上。(《帝王世纪》)

另一方面，黄帝在传说中也有双重身份：既是天神，又是人王。作为上帝的黄帝，亦就是秦汉典籍中多次出现的“黄神”“黄宗”“黄灵”[①]：

> 黄帝，古天神也。始造人之时，化生阴阳。（《淮南子·说林训》高诱注）
>
> 昔者黄帝合鬼神于泰山之上，驾象车而六蛟龙……蚩尤居前，风伯进扫，雨师洒道。虎狼在前，鬼神在后。腾蛇伏地，凤皇覆上，大合鬼神，作为清角。（《韩非子·十过》）

帛书《黄帝四经·十大经·主命》：“昔者黄宗质始好信，作自为象。方四面，傅（辅）一心[②]。四达自中，前参后参，左参右参，践位履参，是以能为天下宗。吾受命于天，定位于地，成名于人。唯余一人乃配天，乃立王、三公，立国置君、三卿。数日、历月、计岁，以当日月之行。允地广裕，吾类天大明。”《尸子》：“子贡曰：‘古者黄帝四面，信乎?’”《吕氏春秋》：“故皇帝立（位）四面。”《淮南子·览冥训》：“黄帝治天下而力牧、太山稽辅之，以治日月之行律，治阴阳之气节，四时之度，正律历之数。”此所描绘黄帝，均为日神。“力牧”即嫘母，“太山稽”即泰山姬（碧霞元君）。

黄帝在《尚书》《吕氏春秋》及《庄子》书中又记作“皇帝”[③]。黄、皇二字古代通用。而所谓黄帝或皇帝，其本义正是太阳神。

黄，《说文》指出其字从古文“光”字，也读作光声。实际上黄、光不仅古音相同，而且都有光的语义。《释名》说：“黄，晃（日光）也。犹晃晃像日光色也。”日光本色即黄色。所以古天文学中，日行之道称作“黄道”。皇帝之袍，不用红，而用黄。封建时代以黄和杏黄作为五色中最尊贵的颜色，其俗应皆本于此也。

《易传》说：“（日）煌煌似黄。”凡此皆可证，黄、晃、皇、煌、光在古代音同义通，可以互用。所以，黄帝可释作“光帝”。所谓黄帝、皇帝，其本义就是光明之神。《风俗通·五帝》：“黄者，光也，厚也。中和之色，德施四季，与地同功。”黄帝名轩辕。《淮南子·本经训》：“玄元至砀而运照。”“玄元”即轩辕，亦即元神。“砀”通“阳”。楚帛书：“王正乃明，元神是享。”元神，又作圆神、浑沦神——都是指太阳。帝为神之最古称谓，而神是后起之字。甲骨文中只有帝而无神字。神字篆体作“䄇”，见《集韵》。神字从旦。而《礼记 · 郊特牲》：“所以交于旦明。”郑注：“旦当为神。”由此可见，神名的由来也与太阳有关。黄帝是太阳神，所以黄帝别号“云阳真人”（《道藏》）。《汉书 · 郊祀志》注：“云阳，黄帝。”黄帝是太阳神，伏羲也是太阳神，所以黄帝和伏羲（即曦皇）实际上是同一人。由此也就可以解释他们二人的事迹为什么有那样多的重合。马王堆帛书《黄帝四经 · 十大经》中黄帝别名高阳，也可证明黄帝实际就是太阳神④。在传说中，黄帝具有人面蛇身的形象⑤，以龙为象征⑥。而人面蛇身和龙形也正是伏牺的形象。

《帝王世纪》中说：

> 大昊帝包牺氏……一号皇雄氏⑦。
>
> 一号黄熊氏⑧。

而黄帝的称号却是“有熊氏”。很明显，这是黄帝、伏羲乃同一人的又一证据（“黄熊氏”与“皇熊氏”实际正是黄帝“有熊氏”的异称）。昊、黄乃双声音转。太昊又称太皇（泰皇）或泰帝，而黄帝别称皇天上帝。这也表明太昊、伏牺与黄帝是同一神。

由《山海经》中可以看出，黄帝世系与同书所记的帝俊世系又互相重合⑨。由此又可推知，太阳神黄帝与太阳神帝俊也应是同一的。

此外，《史记》记黄帝有臣名叫风后、巫咸、巧夋、力牧。风后就是凤鸟⑩。巫咸简称咸。力牧在古书中又记作“力墨”，或讹作“力黑”⑪。《吕氏春秋 · 古乐》中记帝喾有臣名叫天翟（凤鸟）、咸、墨及有倕，正与黄帝四臣相合。帝喾即帝俊。由此可见太阳神帝俊与黄帝也应是同一神的异名。因此，中国古代神话中的伏羲、太昊、高阳、帝俊、帝喾、黄帝，实际上都是同一个神即太阳神的变名。所以汉代纬书《易纬通卦验》说：“太皇之先，与耀合元。”这就是说，最早的天神（太皇）与太阳（耀）具有同一来源。

高阳是太阳神，又是夏人祖先颛顼的神号，而古人认为颛顼是黄帝的子孙。太阳神帝俊、帝喾则被认为是殷商人的祖神。战国铜器《陈侯因錞》铭文中有“高祖黄帝”之称。这实际上表明，在上古时代，作为太阳神之人格化的黄帝和伏羲，乃是组成华夏民族的各古代部族所共同追认的始祖神。

据《世本》说："黄帝使羲和占日，常仪占月。"[12]《史记》及《帝王世纪》均记黄帝有位叫"常先"的大臣，他是什么人，旧时不得其解。如果注意到"先"也是羲、仪（古音俄）的合音，那么也就不难知道，常先就是常羲和常仪的合称。太阳神羲和与月亮神常仪，在这里变成了黄帝的两个属臣。作为太阳神的黄帝一分为三：太上神黄帝—日神羲和—月神常仪。

图36

在山东出土汉代砖画中曾有一幅图像描绘了一组三位一体的伏羲、女娲和黄帝。黄帝居中；伏羲头上有一只乌鸦，象征太阳，手中执规；女娲头上有一只兔，象征月亮，手中执矩（图36）。他们的下方还绘有西王母、虎神和捣药的玉兔。这幅罕见的图像，清楚地显示了中国古代以黄帝为中心的三位一体神观念。在这个意义上，我们可以重新认识《老子》书中所说："一生二，二生三，三生万物。"按，"一"即太一，"二"即阴、阳，"三"即阴、阳汇（参）合。这种三位一体的理论，不仅是一种宗教观念，而且是一种宇宙观念。

在较晚近的传说中，神话被作了历史化。作为宇宙至上神和原始太阳神的黄帝演变成为古帝王的名号。而常羲与常仪，也由太阳神和月亮神分别转变成人间主掌天文历法的两种职官之名了。

据《山海经》说，黄帝—帝俊—娥皇（常仪）的国度又称作"三身之国"[13]，这是不是正反映了黄帝由一神向三神的分化呢？

而三位一体神的观念，在人类早期文化和宗教思想中是一个相当普遍的观念。

中国	天神、人神——黄帝	日神——常羲	月神——常仪
巴比伦	天神 Anu	地神 Bel	死神 Ea
埃及	日神 Osiris	月神 Thoth	死神 Anubis
印度（Ⅰ）	梵天、大创造神 Brahma	守护神 Vishnu	破坏神 Siva

续表

（Ⅱ）	因陀罗 Indra	日神 Surya	火神 Agni
希腊（Ⅰ）	天神 Zeus	海神 Poseidon	冥神 Hades
（Ⅱ）	众神王 Zeus	太阳神 Apollo	智慧神 Athena
罗马	神王 Jupiter	天后 Juno	智慧神 Minerva
基督教	圣父	圣子	圣灵

表中所列的这些神灵，在各民族的上古神话中都是以一神三身（三名）的形式而出现的，基本上可以分成两大类型：

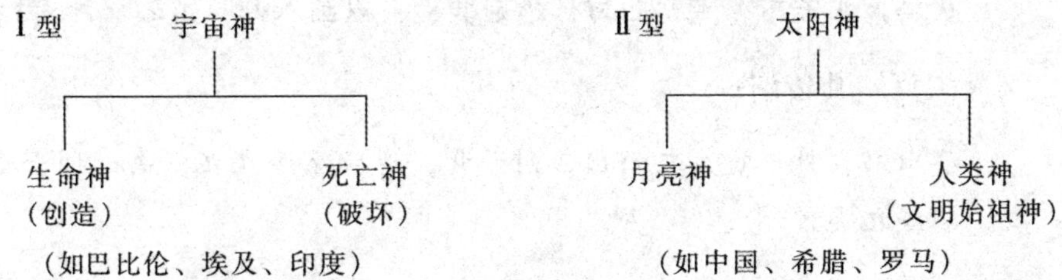

三位一体神更深刻的根源，也是其更高级的形态，体现在早期人类宗教与哲学的另一类型中：在这里，自然与人类呈现为对立着的两极，而道——逻各斯却成为超越者，成为自然与人类的统摄者，宇宙的绝对主体。

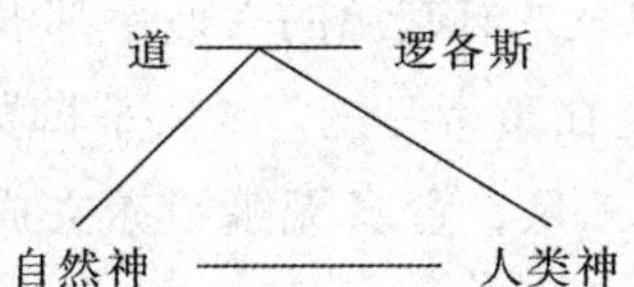

这种宗教观念典型地体现于基督教关于“圣父、圣子、圣灵”的三位一体观念中，同时也体现在婆罗门哲学关于“有”与“梵”（存在与超越），老子关于道、自然与人，以及赫拉克利特的逻各斯、柏拉图的理论中。而在本体论的意义上，三位一体的哲学观又可区分为两种类型。

由三位一体观的普遍性，我们可以看到，人类早期文明中神话与哲学观的形成和演化确实是具有某种规律性的[14]。

结束我们对伏羲——黄帝的讨论，让我们再分析一下对中国文化具有重要意义的一个传说——伏羲作八卦的故事。

《易 · 系辞》：“河出图，洛出书，圣人则之。”此圣人旧皆谓伏牺，或谓大禹。高亨注《易》说："伏牺时有龙马出于河，身有文如八卦，伏牺取法之，以画八卦。夏禹时有神龟出于洛，背上有文字，禹取法之，以作书，即《尚书·洪范》之起源。"（《周易大传今注》卷五）其说盖据《汉书·五行志》引刘歆之说：

伏羲氏继天而王，受《河图》，则而画之，八卦是也。禹治洪水，赐《洛书》，法而陈之，《洪范》是也。

以及《尚书·顾命》引孔安国传：

伏牺氏王天下，龙马出河，遂则其文，以画八卦，谓之《河图》。

又《洪范》孔传谓：

洛出书，神龟负，文而出，列于背，有数至于九九，禹遂因而第之，以成九类常道。

《易·系辞传》说：

古者包牺氏之王天下也，仰则观象于天，俯则观法于地，观鸟兽之文与地之宜，近取诸身，远取诸物，于是始作八卦，以通神明之德，以类万物之情。

过去研究河图洛书以及八卦起源的人似乎都没有注意到，与此非常类似的另一派传说却是发生在黄帝身上。《太平御览》引《龙鱼河图》说："黄帝游于洛，见鲤鱼长三尺，青身无鳞，赤文成字。"《艺文类聚》引《开元占经》，并引《龙鱼河图》云："黄龙负图，鳞成字，从河中出，付黄帝，令侍臣写之示天下。"《黄帝本纪》注云："神龙负图文，遁其甲，故曰遁甲。"（所谓"遁甲"，即蜕下甲皮。）又有歌云："丹凤衔书碧云里。"《文选》注引《礼瑞命记》云："黄帝服黄服，戴黄冠，斋于宫，凤乃蔽日而来。"《诗经·大雅·文王》正义引《元命苞》："凤皇衔图置帝前，黄帝再拜受。"《太平御览》引《合诚图》云："黄帝游元扈上洛，与大司马容光、左右辅周昌等百二十人临观。有凤皇衔图以置帝前。帝再拜受图。"《乾坤凿度·河图八门》注云："河图者，河中得天书文图。"《太白阴经》云："俄有元龟巨鳌，从水中出，含符置于坛而去。似皮非皮，似绨非绨，以血为文，曰：'天一在前，太一在后。'黄帝再拜受符。于是设九宫，置八门，三奇六仪，为阴阳二遁，凡一千八十局。”⑮由这些材料可证知，所谓河图洛书，制八卦、九宫的故事，既发生在伏羲身上，也发生在黄帝身上。由此不仅可印证伏羲、黄帝实际上是同一人，而且可以使我们理解《论语·子罕》中孔子所说的：“凤鸟不至，河不出图，吾已矣夫！”（《史记·孔子世家》引此文作“河不出图，洛不出书”。）在这里孔子所引用的，既是伏羲的典故，也是黄帝的典故，并且自拟于伏羲、黄帝。旧释孔子此言者多未解此，遂有各种歧说。故上述诸说可为注《论语》者补。（至于河图洛书的真相，我在《龙：神话与真相》中有详细讨论。龙在中国古代是鳄鱼（包括蜥蜴）的神化性称谓。所谓“龙鲤”，亦即《山海经》《本草纲目》中的“鲮鲤”——古语言中指鳄鱼和穿山甲。“河图洛书”也就是这些爬行动物的背甲花纹，古人以为神秘，含有数理，并以为占卜设图的神秘用具。上古人认为龟、鳄属于同类，所以龟甲卜应起源于鳄甲卜。商周以后鳄类在中原地区已属稀见，用龟占卜遂取代了用鳄占卜。）

注释

①马王堆出土帛书《黄帝四经·十大经》称黄帝为“黄宗”。《汉书·郊祀志》黄帝称“黄灵”。

②日字古形作⊡，正像“方四面，傅一心”。

③《尚书·吕刑》：“皇帝……遏绝苗民。”清人崔适及近人童书业皆认为皇帝指黄帝。

④释者或从王逸说，以为高阳是颛顼，而同篇中黄帝与其孙（颛顼）交替出现，于理不通。所以黄帝与高阳应是同一人。

⑤见《山海经·海外西经》：“轩辕之国……人面蛇身，尾交首上。”轩辕，黄帝之号。

⑥“中央，土也，其帝黄帝……其兽黄龙。”（《淮南子·天文训》）“轩辕（黄帝名），黄龙体。”（《史记·天官书》）

⑦《易·系辞下》正义引。

⑧《礼记·月令》正义引。

⑨“帝俊生禺号。”（《海内经》）“黄帝生禺虢。”（《大荒东经》）“禺号子，食谷。北海之渚中，有神……名曰禺强。”（《海外北经》）“禺虢生禺京，禺京处北海。”

（《大荒东经》）朱起凤说：“虢乃号之讹。”（《辞通》）郭璞注：“禺京即禺强也。”

⑩黄帝和帝夋的关系还可以从黄帝与凤凰的关系中看出：“黄帝服斋于中宫，坐于玄扈洛上。乃有大鸟，鸡头燕喙，龟颈龙形，麟翼鱼尾，其状如鹤，体备五色，三文成字，首文曰顺德，背文曰信义……必自歌舞，音如箫笙。”这正是《说文》及《韩诗外传》中所描绘的凤凰形象。见《初学记》卷三十引《帝王世纪》。

⑪马王堆帛书《黄帝四经・十大经》记黄帝臣力牧作“力墨”。敦煌汉简中记作“力黑”。

⑫《史记・天官书》索隐引。

⑬《海内经》：“帝俊生三身。”《大荒南经》：“有人三身，帝俊妻娥皇，生此三身之国。”《海内经》：“其上有三头人，伺琅玕树。”《海外南经》：“三首国，其为人一身三首。”《大荒西经》：“大荒之山，日月所入。有人焉，三面，是颛顼之子。三面一臂，三面之人不死。”

⑭据说印度神有三亿三千三百万，但其中最高神格是三神一体的梵天—毗湿奴—湿婆。据古吠陀圣诗，梵天产生于最高神本身，是智慧、创造、始祖。传说中他有四个头（中国黄帝亦有四面），每头各掌管宇宙的四分之一。而圣典《四吠陀》也被认为出自此头。毗湿奴是保护神（护持神）。据古印度一个起源神话，当他在原始大海的千头蛇背上睡觉时，从他的脐中生出莲花，从中生出梵天。每当世界要毁灭之际，他即下世救人。他这样做了十次，故有十个英雄化身。其中最有名者即罗摩（《罗摩衍那》主人公）。第三神是湿婆，破坏神。此外，中国古书中早有“三一”之名。《汉书・郊祀志》：“古者天子三年一用太牢祠三一：天一地一泰一。”

⑮按，上引诸条可参看俞正燮《癸巳存稿》卷六。

第三章　女娲与大禹故事的真相

在引出了以上的结论以后，我们可以进而探讨中国远古神话中又一个神秘人物——女娲的真相了。

在汉墓出土砖画（图37）中，女娲常与伏羲连体交尾，两者都具有人首蛇身的形象，伏羲的手中常捧着太阳，女娲手中则常捧着月亮。伏羲持规，因其是日神，日行圆，象天。女娲持矩，因其是阴神（地母），地方。“日”在古代称“太阳”，而“月亮”在古代又名“太阴”。由此看来，女娲应是月神。在古传说中，女娲还被尊奉为人类之母。

图37　伏羲女娲合体图

娲，古之神圣女，化万物者也。从女，咼声。

女娲，阴帝，佐宓牺治者也[①]。

天地初开，女娲抟黄土为人，剧务，力不暇供，乃引绳絙横泥中，举以为人[②]。

女娲风姓，承伏羲制度，亦人头蛇身，一日七十化[③]。

《山海经》中月神名常仪。“仪”，古音从我，读娥。故常仪又可记作“常娥”。常、尚二字古通用，所以常仪在《吕氏春秋》中又记作“尚仪”。尚即上，是古人对神的尊称。传说中女娲为阴帝，是太阳神伏羲的配偶。月亮别名太阴星，因此阴帝女娲正应当是月神。

问题是女娲与月神常仪是什么关系呢？

从古音上考察，娲所从之“咼”古韵隶于歌部，与我、娥同部，娲、娥叠韵对转，例可通用。所以女娲实际也就是女娥，即常仪，亦即嫦娥。

由此看来，嫦娥之名起源甚早，但那个广为流传的奔月故事出现则较晚。今存典籍中较早者见于《淮南子·览冥训》中：

> 羿请不死之药于西王母，姮娥窃以奔月，怅然有丧，无以续之。

在晚出的《灵宪》中所记则较详：

> 嫦娥，羿妻也。窃王母不死药服之，奔月。将往，枚占于有黄。有黄占之曰：“吉。翩翩归妹，独将西行，逢天晦芒，毋惊毋恐，后且大昌。”嫦娥遂托身于月，是为蟾蜍[④]。

也有说较早的嫦娥故事出自古佚书《归藏》的：

> 昔嫦娥以西王母不死之药服之，遂奔月为精[⑤]。

《归藏》一书可能出在战国末，最晚不会晚于西汉。若是说可据，则嫦娥之事本来与作为射神和东夷酋长的羿没有太多关系，却与西王母具有密不可分的关系。西王母实际上正是月神。传说西王母有不死药，实际上是因为月亮有不死药。屈原《天问》：“夜光何德，死则又育？”按，“德”通“得”。此言月光来自何处，为什么死而又能复苏？戴震说：“死，即所谓死霸也。育，生也，所谓生霸也。”皇甫谧《年历》：“月群阴之宗光，内日影以宵曜，名曰夜光。”我们知道，月光以三十日为周期，一明一暗。暗，古人称作“死霸”或“死魄”。霸、魄古音与白相通。月体呈银白色，故称“白”。不见月光，即“死白”；而月光复生，则称“生白”。古代天文学不能解释月光一死一生的这种周期性现象，因之而产生了月中有不死药的神话。所谓“不死药”，即死而复苏之药。《释名》：“朔，苏也。”“死而复苏”这一成语正与月亮神话有密切关系。西王母是月神，所以传说便发展成为西王母有不死药。至于嫦娥得西王母不死药而成为月神，正是由上述极常见的天文现象所进一步演变而成的新神话。（在其他民族中也有类似的神话。如苏门答腊神话："月中有人不断地在纺线，可是每天夜里却有老鼠把线咬断，迫使他从头来。"⑥这是以线断与再织作为月亮一明一暗的象征，而与中国古代的天上织女故事又十分相像。）

图38　日神与月神
他们具有蜥蜴的下身，此正是伏羲、女娲的特征。

图39　嫦娥奔月（南阳汉画）
图中月神像白虎，又像蜥蜴。

与月亮有关的另一个著名神话，即"吴刚伐桂"，此故事今仅存于唐人段成式所撰《酉阳杂俎》中：

> 旧言月中有桂，有蟾蜍。故（古）异书言，月桂高五百丈，下有一人，常斫之，树创随合。人姓吴，名刚，学仙有过，谪令伐树。

按，此神话的原型乃在传说东方朔所撰的《神异经·东荒经》中：

> 东方荒外有豫章焉，此树主九州。其高千丈，围百尺，本上三百丈，本如有条枝，敷张如帐。上有玄狐黑猿。枝主一州，南北并列，面向西南。有九力士操斧伐之，以占九州吉凶。斫之复生，其州有福；创者，州伯有病；积岁不复者，其州灭之。

这个故事是吴刚伐月桂故事的原型之一，其递承关系也是很明显的。本无名号的九力士后来演变为有名号的学仙者吴刚，而伐木为占的情节则演变为伐不死桂，树随斫随合。先前与月亮本无关系的力士伐木故事，后来演变为吴刚在月中伐不死桂的故事，显然也是月神不死、月死复生神话的又一种变形。这几个神话的深层结构都是以“不死”为母题。只是在嫦娥故事中表现为“不死药”，在吴刚故事中则表现为“不死桂树”而已。而这种不死桂树的早期原型又可在《山海经》中所记的昆仑山上的“不死木”中见到，其来源也颇早了。

在《山海经》中，月神常仪的名字有两种写法：一作“仪”（娥），一作“和”（即母和）。娥、和一声之转，无疑可通用。而在古书中，女娲所从之“呙”字与“和”也可通用。著名的“和氏之璧”（《韩非子·解老》），《淮南子·说山训》中记作“呙氏之璧”，证明了呙与和可以通用。因此，从文字和语音的角度考察，女娲就是月神女和，亦即常仪（娥），她们都是同一名号的不同写法。

在第一章中我们曾指出，羲和的古音读作 xiē，缓读即“羲—娥”，或“羲—和”。由此，我们又可以揭开一个已湮没千古的大谜：原来，月亮神女娥以及华夏民族的母神女娲，其实都是从太阳神“羲”的名号中分化出来的。也就是说：由一神之名分化为二神之名。由此我们就可以理解，为什么在传说中伏羲和女娲是兄妹兼夫妻，又为什么在汉画中伏羲和女娲、太阳神和月亮神会具有那种极为奇异的连体孪生的形象⑦。我们也才能理解，为什么伏羲和女娲不唯同姓（姓风），而且同名（女娲别名“女希”与羲实际上同名）⑧。我们又可以理解为什么屈原在《天问》中会有这样的疑问：“女娲有体，孰制匠之?”屈原去古未远，对日神分化的故事必有所闻，所以产生这样一个疑问应是自然的。由此还可以理解甲骨文中所记东方神（日神）与其配偶的名称：

图 40　汉画中的月亮鸟

月中有桂树、蟾蜍

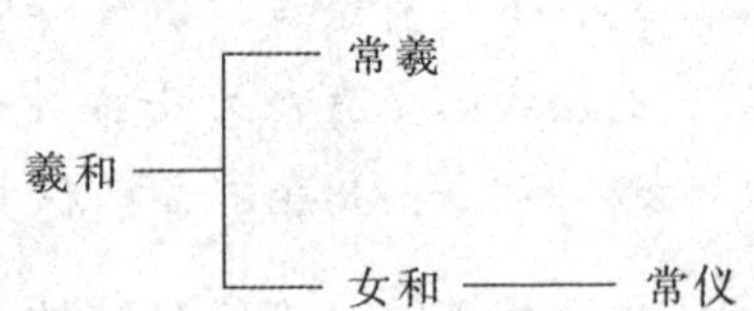

东方曰析，来风曰劦。

前面已指出，“析”即太阳神羲。而“劦”音协，近“些”；前面也已说过，“些”古音与“娥”相通，所以东神羲的配偶名叫“风娥”，乃是女娲故事的又一种变化。

日神与月神相分化的神话，实际上可能还投射了古人的这样一种宇宙天文学观念——认为月亮是太阳的分化物。在汉代纬书中称太阳为曜魄宝，而月亮则被称作“附宝”（副宝）或“灵附宝”。一正一副，似乎可印证这一点。

但月亮神演化的这一有趣故事到此并没有结束。我们已知道，太阳神伏羲与黄帝实际上是同一位神。而《史记》等史籍中均说，黄帝妻名嫘母，又称累祖或雷母（祖）[9]。嫘音累。累、雷音通相假。

问题是：女娲与嫘祖又具有何种关系呢？

原来，累字古代还有一音，读作 luó（螺）。田螺、蛤蚌，古人称作“仆累”，也称作“蜗”[10]。螺、蜗音近义同，古代可以通用[11]。女嫘（螺）与女娲（蜗）其实也是同一名号的异写。因此在这里看到了黄帝与伏羲事迹的又一次重合，即他们的配偶神也相重合：

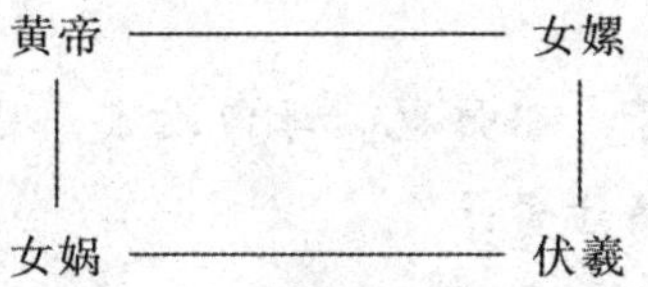

这里还有极可注意的一点。“仆累”又可写作“蒲卢”“蒲羸”或“蒲蠃”，凡此诸名，都是指蜗牛或田螺。这种蜗或螺，在新石器时代的遗物中乃是一种常被用作艺术表现题材的母题（图 41）。

图 41　中国新石器时代以蜗、螺为母题的陶器

刘节《古史新证》曾指出“羸”“嬴”“赢”三字在古书中常相乱，而其本字当作“羸”，音与“黾”通。黾在古代可用作浅水生物的共名，而更多的则是指蛙黾，也就是蟾蜍（《说文》：黾，蛙黾也）。

了解了这一点，对于蟾蜍成为月亮神女娲—嫘母—嫦娥的象征物，便不会感到奇怪了[12]。蟾蜍，以音近“鳣鼍”（鳄鱼古名）而与鳄鱼、蜥蜴共名。从《尔雅》历代训注看，先秦动物分类确曾把它们看做大共类（详考见拙著《龙：神话与真相》），所以在汉代绘画中，月中有蟾蜍与月神和蜥蜴、鳄鱼形象一并出现（图34B）。

伏羲、女娲以及黄帝、嫘祖，在神话来源上显然是同一的，他们的异名则表明后来发生了分化。我认为，伏羲、女娲应是颛顼系统中的日神和月神之名，而黄帝、嫘母则是帝喾系统中的日神和月神之名[13]，所以伏羲、女娲是风姓，而黄帝、嫘母则别有一姓。《方言》：“娥，嬴，好也。秦曰娥，宋魏之间谓之嬴。”

“嬴”音从羸，字又作“蜾”，即“嫘”。据《史记》，黄帝号有熊氏。熊、羸二字古可通用[14]，所以“有熊”就是“有羸”。蜗、螺，都可称作黾或羸。这表明了信仰黄帝的那个部族属于羸姓，与嫘母同姓[15]。

《帝王世纪》中说：

> 黄帝，少典之子。姬姓也。母曰附宝，见大电光绕北斗枢星，照野，感附宝而生黄帝于寿丘[16]。

姬姓与姒姓为同姓，而姒、羸乃一声之转，所以姬姓就是羸姓。又，“附宝”即月亮（《纬书》：月名“灵附宝”）。在这一传说中，黄帝被表述成为月神与雷神交配而生的儿子，而此说与大多数史料不相证合，肯定产生较晚。

月神名女娲，嫘祖别名雷祖，即雷神[17]。因此这一传说似乎又暗示了如下这样一种关系：黄帝的母亲与其妻家同姓，都属于有羸族，而这也就是黄帝号有熊氏的来历。

（**何按，**《帝王世纪》中又说：“黄帝母家有蟜氏女，世与少典氏婚。”黄帝本族的氏号名叫“少典”。丁山曾论证“典”是太阳神[18]，而“有蟜氏”在司马贞补《史记·三皇本纪》中引古本写作“有娲氏”，并指出：“炎帝、黄帝皆少典之子，其母又皆有娲氏之女……皇甫谧以为少典有娲氏诸侯国号。”今本《国语·晋语》记有娲氏作“有蟜氏”。朱起凤《辞通》说：“娲字先讹作蜗，形与蟜近，因此致讹。”这就证实了我们以上关于黄帝母家与妻家是同一部族——女娲族，所以号为有嬴氏即有熊氏的推测。）

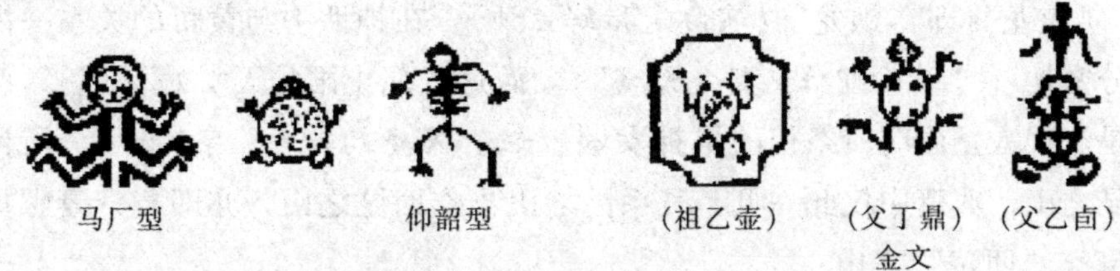

图 42　新石器时代蛙形人纹

女娲作为人类的高母早在甲骨文中已见诸记载。甲骨文所祭女神有神名“𡚸”[19]。郭沫若《卜辞通纂》从罗振玉说，释此字为娥，谓即是“帝俊之妻娥皇”。我认为此说可信。日本学者赤冢忠也曾指出“𡚸”即女娲[20]。

女娲是月神。而在中国古代的占星术中，月亮是主管水旱之神，故可据月形占验气象：

> 月初生小而形广大者，月有水灾。(《开元占经》卷十一引《荆州占》)
>
> 月先行离于毕，则雨。(同上书，引《春秋纬》)
>
> 月晕辰星，在春大旱，在夏主死，在秋大水，在冬大丧。(同上书，引《海中占》)
>
> 月晕围辰星，所守之国有大水。(同上书，引《帝览嬉》)
>
> 月晕围心，人主有殃，又曰大旱。(同上书，引《海中占》)
>
> 月晕鬼，大旱。(同上书，引《海中占》)

月神女娲在古宗教中也是一位主管水旱之神。《论衡·顺鼓》记汉代风俗说：“久雨不霁，则攻社，祭女娲。”“社”即桑社，是供祭高母之地。由此条记述可见，女娲正是主旱之神。又旱神别名“女魃”，或记作“女妭”。《说文》：“魃，旱鬼也。”段玉裁说：“魃，旱神也……神鬼统言之则一耳。《山海经》：‘大荒之中有山名不勾，有黄帝女妭，本天女也。黄帝下之，杀蚩尤，不得复上，所属不雨。女妭即魃也。”按，《山海经·大荒北经》：

> 大荒之中……有系昆之山者，有共工之台，射者不敢北乡。有人衣青衣，名曰黄帝女魃。蚩尤作兵伐黄帝，黄帝乃令应龙攻之冀州之野……蚩尤请风伯雨师，纵大风雨。黄帝乃下天女曰魃，雨止，遂杀蚩尤。魃不得复上，所居不雨……后置之赤水之北。

“应龙”即“螾龙”（实际是指鳄鱼神），在神话中与黄帝的关系一向十分密切（“黄帝即位见黄龙大螾”）。而这位能止雨的天女妭（魃），应就是汉代人止雨时所祭祀的旱神女娲（妭、呙叠韵转音，字可通）。所谓系昆之山，典籍中仅此一见，疑系昆之山当作西昆之山，亦即黄帝妻嫘母的母家“西陵”之山：

> 黄帝居轩辕之丘，娶于西陵氏之女，谓之嫘祖氏。（《帝系》）

女娲——旱魃助黄帝战胜蚩尤的故事，在古神话中后来又发生了一系列非常复杂的变形，但归纳起来，基本上可分作三类。

在第一类传说中，蚩尤变形为黑龙，如《墨子》书所记“黄帝杀黑龙于北方”的故事。所谓“北方”，实际就是黄帝诛杀蚩尤的“冀州之野”。而在《淮南子·览冥训》中，此事却直接被归于女娲名下，变成了“女娲杀黑龙以济冀州”。这显然正是上一说法的变形。

在第二类传说中，女娲—旱魃—天女妭又变名称作“玄女”，亦即后世道教中那位著名的九天玄女。例如《史记索隐》引《龙鱼河图》：“天遣玄女下授黄帝兵符，伏蚩尤。”《广韵》符字注引《河图注》云：“玄女出兵符，授黄帝，战蚩尤。”此所谓天神、玄女，显然就是女娲—天女妭助黄帝攻蚩尤故事的变形。

在第三类传说中，天女妭助黄帝止雨战胜蚩尤的故事则变形为天神赐符诀、天书河图、奇门遁甲给黄帝的故事。《云笈七签》引宋真宗御撰《黄帝本纪》说：“帝战未胜，归太山之阿，惨然而寐，梦见西王母遣道人披玄狐衣，持符授帝。”《烟波钓叟歌》云：“轩辕皇帝战蚩尤，涿鹿经年苦未休。偶梦天神授符诀，登坛致祭谨虔修。”《太平御览》引《龙鱼河图》又云：“黄龙负图，鳞甲成字，从河中出，付黄帝。”《黄帝本纪》注云：“神龙负图文，遁其甲，乃命之《遁甲》。”《说苑》云：“黄帝……斋于中宫，凤乃蔽日而降。”《武经总要》云：“风后演遁甲，究鬼神之奥。”（按，“风后”即风神，亦即凤鸟，在传说中是黄帝臣。）《史记·五帝本纪》集解引《纬》："玄女教黄帝三宫秘略、五音权谋、阴阳之术，令风后演河图法而为式用之。创十八局，名曰遁甲。"

上引这些材料，都是女妭助黄帝止雨胜蚩尤神话的变形。它们显然具有相同的深层结构，即黄帝攻蚩尤被困，女神用某种方式助黄帝战胜了蚩尤；只是在表层结构上，早期传说中的女妭演变成了凤鸟、风后或神龙、赤鲤，而止雨之举则演变成了授符、兵法、阵法以及神秘的河图洛书等。

综上所述，在中国古神话中，女娲—嫘祖乃是太阳神伏羲—黄帝的妻子，是人类的母神。嫘祖别号"西陵氏"，由此我们又可以看出，其实西陵氏就是在《山海经》和汉代传说中赫赫有名的西王母的原型。

《北堂书钞》卷一三〇所引《黄帝出军诀》曾记述了这样一件事：

> 昔蚩尤无道，黄帝讨之于涿鹿之野，西王母遣道人以符授之。黄帝乃立请祈之坛，亲自受符，视之，乃昔者梦中所见也。即于是日擒蚩尤。

显然，这个晚出的故事是天女魃助黄帝擒蚩尤神话的又一变形，但它将女魃（女娲）说成与西王母是同一神，却保存了古义。我们可以就此讨论一下西王母的真实面目了。

西王母一名始见于《山海经 · 西次三经》：

> 西王母其状如人，豹尾虎齿而善啸，蓬发戴胜，是司天之厉及五残。

郭璞注："主知灾厉五刑残杀之气也。"（**何按**，对西王母形象的这一描绘，表明她实际具有鳄鱼的形态。）郝懿行疏："西王母主刑杀[21]。"

在中国古神话中历来存在着一个辩证的观念：创造生命之神与刑杀生命的死神乃是同一个神。在以后的探讨中——泰山既是天堂之山也是地狱之山，在昆仑山下生命之泉与死亡之泉同源，我们还将不止一次地遇到与此类似的辩证观念。前面讨论奔月故事时我们已指出，西王母还是掌握着不死药的神[22]。

这里可注意的两点：

（1）嫦娥奔月的故事，不见于先秦古籍，是汉代以后才出现的。

（2）常娥—常羲—女和—嫘母—女娲—西王母，本来只是同一个神的异名分化，但在奔月神话中发生了第二次的分化。月神常娥在这里成了与女娲、西王母完全不同的第三个神。这是中国神话演化中的一个有趣现象。起源于崇拜太阳的原始一神教，后来从太阳神中分化出了月亮神，又从一名的太阳神（羲）演化为多名的太阳神（羲和、伏羲、黄帝、帝夋等）。月亮神也发生了这种多元化的分化。由于名称的分化从而导致一神向多神的分化，乃是中国神话演变的一个重要规律。就中国古代宗教现象的发展而论，恰恰是由一神教向多神教演变。

嫘母、女娲是西王母，那么很自然地，她们的丈夫伏羲和黄帝，即太阳神，也就成为了东王公。在传为东方朔所撰的《神异经》中说：

东荒山中有大石室，东王公居焉。长一丈，头发皓白，人形鸟面而虎尾。

《太平广记》引《仙传拾遗》说：

木公，亦云东王父，亦云东王公，盖青阳之元气，百物之先也。

所谓“木公”，就是伏羲。因为“东方，木也，其帝太昊……执规而治春”。

太昊伏牺氏，以木德王天下之号，死祀于东方，为木德之帝[23]。

这里所谓“王父”“王母”，并不是帝王的称号（像其字面意义那样，以及过去所解释的那样）。

《尔雅·释亲》说：“父之考为王父。父之妣为王母。”郝懿行疏：“祖父母而曰王者，王，大也，君也，尊上之称，故王父母亦曰大父母也。”

在以日神、月神为王父、王母的这种观念中，所映射的乃是一种图腾性的观念（而不是政治性的观念），即把太阳、月亮看做人类的祖父母——始祖神。

《史记·封禅书》记齐地所祭八神中有阳神、阴神。三国人谯周的《古史考》说：

代（岱）俗以东西阳阴所出入，宗其神，谓之王父母。

在这里，谯周非常确切地解释了古人以日月为图腾即所谓“王父”“王母”——高父、高母的这种原始观念。可能也正是这一原因，在甲骨文中殷商人称月神女娲为“毒”之神。

《礼记·礼器》中说：

> 大明生于东，月生于西。此阴阳之分，夫妇之位也。

大明，即太阳。中国古人似乎早已知道宇宙黑洞的存在，称之为“阴间”“玄牝”。月亮则被认为是太阴之神的象征物。

由对太阳神的一元崇拜发展为对太阳神加月亮神（太阴神）的二元崇拜，这也正是中国哲学中极为重要的阴阳二元观念的始源。

《大戴礼记》：

> 阳之精气曰神，阴之精气曰灵。神灵者，品物之本也。

《礼记·乐记》：

> 阴阳相摩，天地相荡……而百化兴焉。

图43　月神西王母与玉兔、凤凰

西王母坐于昆仑山上，手中持矩，而矩正是女娲的象征。玉兔在捣药，它是月亮的象征。而凤凰尾部和翅上均有太阳，显然是东王公——太阳神圣的象征，所以他在画面中居于主角的地位。

东方朔《神异经·中荒经》：

> 昆仑之山有铜柱焉，其高入天，所谓天柱也。围三千里，周圆如削，下有回屋，方百丈。仙人九府治之。上有大鸟，名曰希有……右翼覆西王母。背上小处无羽，一万九千里。西王母岁登翼上，会东王公也。故其《柱铭》曰：“昆仑铜柱，其高入天。员周如削，肤体美焉。”其《鸟铭》曰：“有鸟稀有，碌赤煌煌，不鸣不食。东覆东王公，西覆西王母。王母欲东，登之自通。阴阳相须，唯会（合）益工（指日月交合即辰也）。

这种二元交合的阴阳观念，以及由此解释天文地理人类生活中的各种现象，乃是中国传统文化中最基础的哲学观念之一。这种日、月的阳阴二元观念，又是参照着男女两性的交合模型而产生的（太阳——东王公，月亮——西王母，正印证了这一点）。这种两性交合的观念，转化为神话意象，也就是伏羲女娲的合体形象㉔。

“乌—鸟”（即日神的象征）作为阳的符号，实际上从上古语言中开始即已成为男性阳具的隐语（参看邢公畹《语言论集·释鸟》）。而“蟾蜍”“癞蛤蟆”以及与月亮有关的另一种动物“兔子”，则成为女阴和娈童的隐语。《吕氏春秋·精通》说“日者阳精”，“月者群阴之本也”。《淮南子·墬形训》说：“至阴生牝，至阳生牡。”《老子》书中称男阴为“朘”。闻一多指出“朘”别体作“睢”，字从“夋”或“隹”，都既与太阳鸟有关，又是指男性的性器官。

《老子》又说：“谷神不死，是谓玄牝。玄牝之门，是谓天地根。”所谓“谷神”究竟何指，前人鲜有确解者，这一句话两千年来竟一直未得到达诂。今按，“谷”古音读“浴”㉕。浴、月一声之转，故相通，所以谷神其实就是月神㉖。月缺而能复圆，所以老子说“谷神不死”，这与月中有不死桂、不死药的传说正相印合。所谓“玄牝”，就是大阴，也就是王母。她在中国神话中当然是“天地之根”。老子又说：“天下之交也，牝恒以静胜牡。”《易传》中说：“男女构精，万物化生。”《荀子·礼治》中说：“天地合而万物生，阴阳接而变化起。”在这些话里我们可以看到，中国传统哲学中的阴阳范畴，正是从男女分化和交合的观念中起源的。

西王母、东王公
（东汉 130 厘米×32 厘米）
南阳市熊营出土
画面中刻一高足盘，以象征“悬圃”，上刻西王母、东王公，皆戴冠，着长袍，坐于内。其上刻一乘鹿仙人，其间刻一三青鸟，其下刻玉兔捣药。

羲和主日与常羲主月
（西汉 148 厘米×40 厘米）
唐河县湖阳出土
画面刻二人，皆人首蛇躯，卷尾相交。上为常仪，双手举月，月内刻蟾蜍；下为羲和，双手举日，日内刻金乌。

图 44

著名的“女娲补天”故事见诸记载，是在《淮南子 · 览冥训》中：

往古之时，四极废，九州裂。天不兼覆，地不周载，火爁炎而不灭……于是女娲炼五色石以补苍天，断鳌足以立四极，杀黑龙以济冀州，积芦灰以止淫水……乘雷车，服驾应龙……登九天，朝帝于灵门。

参照《韩非子 · 十过》“昔者黄帝合鬼神于泰山之上，驾象车而六蛟龙……鬼神在后，腾蛇伏地”，可以看出黄帝的辕驾仪仗与女娲正可相配。由此可知，女娲所朝拜之“帝”定是作为她夫君的黄帝（亦即伏羲）。

对于女娲补天的这一故事，后人多与《淮南子 · 天文训》中共工触不周山而导致天塌地陷的故事混作一谈：

昔者共工与颛顼争为帝，怒而触不周之山，天柱折，地维绝。

其实此事与女娲补天之事并不相干。晋代张华《博物志》中早就有考辨指出：

天地初不足，故女娲氏炼五色石以补其阙，断鳌足以立四极。其后共工氏与颛顼争帝，而怒触不周之山，折天柱，绝地维，故天后倾西北，日月星辰就焉。地不满东南，故百川水注焉。

也就是说，女娲补天，发生在天地刚刚开辟，“天不兼覆，地不周载，火爁炎而不灭”的时代。而共工与颛顼相争，怒触不周山以致天崩地裂，却要晚得多，应是舜和禹时代的事：

舜之时，共工振滔洪水，以薄空桑……乃使禹疏三江五湖，辟伊阙……平通沟陆，流注东海。九州干，万民皆宁其性。（《淮南子 · 本经训》）

禹有功，抑下鸿，辟除民害逐共工。（《荀子 · 成相》）

有禹攻共工国山。（《山海经 · 大荒西经》）

共工臣名曰相繇……禹湮洪水，杀相繇。（《山海经 · 大荒北经》）

洪水滔天，鲧窃帝之息壤以堙洪水，不待帝命。帝令祝融杀鲧于羽郊，鲧复生禹，帝乃命禹卒布土以定九州。（《山海经 · 海内经》）

这些材料都可证明，女娲于开天辟地时因天地构造不圆满而补天，并且造人，实与大禹时代共工触不周山导致洪水横流的故事毫无关系。把女娲补天与大禹治水混为一谈的谬误，是以唐代司马贞为代表，他曾明显地误认共工洪水事发生在女娲末年。但从晋代张华起已认为有必要区别这两件事看，至少在晋代误解已经发生了。后人承此误，以致有人干脆把女娲说成大禹的妻子，就更是讹中之讹了。在下表中，将传说中女娲和禹的事迹作了几点比较，可以明显地看出二者相窜混的一些痕迹。

女娲事迹	大禹事迹	司马贞《补史记》之误	《世本·帝系》之误
天地开辟后，天崩地裂，淫雨不止	共工、颛顼争为帝，触不周之山，洪水大发	讹作共工与祝融争帝，洪水大发	
炼石补天	鲧窃息壤以堙洪水，失败被杀	女娲补天	
	鲧复生禹，从冀州出发治水。		误记涂山氏女名女娲；又谓女娲即大禹之妻，生启
杀黑龙于冀州	杀九首蛇相繇		
以芦灰淹水	治平水土		

再讨论一下大禹治水故事的真相。《淮南子·天文训》说："共工与颛顼争为帝，怒而触不周之山，天柱折，地维缺。"这个故事极富有浪漫色彩，乍看起来，共工与颛顼一样，都是天神（颛顼在五方帝系统中是北方神，是黑帝）。他一怒冲冠，即撞倒了天柱之一的不周山，致使大地上洪水泛滥。

但如果深入分析一下，我们就可以看出，这个故事在本质上毫无神秘意味，只不过是一种并不罕见的自然现象被人格化后的产物。所谓"共工"难道真是神吗？否！按，"共"字与"洪"字相通，而"工"字又与"江"字相通，共工其实就是"洪江"。洪江之水怒发的原因，尽可由人去自由想像，而根本不必拘泥于是否确实为了与颛顼或别的什么神（如祝融）争帝。洪江之水一旦怒发暴涨，其势必可崩山，或导致山崖的大面积滑坡。仅从三峡一带的地方志看，长江水道由于江洪或地震而引致滑坡、山崩，史不绝书。滑坡或山崩以后，江水旧道被堵塞，从而导致江水改道，因此又造成大地洪水泛滥，就顺理成章了。这种自然现象正是共工触山这一神话的深层结构，而其表层结构却转化为这种自然灾害的人格化形象——洪江被变名为叫共工的天神。由此我们也就可以解释禹的父亲盗息壤治水为什么失败。一个最可能的原因是，在他企图障堵水路的地方（传说中鲧是一位善于筑城造堤的巧匠[27]），由于对水势的失察而导致了水路发生新的障塞，再导致新的山崩、滑坡（这应就是这个神话表层结构中所说的擅自盗上帝"息壤"以堙水）。"洪水滔天，鲧窃帝之息壤以堙洪水。"（《山海经·海内经》）"息壤者，言土自长息无限，故可以塞洪水也。"（郭璞注《山海经》）试问：这种能自长自息的土壤，不是山崩或滑坡所造成的土石自行移动，又是什么呢？禹则聪明地采用了新的办法：

昔上古龙门未开，吕梁未发，河出孟门，大溢逆流，无有丘陵沃衍、平原高阜，尽皆灭之，名曰鸿水（**何按**：即洪水，亦即共工）。禹于是疏河决江，为彭蠡之障，干东土。所活者千八百国。此禹之功也。（《吕氏春秋·爱类》）

古者沟防不修，水为民害。禹凿龙门，辟伊阙，平治水土，使民得陆处。（《淮南子·人间训》）

导河积石，至于龙门。（《尚书·禹贡》）

禹治水的主要办法是疏导，在必要的情况下他也筑堤堆高：

禹之时，天下大雨，禹令民聚土积薪，择丘陵而处之。（《淮南子·齐俗训》）

这条记载毫无神话意味，完全可以看做信史。它说明了洪江（共工）泛滥的真正原因是下大雨。又：

禹乃以息土填洪水以为名山。（《淮南子·墬形训》）

禹堙洪水十三年。（《汉书·沟洫志》注引《夏书》）

综上所述，我们已可以完整地清理出大禹治水事迹的真相。其表层结构呈现为一系列的神话，而其深层结构却可以看做可信度很高的历史：

在上古时代的某一时期，天降大雨，导致江河暴涨，引发了地震、山崩以及山崖的大规模滑坡，致使许多江河故道堵塞而洪水泛滥。鲧奉命治水，他单纯采用筑堤防水的办法，结果使水路不通，引致了新的山崩或滑坡，使得洪水灾害更加严重。鲧因治水失败而死，其子禹继承了他的事业。禹以十三年的时间，考察水路，疏浚水道，修筑堤坝，终于排干了许多地方的积水，引导开挖了使江河顺利东行的新水道。

这应当就是大禹治水事迹的真相。

【补记】

女娲神实际在上古传说中是一位火山之神。炼石补天的故事，原型应是火山喷发冲天，流出的岩浆凝固后形成“五色岩”。上古中国多有活火山存在。火山风暴，上古语称作“扶桑”“扶相”。活火山口则称作“丹穴”。火山石称作“丹岩”（玄武岩）。上古人似乎认为“太阳出于丹穴”，是从火山的喷发中形成的。

注释

①《淮南子·览冥训》高诱注引《说文》。

②《风俗通义》。

③《帝王世纪辑存》。

④《全上古三代秦汉三国六朝文》所辑。有黄又名游光，星名。

⑤《文选·祭颜光禄文》注所引。

⑥《马克思恩格斯全集》第45卷第666页，人民出版社2003年版。

⑦“女娲，伏希之妹。”（《路史·后纪》卷二引《风俗通》）：“合位娲后，同称伏羲。”（《唐书·乐志》）

⑧“女娲氏，亦风姓也，承庖牺制度，亦蛇身人首，一号女希，是为女皇。”（《初学记》卷九引《帝王世纪》）

⑨“（黄帝）娶西陵氏之女，是为嫘祖。”（《史记·五帝本纪》）“黄帝妻雷祖。”（《山海经·海内经》）“（黄帝）元妃西陵氏女，曰累祖。”（《史记索隐》引《帝王世纪》）

⑩蜗、螺，在古语言中乃是一切水中甲介类的通称，包括蜗牛、螺蛳、蛤蜃等，参看王引之《经义述闻》卷二一。

⑪《尔雅·释音》：“委也，累也。”委读 wō。“青要之山，实为帝之密都……是多什累。”（《山海经·中山经》）郭璞注：“仆累（螺），蜗牛也。”

⑫按，本章所考证的古语言的通转情况，基本可信。但我以后进一步的研究表明，月亮女神西王母的真相实际是鳄鱼。鳄鱼古名“蟺鼍”，蟾蜍实即蟺鼍的转语。详证见拙著《龙：神话与真相》。

⑬而《大戴礼·帝系》中记："帝舜娶于帝尧之子，谓之女匽氏。"匽即嬴也，又以声近变作女英。在汉代刘向的《列女传》中，女娲变作娥皇，遂与女嬴（匽）分化为两个人："有虞二妃者，帝尧之二女也，长娥皇，次女英。"

⑭《春秋》宣公八年"夫人嬴氏薨"，《公羊》《穀梁》中记作"熊氏"。又嬴、熊通用之例，在刘节《古史考存·释嬴》篇内列举甚多。顾炎武《唐韵正》则指出"熊（古音羽陵反）……古人读雄与熊皆于陵反"，所以熊、嬴古音同。

⑮又螺音从累，与雷声近，相通。史载伏羲、女娲事迹多与一个名叫"雷泽"的地望有关。雷泽很可能就是著名的"大辰之虚"。"太昊帝庖牺氏，风姓也……有巨人迹出于雷泽，华胥以足履之，有娠，有生庖牺。"（《易系辞正义》引《帝王世纪》："胥，通须，巫也。"《孟子·滕文公上》："禹疏九河，瀹济漯而注诸海。"）所说的漯，或即与雷泽有关，录此备考。

⑯《初学记》卷九引。

⑰雷神、雷祖都是鳄鱼。

⑱丁山《中国古代宗教与神话考》说，典，古文作畾，释作日主。因此，小典即小日主，亦即少昊。

⑲《卜辞通纂·世系》第360片。

⑳日本《甲骨学》1961年8月第9号，第39页。

㉑《山海经》郝笺引文有"大陵主厉鬼"一章。嫘母号西陵氏，亦可称"大陵"。所以，嫘母—西陵—大陵其实就是西王母。

㉒甘肃酒泉嘉峪关石墓壁画有东王公坐扶桑树上，头顶红日，内绘金乌。西王母坐桂树上，头顶盈月，内有蟾蜍（《文物》1979年第6期）。桂树于秋季开花，与月圆之期暗合，所以成为月亮树。

㉓《吕氏春秋·月令》及高诱注。

㉔月神玉兔（白虎）的杵臼捣药，则亦象征性交。

㉕马王堆帛书本《老子》，"谷神"正作"浴神"。又"常仪浴月"，浴神正是常仪。

㉖《老子》中又有"谷得一以盈"之句，旧亦多妄释者。按，谷即月，月得道则充盈，与此句前的两句言"天得一以清，地得一以宁（训贮，深厚也）"正相印合。

㉗《吕氏春秋·君守》："夏鲧作城。"《吴越春秋》："鲧筑城以卫君，造郭以守民，此城郭之始也。"《淮南子·原道训》："昔者夏鲧作三仞之城，诸侯背之，海外有狡心。"

第四章　漫说龙凤

由上述，我们可以讨论在中国神话和中国文化中具有重要意义的两种神秘生物——龙和凤的起源问题。

依据传统的看法，龙和凤乃是上古某些族团所崇拜的两种生物图腾。这两种生物的现实实体，对于龙来说主要是蛇（或其他爬行类），而对于凤来说，是玄鸟——燕子。

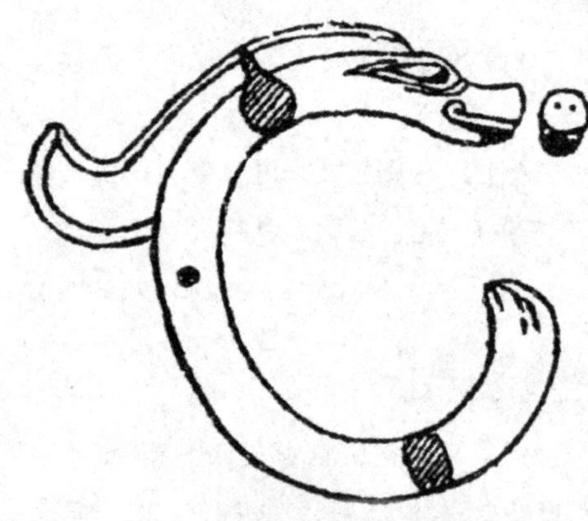

图 45　新石器时代红山文化玉龙（内蒙古三星他拉出土）

这种看法并不全错，但离事情的真相相去甚远。龙的实体绝不是蛇。正因为如此，目前所知最早的龙形器不是发现于中国南部，而是在产蛇较少的东北地区（即 1971 年发现于内蒙古三星他拉地区的玉龙）。这个龙形器属于红山文化，距今约 5000 年①。其形，头部如猪，身蜷曲如钩，但无鳞，表明它与蛇类并无关系。

考古学家认为，这条玉龙制作于新石器时代晚期。其豕首很有些像《山海经》中所说的黄帝之子韩流，“人面、豕喙、麟身、渠股、豚止”。而属于同期同型文化（红山文化）的另一块兽形玉，头部如犬或狐类，身亦蜷曲如钩，无鳞，表明它与蛇类更无关系。就目前所能看到的考古实物而言，龙转化为蛇状鳞身，不会早于商代中期[②]。

那么，龙的实体究竟是什么？对于这个问题，我们应当从两个不同的角度去分析：第一是功能的角度，第二是生物的角度。从人类神话的构创过程看，有一个非常值得注意的规律：许多神灵的起源都是由对自然界作功能性解释的需要出发，而后被人格化为实体。就龙来说，云以及云和雨的功能性关系（云产生雨），是产生龙的意象的基础。古代典籍中说：

> 云从龙……召云者龙[③]。黄龙入藏生黄泉，黄泉之埃上为黄云……青龙入藏生青泉，青泉之埃上为青云……赤龙入藏生赤泉，赤泉之埃上为赤云……白龙入藏生白泉，白泉之埃上为白云……玄龙入藏生玄泉，玄泉之埃上为玄云。[④]

在上引文中，龙与云的关系是十分清楚的。在古人看来，所谓“龙”，乃是形成两种事物的本体，一是水，二是云。龙体入地形成泉水，泉水之气（埃）上天即成为云。

这是以神话意象的形式而出现的一种自然本体论。这种本体论以“龙”这种生物为意象，概括和解释了自然界中泉水和天云的生成原因。

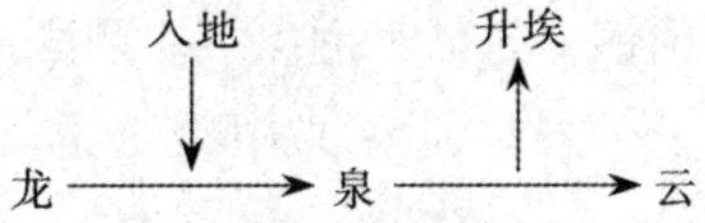

入地　　升埃
龙 ——→ 泉 ——→ 云

《说文》说：

> 龙，鳞虫之长。能幽能明，能细能巨，能短能长。春分而登天，秋分而潜渊。

《左传》昭公二十九年：

> 龙，水物也。

《洪范 · 五行纬》：

> 龙，虫之生于渊，行无形，游于天者也。

《淮南子 · 天文训》：

> 龙举而景云属。

《管子 · 水地》：

> 欲小则化为蚕蠋，欲大则藏于天下。欲上则凌于云气，欲下则入

于深泉。变化无日，上下无时。

《通卦验》：

云气多黑润者，其下有蟠龙。

关于龙的这些传说，剔除其被神话了的意象，即不难看出，这描写的乃是如下一些特征：

1. 大小不定，长短无形；2. 春以后见于天，秋以后隐其形；3. 可以发光（景云），可以变黑（乌云）；4. 来之于水泉。

而所有上述这些特征，不正是云所具有的吗？

所以我的看法是，“龙”就是云神的生命格。而这也正是中国神话中云、雨、雷神名叫“丰隆”（隆、龙古字相通）的原因[⑤]。

在本书关于扶桑树的讨论中我们将证明黄帝族与云具有极密切的关系。《左传》中曾说：“黄帝氏以云纪，故为云师而云名。”非常有趣的是，黄帝与龙也具有极其密切的关系。《史记·天官书》说：“轩辕，黄龙体。”《古今注》：“皇（黄）帝……乘龙上天。”《史记·孝武本纪》：“黄帝采首山铜，铸鼎于荆山下。鼎既成，有龙垂胡髯下迎黄帝，黄帝上骑。”《淮南子·天文训》：“中央土也，其帝黄帝……其兽黄龙。”《开元占经》引《春秋合诚图》：“黄帝将亡，则黄龙坠。”凡此都证明了以云为纪的黄帝与龙有极其特殊的关系，从侧面显示了龙与云的关系。

图46　汉墓砖画黄帝巡天图

太昊、伏羲与黄帝实际是同一个神——太阳神，《左传》上说太昊氏以龙纪而黄帝以云纪，这实际上表明，云与龙的分化与太昊、黄帝的分化是同构的。在现实的自然界中，太阳与云的关系也是极为密切的。云可掩日（云神别名“屏翳”，见《吕氏春秋》），也可以与日辉映成华霞。《山海经》中多次提到“员神”，旧无释者。陆德明《经典释文》指出，经传中“员”“云”二字古音通用，所以“员神”实际就是“云神”。又《山海经 · 西山经》中说：

又西二百里，曰长留之山……实唯员（云）神磈氏之宫。是神也，主司反景。

又西二百九十里，曰泑山……是山也，西望日之所入。其气，员（云）神红光之所司也。

以上我们已证明了，上古神话中的所谓“龙”其实是对一系列相互关联的自然现象——水、云、雨、太阳所作出的功能性解释，这种功能性的解释被本体化为一种有生命的灵物。而龙有原始意象，又是来自云的形象。（**何按，**上引文中，讹字颇多。“磈”当作“魂”。《说文》说：“魂，阳气也。”阳气即云。“泑山”即“幽山”，亦即日落之山。这两条记述的内容正相一致，说云神名叫魂氏，亦叫红光，主司日落之霞光，而这又正好反映了云神与日神的密切关系。）《黄帝巡天图》中，御者是羲和，乘者是黄帝，而云则是他们的车轮。此图中以云为帝车。《大戴礼 · 五帝德》：“（帝喾）春夏乘龙，秋冬乘马，黄黼黻衣，执中而获天下。”又《吕氏春秋 · 仲夏纪 · 古乐》：“帝喾命咸黑作为声。”帛书《黄帝四经 · 十大经》：“黄帝令力黑。”由此看来，帝喾、黄帝是同一人。龙为云象，马也可为云象。《庄子 · 逍遥游》：“野马也，尘埃也。”成玄英疏：“青春之时，阳气发动，遥望薮泽之中，犹如奔马，故谓之野马也。”

正如龙是云的生物化意象一样，作为神鸟的凤凰，就其初义而言，也是一种自然物的生命化意象。

凤和凰在神话中原本是两种不同的神鸟，后世通常将凤和凰解释成同一种鸟的一雄一雌。

《说文》说：

凤，神鸟也。天老曰：“凤之象也，鸿前麐后，蛇颈鱼尾……龙文龟背，燕领鸡喙，五色备举。出于东方君子之国，翱翔四海之外，过昆仑，饮砥柱，濯羽弱水，暮宿风穴，见则天下大安宁。

许慎对“凤”的这一解释，可谓集汉代以前关于凤传说的大成。其文中所极可注意者有如下几点：1. 仅言凤而不言及凰。2. 认为凤是神鸟。3. 凤所在地为“空穴”。4. 凤是东方之鸟，“出于东方君子之国”。按，君子之国者，东夷也。（《说文》：“夷俗仁。”）

实际上，“凤”字就是“风”字。甲骨文中此二字同音、同义、同字、通用，这是王国维论证此点以后甲骨学者人所共知的基本知识。

图47　西汉砖画
太阳神鸟——凰

因此凤鸟也就是风神[6]。《禽经》说：“凤禽，鸢类。越人谓之风伯。飞翔，则天大风。”凤鸟就是“风伯”，古人已很清楚地指出了这一点。

凤是风鸟，凰是什么？凰本字作“皇”（“凤凰”本字记作“凤皇”）。皇、光古音相通，所以皇鸟实际上就是“光鸟”，亦即“太阳鸟”。

在古代艺术中至今仍为我们保留了这种神奇的太阳鸟——皇鸟的完整图形（图47）。

《初学记》卷三十引纬书《春秋孔演图》说：“凤，火精。”（**何按，**此“凤”字当作“皇”。凤、凰初义不同，但汉代以后则混为一谈了。）《鹖冠子·度万》：“凤凰者，鹑火之禽，阳之精也。”

凤与凰分别是两种自然事物的生物化意象，凤是风神，而皇则是太阳鸟，亦即所谓“火精”，是太阳的生命意象。太阳每天像鸟一样运行不止，所以先民把它看做有生命的神鸟。

《山海经·南山经》说：

> 丹穴之山……有鸟焉，其状如鸡，五采而文，名曰凤皇……是鸟也，饮食自然，自歌自舞，见则天下安宁。

丹穴在什么地方？《尔雅·释地》中作了解释：“距齐州以南，戴日为丹穴。”丹穴其实就是火山口“太阳山”。

太阳别名“丹朱”，丹朱乃是太阳之色，而丹穴也就是“丹朱之穴”——太阳之家。那么，说凤凰出于丹穴，不正是说太阳就是凤凰吗？

《山海经》中所描述的凤凰形象似乎也是古人对于太阳的一种浪漫化想象。由此我们也就可以理解，为什么《说文》等书中说凤凰是鸟王，“凤飞，群鸟从以万数”。这正是早晨日出时极常见的自然景象，在这里被转化成了一种神话性的意象——日出之后，随着太阳鸟的飞起，有成千上万的鸟类经过一夜的休憩之后复苏和鸣唱，纷纷腾飞。由此，我们又可以知道为什么凤鸟被看做“历正之官”（《左传》昭公十七年）。因为太阳是古人用以制订历法的主要天文参照物。

又，《山海经》中说：

> 弇州之国，五采之鸟仰天，名曰鸣鸟。爰有百乐歌舞之凤。
>
> 有五采之鸟，相乡弃沙，唯帝俊下友。
>
> 帝下两坛，采鸟是司。

古语中羽毛称“沙”。《魏文帝杂占》：“黄帝祥图，五龙舞沙。”《诗经 · 鲁颂 · 閟宫》：“牺尊将将。”毛注：“牺尊，有沙饰也。”《周礼 · 春官》郑玄注引郑众：“牺尊，饰以翡翠；象尊，以象凤凰。”可知“沙饰”即“莎羽翡翠”之属也。《礼记 · 明堂位》郑玄注：“牺尊，以沙羽为画饰。”别本“沙”作“莎”。⑦

“五采鸟”是什么？《山海经》说：“五采鸟三名，一曰皇鸟，一曰鸾鸟，一曰凤鸟。”原来五采鸟仍然是凤凰。

在中国古神话中，凤凰历来被看作一种音乐鸟，其原因就在于凤鸟是风神，而风又是天然音乐的创作者。《吕氏春秋 · 仲夏纪 · 古乐》中说：“惟天之合，正风乃行。其音若熙熙凄凄锵锵。帝颛顼好其音，乃令飞龙作，效八风之音，命之曰《承云》，以祭上帝。”中国音乐起源于风鸣之声，亦即所谓“效八风之音”。《吕氏春秋 · 仲夏纪 · 古乐》又说：

> 昔黄帝令伶伦作为律……取竹于嶰溪之谷……而吹之……听凤皇之鸣，以别十二律。

所谓“听凤皇之鸣”，也就是前引文中所谓“效八风之音”。古音律之作，实本于风音。所以风神，即凤神，也就是中国的古乐神。大概正因为如此，“风”实际上曾成为中国古代乐歌的总名⑧。

前已指出日神皇（凰）与风神（凤）本不相同，其相同之处仅仅在于二者都是鸟。而古人早已知道，作为自然现象的风与作为自然物的太阳具有密切的关系。郭沫若曾指出，在甲骨文中记有“凤是帝使”，风神是太阳神帝的使者。《山海经》中曾大量地述及黄帝、西王母的使臣是“凤后”，是“青鸟”“鸾鸟”或“凤鸟”。天之色青，所以青鸟即天鸟。“鸾”古音与“仑”同，所以鸾鸟实际即“昆仑鸟”，亦即“仙鸟”。无论这几种鸟的表层结构上有什么差异，其深层结构都是风神，即凤鸟。为什么凤鸟与太阳神会具有如此密切的关系呢？这是因为，古人早已知道，日夜的划分、四季的形成和变化都是由太阳决定的。这种天文知识也正是形成太阳神的宇宙至上神观念和对太阳神崇拜的宗教意识的自然基础，也是古代一切太阳神话的深层结构。在四季的转换中，风与风向的变化是最明显的征兆，所以古人把风看做太阳的使者，很合乎情理。而风神与日神的合一，正是凤凰神鸟在中国神话中形成的由来。

在中国神话中，太阳与鸟一向具有不解之缘。早在距今7000年左右的南方河姆渡文化和中原仰韶文化中，即已出现了以太阳和鸟为母题的工艺品（图48、图49）。

图48　河姆渡日鸟护身符及仰韶庙底沟陶饰

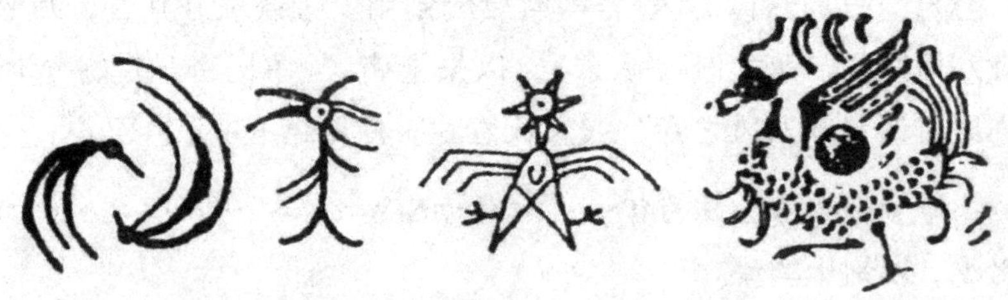

图49　各种被想象成鸟的太阳（凰）

关于太阳与鸟的传说又可分为二系：一谓太阳本身就是鸟；一谓日中有乌，黑乌、金乌或三足乌。

这是两系不同的传说，就其深层结构来说，所表现的可能也属于两种

图50　日中三足乌

不同的自然意象。前者通过风与太阳的关系，对太阳运动作出了一种解释：太阳负载于风神（鸟）身上而运行。这实际是对太阳运行动力的神话性解释。但在战国的传说中，太阳运行的这一动力则由凤（风）转变成了龙（即“六龙御日”）。而第二种传说的“日中有乌”的真实意象可能是指太阳中的黑子。

关于日中黑子的记载，最早见于《易 · 丰卦》中：“日中见斗。”“日中见沬（沬通昧，即晦）。”按，“沬”“昧”同音相假。“日中见斗”可作两种解释：一为白天中午天空中出现了斗——这意味着发生了日全食；一为太阳中发现斗状的黑斑，即黑子。“日中见沬”可断定是指太阳中的黑子。由太阳中存在黑子、黑乌的观念出发，我们又可以理解古人为什么认为有一种太阳是黑色的，即“黑阳”“青阳”或所谓“苍帝”。

正如龙本来是云神，后来被生物化，附会于蛇、龟、黾、鳄以至马、猪等一样，凤凰鸟本来是关于风神和太阳神的两种生物意象，后来也被附会转化为许多种不同的生物。古代文献中所记载的凤鸟异名异属，名目极为纷繁，如鸾、鶠、鹑、鹔鷞、鷟（鸑鷟）、鵻雉、鹄、鵔鸃、幽昌、焦明，等等⑨。

而其深层结构则大体不出于以下四类：

1. 翟，即锦鸡、山雉（凤凰别名“天翟”）。

2. 丹头，即丹顶鹤（这是仙鹤在中国文化中成为艺术主题和吉祥鸟的原因）。

图51　汉瓦当画凤凰太阳

3. 天鹅，即鸾鹅、鹔鹴。

4. 燕类，亦即后世所谓玄鸟，演变为“赤燕”，一种不存在的燕类。

在凤凰的诸异名中，最值得注意的是“鵔䴊”和“玄鸟”两种。

《说文》鸟部说：有一种凤凰（赤雉）名叫鵔䴊，省称即是“鵔”。鵔就是“夋”，即太阳神。

鵔鸟也就是《淮南子》中所记的一种太阳鸟——“鵔乌”：“日中有鵔乌。”（《淮南子·览冥训》）

“鵔”古音与“羲”相同。由此可知，䴊与太阳神的另一系名称——羲也相契合，所以鵔䴊—凤凰就是太阳神。伏羲姓风，而风、凤在甲骨文中是同一个字。据此可知，太阳神伏羲姓风也就是姓凤，更可以印证太阳神与凤凰之间具有何等深刻的关系！至于玄鸟，也是凤凰的一种变名。《离骚》：

> 望瑶台之偃蹇兮，见有娀之佚女。
> 凤皇既受诒兮，恐高辛之先我。

这里屈原讲的是简狄吞凤凰卵降生商族祖先的故事（这一故事表明殷商人认为自己是太阳鸟的后代）。在《天问》中屈原又一次谈及此事，却称凤凰为玄鸟：

> 简狄在台，喾何宜，玄鸟致贻，女何喜？（大意是：简狄在台上，

上帝为什么要生事，何必派玄鸟去让她有喜呢？）

两相印证可见，在古人眼中凤凰就是玄鸟，二者同实而异名。

在《吕氏春秋 · 季夏纪 · 音初》中亦述及此事，却将玄鸟解作燕子。按，玄鸟之玄有二解。玄通作圜（古音玄），天也。凤凰古名中有“天鸟”或“天老”之称（鸟古音 diǎo，与老叠韵相通）[10]。《诗经 · 商颂 · 玄鸟》：“天命玄鸟，降而生商。”

玄鸟是天帝的使者，那么显然不会是指人间的燕子。“玄”字有“黑”意，也可释玄鸟为黑色鸟，即乌鸦或燕子；但这显然是误解，已不合玄鸟的本义。这一误说见于《吕氏春秋》，其由来也应是很久远了。

凤凰为祥鸟、太阳鸟，故古人以之避邪（镇墓鸟神），象征吉祥（鸟书文字）。此并非纯为美观。正如草书于晋代起于符篆，鸟书之作亦有神秘宗教含义。鸟书盛行于春秋战国之吴楚宋，皆为拜日之族（河姆渡鸟护身符亦起于此，非偶然也）。商人拜日，故亦宗鸟。许慎《说文解字 · 叙》：“六曰鸟虫书，所以书幡信也。”幡、符通，符信即神秘用具也。所谓鸟虫，别名羽虫，即鸟也。《孔子家语》：“羽虫三百有六十，而凤为之长。”《大戴礼 · 曾子天圆》：“羽虫之精者曰凤。”鸟虫书，即凤凰文也。

鸟虫书以凤为主，间有龙鱼之形。鱼，鲁也，嘉美之意。龙亦神物。唐玄度《论十体书》：“鸟书，周史官史佚所撰，粤在文代，赤雀集户。降及武朝，丹鸟流室。今鸟书之法，是写二祥者焉。”唐韦续《五十六种书》：“武王时丹鸟入室，以二祥瑞，故作鸟书。”

凤凰形象后来与燕子、乌鸦、大雁、天鹅、丹顶鹤、锦鸡等禽鸟类相附会而被世俗化了，后世史书中发现凤凰的记载，由两汉到晚明乃史不绝书（见下页附表）。如果这种记载可靠的话，那么人们所见应不外乎前述四大类禽鸟而已。

附

历代发现凤凰简表

发现时间					发现地方		文献记载
公元	朝代	庙号	纪元	年	古地名	今地名	
前 84 年	西汉	昭帝	始元	三	东海	山东费县等	《汉书·昭帝纪》
前 73 年	西汉	宣帝	本始	元	胶东	山东平度等	《汉书·宣帝纪》
前 70 年	西汉	宣帝	本始	四	安丘	山东安丘	《汉书·宣帝纪》
前 69 年	西汉	宣帝	地节	元	鲁郡	山东曲阜	《汉书·宣帝纪》
前 65 年	西汉	宣帝	元康	元	泰山	山东泰安东南	《汉书·宣帝纪》
前 61 年	西汉	宣帝	神爵	元	南郡	湖北与四川交界	《汉书·宣帝纪》
前 60 年	西汉	宣帝	神爵	二	长安	陕西西安西北	《汉书·宣帝纪》
前 58 年	西汉	宣帝	神爵	四	长安	陕西西安西北	《汉书·宣帝纪》
前 58 年	西汉	宣帝	神爵	四	杜陵	陕西西安东南	《汉书·宣帝纪》
前 58 年	西汉	宣帝	神爵	四	上林	陕西西安市	《汉书·宣帝纪》
前 55 年	西汉	宣帝	五凤	三	长安	陕西西安西北	《汉书·宣帝纪》
前 51 年	西汉	宣帝	甘露	三	新蔡	河南新蔡	《汉书·宣帝纪》
41 年	东汉	光武帝	建武	十七	郏县	河南郏县	《后汉书·光武帝纪》
86 年	东汉	章帝	元和	三	肥城	山东肥城	《后汉书·章帝纪》
124 年	东汉	安帝	延光	三	济南	山东济南东南	《宋书·符瑞志》

续表

发现时间					发现地方		文献记载
公元	朝代	庙号	纪元	年	古地名	今地名	
124 年	东汉	安帝	延光	三	新丰	陕西临潼东北	《宋书·符瑞志》
151 年	东汉	桓帝	元嘉	元	济阴	山东定陶西北	《宋书·符瑞志》
181 年	东汉	灵帝	光和	四	新城	河北伊川北	《宋书·符瑞志》
220 年	东汉	献帝	延康	元	石邑	河北鹿泉东南	《宋书·符瑞志》
220 年	三国魏	文帝	黄初	元	石邑	河北鹿泉东南	《三国志·魏书》
226 年	三国吴	大帝	黄武	五	苍梧	广西梧州	《三国志·吴书》
229 年	三国吴	大帝	黄龙	元	武昌	湖北武汉	《三国志·吴书》
265 年	西晋	武帝	泰始	元	郡国		《晋书·武帝纪》
266 年	西晋	武帝	泰始	二	郡国		《晋书·武帝纪》
269 年	西晋	武帝	泰始	五	赵国	河北邯郸	《晋书·武帝纪》
271 年	三国吴	乌程侯	建衡	三	西苑		《文献通考》第三一三卷
360 年	东晋	穆帝	升平	四	丰城	江西丰城	《宋书·符瑞志》
361 年	东晋	穆帝	升平	五	沔北	陕西沔县东	《宋书·符瑞志》
361 年	前秦	苻坚	永兴	五	长安	陕西西安西北	《晋书·秦纪·苻坚》
420 年	南朝宋	武帝	永初	元	山阴	浙江绍兴	《宋书·符瑞志》
437 年	南朝宋	文帝	元嘉	十四	秣陵	江苏南京东南	《宋书·符瑞志》

续表

发现时间					发现地方		文献记载
公元	朝代	庙号	纪元	年	古地名	今地名	
454 年	南朝宋	孝武帝	孝建	元	丹徒	江苏镇江	《宋书·符瑞志》
566 年	北朝周	武帝	天和	元	梁州	陕西南郑县东	《文献通考》第三一三卷
694 年	唐	武后	长寿	三	苑丘	河南新郑东北	《文献通考》第三一三卷
917 年	五代前蜀	王建	天汉	元	万岁	四川达县	《文献通考》第三一三卷
988 年	北宋	太宗	端拱	元	清远	广东清远	《文献通考》第三一三卷
1004 年	北宋	真宗	景德	元	白州	广西博白	《文献通考》第三一三卷
1074 年	北宋	神宗	熙宁	七	增城	广东增城	《文献通考》第三一三卷
1101 年	辽	天祚帝	乾统	元	郭阴	北京通州区南	《续文献通考·物异十二》
1202 年	金	章宗	泰和	二	武安	河北武安	《金史·五行志》
1351 年	元	顺帝	至正	十一	庆远	广西宜山	《续文献通考·物异十二》
1622 年	明	熹宗	天启	二	禹州	河南禹县	《续文献通考·物异十二》

注释

①《文物》1984 年第 6 期，第 7 页。

②龙即夔。龙为辟邪之物，此可释古人佩玉龙之功能。作为击鬼神的“钟馗”一名得自仲虺，其原型也是夔龙。

③《易 · 系辞》。

④《淮南子 · 墬形训》。

⑤见《楚辞 · 九歌》王逸注及《淮南子 · 天文训》高诱注。此所论龙与云、雨的关系都是成立的。我后来的研究表明，龙的真相是鳄鱼以及海鲸，这两种动物都是能成云造雨者。

⑥郭沫若《卜辞通纂》卷二第 82 页：“古人盖以凤为风神。”

⑦袁珂《中国古代神话》不明“弃沙”本义，释作“婆娑”，谬。

⑧由此又可以解决一个千古之谜。《诗经》中分风雅颂三部，风之取义历来众说纷纭。今按，《吕氏春秋 · 季夏纪 · 音初》：“实始作为南音……取风焉”，“作为西音……取风焉，是故闻其声而知其风。”古人认为，自然之音乐是风。而音、言同字。天之音言，是为风也。所以“风”成为古代音乐歌唱之共名（在《诗经》中，风即乐歌，雅是祝歌，颂是颂歌）。

⑨《尔雅翼》引蔡衡说和《禽经》原文，按赤、黄、青、紫、白五色，分凤鸟为五属；又引《说文》按东、西、南、北、中五方，分凤鸟为五属。见《学津讨原》第 36 本，第 3 页。

⑩说见邢公畹《语言论集》中《鸟的上古音》一文。俞正燮《癸巳存稿》卷六引《河图挺左辅》：“天老云：‘……今凤凰已下三百六十日矣。’”可见天老主司凤凰。并见《说文》。

第五章　古昆仑——天堂与地狱之山

在中国传说中有一座神秘的大山，即著名的昆仑山。

在中国神话中，昆仑山的地位可以同希腊神话中奥林匹斯山的地位相侔，它是一座上帝和众神所居的万神山。

海内昆仑之虚，在西北，帝之下都。昆仑之虚方八百里，高万仞，上有木禾……百神之所在，在八隅之岩，赤水之际。非仁羿（当校作“羽人”）莫能上冈之岩[①]。

地部之位起形高大者有昆仑山。广万里，高万一千里。神物之所生，圣人仙人之所集也。出五色云气，五色流水。其泉南流入中国也，名曰河（指黄河）。其山中应于天，最居中[②]。

在古神话中，昆仑山是黄帝—上帝和女神西王母所居的神山：

黄帝游乎赤水之北，登乎昆仑之丘[③]。

昆仑之虚，黄帝之所休[④]。

昆仑之丘……黄帝之宫[⑤]。

西海之南，流沙之滨，赤水之后，黑水之前，有大山，名曰昆仑之丘……有人戴胜、虎齿，有豹尾，穴处，名曰西王母[⑥]。

西王母梯几而戴胜杖。其南有三青鸟，为西王母取食，在昆仑虚北[⑦]。

昆仑之山……上有大鸟，名曰希有。南向，张左翼覆东王公，右翼覆西王母。背上小处无羽，一万九千里。西王母岁登翼上，会东王公也……其《鸟铭》曰：“有鸟希有，碌赤煌煌，不鸣不食。东覆东王公，西覆西王母。王母欲东，登之自通。阴阳相须，唯会益工[⑧]。

这种碌赤煌煌的稀有鸟，即鵕鸟，也就是凤凰。据说，昆仑山上有各种奇珍异物：

西海之南，流沙之滨，赤水之后，黑水之前，有大山，名曰昆仑之丘。有神，人面虎身，有文有尾，皆白，处之……此山万物尽有[⑨]。

图 52 摹自汉代一座墓砖壁画，描绘了昆仑山上的各种奇珍异兽。

(1) 白虎　(2) 太阳　(3) 若木　(4) 螣龙　(5) 飞廉　(6) 建木
(7) 凤凰　(8) 扶桑　(9) 鸾鸟　(10) 乘黄　(11) 杜衡

图 52　昆仑山上的奇珍异兽

昆仑山所在的地望，《山海经》及《淮南子 · 墬形训》均说叫“都广之野”。“都广”在《太平御览》《艺文类聚》所引古本《山海经》中均记作“广都”[⑩]。而广、黄二字古通用。由此可知，所谓广都其实就是“黄都”，也就是“黄帝下都”。而黄都（广都、都广）之野，《山海经》《淮南子》均说位于天地正中心。

建木在都广[⑪]，众帝所自上下。日中无影，呼而无响，盖天地之中也。

建木在昆仑山上，位于天地正中轴上。据张华说，“其山中应于天，最居中”，所以建木、昆仑所在的黄都，即“都广”，当然也是天地之正中：

都广在西南，其城方三百里，盖天地之中也。

昆仑山位于天地正中，所以其山又称钟山（《淮南子 · 俶真训》：“钟山之玉。”高诱注：“钟山，昆仑也。”），钟即中也。

天地之中所在的陆地，古人又称作“齐”“天齐”或“齐州”。《尔雅 · 释言》：“齐，中也。”“齐”，古文通作“脐”[⑫]。脐是人体正中，所以天地之中地称作“齐”（或天脐）。根据中国上古时代的天地四方观念，齐州所在的齐鲁之地被看做天地的正中区。齐通作“冀”。《山海经》郭注：“冀州，中土也。”《淮南子·墬形训》：“正中冀州曰中土。”高注：“冀，大也。四方之主，故曰中土。”《列子·周穆王》：“四海之齐，谓中央之国。”《汉书·郊祀志》：“齐之所以为齐，以天齐（脐）也。”《汉书·郊祀志》颜师古注：“如天之腹脐。”《尔雅·释地》：“自齐州以南戴日为丹穴，北戴斗极为空同，东至日所出为大平，西至日所入为大蒙。”

扬雄《法言》：“中于天地者为中国。”这就是中国古代人的地理观念。

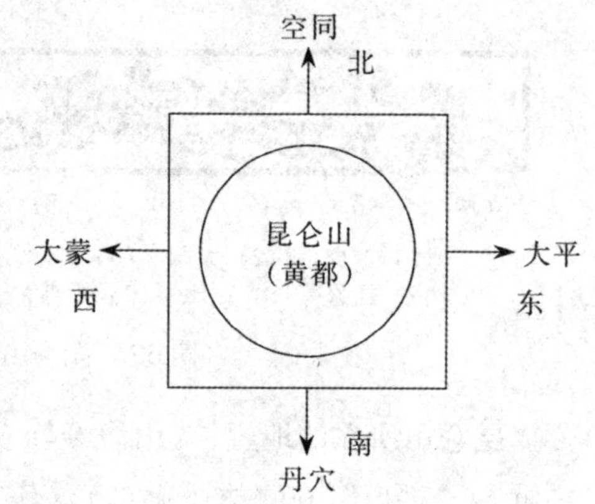

由昆仑山和都广（黄都）所在是天地正中这一方位，我们也就可以判断出这座古大山的真相了。这座山实际上就是中岳——泰山。

吕思勉著（《先秦史·民族原始》）说：

> 吾国古代自称其地为齐州，济水盖亦以此得名。《汉书·郊祀志》曰：“三代之居皆在河洛之间，故嵩高为中岳，而四岳各如其方。”以嵩高为中，乃吾族西迁后事，其初实以泰岱为中。

吕说极确。“泰岱”也就是泰山。在古代中国人的观念中，泰岱及其所在的齐州正居于天地的正中心，而这与昆仑山及其所在的都广之野恰相重合。又，“都广”即黄都，亦即黄帝之都。而史籍记载黄帝都邑位在泰山之下的曲阜。由此又可确证，古昆仑山实即泰山。都广之野亦即黄都曲阜所在的齐州。又由此可见，就中国文化的整体来看，“中庸”或“用中”的观念，实起源于古人求天地正中而居的地理观念，后来方转化为一种伦理的观念。这种观念从古昆仑山地理位置的确立开始，可说是根深蒂固的。《史记·封禅书》记汉武帝封泰山：“泰山东北部上古时有明堂。处险不敞。济南人公玉带上黄帝时明堂图。明堂图中有殿，四面无壁，以茅盖，通水，环宫植为复道，上有楼，从西南入，命曰昆仑。天子从之入，以拜祠上帝焉。”此泰山古名昆仑之确证也。

由《山海经》所描述的昆仑山地理观念看出，写作《山海经》的人居地应略偏于我国东北部地区。因此在作者的眼中，昆仑山和都广之野既在天地中心，又在他们的西南方向。而由后一点出发，汉晋以来对于昆仑山的所在地就形成了一种积非成是的谬见。西汉以后人多把昆仑山看做中国西北高原今日的祁连山或昆仑山，验诸古籍，这一看法却不可能成立。就典籍中的记载看，中国历史上的昆仑山至少有三处：

1. 《山海经》所记先秦人心目中的昆仑山，其地应在天地正中。

2. 西汉人心目中的昆仑山，地在甘肃临羌西北酒泉市南，其山今称祁连山。祁连山介于甘、青两省之间，由汉代匈奴人所命名[13]。

3. 唐代以后的昆仑山，亦即后人认为是黄河河源所出地的昆仑山，地点在新疆、西藏的交界处[14]。

这三座昆仑山显示了一种不断向西北迁扩的趋势。这种趋势反映出古代中国人天地地理观念的不断扩大。还有极为重要的一点：在中国古人的心目中，昆仑山不仅是天地中心之山，而且是黄河河源所出之山。昆仑山的西北迁移是与古人追索黄河之源的认识和实践的发展过程相一致的。

历史学家何幼琦在《海经新探》一文中，根据对古昆仑山地理方位的考察，得出了和我相同的看法。他也认为古昆仑山就是今日的泰山：

> 《海经》讲的地区，中心是一座大山，名为昆仑虚。山的四周有几条大川，分别流入附近的几个大海。这该是探讨《海经》的关键。要想确认昆仑虚的具体地望，首先必须排除各种误解的干扰。由于《海经》有“河水出昆仑东北隅”的记载，曾引起一些误解：最先是汉武帝根据使者调查报告的错误结论……把于阗南山定名为昆仑。其后是历代探研“河源”的人，莫不把自己主观判断的河源之山当做《海经》的昆仑[15]……《海内西经》：“昆仑之虚……赤水出东南隅……河水出东北隅。”

这实际上表明，在中国古人的地理观念中，曾经认为昆仑山—泰山是黄河的出源山。《淮南子·墬形训》中说昆仑山下有赤泉、黄泉。按，甲骨文中泉、源同字。赤泉、黄泉本义应是指赤水、黄河之源。但是在《淮南子》中，远古的这种地理观念已经被汉人根据五行观念加以改变，又增益附会出了所谓“青、黑、白”三色泉[16]。这种附会虽然出于五行观念，就其深层结构而言，却并非全无根据："齐多甘泉，甲于天下。从地质构造看，泰山山区北部，在中上寒武系和奥陶系石灰岩分布的丘陵，特别是其边缘地带，源源泉水，纷纷涌露。这一带泉多水盛，皆为岩溶泉。"[17]

审读《山海经》所记昆仑山周围地理形势，有如下几点最须注意：

1. 昆仑虚东北有一大水，即黄河（"河水"）。东南有一大水，名赤水。

2. 昆仑虚周围多流沙："流沙出钟山，西行又南行。昆仑之虚，西南入海。"[18]"流沙之滨，赤水之后，黑水之前，有大山，名曰昆仑之丘。"[19]

3. 昆仑虚周围多大泽，如西有丹泽[20]，东有巨野泽[21]。

4. 昆仑虚临近两个大海——渤海和南海："赤水出东南隅，以行其东北，西南流，注南海……河水出东北隅，以行其北，西南又入渤海。"[22]

这种地理形势与今日中国西北地区的昆仑山形势绝不相合（所言"流沙"实别有含义，非指沙漠），却与泰山周围的地理构造和形势基本相合。关于这一点，何幼琦先生文中已提出了一些重要的论据（特别是对于黄河河源问题，何先生作了精彩的解释）[23]。我这里再作一些补充。近人在一部研究泰山地理的书中指出：

> 泰山的位置，在山东省境内。山之北属古代的齐国，山之南属古代的鲁国。所以，"齐鲁青未了"也正好道出了泰山位置的特征。这里，离海很近，向东南约二百里遥，就是烟波浩渺的黄海。它的北面、西面和西南面，均为辽阔坦荡的黄淮海平原所环抱。源远流长的黄河，就在近处奔腾东泻。纵览我国东部沿海广大区域的地理形势，泰山独占鳌头，居高临下，成为万里原野上的"东天一柱"。[24]

请看今日泰山地区的一张略图（图53）。由图中可以看出，泰山水系分为两大脉络。北系汇于黄河、小清河——这就解释了古书中所说的河水出昆仑虚东北隅的含义。南系则汇于汶河，而"汶河沿泰山南麓西流，注入东平湖"[25]。参照《淮南子·墬形训》中所说："赤水出其东南陬，西南注南海丹泽之东，赤水之东弱水出自穷石，至于合黎，余波入于流沙，绝流沙，南至南海。"可以推断，古赤水应就是今日汶河，而古丹泽应也就是在泰山西南的今日之东平湖。

昆仑虚周围多"流沙"，又有所谓"弱水"。过去人们多认为，所谓

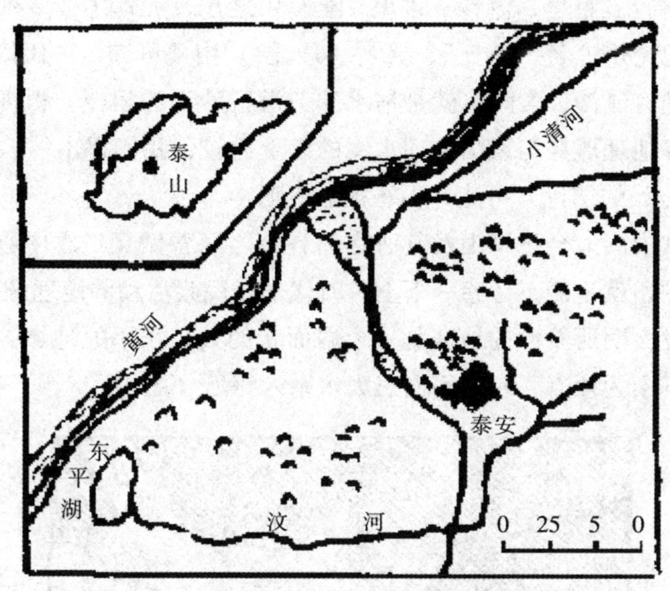

图53　泰山的地理位置

“流沙”就是沙漠，所谓“弱水”也就是《大唐西域记》中所记的西弱水。这是以后世的观念不自觉地误解古人的一个实例。而这一误解长期以来一直是支持古昆仑山位于大西北说的一个主要论据。实际上，《山海经》所记“流沙”是泰山山区所特有的一种地理现象，今日泰山人称之为“沙河”：

> 所谓沙河是当地居民的一种习称。由于泰山地区降水集中，坡降陡峻，林木稀少，河流多属暴流性质，具有季节性的异常洪水和异常枯水的极端现象。每逢夏秋暴雨之后，河水猛涨，奔腾澎湃，汇为巨流，山洪挟带大量泥沙砾石汹涌前进，但历时很短，水位即迅速下落，于是所携沙砾也纷纷停积下来（此即所谓“流沙”）。而平时只剩下涓涓细流，且往往潜流于河底堆积物中，在宽浅的河床上唯有累累沙石。[26]

这种大面积的沙砾堆积物和涓涓细流，应就是古书中所记昆仑虚周围的“流沙”和“弱水”。而《淮南子 · 墬形训》中所记“弱水出自穷石，至于合黎，余波入于流沙，绝流沙”[27]，《山海经 · 西次三经》“不周之山……东望泑泽，河水所潜也，其原浑浑泡泡”，《山海经 · 东山经》记泰山“又南水行五百里，流沙三进里，至葛山之尾，无草木，多砥砺”及兖州地方志记兖州古名“沙丘”，又名“瑕丘”。由此可知，古代传说一直认为泰山周围有流沙，实际也就是枯水季节潜行沙下的河流。根据古书中所记的昆仑虚地理形势与泰山地理水文的以上比较，我们得出“古昆仑山就是今日泰山”的结论，可能并不算很孟浪吧？

为什么中国人会把泰山及其所在的齐鲁之区看做天地之中心呢？要回答这个问题，就不能不考察一下上古时代华夏民族活动的地理区域。

古华夏文明所肇源的地区是一个扇面状的大三角平原地域，这一地域以中部的泰山为顶点，东部面向三大水系入海处（图54）。

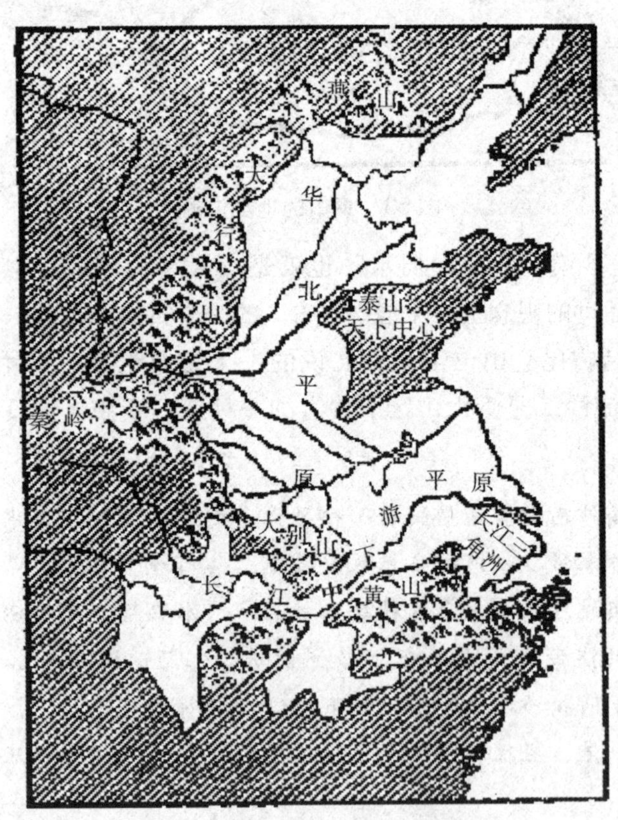

图54　古华夏地理形势图

由图中可以看出，这个三角形北顶点在燕山脚下，南顶点到达长江入海处的杭州湾，东部拥有今日山东、江苏两省海岸线的全部，以及河北浙江海岸线的一部分。西顶点位置靠近华山、嵩山和三门峡。其面积包括今日山东、河南、江苏的全部以及河北、安徽、浙江的部分，其周围几乎完全被山岳和大海所环绕——其北面有燕山，南面有伏牛山、桐柏山、大别山，西面有太行山、秦岭、大巴山，东面是山东丘陵和大海。这个大三角区域，就是中国古史上著名的中州——中原地区，亦即古代人心目中所谓“中国”的所在地（见图55）。环绕中州的三面群山，加上矗立在山东半岛滨海东端的群山丘陵，就是上古史上著名的“四岳”之所在[28]（《吕氏春秋·慎势》：“古之王者，择天下之中而立国。”），也是“四渎”之所在[29]。这块大平原的总面积约略为三十万平方公里，中华民族的母亲河之黄河、长江横贯其中。古华夏的民族和文化就是在这块平原的怀抱中孕育而成的。在这块大平原的西北边缘，沿黄河上溯，穿过稷山、中条山口，进入一个曲折的狭长平原小区（图中未标出），此就是汾渭平原和秦晋高原（古周原）。其南侧为崤山山脉，西连秦岭，黄河傍有乾山。这里是中国古史上夏族（晋）和秦文化的孕育地，陇山、秦岭、吕梁、太岳、太行、泰山环居若屏障然。而由大平原的南顶点河南南阳出发，循汉水南下，穿过伏牛山、武当山、桐柏山、大别山诸山口，进入又一块小平原区——江汉、两湖平原，这里是楚文化的孕育地。

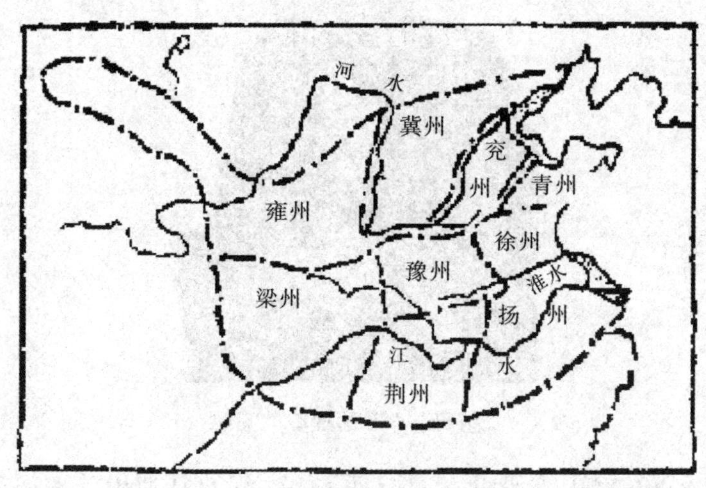

图55　《禹贡》九州示意图

从古地理学的观点看，这块大平原出现在距今约一亿年前，是由黄河、海河、滦河等河流的泥沙堆积而成。在整个呈三角状的大冲积平原上，地势均极为平坦。只有三角地域的中部略偏东北的地区，矗立着一座高山，这就是古称中岳，也被看作位于天地之正中的泰山[30]——上古中国人心目中的昆仑山。

泰山是昆仑山，我们已从地理位置上作了论述。以下再从名称的考证和昆仑山—泰山在中国神话中的地位两个方面提出证明（古中原地势较今低，故泰山显得更高）。

古人称山为“垣”，垣转音即岳（嶽）。故泰山古称“大岳”“岱岳”或“泰岳”。

《尚书·尧典》说四岳有岱宗、南岳、西岳、北岳。将泰山作为“岱宗”而列居众岳之首。

《风俗通》说：

> 泰山，山之尊者。一曰岱宗。岱者，始（胎）也。宗者，长也。万物之始，阴阳交代，故为五岳之长，王者受命，恒封禅之。

《史记·封禅书》：“二曰地主，祠泰山、梁父。”“地主”即“地柱”。由此可见，泰山在中国古人的心目中具有一种非常神秘和神圣的地位。这一点也反映在它的命名上（图56）。

图56 “五岳独尊”石刻

泰山，古又记作“太山”。太、大、天三字古代通用（太、大古音相同，而在甲骨文中天、大通用），所以泰山就是大山[31]，也就是天山。这个名称表示了它具有上通天帝的意义。而“昆仑”二字在古代也正是“天”的称号。

图57A　泰山南天门

图57B　泰山玉皇顶上的石表
相当于昆仑山顶的“建木”
高6米，宽1.2米，厚0.9米

扬雄《太玄》：“昆仑旁薄幽。”注文说：“昆仑，天也。”“旁薄”是双声联绵词，古称浩大为“旁溥”。幽，即玄远幽深。扬雄作《太玄》好用古义僻字。在这里，他所使用的显然也是“昆仑”一词的古义，即天。昆仑是天的名称，是因为昆仑通作混沦，亦即混沌和浑沦。

岑仲勉《西周文史论丛》引王棻友《侍行记》（卷五）说：“考昆仑者当衡以理，勿求诸语。上古地名多用方言，昆仑乃胡人语，译其声无定字。或称昆陵（东方朔《十洲记》）、混沦（郑康成《周礼注》）、祈沦（王嘉《拾遗记》）。要之为胡语‘喀喇’之转音，犹言黑也。”此说甚确。《晋书·李太后传》中有这样一句话：“时后为宫人，在织坊中，形长而色黑，宫人皆谓之昆仑。”《旧唐书·地理志》：“自林邑以南，皆卷发黑身，通号为昆仑。”隋末称茄子为昆仑紫瓜。由此正可以印证上说，并了解古昆仑一词的确切语义：形体高大而黑即称作昆仑。则昆仑正与今语中的“混沦”“混沌”或“浑沦”诸词意义相同。虽然混沦、浑沦一语的语源究竟何在今已不可深考，但《庄子》《汉书·古今人表》及《帝王世纪》中均有“浑沌氏”。古人观念中常认为有天地之前的状态为“浑沌”“混沦”。长沙马王堆出土西汉帛书《黄帝四经·十大经》：“无晦无明，未有阴阳。阴阳未定，吾未有以名。”《列子》描述天地开辟前的状态：“万物相混沌而未相离也。”屈原《天问》：“遂古之初，谁传道之？上下未形，何由考之？冥昭瞢暗，谁能极之？”凡此所言，正是混沦、浑沌的原始语义。而混沌一团又是云气的写照，所以在古语中混沌、昆仑也成为天体和云气的一种称号。《山海经·西次三经》：“南望昆仑，其光熊熊，其气魂魄。”按，“魂魄”二字乃有人妄改，古本应作“魂魂”。魂与云音义均同，故“其气魂魂”，亦即“其气云云”。在今日泰山岱顶有一巨大建筑群，系建于宋代，称碧霞灵佑宫，所祀之神名碧霞元君，乃是传说中的泰山主神。对此神的来历，异说纷纭。实际上，碧霞元君也就是《山海经》中所说的云神“红光”。由上述可知，古人所称昆仑山可能有三个意义：1.“昆仑”象征这座山在天地未开、混沌之时即已存在，形容其来历之古老。2. 以“昆仑”象征此山顶天立地，云气缭绕（混沌）。3. 以“昆仑”称颂其山之高。

《水经注·河水一》：“三成（层）为昆仑丘。”郝懿行《山海经疏》：“昆仑者，高山皆得名之。”《尔雅·释丘》：“丘一成为敦丘，再成为陶丘，再成锐上为融丘，三成为昆仑丘。”又，《通典》卷四五引郑玄说：“昆仑即是土地高著之称。”综上诸义，可以看出昆仑山的名号均与“天”和“大”有关。所以可确定昆仑山的含义也就是天山和大同，与“泰山”一词的含义又正相切合。我们再来考察一下关于古昆仑山和泰山的种种传说，看看二者是否相合。

《水经注·河水一》说：

> 《昆仑说》曰：昆仑之山三级，下曰樊桐，一名板桐；二曰玄圃，一名阆风；上曰层城，一名天庭，是谓太帝之居。去嵩高五万里，地之中也。

晋张华《博物志》引《河图括地象》：

> 地部之位起形高大者有昆仑山，广万里，高万一千里，神物之所生，圣人、仙人之所集也。出五色云气、五色流水。

《山海经·西山经》：

> 昆仑之虚，方八百里……面有九门，门有开明兽守之，百神之所在。

《淮南子·墬形训》：

（昆仑丘）是谓悬圃，登之乃灵，能使风雨。或上倍之，乃维上天，登之乃神，是谓太帝之居。

古人认为昆仑山是一座通天之山，是一座仙人所居的神山，是有天宫的上帝之山。而在古传说中，泰山也是这样一座山。

《韩非子·十过》：

昔者，黄帝合鬼神于泰山之上……大合鬼神，作为清角。

《风俗通·五岳》：

东方泰山……一曰岱宗。岱者，始也……万物之始……王者受命易姓，改制应天，功成封禅以告天地。

罗振玉《辽居杂著》所记西汉《太山镜铭》：

上太山，见神人，食玉英，见沣泉，驾交龙，乘浮云，白虎引兮直上天。受长命，寿万年。

可见，在中国古代观念中，泰山乃是伏羲、黄帝及众神仙所住之山，是一座通天之山，而这正与昆仑山的神话相合。

但是，古昆仑山不仅是一座通天的神山，而且是一座死神之山，是传说中的“下都”（幽都），即阴曹地府。

昆仑之丘，是实惟帝之下都，神陆吾[32]司之……司天之九部及帝之囿时。[33]

昆仑山北，地转下三千六百里，有八玄幽都，方二十万里地。[34]

《楚辞·招魂》：

魂兮归来，君无下此幽都些，土伯九约，其角觺觺些。

幽都也就是地府、冥国，古人认为人死后所归之处在幽都。

又《淮南子·墬形训》说：

（禹）掘昆仑虚以下地，中有增城九重……蔬圃之池，浸之黄水。黄水三周复其原。

此昆仑山地下之黄水泉，也就是古传说中所谓黄泉。《左传》隐公元年引郑庄公誓词云：“不及黄泉，无相见也。”杨伯峻注：“黄泉，地下之泉，此二句犹言不死不相见也。”以是可知，古以黄泉为死地，而黄泉正是位于昆仑山下。

郭璞注《山海经·西次三经》：“玉山，《穆天子传》说之群玉之山；司天之厉及五残，主知灾厉五刑残杀之气也。”“残、厉”是古代传说中的刑杀之神㉟，而玉山也是昆仑山。死神、杀神居住在玉山即昆仑山上。

昆仑山是西王母所在之山。在中国神话中，西王母正是一位死神。凡此皆可证，古昆仑山在传说中既是一座神山和通天之山，又是一座鬼山和死神之山。古泰山恰恰也是这样一座“主生又主死”的山，在中国古神话中与昆仑山完全相同。

《帝王世纪》中有“太山稽鬼”之说。马王堆帛书《黄帝四经·十大经》中记黄帝有臣名“太山稽”。“太山稽”即“太山姬”，亦即西王母，正是中国神话中的死神。

清人赵翼《陔馀丛考·泰山治鬼》说：

> 东岳主发生，乃世间相传多治死者……其实后汉时已有此语。《后汉书·乌桓传》：“其俗谓人死则神游赤山，如中国人死者魂归泰山也。”又《许曼传》：“曼少尝疾病，乃谒太山请命。”干宝《搜神记》：“胡母班死，往见泰山府君，为之致书于河伯。”《三国志·管辂传》：辂谓其弟曰：‘但恐至泰山治鬼，不得治生人。’”……《博物志》：“泰山，天帝孙也，主召人魂。东方万物始，故知人生命。《古乐府》：“齐度游四方，各系泰山箓。人间乐未央，忽然归东岳。”是泰山治鬼之说，汉魏间已盛行。

又，顾炎武《日知录》中“泰山治鬼”条云：

> 尝考泰山之故，仙论起于周末，鬼论起于汉末……自哀、平之际而谶纬之书出，然后有如《遁甲开山图》所云：“泰山在左，亢父在右。亢父知生，梁父主死。”《博物志》云：“泰山一曰天孙，言为天帝之孙，主召人魂魄，知生命之长短者。”……《乌桓传》：“……中国人死者魂魄归泰山也。”

《史记·封禅书》记齐人所祀八神，其中有地主，祭于泰山梁父。“地主”应当就是《楚辞·招魂》中所说的治鬼之“土伯”，也就是后世所谓

“土地爷”。

但这里应当指出：自顾炎武以下旧论咸以为泰山治鬼之说起于汉初，这是不对的。殊不知此说实脱胎于昆仑山下有幽都、黄泉和西王母的神话。而考其起源，则可以追溯到古华夏文明的肇始之处。

《白虎通义》：“王者易姓而起，必升封泰山何？报告之义也。”《五经通义》：“王者受命易姓，报功告成，必于岱宗。”《文选》李善注引《博物志》：“泰山……天帝之孙也，主召人魂。东方万物始，故知人生命。”东方万物始者，犹言为万物母也。

所有这些都记述了中国人所固有的“慎终追远”的文化观念。而这种观念集中在对泰山的崇拜上，又是具有深刻原因的。

从20世纪以来的考古发掘看，位于中国东部以泰山曲阜为中心的泰沂山区，乃是华夏古文明最重要、最集中的起源地之一。1965年以来，在沂源县土门千人洞相继发现了旧石器时代人类活动的遗迹。1981年，此地又发现了距今四五十万年前的猿人头骨化石。1966年，在泰山东部新泰县乌珠台发现了一颗少女牙齿化石，经鉴定，距今也已有五万多年的历史[36]。凡此均证明了，在泰沂山系地区，远在五十万到四十万年以前就已有人类生存和活动了。至旧、新石器时代，此地的文化遗迹就更多了。20世纪初叶，在章丘龙山镇发现了著名的龙山文化遗址。龙山文化以其上承仰韶而不同于仰韶的独特文化风格引起了人们的注意。20世纪50年代以来，又相继在泰沂山系及其周围发现了著名的大汶口文化。其荦荦大者，如泰安凌阳河大汶口、日照东海峪、诸城前寨等，宛如群星辉烁。其文物之灿烂与文化发展水平之高，我国其他地域的同期文化遗址，盖无能望其项背者。而这一地域正是古传说中黄帝族起源的主要区域，也是在中国上古史上迸发出夺目光彩的殷商王朝崛起的重要根据地。

许多材料表明，崇拜太阳的黄帝族起源于泰山地区[37]，而且把泰山看做他们本族的神山、天山——昆仑山。他们把这座大山看做祖先世代所居的圣山。由此产生了对中国文化影响至为深远的“木高千丈，叶落归根”的观念。无论在怎样的流离迁徙中死去，先民们仍然怀有这样的心愿——把骸骨归葬于泰山下，使千秋万载后，魂魄归返于故园。

据古书的记载，泰山有两座辅山：一为梁父山，一为长白山[38]，其中的梁父（又作梁甫）是一座著名的古墓地。

陆机《泰山吟》：

梁父亦有馆，蒿里亦有亭。

幽岑延万鬼，神房集百灵。

诗中所说的“蒿里”是泰山侧的另一座小山，也是一座古墓地[39]。

汉刘伯平的镇墓券：“生属长安，死属太山。”汉简：“生人属西长安，死人属东太山。”（杨树达《积微居小学金石论丛》第302页）

在中国文化中，泰山具有不同于任何其他山的神圣意义。它被看做天地之中，历代帝王到此朝拜、封禅，而封祭天就称作“升中”[40]。泰山顶上有南天门和玉皇殿，而登泰山者向来有观东海日出之俗。根据考证，这种习俗可以一直追溯到起源于黄帝时代的日神和泰山崇拜上，其由来真可谓久矣！泰山在古代又一直是一座死神之山，是中国人魂魄所归的故国家山。

《山海经·大荒南经》：“帝尧、帝喾、帝舜葬于岳山。”“岳山”或作“羽山”，据说夏祖鲧死于羽山。岳山也就是作为众岳之首的泰山。由此看来，中国上古史中的有虞、陶唐、夏、商、周之祖，竟无一不葬于泰山。

归纳以上所论诸点：

1. 从语义学的角度看，泰山是天山，昆仑山也是天山；

2. 从地理学的角度看，古人认为泰山位于天下正中，昆仑山也位于天地正中；

3. 从神话和宗教的角度看，古人认为泰山是神山、通天之山、成仙之山，昆仑山也是神山、通天之山、成仙之山。古人认为泰山是死神之山，是幽都地府所在之地，昆仑山也如此。

我们当可确凿地论定，古昆仑山其地望与今日西北的祁连、昆仑二山毫无关系，它就是华夏民族一直视为神圣之山的泰山。

由此我们还可以解开古史中黄帝所居的“轩辕之丘”的秘密。[41]

其实，轩辕丘也就是昆仑山。轩辕古音 kuāng lún[42]，其对音正是昆仑。又昆仑山在《吕氏春秋·仲夏纪·古乐》中记作“阮陯”[43]。昆古音近川、犬[44]，所以昆仑——阮陯——轩辕正是一声之转。昆仑山又有别名叫“员丘”：

员丘山上有不死树，食之乃寿。有赤泉，饮之不老。多大蛇，为

人害，不得居也。(《博物志》)

而员丘也就是轩辕丘（今山东半岛有昆嵛山，疑是昆仑一语的变名）。又，从语音通转关系看，昆仑即浑沦，浑沦又是圆之联绵词（亦即今俗语中的“囫囵”）。所以浑沦丘、昆仑丘也正可称作“圆丘”或“圜丘”。黄帝国号轩辕，此二字纯为象声词，历代注家从无认为其有实义者。而从史事考证，轩辕本字似当作“玄云”。“轩”通作“玄”。玄，天也。辕、员古通用，而古文中“员”字也就是“云”字㊺。

从古传说看，黄帝一生事迹与“云”有极为特殊的关系（所以古祭神之尊器多饰云纹）。

《左传》昭公十七年说：“黄帝氏以云纪，故为云师而云名。”《史记·五帝本纪》：“官名皆以云命，为云师。”《集解》引应劭语：“黄帝受命，有云瑞，故以云纪事也……春官为青云，夏官为缙云，秋官为白云，冬官为黑云，中官为黄云。”又引张晏语：“黄帝有景云之应，因以名师与官。”

据《山海经·海内经》，黄帝之国名叫“朝云之国”。而黄帝的音乐名叫云门之乐，又叫云门大卷之乐㊻。在古神话中还有如下的说法：

> 黄帝与蚩尤战于涿鹿之野，常有五色云气、金枝玉叶止于帝上。有花葩之象，因作华盖。

文中的“金枝”显然是日光的意象，而“玉叶”则正是白云的意象。

古昆仑山和泰山在传说中正是著名的“云山”。

《山海经·海内经》：“流沙之东，黑水之间，有山名曰不死之山。”郭璞注：“即员丘也。”郭璞释《大荒南经》“不死民”一词引张华《博物志》：“有员丘山，上有不死树，食之乃寿，亦有赤泉，饮之不老。”

《海内西经》则说：“海内昆仑之虚……帝之下都……上有……不死树。”

不死树长在员丘和昆仑山上。“员丘”即“云丘”，亦即轩辕（玄云）丘，正是黄帝之宫所在的昆仑山。

而泰山与昆仑山一样，也是一座云山：

> 万物之始，阴阳之交，云触石而出，肤寸而合。不崇朝而遍雨天下，其惟泰山乎！故为五岳之长。㊼

泰山山高多云，云形混沦，古人认为云就是天体。这可能是泰山、昆仑山得名的又一个原因。云絮色白如玉，所以在古人的传说中泰山、昆仑山别名玉山，并且相传二山中多玉。至今泰山侧仍有山名叫长白山。《山海经·东山经》："又南三百里，曰泰山，其上多玉，其下多金。"而昆仑山则别号群玉山[48]。据说"其中多白玉，是有玉膏，其源沸沸汤汤。黄帝是食是飨"[49]。这里所说的这种能沸沸汤汤的"玉膏"，不是白云，又是什么呢？

在古书中，轩辕、昆仑、泰山常通用而不分。《庄子·至乐》："昆仑之虚，黄帝之所休。"

《史记·五帝本纪》："黄帝居轩辕之丘。"而《韩非子·十过》则称："黄帝合鬼神于泰山之上。"由此足证，昆仑山、轩辕丘、泰山实际都是同一座山。

在古传说中，黄帝出生于山东寿丘，后迁河北涿鹿，最后还乡定居于曲阜。《帝王世纪》等书说，轩辕之丘"在鲁城（即曲阜）东门之北"（《史记·周本纪》正义引）。由这一地理位置看，黄帝故乡的"轩辕之丘"正是在今日的泰山之上。从考古学和文化地理学角度看，中国新石器时期文化遗址最为稠密的地区，当推陇山以东、陕西中部渭河流域、太岳山以南、山西西南汾河下游和中条山南北、嵩山西北、河南的伊洛河上游、太行东南、河北西南部和河南省西北以及山东济水流域。这个地区的地理因素和气象条件，今古差别甚大（详见史念海《由地理因素试探远古时期黄河流域文化发达的原因》）。现在河流稀少，湖泊绝迹，而在那时河渠密布，湖海星列，仿佛今日江淮之间。地势平坦低下，气候潮润多雨，林木茂盛。平原中散布土丘，成为人口聚邑天然所在。河网无大水而有利于交通。这就是中原地域成为古代华夏文明中心的天然原因。

注释

①《山海经·海内西经》。

②张华《博物志》。

③《庄子·天地》。

④《庄子·至乐》。

⑤《穆天子传》。

⑥《山海经·大荒西经》。

⑦《山海经·海内北经》。

⑧《神异经·中荒经》。

⑨《山海经·大荒西经》。

⑩昆仑山所在的都广之野，王念孙引古本均作“广都”，见《后汉书·张衡传》《艺文类聚》等。则古本实作广都。

⑪建木，古籍中甚多见。张华注《神异经》：“昆仑之山有铜柱焉，其高入天，所谓天柱也。”亦指建木。建木当作键木，即天盖运转之管键，即天枢也，又为天门之栓，后世华表（方表）实即本此而作。

⑫王引之《经义述闻》：“人脐居腹之中央，故谓之齐。脐者，齐也。”

⑬《后汉书·郡国志》：“临羌有昆仑山。”《括地志》：“昆仑山在肃州酒泉县南八十里。”《汉书·地理志》：“临羌西北至塞外，有西王母石室。”《晋书·张轨传》：“酒泉南山，即昆仑之体也。”今按，此山地望属今之祁连山也。山介于甘、青两省之间。此山名乃匈奴人命名：“祁连一名天山，亦曰白山。”（《史记·匈奴列传》索引）白山即玉山，祁连即昆仑也。《汉书·霍去病传》颜师古注：“祁连山即天山也，匈奴呼天为祁连。”昆仑古音近祁连也。

⑭《清稗类钞·朝贡类》：“叶尔羌之西南曰密尔岱者，其山绵亘，不知其终，其上产玉，凿之不竭，是曰玉山，山恒雪。”就是今日之昆仑山也。

⑮《历史研究》1985年第2期。又《汉书·大宛传》：“汉使穷河源，河源出于窴。其山多玉石，采来，天子案古图书，名河所出山曰昆仑云。”此即于阗西南山。

⑯按《山海经·海内西经》所述昆仑虚周围，除河水、赤水外，尚有青水、黑水、洋水、弱水。疑《淮南子·墬形训》中青泉、黑泉即指青水、黑水之源。又增益一白泉，以迎合附会中五行观念也。

⑰徐本坚《东岳泰山》，科学出版社1985年版，第61页。

⑱《山海经·海内西经》。

⑲《山海经·大荒西经》。

⑳《淮南子·墬形训》。

㉑参看何幼琦《海经新探》。

㉒《山海经·海内西经》。

㉓《诗经·鲁颂·閟宫》：“泰山岩岩，鲁邦所詹。奄有龟蒙，遂荒大东。”此荒大东，疑即《山海经·大荒东经》所说“大荒东”。

㉔徐本坚《东岳泰山》，第2—3页。

㉕《山海经·海内西经》。

㉖徐本坚《东岳泰山》，第58—59页。

㉗穷石，即穷故地。《水经·河水注》：“经平原鬲县故城西……故有穷后羿国也。”有穷国属东夷，或谓在今山东德州北。或谓在安徽寿县，见《路史·后纪十二》，罗苹注。或谓在河南，见《晋太康地道记》。

㉘岳（嶽）字古与垣通。垣，垣墙也。古人称大山为峘（《尔雅·释山》）。《周礼·序官·司圜》郑众注：“今狱城曰环。”环、垣（圆）古通用。由此可见，古代所说四岳也就是指包围中国的四面环山。

㉙四渎也有一个演变过程。早期四渎是以泰山为中心的沂、淮、河、济四水（沂水古亦称江）。这反映了当时以邹、鲁、泗上（今山东中南）为中心，古山东居民对这一带水道的地理知识。长江后来成为四渎之一，反映了晚周长江流域的开发及天下中心的南移。

㉚《淮南子·墬形训》：“中央之美者，有岱岳以生五谷桑麻，鱼盐出焉。”《尔雅·释地》：“中有岱岳。”关于泰山在五岳中的位置，《尔雅》中有两种说法，另一说为东岳（“泰山为东岳”，引自《释山》）。《尔雅》是汉人搜集经传故训而成。这两种说法，恰恰表明了古人心目中泰山人文地理的变化。后一说法反映了秦汉时代华夏地理空间的扩大。

㉛《庄子·大宗师》：“肩吾得之，以处大山。”《经典释文》释“大”：“音泰，又如字。”《列子·天瑞》：“孔子游于太山。”《经典释文》：“太作大，大音泰。”

㉜陆吾，守天门者，是传说中的白虎神，又名“开明”“启明”。“开明兽身大类虎而九首，皆人面，东向立昆仑上。”（《山海经·海内西经》）启明又是天空中的金星，因此又名金神—蓐收。在神话中此神变形甚多，如“夏后启之臣曰孟涂，是司神于巴”。西方之地名巴。孟涂即神荼。孟荼当为盂荼之讹。盂、於古音通。盂荼即於菟。陆吾、开明、蓐收都是虎神，后演化为二十八宿中的“白虎”星座。

㉝引自《山海经·西次三经》。

㉞《博物志》。

㉟“厉主杀罚。”（《礼记·祭法》郑玄注）

㊱见1982年5月7日《人民日报》中《我国古人类考古又一大发现》，及《古脊椎动物与古人类》，第10卷，第1期。

㊲“黄帝生于寿丘，在鲁东门之北……后徙曲阜。”（《帝王世纪》）

㊳《岱宗志》：“梁父、长白二山，为泰山辅岳。”长白山亦即玉山。

㊴《山东志》：“蒿里山在泰安州西南三里……今山上有蒿里祠、森罗殿。”《汉书·武帝纪》，蒿里作高里，颜师古注：“死人之里，谓之高里，或呼下里。”

㊵《礼记·礼器》：“因天事天，因地事地，因名山升中于天。”

㊶“黄帝名轩辕，居轩辕之丘。”（《大戴礼》《史记》）“轩辕之丘在轩辕国北。”（《山海经·海外西经》）《淮南子》记：“禹治水时，自化为熊，以通轘辕之道。”轘、轩古音同，亦即轩辕山也。

㊷据李宗侗拟音，见《史语所集刊》第39册。

㊸“伶伦自大夏之西，乃之至阮隃（陀）之阴。”《汉书·地理志》记此事，阮陀山作昆仑山。(引文从俞樾校文)

㊹古史中“昆夷”常记作“犬夷”“串夷”，是昆、犬、串古音同的证据。

㊺《尚书·秦誓》：“若弗云来。”疏：“员即云也。古本云作员。”《诗经·郑风·出其东门》：“聊乐我员。”《经典释文》：“员一本作云。”《诗经·商颂·玄鸟》：“景云维河。”注：“员，古文作云。”《经典释文》“员音云，平声。”这些文例均可证明员、云二字古可通用。

㊻见《周礼·春官·大司乐》及蔡邕《独断》。

㊼《后汉书·祭祀志》注引《风俗通》。

㊽《山海经·西次山经》记西王母所居昆仑山别名玉山。郭璞注：“玉山，《穆天子传》谓之群玉之山。”

㊾《山海经·西次三经》。

第六章　神树扶桑与宇宙观念

中国古代关于太阳的神话中常提到一种神奇的树木，这种树木有许多相近而不同的名称，如扶桑、榑桑、扶木、若木、若华、空桑、蟠木等。

据说这树生长在东海一个名叫“旸谷”的地方。此树高三百里，树上生长着形状如芥的小叶。在这棵树的枝头栖息着十只金乌，每个金乌身上驮着一个太阳。每天黎明，有一只金乌带着太阳由这棵树的最高枝起飞，在经过一个叫“咸池”的海洋时金乌下降水中洗个澡，然后重新起飞。用一天时间在天空飞行一周，最后从西方一个名叫“昧谷”的山口潜入地下，再沿大地的另一面而回到扶桑树上。

兹将古代典籍中关于扶桑木的故事汇引如下：

《山海经·海外东经》：

> 汤谷上有扶桑，十日所浴。在黑齿北。居水中，［有］大木。九日居下枝，一日居上枝。

汤谷即旸谷。二字皆从“昜”得声，同音相假。昜，在甲骨文中像太阳从云气中高升之形。古文字学家丁山说：“昜者，云开而见日也。从日从一。一者，云也。”[①]他又说，昜自是日神本名，即太阳的初文。所谓旸谷、汤谷，其实就是太阳谷。上引文中浴日之浴，并不是洗浴之浴。“浴也者，飞乍高乍下也。”（《说文解字注》）这段引文是说，在太阳升起之地旸谷内，有一种树名叫扶桑，此树在黑齿国北方的大海之中[②]，九个太阳栖滞于此树之下枝，一个太阳升起在上枝。

在《淮南子·天文训》中则记载了又一种说法：

> 日出于旸谷，浴于咸池，拂于扶桑。

也就是说，太阳不是起飞于扶桑，只是在飞行中经过扶桑。“咸池”在他书中或记作“甘水”“甘渊”。甘、咸古音同[③]。太阳的起飞地乃是大海中的旸谷。这一说法比《山海经》的说法为晚出，显然更合于逻辑了。

在有的古书中，扶桑又可写作“空桑”，如“空桑之苍苍，八极之既张。乃有夫羲和，是主日月，职出入，以为晦明”（郭璞注《山海经》引《启筮》）。羲和是太阳神，而空桑（扶桑）是一个地名，不再是一棵树。在另一些记载中，扶桑又写作扶木。

> 上有扶木，柱三百里，其叶如芥。有谷曰温源谷。汤谷上有扶木，一日方出，皆载于乌。（《山海经 · 大荒东经》）

“温源谷”即温泉谷，古文字中泉、源二字通用，而温泉谷当然就是汤谷。《说文》：“汤，热水也。”“汤谷，谷中水热也。”（《山海经 · 海内东经》郭璞注）

> 扶桑在碧海中，树长数千丈，一千余围。（《十洲记》）

扶木又或记作“榑木”或“榑桑”。“东应日出之次，榑木之地。”（《淮南子 · 时则训》）“东方之极自碣石东，至日出榑桑之野，常大昊神句芒司之。”[④]或作“蟠木”。据说古帝颛顼到过那里：“（颛顼）至于蟠木”[⑤]，“帝颛顼出自若水，实处空桑，乃立为帝”[⑥]。蟠木即扶木（《类篇》：“蟠，蒲官切，大也，曲也，委也。又，蒲波切。”）。若水即海水。北海神名若[⑦]，故海水可称若水。空桑或作穷桑，亦即扶桑所在地，《淮南子 · 本经训》高诱注说：“空桑，地名，在鲁。”

扶桑又别有名称作“若木”：“若木在建木西，末有十日，其华照下地。”[⑧]高诱注：“若木端有十日，状如莲华。”可知若木也还是说扶桑。在这里，若木上太阳的形状已很具体，每个太阳好像一朵莲花，而且光照大地。但此说更早的出处仍是来自于《山海经》：“上有赤树，青叶赤华，名曰若木。”郭璞注云：“生昆仑西，附西极，其华色赤，照下地。”[⑨]

应注意的是，原来据说生在东方日出之地的扶桑树，在此跑到了日落之地的西极。这就难怪屈原在《天问》中要提出这样的问题：“羲和之未扬，若华何光？”就是说，当太阳神羲和还未西来时，为什么那若木也会发光呢？这个问题问得很好。由于若华是生于海中的神木，所以它又被尊奉为海神。这就是《庄子·秋水》中曾提到的那个“北海若”，并见于《楚辞·远游》：“海若，海神名。”（王逸注）

战国铜器有数件以鸟立花上造型。其最精彩者为郭沫若说的一件鲁庄公十四年（前680年）时的新郑铜壶：

> 此壶全身均浓重奇诡之传统花纹，予人以无名之压迫，几可窒息。乃于壶盖之周骈列莲瓣二层，以植物为图案……而在莲瓣之中央复立一清新俊逸之白鹤，翔其双翅，单其一足……此鹤初突破上古时代之鸿蒙，正踌躇满志，睥睨一切，践踏传统于其脚下，而欲作更高更远之飞翔。此正春秋初年由殷周半神话时代脱出时，一切社会情形及精神文化之一如实表现。（《殷周青铜器铭文研究》）

同类壶又见于郭宝钧发掘之汲县铜壶。壶盖立鸟非鹤而为兽面，乃飞廉也。鹤、皇均凤凰类，系太阳神鸟，而脚下若莲之花，并不是莲花（郭沫若谓中国无大莲，先秦亦无以莲为饰者，故推测其传自印度）。此花瓣上饰有复杂神秘花纹，我认为乃是扶桑若木之华也。所以鸟立花壶，以题材论，其实是中国神话传统题材。

以上大致列举了典籍中所见扶桑神话的几种主要类型，由此必然会产生几个问题：

1. 所谓扶桑究竟是一种什么树？
2. 为什么它如此多名？
3. 为什么它既在东方又在西方？
4. 它与太阳究竟是什么关系？

以下我们来逐一讨论。

从音韵学的角度看，“榑”，古音 bó，与“蟠”同音相假。而“扶”古音在帮母，也与榑音通相假。扶桑之“扶”在古书中，本无定字。因之，“扶桑”之扶的语义，即不在这个字的字形中，而在其字音中。以声类求之，这个字音所表示的那个字义其实是“榑”。在讨论伏羲名号问题时我们已论证过，榑就是“大”。所谓扶桑、榑桑，其实均当作榑桑，即巨大的桑树——树高三百里，还不算大吗？（扶桑又作空桑。空、孔相假。《尔雅》：孔，大也。故“空桑”亦训“大桑”[10]。）

那么，“扶桑”为什么又叫“若木”或“若华”呢？吕思勉《读史札记》曾引清儒王菉友的训诂作过探讨，认为“叒（桑）”与“若”在古文字中因形近而相乱。

图 58　莲花照地的若木
（河南密县汉墓砖画）

所以若木之若，实际乃是叒字的讹写。那么“叒”的本义又是什么呢？《说文》：“叒，日初出东方旸谷，所登榑叒。叒，木也，象形。”案文中“木也”二字疑是后人所增。因从木之“叒”在《说文》中专有一体，即“桑”字。而榑桑之桑的本字，当作“叒”，从“又”而非从木。

桑木是绝不可能生长于海水中的，更不可能成为太阳所寄居的神树。那么，古代这个神话究竟有什么根据呢？

实际上，所谓“榑”不是别的，就是日出于大海中时，从海水到天空映照烘托着太阳的云华。对于这种烘日的云华，早在新石器时代，东方大汶口文化的先民就作了描绘（图 59）。

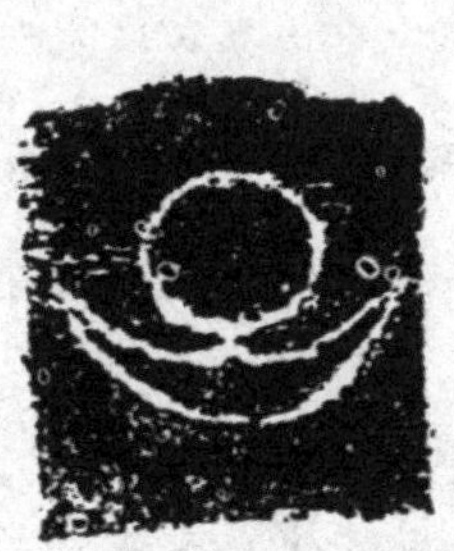

图 59　大汶口文化出土陶文

这两个图案，发现于距今 5000 年至 8000 年前的山东凌阳河大汶口文化遗址中。前人对这两个图形的含义曾作过许多猜测，唯于省吾释之为“旦”字，较近实。这两个符号正是东海滨古代先民对日出的描写。两字中烘托在太阳之下的东西应当就是云（中图下部的齿状物，旧说为山，不确，可能就是海波之形）。甲骨文、金文中“云”字见图 60 中 A、B，均与上图云形相似。在古汉字中有过这样一个奇字，见图 60 中 C，厘定为“昷”。这个字今尚存于《说文》中，用作一些字的偏旁。此字很可能即“旦”的变体。

图60　甲骨文、金文中的“云”字

从典籍看，先民非常重视对日旁云气的观测。“以五云之物，辨吉凶、水旱降、丰荒之祲象。”郑注：“物，色也。视日旁云气之色。”[11]所以古代宫殿之侧常设有灵台，“以望云物”[12]。

《史记 · 封禅书》：

> 日主，祠成山……以迎日出云。

殷商甲骨文的记录表明，在商代祭云有专典，而且采用最高的礼仪规格，用祭上帝的“尞”礼作祭。在中国上古宗教思想中，云神的地位仅次于作为上帝的太阳神。纬书中说：

> 云者，天地之本也。（《河图帝通记》）

《易传》中则说：“天地絪缊，万物化醇。”[13]段玉裁指出：“絪缊二字就是云字的分读，合二字为双声叠韵。”[14]《楚辞 · 九歌》在东皇太一祀之后，第二就是云中君祀。

实地观看过东海日出的人知道，日出之时海上云华的形状有如掌形托日，所以古人称之为“叒”或“榑叒”。榑叒，即巨大的手掌（“又”在古文字中是手的象形字）。另一方面，先民早已注意到，云“其状若众植华以长”[15]，“冬至初阳，云出箕，如树木之状”[16]。这种如掌托如植华如树木之状的华云，应正是“叒”以及后来由“叒”变形为“巨木”的“扶桑”的原型。扶桑本字其实应当作“榑叒”。只因桑木之形亭亭如盖，亦如巨掌。《淮南子 · 说林训》“桑林生臂手”，所以“桑”字从“叒”，而“叒”的故事也就变形为“扶桑”了。

懂得“扶桑”的真相是东海日出时所常见到的云华之形，那么也就不难解释为什么它既出现于东方日出之地，又作为所谓“若木”“若华”而出现于西天日落之处了——原来那光彩照地的“若华”就是晚霞（暮云）。

《周礼》中占天望气之官有“眡（视祲）”，其职“掌十烰（晕）之法，以观妖祥，辨吉凶”。郑玄引郑众：“烰，谓日光炁也。”贾公彦疏：“掌十烰之法者，‘一曰’以下十等，多是日旁之气。言烰，亦是日旁烰光，故总以烰言之。”十烰之名，郑玄引郑众说谓：“祲，阴阳气相侵也。象者，如赤乌也。镌，谓日旁气四面反乡，如烰状也。监，云气临日也。暗，日月食也。瞢，日月瞢瞢无光也。弥者，白虹弥天也。叙者，云有次序也，如山在日上也。隮者，升气也。想者，烰光也。”

秦汉以后，扶桑故事发生了进一步的演变。在有的传说中它更加文学化了。如佚书《玄中记》中有这样一条：

> 蓬莱之东，岱岳之间，有扶桑之树，树高万丈。树岭常有天鸡，为巢栖于树上。每夜半则天鸡鸣，而日中阳乌则应之。阳乌鸣，则天下之鸡皆鸣。

此条所据应在传说为东方朔所著的《神异经》中：

> 巨洋海中，升载海日。盖扶桑山上有玉鸡，玉鸡鸣则金鸡鸣，金鸡鸣则石鸡鸣，石鸡鸣则天下鸡皆鸣。

而此条在《太平御览》卷九一八中又变作：

> 东南有桃都山，上有大树名曰桃都，枝相去三千里。上有天鸡，日初出照此木，天鸡则鸣，天下鸡皆随之鸣。

这里扶桑树变形而成了桃都树，桑的故事变成了桃的故事。为什么会发生这一变形呢？其秘密仍在《山海经》中。

《后汉书 · 礼仪志》刘昭注补引《山海经》佚文：

> 东海中有度朔山，上有大桃树，蟠屈三千里……

不难看出，所谓“桃都山”即是“度朔山”的变形。在中国神话系统中，桃树是桑木以外的第二种神树（桃之所以成为仙果，似乎也与太阳有关，红色鲜桃美焕似小太阳也）。据说立桃枝于门户上，可以御凶鬼⑰。鬼类怕桃（因其是“阳果”），所以桃在中国艺术中也是象征长寿的符号。《汉武故事》中说，西王母与汉武帝相会时，“出桃七枚，母自啖二枚，与帝五枚。帝留核著前，王母问曰：‘用此何为？’上曰：‘此桃美，欲种之。’母笑曰：‘此桃三千年一著子，非下之所植也。’”仙桃与“蟠木（扶桑）”的会合，就变成了民间神话中王母娘娘的长寿蟠桃（这一传说后来成为小说《西游记》所取用的题材）。

而扶桑在秦汉以后另一类型的传说中又变成了一个东方的地名。如《十洲记》说：

> 扶桑在东海之东岸……登岸一万里，东复有沧海。海广狭浩汗，与东海等。水既不咸苦，正作碧色，甘香味美。扶桑在碧海之中，地方万里，上有太帝宫（即太阳宫），太真东王父所治处。地多林木，叶皆如桑。又有椹，树长可数千丈，大二千余围。树两两同根偶生，更相倚依，是以名为扶桑。

《南史·东夷传》说：

> 扶桑在大汉国东二万余里。

这两则材料所说的扶桑之地，其位置相当于东海之日本，所以后来作为地名的扶桑就成为日本的代称[18]。耐人寻味的是，日本古宗教中也有崇拜太阳的习俗，并且日本人一直认为自己是太阳神的后裔[19]。那么在中国古代的扶桑神话与日本古代的这种传说之间，是否还有某种更深刻的关系呢？

综上所论，我们可以用下图来概括扶桑神话的演变。

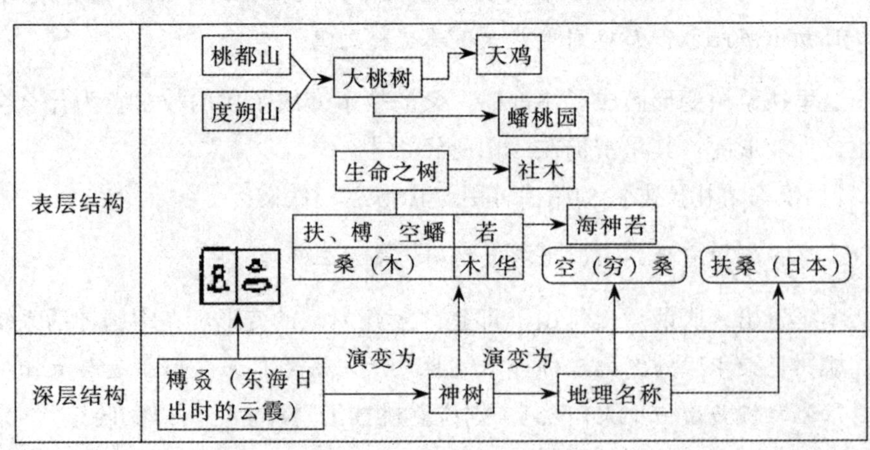

扶桑木的神话，还蕴涵了中国古代关于宇宙结构的基本观念。

中国古代研究天体之学的约分以下三大派：

（1）宣夜说，认为“天了无质，仰而瞻之，高远无极，眼瞀精绝，故苍苍然也。日月众星，自然浮生虚空之中，其行其止皆须气焉”。《庄子·逍遥游》所谓：“天之苍苍，其正色邪？其远而无所至极邪？”《列子·天瑞》说：“虹蜺也，云雾也，风雨也，四时也，此积气之成乎天者也。”道家此种观念，正是宣夜论的滥觞。

（2）盖天说，认为天似盖笠，地似覆盘。天旋转如推磨而左行，日月右行，譬如蚁行磨石之上，磨左旋而蚁右去，磨行疾而蚁行迟，故不得不随磨以左旋。《吕氏春秋·季冬纪·序意》说：“尝得学黄帝之所以诲颛顼矣，‘爰有大圜在上，大矩在下，汝能法之，为民父母’。”《大戴礼·保傅》也说：“古之为路车也，盖圆以象天。”屈原《天问》：“圜则九重，孰营度之？惟兹何功，孰初作之？”盖天是中国最古老的宇宙结构学说，它的基本观念是天圆地方，后改进为“天象盖笠，地法覆盘”。或说天如倾斜车盖，众天体都以北极为中心，在大地以上围绕着盖笠或车盖运转。后来更进一步发展成以七衡六间观念解释太阳方位的四季变化。《汉书·律历志》：“王衡杓建，天之纲也……其在天也，佐助旋机，斟酌建指，以齐七政。”（旋机亦作璿玑，原取旋线为义。建与建术之建同义。）《周髀算经》一书，虽不见录于《汉书·艺文志》，但其中保存着较系统的古代盖天理论。公元前9世纪，古希腊盲诗人荷马于其所著《伊利亚特》描述希腊初民所见的宇宙形状，也是地面平圆，大海环绕其外，天为圆穹，是不动的实体，而笼罩在大地之上。日月群星，每日循其轨道，行过高穹，自东海涌起而落入西海之中（据 R. H. Baker 著《宇宙观之发展》）。希腊初民的宇宙观，所谓地面平圆，略近《大戴礼·曾子问》“天道曰圆，地道曰方”的理论，而天为圆穹说，亦近于中国古游牧民族的《敕勒歌》中所谓“天似穹庐，笼盖四野”。所以盖天说是中国人较古的一种宇宙观念。《诗经·大雅·桑柔》：“靡有旅力，以念穹苍。”穹苍，不也正是天似穹庐吗？

（3）浑天说，认为天地之体状如鸟卵，天包地外，犹壳之裹黄，周旋无端，其形浑浑然。这派学说，《法言》谓“落下闳营之，鲜于妄人度之，耿中丞象之”，可能形成于公元前一二世纪，较“宣夜”“盖天”之说均为晚出。但自张衡《灵宪》大力诠扬，郑玄、蔡邕、王蕃、葛洪之徒相继鼓吹，一直传到元代郭守敬测定授时历尚有浑天仪之作。所以“浑天”之说就成为西汉以后中国人天文学中长期相信的宇宙观念。

除上述三派宇宙理论外，在中国人的宇宙思想中还有一派，是至今鲜为人知的。这就是扶桑天地观。它是比盖天论还要早得多的一种宇宙观念，具有很浓厚的神话色彩。它乃是商周以前中国人所信奉的唯一一种宇宙观念，而其影响也十分久远。盖天说中那种“天圆地方”的观念其实就是脱除了神话色彩的扶桑天地观，东汉以后产生的天师道教思想系统中也基本上全盘接受了这种天地四方的观念。

我们根据先秦及秦汉人的记述，将这种宇宙天地的观念用图61作一复原，并作几点说明：

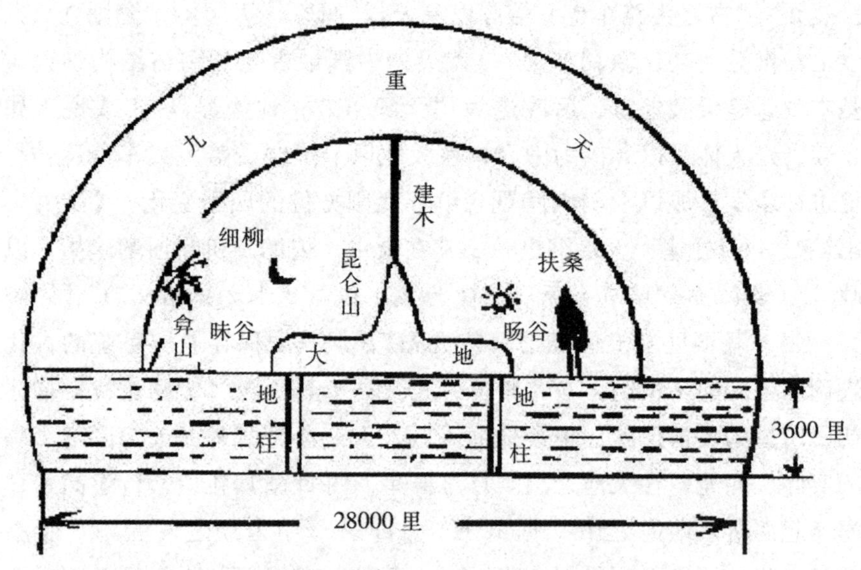

图61　中国上古人的宇宙天地观念示意图

一、天圜有九层，天上有九个天门[20]。关于天有九重的观念，可能形成于战国之际，屈原已经知道这种观念了（《天问》“圜则九重”）。俞正燮《癸巳存稿》卷六引《淮南子·天文训》云：“天有九重。”“一为月天，二辰星，三太白，四日，五荧惑，六岁星，七镇星，八恒星，九左旋天。”《中庸》说：“日月星辰系焉。”即认为日、月、星辰分别固系于天盖上。又，古人认为天门在天盖的西北方。“天倾西北，故日月星辰移焉。”

(《淮南子 · 天文训》)《河图括地象》:“西北为天门，东南为地户。”(《周礼 · 大司徒》疏引）前面我们曾指出，在古人的天地观念中，天地之间有建木（键木)，位于昆仑山上，是天神上天下地出入所经的天门。上引诸文中却说天门在西北方。由此可知，本来位于天地中心的昆仑山，后来被搬到西北方向，与这种天文观应当是有关的。这种九重天的观念可能是来自古人对于九星九道的天象观测。《尚书纬 · 考灵曜》中说:“日万里不出九道谋。”《河图帝览嬉》说:“黄道一，青道二，出黄道东；赤道二，出黄道南；白道二，出黄道西；黑道二，出黄道北。日春东从青道，夏南从赤道，秋西从白道，冬北从黑道。”《楚辞 · 九辨》王逸注:“故天有九星，以正机衡。”

按，九星，诸说不一。或如上引《淮南子》说为日、月、辰（水)、太白（金)、荧惑（火)、岁（木)、镇（土)、恒星及太岁（左旋)[21]。或谓日、月、金、木、水、火、土、辰、彗九星。我认为应以第一种说法为是。《淮南子》中的九天说与公元 2 世纪古希腊人托勒密的浑天论九天说非常相似。

按照托勒密的体系，地球位于宇宙正中心，月、水、金、日、火、木、土七星环地运行。土星之外有恒星天及最高天。与中国的九重天说相比照，当可看出这两种理论仅有一点微妙的差异，即托勒密体系中的“最高天”在中国称作“左旋天”，亦即“太岁”。除此之外，其他一切，甚至包括诸星天的安排顺序均正相吻合。这恐怕不是偶然的。中国的九天说早在屈原时代（公元前 300 年左右）即已形成，比托勒密的体系约早 500 年（马王堆出土帛画上有九个太阳，颇使人不解。而我猜测，这九阳是九天的象征)。

二、日出之地叫旸谷，海域叫咸池或叫甘渊，是一回事（咸，古音近感，甘古音近含，相通。池即渊也，或称甘水)。

甘、丹形近相混，甘水实当为丹水。丹水，太阳水也，因上古称火山熔岩流为“丹水”，认为太阳也是从火山口即“丹穴”中形成。

三、“建木”一名见于《山海经 · 海内经》及《淮南子 · 墬形训》。对此名的含义，过去均无释。前面我们已指出，建木即键木。古人认为建木位于天地正中的轴线上。“建木在都广（《周本纪正义》引本作广都）……日中无景（影)，呼而无响，盖天地之中也。”(《淮南子 · 墬形训》）而所谓键木，实际又是天地运动的枢轴。所以《海内经》描写它的形状这样说："有木名曰建木，百仞无枝，上有九欘（锯），下有九枸（句）……黄帝所为。"就是说，建木很高，没有枝杈，但是有锯齿和钩爪，是黄帝所建造的。

四、关于太阳西落的地点，诸书说法不同，大体可分两系：（1）山谷名——弇山、崦嵫、昧谷。（2）水渊名——蒙汜、昧水等。而正如日升处有扶桑木一样，先民认为日落处也有一种神木叫"若水"（汉代以后又变作"细柳""桑榆"[22]）。

以"蒙"或"昧"等字命名，显然是因为在日落之后天色会变得昏暗；而以弇山、崦嵫为名，则显然是取义于天门的关掩[23]。古人认为天上有许多天门。日出之时天门洞开，而日落之时天门合闭。据说位于东极与西极的两个大门在两座山上。"东极之山，曰开明之门。""西方曰西极之山，曰阊阖之门。"（《淮南子·墬形训》）太阳由东天门升起而由西天门落入。

但《淮南子·览冥训》高诱注中，把日出之地也叫作"蒙汜"。"蒙"与"明"二字古音相同，而从训义看，则它们恰属于"反义互训"的词。所以蒙汜其实就是"明汜"，也就是《山海经·大荒西经》所说的天门之处的"明山"[24]。

五、昆仑山位置在大地正中心上，据说这是黄帝的都城所在。山高约一万一千里（《淮南子·墬形训》）。山上有天空花园（玄圃、蟠桃园），有通天之门。而其地下深三千六百里，四角上各支有一根地柱，还有一个城市名叫"八玄幽都"，方圆二十万里（张华《博物志》）。

六、天地之间有八座高山支撑天空，叫天柱。每一座山上都有一个通天门。

方向	四座主山	甲骨文所记四方神名	四座副山	方向
东方	东极山—开明门	析	方土山—苍门	东北
南方	南极山—暑门	炎（因）	波母山—阳门	东南
西方	西极山—阊阖门	夷	编驹山—白门	西南
北方	北极山—寒门	伏	不周山—幽都门	西北

图 62A　扶桑（北齐瓦当）

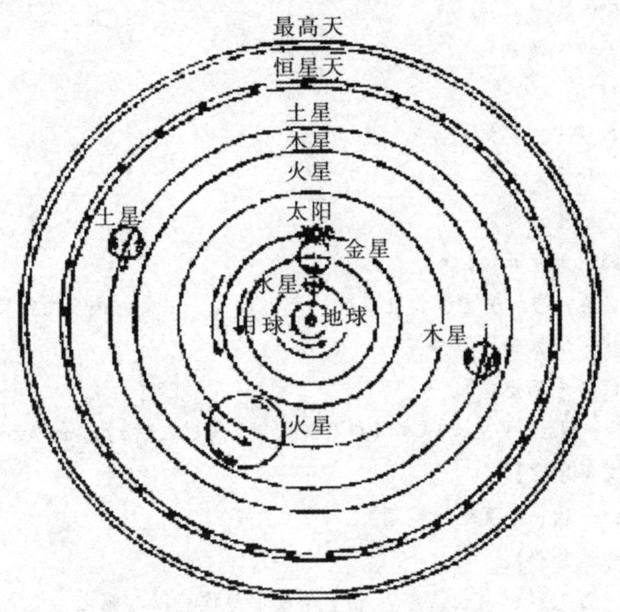

图 62B　托勒密的九重天宇宙体系

这种非理性语义层面的存在，正是原始神话的特色之所在。对于研究者来说，真正重要的问题并不在这里，而是在这种非理性语义层面之下的深层结构中确实还存在着某些合于理性的东西。如先民认为天有九重并且每重天各有一个天门，这种提法乍看起来不可思议，但是我们应当考虑到：当远古先民观察天上星体运行时，会发现其运行的轨道交叉相掩却不会发生相撞，他们起初一定会感到很惊奇，后来就必然要为这一现象找一个解释，由此而发展为天体划分层次的观念，岂不是很自然的吗？而所谓天门开合的说法，其实也恰好构成对天空中星象变化的一种巧妙解释——在不同的季节，由于天穹中敞开的是不同的天门，所以从地面上就看到了不同的星象。

注释

①丁山《中国古代宗教与神话考》，第364页。

②黑齿国，疑即凿齿国，地在东夷之地，即今山东半岛。考古发掘表明，大汶口新石器时代居民俗有拔门齿之俗，则黑齿国可能确为实有也。

③《吕氏春秋·仲夏纪·古乐》说黄帝之乐名“咸池”。咸池是太阳升起处。此为黄帝是太阳神的又一证据。

④《尚书大传·鸿苑》。

⑤《五帝德》。

⑥《吕氏春秋·仲夏纪·古乐》。

⑦《庄子·秋水》。

⑧《淮南子·墬形训》。

⑨《山海经·大荒北经》。

⑩空桑、穷桑，空、穷皆读作孔、况，而训作大。空桑、扶桑之社即大桑之社也。

⑪见《周礼·保章氏》及郑注。

⑫见《后汉书·祭祀志》。

⑬细缊，或作细温（《文选》本《鲁灵光殿赋》《思玄赋》），是“云”字的拆读。

⑭见《说文解字注》。

⑮见《吕氏春秋·季夏纪·明理》。

⑯见《易纬通卦验》。

⑰《论衡·订鬼》引《山海经》：“于是黄帝乃作礼以时驱之，立大桃人，门户画神荼、郁垒与虎，悬苇索以御凶魅。”

⑱史籍中也有以“扶桑”称朝鲜者，如“扶桑之俗，其婚姻则婿住女家门外作屋，相说乃成婚”（《南史·东夷传》），“高丽其俗作婚姻，女家作小屋于大屋后，名婿屋”（《三国志》）。两相比照，可知前一扶桑即指后之高丽也。

⑲朝鲜、日本均尚白色，均拜日。此俗与中国殷商人正同（《史记》载“殷尚白”）。

⑳《楚辞·招魂》：“虎豹九关。”注：“天门凡有九重。”

㉑《周礼·保章氏》注：“岁星为阳，右行于天；太岁为阴，左行于地。十二岁而小周。”

㉒见《论衡·说日》及《后汉书·马援传》。

㉓崦嵫，即掩之。崦通掩，亦即弇。嵫通兹，在先秦书中兹与之可通用。

㉔原文作日月山。《山海经·大荒西经》：“有山名曰日月山，天枢也……吴姖天门，日月所入……处于西极。”显然，这里所说的日月山也就是明山。

第七章　生殖神崇拜与阴阳哲学的起源

扶桑木是太阳树，而太阳是古华夏民族所崇拜的宇宙神和始祖神。因此，在古华夏族的宗教中，象征扶桑木的桑树就成为受到崇拜的生命之树。象征太阳神的桑树，常常种植在一个神圣的祭坛周围，这个祭坛叫“社”，而桑林也就成了“社林”和“社木”。

在中国古文明中，“社”是一个非常神圣的地方。

《礼记·郊特牲》：

冬至祭天曰郊，夏至祭地曰社。

《礼记外传》：

国以民为本，民以食为天，故建国君民先命立社。

《周礼·大祝》：

大师宜于社，造于祖，设军社类上帝，国将有事于四望；及军归，献于社，则前祝。

《尚书·甘誓》：

弗用命，戮于社。

《左传》昭公十年：

平子伐莒……献俘，始用人于亳社。

《春秋公羊传》关于献俘用人于社解释说：“恶乎用之？用之社也。其用之社奈何？盖叩其鼻以血社也。”凡此皆可见，社既是一个宗教的寻根之所[①]，又是祈年、袚灾、献俘的神坛。

据古代文献记载，社是建在露天场所的一个方坛[②]。据《后汉书·祭祀志》说，社的建筑是“方坛，无屋，有墙门而已”。

社坛上有以土堆起的高冢，或设置作为社神象征的神石，称作“石柱”[③]。近世有学者推测，这土冢或石柱可能是生殖器的象征[④]。据我考证，此说并不确。其实，石柱和冢土并非男性的象征，而是女性即地母乳房的象征。社神实际上是一位女神。《淮南子·说山训》高诱注：“江淮谓母为社。”《礼记·郊特牲》说：“社，祭土而主阴气也。”在中国文化中，阴性从来都是代表女性的符号[⑤]。又在典籍中常以“皇天”与“后土”相对言。《左传》僖公十五年：“君履后地而戴皇天，皇天后土，实闻君言。”

前已指出，古人所说的皇天是指太阳神（“皇天”亦即“光天”，亦即古语所谓“光天化日”）。而后土则正是指与皇天相匹配的地母。

从典籍的记载看，后乃是中国最早的君称（皇、帝等称号其本义都是太阳的神号，而非人类君王之号）。兹略举“后”字见于古籍者如次：

1. 班瑞于群后。（《尚书·尧典》郑注：“群后，四方诸侯”）

2. 众非元后，何戴？后非众，无与守邦。（《国语·周语》上引《夏书》）

3. 殷鉴不远，在夏后之世。（《诗经·大雅·荡》）

4. 夫建国设都，乃作后王君公。（《墨子·尚同》引“先王之书”）

5. 允王维后，明昭有周。（《诗经·周颂·时迈》）

6. 昔昭王娶于房，曰房后。（《国语·周语》）

上引第1条至第5条，“后”皆相当于君王诸侯。唯第6条是指王后（即君王之妻）。无论对男性或女性，后都是作为一种最高权威的名号，而且使用它时对于男性女性可以丝毫不作区别，但在关于君长的其他称呼上这种情况却是没有的。例如女性的皇，只能称“女皇”，而不能称“皇”。女性的帝只能称“女帝”，而不能称“帝”。至于君、公、侯、伯，则一概只能是专用于男子的称号。唯独“后”字，可以做到男女不分，为什么会发生这种情况呢？

原来，后字的初义乃是指女性。在甲骨文和金文中后字形参见图63。

王国维说：“后字皆从女，或从母、从子，象产子之形……《说文》：后，继体之君也。象人之形，施令以告四方。”[⑥]

图63　甲骨文、金文中的“后”字

“后”字的初义就是全族之尊母。在只知其母不知其父的上古社会中，生育了本族全部子孙的高母，乃是理所当然的领袖和权威，其名称就是“后”。所以后字的字形从女，女象征“后”的性别身份，而女下的“子”象征她的子系即子民。到母权制被父权制所取代之后，“后”也变成了男君，这一具有权威性的名号在相当长的时间内由于习惯的力量而保持下来。直到人们用本来称太阳神的“皇”“帝”以及“王”字代替了“后”字，才出现了专用于称呼男性统治者的名号。而“后”字也转变成为只用作君王配偶的女性尊称了。

古人用以配称皇天的“后土”一词，就其本意来说，正是对于女神的称呼。

“社”的本字是“土”字，土字在甲骨文中像坟头之形（图64）：

图64　甲骨文中的“土”字（社）

前已指出，这是后土乳房的象征物，亦即地乳。而从典籍的记载看，中国古代确有崇拜“地乳”的习俗。

《艺文类聚》卷七引《河图》：“丹支山在昆仑东南为地乳。”

《太平寰宇记》卷三〇引《河图》：“岐山在昆仑山东南为地乳。”《易林》：“生直地乳，上皇大喜，赐我福祉，受命无极。”

山形高耸，古人想像其是地母的乳房，所以称其为“地乳”。而在社坛中立石或坟土，也正是以此作为地乳的象征。

土、母这两个字在古汉语中音、义相通。从字音说，土，古韵在老部，而老与母古乃同音字。因此，土、母是一音之转。从字义说，《释名·释天》："土，吐也，能吐生万物也。"《白虎通·五行》："土……主吐含万物，土之为言吐也。"而母，《释名·释亲》说："母，冒也，含（感）生己也。"也就是说，生人者称母。而生万物之母，则称作"土"。《后汉书·隗嚣传》中干脆说："地为母。"所谓土神其实就是地母之神，也即广义的万物之母神。这个母神又称作"高禖神"。禖音从某。而母、某，古同音。所以高禖神也是高母神。

又，母、女（汝）、乳，古音义相通。而古语中生子曰"乳"（见《汉书·赵飞燕传》)，所以有子者曰"母"。社古音土，土（社）林即母林也。《诗经·唐风·有杕之杜》："有杕之杜，生于道左。彼君子兮，噬肯适我？中心好之，曷饮食之？有杕之杜，生于道周。彼君子兮，噬肯来游？中心好之，曷饮食之?"所言"杜杕"，即为社林。吴世昌说："道左是周的杜（社）林，正是约会游乐的地方。君子不来，有女着急，即景作歌，情见乎词。"(《罗音室学术论著》第265页）这确是一首社林幽会的情歌。

《通典》卷五五："高禖者，人之先也。故立石为主，祀以太牢也。"社中的石主是高母—高禖的实体象征。这一点解释了中国古代有灵石崇拜之俗(《礼纬稽命征》："得礼之制，则泽谷之中乃生白石。")。

20世纪上半叶曾在朝鲜半岛、辽东半岛发现所谓"巨石文化"，就是用几块巨石堆积起来用作祭祀。后来在江苏铜山丘湾发现一处人祭遗址。据报道，这个遗址有三个时期的堆积：下层为龙山文化，上层为西周文化，中层为殷商文化。人祭遗址属于殷商文化层。整个遗址是以中部偏西的4块巨石为中心，周围发现了人骨20具和狗骨12具。这4块巨石都是未经加工的天然石块，形状不规则，竖立土中。中心一块，南北西各一块。中间的一块最大，略呈方柱形状。考古学者认为这就是殷商时期的"社"[⑦]。1979年发现于江苏连云港将军崖的东夷祭坛，其中心也是一组神石柱[⑧]。

那么这位作为社神的女神究竟是谁呢？她不是别人，正是太阳神伏羲和黄帝的妻子——月神女娲和嫘母。从表面看起来，这一说法似乎与《左传》中的一条记载不合。

《左传》昭公二十九年记："秋，龙见于绛郊。"于是蔡墨与魏献子大谈龙经。最后说："共工氏有子曰句龙，为后土……后土为社。"

这位句龙究竟是男性还是女性，历来的注疏者似乎无人怀疑过——句龙是男性，他不是共工氏之子吗？

殊不知，句龙并不是男性，而是一位女神。“子”在古代并非男子的专称，男女均可称“子”。商代贵妇中有一位著名的妇好（张政烺先生指出，“好”应读“子”），而春秋时的著名美女中有南子和西子。句龙究竟是何物，这也曾是一个千古之谜。幸运的是，在古器具中尚保存下来周代一件象征句龙的实物（图65）。此器两面有铭。其文为：“内公作，取人，从钟之句。”[9]罗振玉称此器为“旋虫”。丁山说：“旋虫即是句龙。”按，丁说甚确。此器象龙而名“句”，应即是传说中的“句龙”形象。但是罗振玉之说也不误。所谓句龙、旋虫，其实是同一物，即蜗或螺——亦即女娲和嫘祖的象征[10]。

图65　玉句龙

《路史·后纪二》称“是祀为皋禖之神”，注引《风俗通》：“女娲祷祠神，祈而为女媒，因置婚姻。”

女娲是月神，又是主管男女婚姻大事的“高母（禖）”之神。后世传说把婚姻之神称作“月下老人”或“月老”，其来源即本于此。女娲是旱神，又是月神。社是祭阴神、生殖神、女娲之所，所以古人遇到水旱灾和日食（月掩日、阴掩阳）时都要祭社：

> 夏六月辛未，朔，日有食之。鼓，用牲于社……秋，大水。鼓，用牲于社、于门。（《左传》庄公二十五年）

《春秋繁露·精华》说：

> 大水鸣鼓而攻社……日食亦然，皆下犯上，以贱伤贵者……故鸣鼓而攻之。

《论衡·顺鼓》说：

> 《春秋》之义：“大水，鼓，用牲于社。”说者曰：“鼓者，攻之也。”或曰：“胁之。”……阳胜，攻社以救之。”

在古代宗教中，社中既有女神的“社母”[11]，还有男神的“社公”[12]。

女神的象征是神石或冢土[13]，用以象征地乳。而男神的象征正是社木，用以象征阳具，所以在典籍中社木别名“田祖”或“田柱”[14]。

郭沫若曾说甲骨文中的“祖（且）”字，是男性生殖器的象形。后来有人反驳说祖本义当为“俎”。我曾在上海博物馆所藏的甲骨文中发现一个“祖”字形如图66A。

试将文中的“且”与汉代的铜且实物（图66B）作一比较，此字形实绝像人揖拜于“且”（祖的本字），即阳具之形，所以郭沫若之说可定为确论。前引《墨子·明鬼》中，以燕之“祖泽”与宋之“桑林”并论，可知作为社木的“桑”正如“且”一样，也是阳具的象征。古代在营建一座邦邑之前必先建社。《仪礼》郑玄注：“（太祝）建邦国，先告后土，用牲币。”社中必种植社树，叫“社丛”[15]。

图66A　甲骨文中的“祖”字

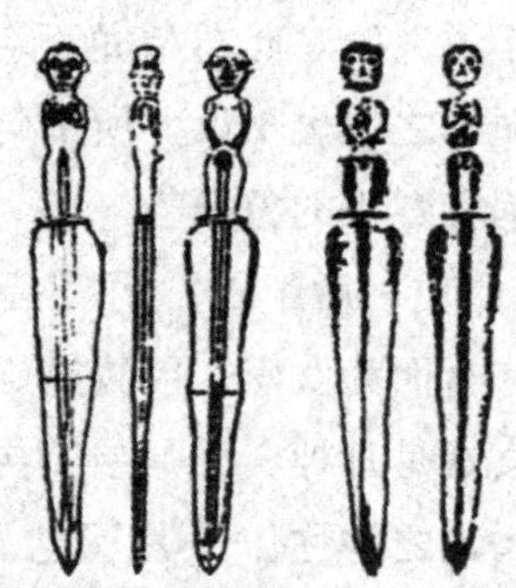

象征生殖神的古剑

内蒙古昭乌达盟宁城南山根夏家店上层出土一件两侧曲刃青铜短剑，在剑柄上铸有裸体立像，一面为男，双手抚腹，一面为女，双手交叉放置胸前，两性器官明显。

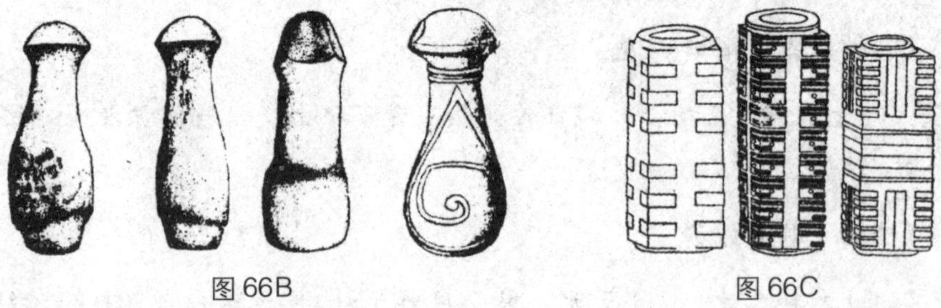

图66B　　图66C

“邦”字在甲骨文中有两种构形（图67）。这两个字形都与社木有密切关系。第一个字形像植木于田埠之上（即“田主”或“田祖”），而第二个字形则像有人俯拜于社木和社坛之下。甲骨文中生命之“生”的字形，也取像于一棵树（图68）。与生同义的“姓”字，其字形则取像于一个女子跪拜在一棵树木之下（图69）。

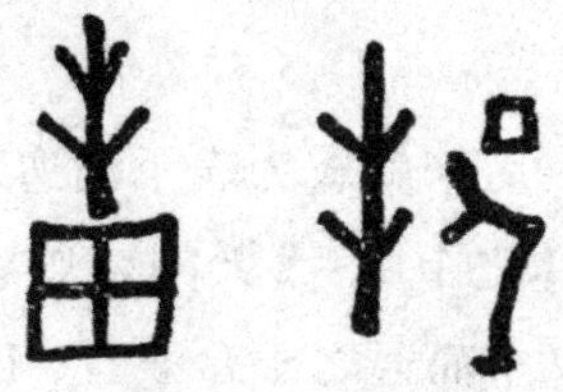

图67　甲骨文中的“邦”字

图68　甲骨文中的“生”字

图69　甲骨文中的“姓”字

这些作为符号出现的树木，当然都不是普通的树木，而是生命神树——社木的象征。我们推断这种神木所象征的正是太阳树——扶桑。扶桑是神话中的树木，事实上是不可能栽培的，因此崇祀太阳神的先民只好以桑木为其替身。关于殷人社桑的记载，遍见于先秦的典籍中：

天大旱，五年不收，汤乃以身祷于桑林。（《吕氏春秋 · 顺民》）

立成汤之后于宋，以奉桑林。（《吕氏春秋 · 慎大》）

燕之有祖泽，当齐之社稷、宋之桑林、楚之云梦也。此男女之所乐而观也。（《墨子 · 明鬼》）

桑林者，社也。[16]

桑林者，桑山之林，能兴云作雨也。（《淮南子》高诱注）

有事于桑林，斩其木，不雨。（《左传》昭公十六年）

作为社木的桑林，是男女自由性交（即所谓“野合”）的场所。郭沫若《甲骨文字研究 · 释祖妣》：

《溱有》之诗咏溱有之游春士女：“女曰观乎，士曰既且。”观者欢也，委言之也。且者祖也，言已与他女欢御也（御应作娱）。又，《出其东门》之“匪我思且”，且亦是祖。而求欢之女与既祖之士，终复谑浪相将誓无相忘。观此可知，士之所祖者非一女，而女之所欢者非只一士。

所以“桑林”“桑间”后来就成为表示淫逸之所的隐语。据传说，大禹就曾与涂山女交媾于桑林之中[17]。《天问》曾就此发问：“禹之力献功，降省下土方，焉得彼涂山女，而通之于台桑?”王逸注：“言禹治水，道娶涂山氏之女，而通夫妇之道于台桑之地。”

按，“台桑”应为桑台。两字倒置的原因是为了协韵（古诗中此类例句甚多，不烦征引），而桑台就是桑社中的社坛，又叫“春台”。在《老子》中有这样一段话：“众人熙熙，如享太牢，如登春台。”这里说的春台显然也是祭社闹春的桑台。又，《离骚》：“忽反顾以流涕兮，哀高丘之无女。溘吾游此春宫兮，折琼技以继佩。及荣华之未落兮，相下女之可诒。”《离骚纂义》引汪瑗注：“春宫，东方青帝之舍，神女之所居者也。”又引李光地注：“《周礼》春会男女，游春宫者，冀群女于是聚也。”文中琼枝指扶桑之枝。洪兴祖注《离骚》曰：“南方有鸟，其名为凤。天为生树，名曰琼枝，高百二十仞，大三十围，以琳琅为实。”

由于禹与涂山女在桑台上有过这样一次风流事，他从此被戴上了一顶好色“淫湎”的帽子[18]。

桑社是生殖神的象征，因此桑林成为上古时代先民们自由性交的场所。从古文献的记载看，这种自由性交并不是任何时候都可以进行的，它只在某些特定季节或时期才是被礼法和风俗所允许的。在中国民俗中，这个特定季节就是太阳神在人间降临的季节——春天。而这种活动的仪式就叫做“春社”或叫做“社会”，即“聚社会饮”狂欢也。请注意，这也就是“社会”这个著名词汇的语源和最初语义[19]。

《礼记·月令》：“仲春之月……是月也，玄鸟至。至之日，以太牢祀于郊禖。天子亲往，后妃帅九嫔御，乃礼天子所御，带以弓韣，授以弓矢，于高禖之前。”（弓箭在原始风俗中常用作男女性交的象征，此风俗在古希腊和非洲一些原始民族中均可看到。）

《周礼·地官·媒氏》：

仲春之月，令会男女。于是时也，奔者不禁。

上古的社祭往往带有所谓“高禖仪式”的内容或色彩。典型的高禖仪式常常表现着所谓“沙特恩（Saturn）”节的情调或内涵。这正如恩格斯所说，是“在一个短时期内重新恢复旧时的自由的性交关系”[20]，并且容许男女私奔、自由交配。见诸记载的有所谓“齐社”“燕祖”“云梦”“桑林”，莫不如此。

《国语 · 鲁语》：“庄公如齐观社。”这次“观社”，《左传》《穀梁传》《公羊传》俱以为“非礼”。《穀梁传》就此解释说：“以是为尸女也。”俞正燮《癸巳存稿 · 燕祖齐社义》指出：“‘如齐观社’，实为观女人。”

图 70　阴山性舞蹈岩画

“尸”的本义是偃卧之姿。所以《说文》训“尸”，“象卧之形”。而《论语 · 乡党》亦说“寝不尸，居（踞）不容”，认为其态不美。何晏注：“偃卧四体，布展手足，似死人。”由此可见，所谓“尸女”，就是在社会中做出性动作或模仿性动作的舞女。所以郭沫若说：“‘尸女’，当即通淫之意。”

《初学记》卷一五引《五经通义》：“郑国有溱洧之水，男女聚会，讴歌相感。”[21]而那容与翩跹、婉转歌唱的“姱女”，可能就正是鲁庄公者之流宁可非礼也要前往一观的“尸女”。

《诗经·鄘风》中的《桑中》，是一首描写男女相约去桑林之社幽会的诗篇。诗中唱道：

爰采唐矣？	去哪里能采棠？
沫之乡矣。	去沫水之乡。
云谁之思？	你相思的人是谁？
美孟姜矣。	是美丽的孟姜。
期我乎桑中，	到哪里等我——就去那桑林。
要我乎上宫，	到哪里邀我——就到那神宫。
送我乎淇之上矣！	回来可送我——送到淇河边吧！

这是一首多么天真的情歌！诗中所说的上宫正是祭高禖之神的社坛，也就是桑台，每年春三月是“令会男女”的春宫所在[22]。

华夏先民的原始宗教信仰中崇拜生殖神的观念不仅见诸文献记载，而且有大量的实物可作证明。在新石器时代的许多文化遗址中，都曾出土过作为宗教象征的男性生殖器模型。此外，在云南石寨山铜饰上铸有男女交媾的形象[23]。同类图像并见于云南江川李家山的一件铜器[24]以及四川成都出土的大量东汉砖画上（图 71、图 72A）。

图 71 楚铜器上描绘的桑、春台、阳馆、宴东之会

摆脱了原始野蛮时期，进入文明时期以后，对生殖神的崇拜仍然是宗教信仰中的一个重要因素。1982 年西安三店村西汉墓出土铜制阳具模型二件[25]，1968 年于河北满城中山靖王墓中出土玉质阳具模型一件[26]（图 72B）。

图72A　汉代野合图（四川成都出土）

天津文管处存有一件战国玉器，呈棱柱状，中空，顶端未透，长期以来文物学家一直不识其为何物[27]。此器上的铭文曰：

> 行气，深则蓄，蓄则伸，伸则下，下则定，定则固，固则萌，萌则长，长则退，退则天（通顶），天几春在上，地几春在下。顺则生，逆则死。

行气或称作“合气”，乃是秦汉古人关于性交的隐语[28]。由此一字谜的打破，就不难看出这实际是一首关于行房之术的韵文。行房之术在中国起源相当早（相传起源于黄帝、容成子），属于古气功的一派。《汉书 · 艺文志 · 方技略》中专列有“房中”一目，目内有黄帝、容成之名，又有《天一阴道》的书名。可见古人是把房中术作为一种与神交通的巫术来运用的。

据《史记 · 孔子世家》，孔子是其父叔梁纥与颜氏女野合而生。从记载看，孔子平生从未因这种明显“非礼”的家世而受到当时社会的任何非难或歧视。这只能有一个解释，就是这次野合发生在社会允许的时间和场合——春社中。所以干宝说孔子生于“空桑”——应是桑林之会中（《史记索隐》引干宝《三日纪》）[29]。

中国远古文化中存在崇拜生殖神的风俗，这种风俗也与对太阳神、月亮神（高母）和扶桑神木的崇拜有关。

上古原始的生殖崇拜观念，对中国的历史和文化产生了十分深远的影响。

现代人对中国传统的礼教文化常存在一种误解，即认为儒家既然主张“严男女之大防”，就是绝对禁止男女情事的，似乎是一种禁欲的文化。实际上，周予同先生早就指出：儒家的根本思想乃是生发于生殖崇拜观念的，而崇拜生殖的观念正是中国文化最深层的结构之一。只有理解儒家和传统礼教文化崇拜生殖的精神，方能理解中国人重多子，以多子多孙为福，并且人口如此众多的原因。

遍见于古儒家经典中的语录：

> 天地之大德曰生。（《易·系辞下》）
>
> 生生之谓易。（《易·系辞下》）
>
> 君子之道，造端乎夫妇，及其至也，察乎天地。（《中庸》）
>
> 万物本乎天，人本乎祖。（《礼记·郊特牲》）
>
> 天地絪缊，万物化醇；男女构精，万物化生。（《易·系辞下》）
>
> 天地不合，万物不生。《礼记·哀公问》
>
> 天地合而后万物兴焉。《礼记·郊特牲》
>
> 天地不交，而万物不兴。（《易·归妹》）
>
> 夫乾，其静也专，其动也直，是以大生焉。夫坤，其静也翕，其动也辟，是以广大生焉。（《易·系辞上》）
>
> 乾坤，其易之门邪！乾，阳物也。坤，阴物也。阴阳合德，而刚柔有体，以体天地之撰，以通神明之德。（《易·系辞下》）
>
> 乾，天也，故称乎父。坤，地也，故称乎母。（《易·说卦》）

又“云雨”一词是中国特有的性关系隐语，过去人们一直以为此词出处在宋玉赋中[30]。其实，这个词的更早出处也在儒家经典的《易经》中：“云行雨施，品物流形。”（《易经·乾卦·彖辞》）在这里很明显是以云、雨为象征，描绘阴阳交合的关系。《汉书·郊祀歌》曰“合好效欢虞太一”，即与神女性交于神灵前以娱太一神。

综观上述，诚如周予同所说：“在这些文字里，我们一目了然地知道儒家是在用哲学而又文学的笔调，庄严地纯洁地描写本体的两性，歌颂本体的两性之性交，赞叹本体的两性之性交后的化育。”（《周予同经学史论著选集》第80页）

在《易·序卦》中，儒家将全部宇宙结构归纳于一个阴阳二元交合的

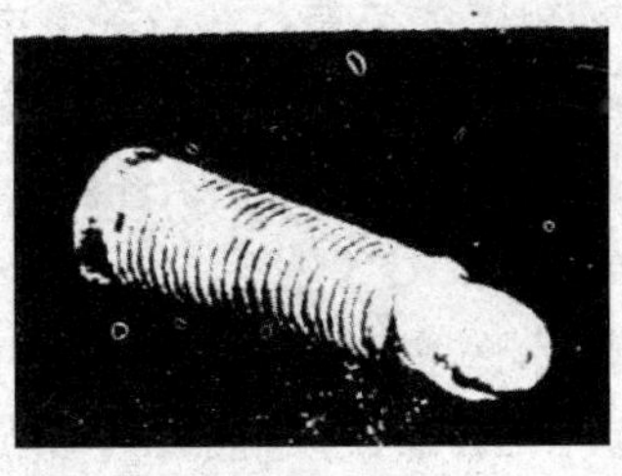

图72B　出土文物中的“且”

生殖模型中：

天地—万物—男女—夫妇—父子—君臣—上下—礼义。

所谓“一阴一阳之谓道”（《易·系辞》），以及“有天地然后有万物，有万物然后有男女，有男女然后有夫妇，有夫妇然后有父子，有父子然后有君臣，有君臣然后有上下，有上下然后礼仪有所措。夫妇之道，不可以不久也，故受之以恒”（《易·序卦》），其实正是从根本上解释了中国传统文化中阴阳崇拜观念的起源。瑞·布朗说：“中国哲学中认为一阴一阳之谓道，道字，在这里的最好解释，是一个井然有序的整体（an ordered whole）。男女结合成为夫妇一体，昼夜相继而为时间一体。同样的暑往寒来而成为年岁的一体。动属阳而静属阴，两个实体或人，具有一动一静的那种关系，也被认为是对立的统一体（unity of opposites）。这种相反相成的对立观念，在古代中国哲学思想上出现非常广泛。整个宇宙，包括人生社会在内，就被看成是基于这种阴阳对立关系而成的一种道德。”这种观念发源于对太阳神——阳的崇拜，而后以人类两性关系为模型，演化生发了对月神——高母和日神——王父的二元崇拜。因此，阴阳哲学实际上是一种导自于原始生殖崇拜的哲学。

注释

①《礼记》：“是以尊天而亲地也，故教民美报焉。家主中溜而国主社，示本也。”（中溜是屋神）

②《礼记》：“天子大社，必受霜露风雨，以达天地之气也。”但是亡国之社则建屋掩之：“是故丧国之社屋之，不受天阳也。”

③《诗经·大雅》："乃立冢土。"传："冢土，大社也。"《说文》："祏，宗庙主也。"

④孙作云《古代灵石崇拜》："至于高禖石的最初形象，据我推想大概是象征着人类的生殖器吧。"

⑤《论衡·顺鼓》："男阳而女阴。"

⑥《王国维遗书·殷卜辞中所见先公先王续考》。

⑦《文物》1973年第12期。

⑧参见本书《导言》。

⑨见《贞松堂集古遗文》卷十一。

⑩刘节《古史考存·释嬴》中说龙的原型是蜗牛，此说未可全从，但中国龙的传说中有一种（句龙）是蜗牛。

⑪《说文》："蜀人谓母曰姐，淮南谓之社。从女，姐声，读若左。"《淮南子·说山训》："西家子见之，归谓其母曰：'社何爱速死，我必悲哭社。'"高注："江淮谓母曰社。"

⑫《五经异义》："今人谓社神为社公。"（《礼记·郊特牲》正义引）

⑬羌及藏人自古有白石崇拜之俗。拉萨河南岸人称为"阿妈鲁莫杰姆"，另一些地方称为"阿妈色杂"，意即金石妈妈。

⑭《诗经·小雅·甫田》："琴瑟击鼓，以御田祖，以祈甘雨。"《周礼·大司徒》："设其社稷之坛，而树之田主各以其野所宜木，遂名其社与其野。"

⑮"建国营都……必择木之修茂者立以为丛位。"（《墨子·明鬼》）丛位即社，又称社丛："社丛勿伐。"（《六韬·略地》）又名"神丛"（《战国策·秦策三》）。

⑯见《路史·余论》卷六。社木、社林在中国上古宗教观念中享有极高的神格，所以"林"也是天帝的代称。《尔雅·释诂》："林烝，天帝。"林烝即林丛，也就是社丛。

⑰涂山即三涂山，又即巫山。"涂女"即"白虎""白兔"之由来。

⑱《吕氏春秋·当务》："禹有淫湎之意。"

⑲俞正燮《癸巳存稿》卷八："祭社会饮，谓之社会。同社者，同会也。"

⑳恩格斯《家庭、私有制和国家的起源》，第47页，人民出版社1972年版。

㉑感，音义与甘通。甘，含也。口中有物而乐之曰"甘"。古汉语中食、色二性被认为相通。女人性欲则称"饥"。

㉒惠士奇《礼说》中"春合男女"条："管子春三卯：十二始卯，十二中卯，十二小卯，而始合男女……春至十日之内，室无处女……于是时也，奔者不禁，故曰室无处女，谓女尽行。"《诗经·召南·摽有梅》毛传曰："三十之男、二十之女不待礼

之行者，可以繁育人民也。此则非婚姻之时，不用合者罚之。”

㉓《云南晋宁石寨山古墓群发掘报告》。

㉔《云南江川李家山古墓群发掘报告》。

㉕《考古与文物》1983年第2期。

㉖《满城汉墓发掘报告》。

㉗考古学家陈邦怀说：“过去名之为玉刀秘，或名剑秘，又名玉珮，似乎都不妥当。究为何物，还有待进一步研究。”见《古文字研究》第7辑第187页。

㉘《论衡·物势》：“夫妇合气……合而生子矣。”《魏书·释老志·寇谦之传》：“男女合气之术。”合气即性交之隐语也。

㉙“叔梁纥与征在祷尼丘山，感黑龙之精以生仲尼。”（《礼记·檀弓》正义引）“孔子母征在游于大冢（或作泽）之坡，睡梦黑帝使请己。已往，梦交，语曰：‘女乳必于空桑之中。’觉则若感，生丘于空桑之中。”（《太平御览》三六一，又九五五引《春秋孔演图》）

㉚“昔者楚襄王与宋玉游于云梦之台，望高唐之观，其上独有云气……王问玉曰：‘此何气也？’玉对曰：‘所谓朝云者也。’王曰：‘何谓朝云？’玉曰：‘……巫山之女也……在巫山之阳高丘之阻。旦为朝云，暮为行雨，朝朝暮暮，阳台之下。旦朝视之，如言。故为立庙，号曰朝云。”（《高唐赋》）文中阳台即春台。

第八章 “思士思女”与两性禁忌

上一章的讨论，证明了中国上古风俗中存在着生殖神的崇拜，而且这种观念深刻地渗透到后来的儒家思想和文化中。由此就可能发生一个问题，即儒家礼教的规范是主张实行非婚男女的隔绝，以至“男女授受不亲”“严男女之大防”的，那么，对于这两种似乎矛盾的现象，应当怎样解释呢？

《山海经·大荒东经》中有这样一则故事：

> 有司幽之国，帝俊生晏龙，晏龙生司幽。司幽生思士，不妻，思女，不夫。

这个语句集合中含有如下的义素：

1. 司幽之国，即典籍中常言的北方神颛顼所处的“玄宫”。“幽”，《说文》训作“隐也”，引申为黑暗。段玉裁注：“幽，黑色也。此谓幽为黝之假借。”《尔雅·释天》郭璞注：“北方色黑……颛顼水德，位在北方。”

2. 帝俊，是中国太阳神的众名之一。“俊”，即日中神鸟“鵔乌”之“鵔”的异写。

3. 关于宴龙。《天问》：“日安不到，烛龙何照？”日安即晏。“晏，晚也。”（《礼记注疏》）屈原所问：“夜晚未到，烛龙何照？”晏龙即夜光之龙，亦即烛龙。烛龙故事并见于《大荒北经》：“人面蛇身而赤……是烛九阴，是谓烛龙。”《天问》王逸章句：“天之西北有幽冥无日之国，有龙衔烛而照之也。”很明显，所谓幽冥无日之国就是司幽之国。由此可见，烛龙即晏龙，是北方的一位光明之神。

4. 司幽，即主管黑夜之神。司，主管。幽，黑暗（司幽之神名叫玄冥，或作玄昧，亦即玄武）。

5. 思士不妻，即无妻之男思念女子。思女不夫，即无夫之女思念男子。(所以《博物志》卷九记：“思士不妻而感，思女不夫而孕。”)

把其中四点分析按照原文的顺序连接起来，即得到：

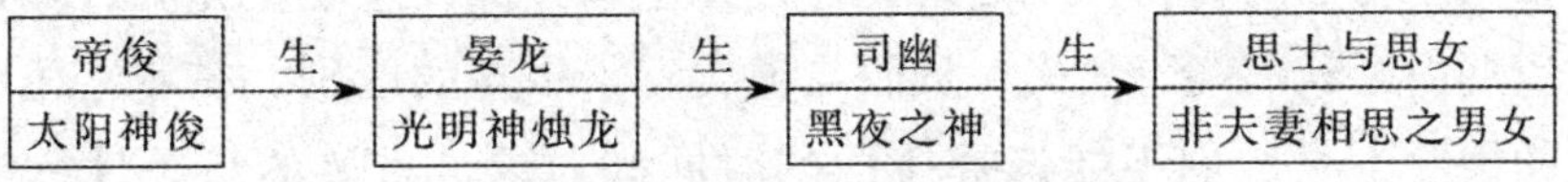

这个貌似全无意义的故事中所蕴涵的语义层面，可以清楚地揭示出来了。

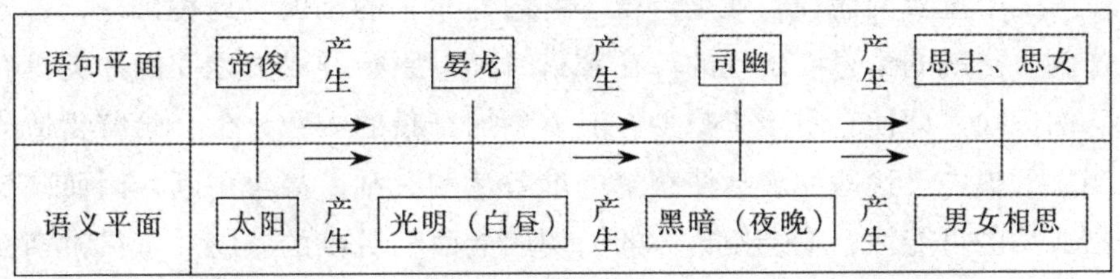

到此为止，对这一则神话的解释仍没有完成，因为我们不知道为什么会出现这样一个故事。也就是说，我们尚未弄清是什么文化因子使得《大荒东经》的作者认为有必要讲述这样一个故事。要搞清这个问题，就不能不对上古先民的男女两性关系作一些了解。

根据现代文化人类学的研究，在男女两性关系演变的历史上，曾普遍实行过一种非常奇异的两性隔离和禁忌的制度。人类社会与动物群具有一个重大的不同点，这就是在动物群中，支配它们相互关系的是“优势原则”。在两性关系上，这种优势原则的作用就更加明显。体质和智能上占优势的雄性可以获取群中较优秀的雌性，并且可以占有不止一个雌性。

大量人类学资料表明，在原始人群中这种规则也曾发挥作用，由此导致常常为争夺配偶而发生激烈的内部冲突。这种冲突频繁，而且带有血腥的性质。猿猴能动用的工具只是手、脚和牙齿。而猿人是一些手里拿着石块和棍棒，掌握了打死相当大动物的技术的狩猎者，他们在斗殴中必然会造成严重的伤亡。在非洲南猿和北京猿人中，都有大量化石证明死者死因是由于脑部被钝器或石器击碎。

假如这种导致自相残杀的优势原则是猿人群中唯一起作用的规律，那么猿人群就必然无法存在下去，何况猿人群还既要防备猛兽的进攻，又要保障自己的食物。因此，猿人群能继续存在这个事实本身，就说明群中除了上述趋向，还有另一种趋向——削弱甚至完全取消优势原则的趋向——在起作用。

根据生物学的材料，原始人类首先在生理方面发生了变化。这就是女性发情期由延长而终于消失，从而与猿类有了根本的区别。在雌性还有发情期的情况下，她们不能选择交配的时间和对象，重要的只是性欲的解决。而随着发情期的消失，女猿人就有可能选择交配时间，拒绝男人的追求或答应他们——对配偶进行选择成为可能的事了。

另一个重要的途径，就是产生了群内性禁忌的制度。这种禁忌，首先是作为狩猎期的禁忌而出现的。在狩猎时期，原始群成员之间的冲突具有特殊的危险。即使它不至于减少有能力参加狩猎的人数，也会给狩猎造成相当大的损失。这些冲突会使狩猎的准备活动混乱，甚至中断，因而减少狩猎成功的可能性，就会使集体的一切成员面临饥饿的威胁。狩猎时期完全停止成员之间的一切冲突，变成一种迫切的需要。由于冲突的主要根源是争夺异性，所以在这段时间禁止性关系就成了当务之急。事实是，凡形成了这种禁忌的族群就可以生存下去，而没有这种禁忌的族群就势必会分裂，会自相残杀而被淘汰。这种禁忌原则由于社会生物学的淘汰作用而得到了普遍的推广。

人类学的资料证明，生产期性禁忌都伴以男女分开生活的现象。许多民族在实行生产期性禁忌时不仅禁止性交关系，而且在不同程度上限制男女之间的一切联系。不准男人碰女人、看女人，不准同女人交谈，不准吃女人制作的食品，不准同女人待在一起，等等。

因此，原始群逐步分化为两个独立的集团：一个包括全体成年男子，另一个包括女人和儿童。女人—儿童集团又分为女人和儿童两个亚集团（这就是存在于许多原始民族中作为男宿舍和女宿舍的大房子）。

随着这种生产期性禁忌的出现，那些不需要遵守这种禁忌的日子就成了全族发泄由于压抑反而更增强欲望的节日。这些节日的特征就是疯狂地、毫无拘束地性交，即真正的放荡。这就是“春社”和“社会”（社日集会）的起源。世界上几乎所有的民族都有关于这些放荡节日的记载。

由于生产期性禁忌随着生产活动的增多而延长，长期隔绝的两性分居生活形成了一些奇异的风俗。在伊朗北部的某些部落里，当妇女在田野里共同劳动时，任何一个外乡男子如果不交赎金，都不能从她们旁边通过（不交赎金，就可能受到性的侮辱）。在许多民族中都有一种奇特的妇女节日。这种节庆只有妇女可以参加，都不同程度地带有色情的特征：妇女们常常把衣服脱光，做一些猥亵的动作，跳一些淫秽的舞蹈，唱一些有失体面的歌曲，彼此开些这类的玩笑，等等。而任何一个有意无意地碰见了这种庆典的男子，都会遭到疯狂的妇女们最残酷的对待。

在古代雅典的地母节期间，出身显贵的妇女们集合到一所独特的建筑物里，严禁男子进入。在那里，她们彼此开一些淫秽的玩笑，说一些下流话，做淫秽的动作，唱不体面的歌曲。参加这种节日庆典的妇女，事先都是经历了长时间性节制的。又如古希腊的酒神节，只有妇女参加。据记载，过酒神节时，妇女们狂怒地扑向被看做男性植物的常春藤，把它撕得粉碎。欧里庇得斯著的悲剧《酒神的女祭司们》记述了参加节庆的妇女扯碎彭透斯的传说，就证明了酒神节起源于妇女对男子的放荡进犯。

这种性禁忌期实行男女隔离的风俗，也解释了早期人类神话中大量“丈夫国”“女儿国”的传说[①]。

了解了人类原始社会中的性隔绝风俗，我们就可以透彻地理解《山海经》中关于思士与思女的故事了。原来，无妻的思士们与无夫的思女们就是被迫实行隔离的男人社团和女人社团。先秦史料大量证据表明，中国上古到古代曾长期实行这种两性隔绝的性禁忌制度。《左传》桓公十八年：“申繻曰：‘女有家，男有室，毋相渎也，谓之有礼。’”按，“家”从豖声，与“室”应为同源字。男有室，女亦有室（即家），男女相分别。《礼记·内则》：

> 礼，始谨于夫妇，为宫室，辨内外。男子居外，女子居内。深宫固门，阍寺守之。
>
> 男不言内，女不言外。非祭非丧，不相授器。其相授，则女受以篚。其无篚，则皆坐，奠之而后取之。外内不共井，不共湢浴，不通寝席，不通乞假。男女不通衣裳。

男子入内，不啸不指，夜行以烛，无烛则止。女子出门，必拥蔽其面。夜行以烛，无烛则止。

道路，男子由右，女子由左。

男女别涂。

女子十年不出，姆教，婉娩听从，执麻枲，治丝茧，织纴组𬘓，学女事以共衣服，观于祭礼……十有五年而笄，二十而嫁。

古又有女师、女学。“男女不杂坐……外言不入于阃，内言不出于阃。”（《典礼》）

《淮南子·齐俗训》记载：“帝颛顼之法，妇人不避男子于路上者，拂之于四达之衢。”拂，《广雅·释诂》：“去也。”去就是驱。因此，这个传说的真相是这样的：上古制度，妇人在路上碰到男子必须闪避，否则就应驱赶她。这一记载正是一条珍贵的民俗学材料，它印证了原始时代两性禁忌和隔离制度的存在。又据《周礼》，先秦有“蚕室”，也是族内男女隔离的一种形式。“诏后帅外内命妇始蚕于北郊，以为祭服。”（《周礼·天官·内宰》）“天子诸侯必有公桑蚕室，近川而为之。筑宫仞有三尺，棘墙而外闭之。”（《礼记·祭义》）“后妃斋戒，享先蚕而躬桑，以劝蚕事。”（《礼记·月令》）

这种蚕宫，实际上是族内的女子会社。两性隔离制度在上古史中的存在，也从根本上解释了先秦儒家礼教观念系统的由来，从而使我们有必要对儒家的复古思想（即“复礼”思想）作出重新认识。因为它不仅表明常被儒家所追溯的“三代”（尧、舜、禹）礼教的黄金时代确实可能存在过，而且使我们懂了所谓“男女授受不亲”“严男女之大防”的礼教，并非如习常所说的那样是一种“封建文化”，可能倒是一种由来更古老的史前文化——原始时代两性隔离风俗的遗存物。

而这种制度的存在，也使我们对那个“思士不妻，思女不夫”的故事找到一个文化上的解释[②]。

在这个故事的深层结构中，潜藏着先民曾实行两性集团隔离制度的信息。这样我们就找到了这个故事的第三层意义：

<table>
<tr><td>语句层面</td><td>帝俊 $\xrightarrow{\text{生}}$ 晏龙 $\xrightarrow{\text{生}}$ 司幽 $\xrightarrow{\text{生}}$ 思士不妻，思女不夫</td><td rowspan="2">表层结构</td></tr>
<tr><td>语义层面</td><td>太阳 $\xrightarrow{\text{产生}}$ 白天 $\xrightarrow{\text{产生}}$ 夜晚 $\xrightarrow{\text{产生}}$ 男思女，女思男</td></tr>
<tr><td>文化隐义层面</td><td>族内两性集团实行隔离制度，因而男不得妻、女不得夫</td><td>深层结构</td></tr>
</table>

注释

①《山海经 · 海外西经》：“有丈夫国……其为人衣冠带剑。”（郭璞注：是国人“终身无妻而生二子，从形中出，其父即死，是为丈夫民”。又有“女子国在巫咸北，两女子居，水周之。一曰居一门中。”）

②《国语 · 晋语》：“昔少典娶于有蟜氏，生黄帝、炎帝。黄帝以姬水成，炎帝以姜水成，成而异德，故黄帝为姬、炎帝为姜。二帝用师以相济也，异德之故也。异性则异德，异德则异类，异类虽近，男女相及，以生民也。同姓则同德，同德则同心，同心则同志。同志虽远，男女不相及，畏黩敬也。黩则生怨，怨乱毓灾，灾毓灭姓，是故娶妻避其同姓，畏乱灾也。故异德合姓，同德合义。义以导利，利以阜姓。姓利相更，成而不迁，乃能摄固，保其土房。”这是一段极重要的古代婚姻制度理论，从中可以看出：（1）两合婚族（黄、炎二姓族结盟联婚）；（2）族外婚；（3）族内两性禁忌等。

第九章 学宫、辟雍、冠礼以及死亡与再生

据先秦典籍的记载，古代曾实行一种学宫制度，男子达到8岁，就离开父母膝下，住宿于学宫。

> 古者年八岁而出就外舍，学小艺焉，履小节焉。①
>
> 及太子少长，知妃色，则入于小学，小者所学之宫也。②
>
> 八岁入学，学书计，十五成童志明，入大学，学经籍。③
>
> 六年教之数与方名……九年教之数日，十年出就外傅，居宿于外，学书记……成童（注：十五以上）舞《象》，学射御；二十而冠，始学礼……博学不教，内而不出。④

过去的研究者，包括古代的注家，都单纯把这种礼制的记载看做一种理想化了的贵族教育制度，却普遍忽略了记载中极为重要的两点：

1. 学宫制度实际上是一种集体的同性宿舍制度。

2. 这种制度建立在由8岁到15岁逐渐严格化的男女隔绝（即由所谓“履小节”到“履大节”，以及“内而不出”）上。

学宫的隔绝时期，恰恰开始在“少长，知妃（即女人）色”之后。德国人类学家亨利希·舒尔茨（1863年—1903年）在《年龄等级和男性结社》一书中记述了原始社会和民族中存在的“男性宿舍”和“男性秘密结社”现象。他注意到，在这种秘密结社中都具有象征死亡和新生的入社礼仪。这种礼仪的主要形式是成丁礼。在许多原始社会中，还建立了男性公民宿舍、节日聚会房、同性俱乐部等特殊建筑物。这种秘密结社有年龄的限

制，尤其有性别的限制。对违背限制而进入禁区的女人，不管其为同族或异族，都将给予毫不留情的严惩——直到处死。舒尔茨认为，这种男性秘密结社不仅存在于蒙昧的原始时代，而且在较晚近的文明社会中也仍然以不同形式保留下来，这就形成了文明社会之内的第二社会——地下社会或黑帮。

由此我们也就可以解释，为什么古代的学宫会得到一个极为奇怪、历代训诂家感到费解的名称——辟雍。雍通作宫[5]，辟雍也就是“别宫”或“避宫”，是防避与异性接触的男性宿舍。

杨宽在《古史新探》中没有意识到学宫制度具有两性禁忌和隔离的性质，但是他注意到了这种学宫在建筑地址的选择上具有一个明显的特点：辟雍一律设在城外郊地。四周要有水三面或四面环绕，使之与外界隔绝。中间于高地上建有厅堂式草屋，附近有猎场池沼。孙诒让说：“辟雍之制，四面有水，而屋居其上。”（《周礼正义》）（《诗经 · 小雅 · 灵台》）陈焕疏：“辟雍始于殷。《王制》之右学，《祭义》之西学，《明堂位》之瞽宗，皆殷之辟雍也。文王仍殷制，辟雍在郊。”《大戴礼 · 盛德》说辟雍也就是明堂：“明堂者……以茅盖屋，上圆下方……外水曰辟雍。”《韩诗外传》也说，辟雍“圆如璧，雍之以水”。

所谓“明堂”，其实就是高大而明亮的集体宿舍。这种宿舍之所以必须选择有水环绕的地点建筑，正是为了便于实行男女间的隔离。由于引水隔离，所以辟雍别名又称作“泮宫”（水泮之宫）。

由此我们方可以深刻地理解《诗经》中的几首诗。在这些诗中，互相爱慕的男子和女子往往被河水隔断。

蒹葭苍苍，	芦荻青青，
白露为霜。	雾露凝霜。
所谓伊人，	那亲爱的“他”呵
在水一方。	在水的那一方。
溯洄从之，	想绕过那水源，
道阻且长。	无奈路艰险而长。
溯游从之，	顺着河探望呵——
宛在水中央。[6]	他好像伫立在水中央。

关关雎鸠，	咕咕叫的杜鹃鸟，
在河之洲。	住在河洲的正中心。
窈窕淑女，	那苗条秀美的好姑娘，
君子好逑。	正是他的心上人。
……	……
求之不得，	想呵想呵见不到面，
寤寐思服。	只好睡梦中诉心愿。
悠哉悠哉，	一场梦醒一场空，
辗转反侧。⑦	人在枕上难成眠。
……	……

由这些诗可以看出，这些情人和恋人，正是由于河水的隔离，而难以自由相见。在较宽广的文学意义上，我们也可以把诗中所说的“水”看做一种广义的象征符号——暗示爱情所遭遇的各种困难。这些诗歌的情感和句法表现上的质朴和纯真，使我们倾向于形成这样的一种看法：它们实际上正如《山海经》中那个思士、思女的神话一样，既是一种抽象的象征性意象，又是一种纪实，表明了被辟雍—泮宫制度隔离开的思男、思女之间的恋情和心声。

由于男子从童年至青年的整个时代都是在这种被水隔绝的辟雍中度过，辟雍也必然成为培养训练他们成为有技能的猎手、战士的场所。杨宽说：“西周大学不仅是贵族子弟学习之处，同时又是贵族成员集体行礼、集会、聚餐、练武、奏乐之处。”“西周大学的教学内容以礼乐和射为主要。”⑧这是基本正确的。只是他没有指出，辟雍乃是一个只限于男性进入和活动的场所——男性俱乐部。女性，即使是贵族、公族、国族，也不得进入辟雍。更重要的是，古代在辟雍中实行性教育。《白虎通·辟雍》：“（教者）当极说阴阳夫妇变化之事。不可父子相教。”古代的成丁礼——冠礼，实际上就是男性取得了性权利成为部族正式成员，从而毕业脱离辟雍的一种重要典礼。

据国外人类学记载，许多部落年轻男女性成熟后，都要通过仪式把他们接纳到社会中来。无论是否举行正式的仪式，在青年发育成熟前，总要完成对他们的教诲，学习前辈传下来的熟练技术、部落道德和宗教知识，教他们“公民学”，教他们关于社会行为、互助和所有“能做的和不能做的事情”。（这实际上就是中国古代所说的学习“礼”，即“履小节”以及“履大节”。）

假如要举行一次正式的毕业典礼之类仪式，那么在此前一段时期要专门进行教导，灌输关于身体的、教育的和神的概念，为即将到来的成丁礼做好准备。

男孩子在成丁礼仪式中必须显示出他已充分具备一个男子汉的素质。考验个人的能力往往具有某种强制性质。这种强制性的仪式是十分残酷的肉刑，例如毁面损容以及拔门齿等，以此象征童年的死亡和一种新生命的开始。也有让孩子们长时期陷居在荒野之中做智力和体力的准备，远离温暖的家庭和亲人，在扮演精灵的老人引导之下经受严格的考验。最后把绝不能让妇女知道的秘密告诉他们。这是成丁礼的高潮。此后他们才能分享成人的权利。

南美洲火地岛锡克兰人的成丁礼过程如下：

在森林的边缘，选择一个合适的地点——它必须是完全隐蔽的，并且要适合狩猎，以便提供食物——建造一座茅屋。男孩们离开家庭，被送到这个与外界隔离的地点，接受体力、技能、智力、文化和耐受力的严酷训练。在神圣的集体房中，每人的位置都有严格的规定，既不许说话，又不许笑，眼睛必须看着地。他们只有一点点食物，几乎不准睡觉，经常在老人领导下翻山越岭，长途行军。他们必须定期练习，增强射箭的能力。当他们精疲力竭回到居地后，还必须静听关于历史学和公民学的教导。几个月后，本族最德高望重的老人来给他们讲述最神圣的秘密——天地万物和人类起源的神话。当他们在部族长老率领下告别这座神圣的房屋时，他们已经成了令人敬畏的男子汉了。

据我们所见到的文献，在原始民族中不可能存在“男女合校”的教育。教给男孩和女孩的知识和性规则是各不相同的。考验都具有严酷的性质，更重要的是丛林学院中的课程包含有巫术意义，这就尤其不容男女混杂。两性各有自己的终身秘密，举行成丁礼时男性和女性需要严格隔离。这不仅是一种风俗，而且是神圣的法律，任何人违犯都将被认为会招致神罚——个人和集体生病或死亡。

许多原始社会中都有女性的秘密结社组织（中国古代祭高禖的闷

宫——秘密之宫，可能就是部族女子秘密会社的场所[9]）。非洲过去曾存在千百个这样的妇女秘密会社。其中最有名的是在尼日利亚的蒙迪兰（Mendiland）的一个女性会社。在她们秘密的聚会地点，严禁任何男子进入，违者将被杀死、罚款或卖作奴隶。

从这些男性和女性的秘密会社中毕业以后，通过连续的绝食、学习、苦修和训练，他们经历了一次“死亡”——童稚时代的死亡，而成丁礼则宣告了他们的“再生”[10]。

美国民族学家埃来德在所著《生与再生》（*Birth and Rebirth*）一书中谈到原始民族的入社礼仪时指出：

> 他们接受师长给予的冗长教训，目睹了神圣的仪式，也经历了一连串的神判。多数入社仪的考验都显然多少暗示着一种仪式性的死亡和随后的复活或再生。每一入社仪的重要时刻都举行着象征入社新人的死亡和他再回到人生的仪式。同时还表示着他童稚期、无知和无宗教观时期的终结。

中国古代男子的成年礼——冠礼，正是这样一种象征着获得第二次生命意义的重大人生典礼。杨宽曾介绍冠礼的仪式：

> 根据《仪礼·士冠礼》和《礼记·冠义》，贵族男子到二十岁时，要在宗族中由父亲（这里的父亲应当是复数的，即“众父”，也就是下面所说的来宾）主持举行冠礼，即孟子所谓“丈夫之冠也，父命之”。在行礼前，要选定日期和选定加冠的来宾，叫做“筮日”“筮宾”……举行的仪式，主要是由来宾加冠三次，初加缁布冠，再加皮弁，三加爵弁……三加后，经过来宾敬酒，再去见母亲（请注意母亲——女人不能直接出现在典礼中）。随后，由来宾替他取“字”（这实际是标志着第二次生命开始而获得的第二个名字）……最后由主人向来宾敬酒，赠送礼品，送出宾客，才算礼成。[11]

这种成丁礼之所以必要，是由原始时代族内男女两性禁忌的礼俗所决定的[12]。而由这一点出发将可以导出一系列新的观点，使我们对整个儒家礼教观念作出全新的解释和认识。

注释

①②《大戴礼·保傅》。

③《白虎通·辟雍》。

④《礼记·内则》。

⑤闻一多《古典新义》："是雍与宫亦本一语。宫声变而为雍，犹之籀文容从公声也。"

⑥《诗经·秦风·蒹葭》。

⑦《诗经·周南·关雎》。

⑧见杨宽《古史新探·我国古代大学的特点及其起源》。

⑨中国个别少数民族中至今尚有专用女性文字（湖南瑶族千家侗"女书"）。

⑩摘要引自利普斯《事物的起源》第10章。

⑪杨宽《古史新探》，第236页。

⑫中国古代成丁礼还流行一种凿门齿风俗。《管子·小问》："昔者吴、干战，未龀者不得入军门。国子揺其齿，遂入。"揺齿是成丁礼。至于凿齿之功能，《新唐书·南蛮传》中有一说："乌武獠，地多瘴毒，中者不能饮药，故自凿齿。"（并见《文献通考》卷二二八引范成大《桂海虞衡志》）

第十章　火神炎帝与涿鹿之战

我们已经证明了，古华夏族起源于中国北部和东部一个崇拜太阳的族系。这个族系以泰山、曲阜为中心，迁徙、活动于山东半岛和今日河北，可能还包括辽东半岛的部分地区。

但是，从古代典籍的记载来分析，在华夏民族的先民中还有一个原始族团，其信仰与崇拜太阳的华族有所不同。

这个族团就是以炎帝—燧人—祝融为始祖神，崇拜火神和天空中以“火”命名的星辰的炎帝之族。

马家窑型　　庙底沟型　　庙底沟型

图73　新石器时代的火纹彩陶

从典籍记载看，炎帝族号“高辛氏”，而黄帝族号“高阳氏”。关于“高辛”这一称号的含义，过去尚未有过确解。实际上，“辛”即“薪”的本字。辛在甲骨文中形如图74中的A，像以斧斤斫木之形。[1]有薪（辛）能得火，所以高辛氏初义正是火神之别号。又，天上大火星所在的东方星区，古天文学中称作“斫木之津”，而东方之歌则名“破斧之歌”（参看《吕氏春秋·季夏纪·音初》）。在山东大汶口新石器遗物中曾发现一组陶祭器上饰有族徽型的符号，图形是斧斤（图74的B、C）：

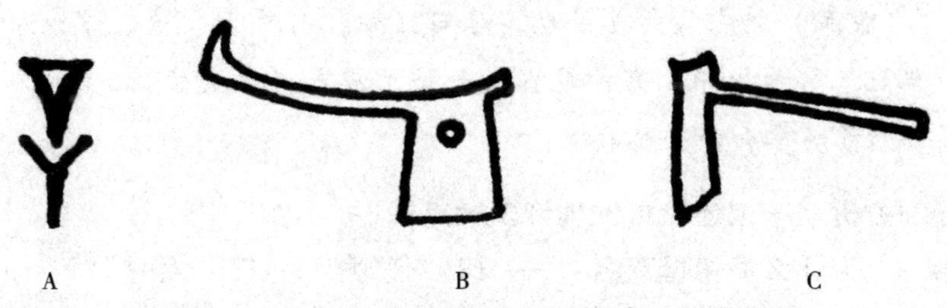

图74　山东莒县凌阳河新石器遗址出土纹徽拓片

辛字古音读尧，辛同薪声。《说文》说：“薪，尧声。从艹，尧声。”这一秘密过去似一直未被揭破。由此我们就可知道，所谓炎帝高辛氏其实就是古帝中赫赫有名的“帝尧”[②]。由此又可知，《尚书》纪政始于《尧典》，并不是偶然的。许多证据表明，尧其实就是古传说中作为中国历史开端的“炎帝”或“赤帝”。《说文》：“尧，高也。从垚，从兀。”朱芳圃先生曾有说曰：“考篆文尧上所从之垚，实焱之形误，古文‘土’与‘火’常混不分。如《散氏盘》之土字作⊥，《召伯虎簋》堇字偏旁所从之火亦作⊥，《子璋钟》……所从之火作土……是其证也。兀与元为一字……义当训首。《仪礼·士冠礼》‘加元服’，郑注：‘元，首也。’”“（尧）象人头上有神光。”[③]他还指出：“先民以火光象征宗神之赫耀，古尧之本意，当为光辉四照之神人。”[④]据此，则尧应就是“耀”的本字。

由高辛—尧—炎帝的这一名号系统，再参以古籍记载，我们可以肯定地说，炎帝族团本来是一个崇拜火神的部族，而且炎帝一名其初义也正是火神：

> 炎神，炎帝也[⑤]。
>
> 炎帝氏以火纪，故为火师而火名[⑥]。
>
> 炎帝为火师，姜姓其后也[⑦]。
>
> 炎帝作，钻燧生火[⑧]。
>
> 炎帝死而为灶[⑨]。

关于炎、黄二族的关系，由典籍的记述看，相当错综复杂。《国语·晋语》说：

> 昔少典氏娶于有娇氏，生黄帝、炎帝。黄帝以姬水成，炎帝以姜水成，成而异德，故黄帝为姬，炎帝为姜。

据此，则炎帝族似与黄帝族共祖同源。类似说法亦见于《帝王世纪》：

（炎帝）神农氏，姜姓也，母曰任姒。有蟜氏之女，名女登，为少典妃，游于华阳，有神龙首感女登于常羊（生炎帝）。炎帝人身牛首，长于姜水，有圣德。

仔细考析这一记述，可发现许多疑点：

第一，为什么炎帝母双名——一曰“任姒”，一曰“女登”？

第二，前已论证：少典即少昊，黄帝族之号；有蟜即有娲，女娲族之号。据此记载，则炎帝母似与黄帝母为同族之女。真是如此呢，还是由于这两族团的历史相混同后发生了窜乱呢？

第三，对炎帝的名号，古人也有两种解释。《白虎通》：“炎帝者，太阳也。”《说文》：“炎，火光上也。从重火。”《左传》哀公九年：“炎帝为火师，姜姓其后也。”《左传》昭公十七年：“炎帝氏以火纪，故为火师而火名。”据此，一则释炎帝同于黄帝，是太阳神之号，另一则释作火神，亦即“燧人氏”（见《帝王世纪》）。为什么会发生这种混乱呢？

炎帝族与黄帝族，本来是两个在宗教、政治、经济、文化上都有很大区别的族团。其最重要的区别不仅在于二者姓氏不同，一以羊为姓，姓姜，一以龙蛇为姓，姓姬；而且在于二者的宗教不同，一崇拜火神，一崇拜太阳神。但是，这两个族团自先商以来就结下了极其密切的难解之缘。在某种意义上，此两族的关系似乎非常像文化人类学者所说的那种两合婚族。他们世代互相婚配，以至晚周时代姜姓还以出美女而闻名于典籍。“美孟姜”这个名称，在《诗经》中几乎成了美女的代号，犹如后来的“西子”那样。[10]

可能正是通过这种世为婚姻的关系，这两个族团不仅在血缘上，而且在宗教、心理和文化上，发生了全面的融合。其结果必然导致他们在宗族谱系和历史上也混同于一了。

这两个族团是从什么时代开始形成这种水乳交融的历史关系的，由于书阙有间，今已无可深考；但具有重大意义的一点是，大华夏民族的形成就是以炎、黄这两大族团的结合为标志的，所以《国语·周语》中太子晋在对周灵王的一次谈话中即将我华夏诸族盖称作“黄、炎之后”。他解释了“夏”这个称谓的意义：“谓其能以嘉祉殷富生物也。”这个解释不错，因为它概括了华夏民族自古以来就具有的那种博大深厚的民族精神。但是，这个解释又偏离了“华夏”二字的本诂。在本书第一章中我们曾经指出，“华”就是“日华”，这是华族得名的由来。“夏”字在古汉语中具有“博大”的语义，引申具有“元首”语义。元首之族称“夏”，我认为这就是夏族得名的由来。

《逸周书 · 尝麦解》中记述了华夏民族历史肇开时期的一个故事：

> 昔天之初，□［诞］作上后。乃设建典，名赤帝。分正上卿，名蚩尤。于宇少昊，以临四方。司□□上天未成之庆。蚩尤乃逐帝，争于涿鹿之阿，九隅无遗。赤帝大慑。乃说于黄帝，执蚩尤，杀之于中冀。以甲兵释怒，用大正，顺天思序，纪于大帝。邦名之曰：绝乱之野[11]。

这一故事记述了中国历史上开天辟地以来第一次著名的大战争——涿鹿大战的始末。值得注意的是如下几点：

第一，上古在中国最先建典，即建立王朝典章制度的帝王，是赤帝，亦即炎帝。这一记载与《帝王世纪》等书中认为炎帝是在黄帝之前的帝王记述亦相契合。

据此看来，炎帝族团初似强盛于黄帝族团。黄帝号少昊，国称“少典”即“小典”。那么首先建典的炎帝，是否曾自称“太昊”即太阳神或更广义的大光明神呢？由于史无明证而难作深考，却并非不能作出这种推测的。

第二，从许多文献资料看，蚩尤是北上的南方民族即苗黎蛮人的首领。《尚书 · 吕刑》中说：“若古有训，蚩尤惟始作乱……苗民弗用灵，制以刑。”这部极早的典籍非常清楚地说明了蚩尤是“弗用灵”的苗民之君。蚩尤集团曾称臣于炎帝，并与之联合，击败了黄帝族团。

蚩尤曾在炎帝的朝廷中享有很高的地位，后来蚩尤的势力不断扩大，终于发动叛乱，驱逐了炎帝，迫使他向北逃避到河北涿鹿一带。据《帝王世纪》记，炎帝最初建都是在河南的“陈”，即太昊之虚，后来东迁于山东曲阜，而这里本来是少昊——黄帝族世代占有的故乡之地。《史记 · 周本纪》正义引《帝王世纪》曾说“炎帝自陈迁都于曲阜”，所指当就是这一事实。在这个时期，黄帝由于形势不敌炎帝和蚩尤的联军，被迫迁避。《汉书》记田千秋曾言“蚩尤叛父，黄帝涉江”，马王堆出土帛书《黄帝四经 · 十大经 · 五政》亦记黄帝“上于博望之山，谈卧三年”，所指应即是此事。蚩尤叛逐炎帝，占据了曲阜，并且很有可能他袭用了炎帝的名号而自立为新的“炎帝”。[12]

在这种危难情况下，炎帝不得不求援于本来与己对立的黄帝族团。黄帝族团参战后，经过一场极为艰苦的战争（参看本书第三章女娲助黄帝战胜蚩尤的故事），战胜了蚩尤。战后，黄帝将战胜蚩尤的地点命名为“绝辔之野”以作纪念。黄帝就此被尊为炎黄二族的共同领袖——“大帝”，建立了新的大典，即所谓“用大正（政）顺天思序”。《逸周书》的这一记载之所以重要：

1. 它完整地记述了对中国上古史具有重要意义的涿鹿之战的始末概况。这场战争就规模和意义来说，都可相侔于西方希腊古史上的特洛伊之战，是中国历史上有记载的第一次大规模战争。

2. 它的记述与《史记》及其他典籍中的记述基本切合。这里可以将《逸周书》中的记载与《史记》对这次战争的记载作一对比：

> 轩辕之时，神农氏世衰，诸侯相侵伐，暴虐百姓，而神农氏弗能征。于是轩辕乃习用干戈，以征不享，诸侯咸来宾从。而蚩尤最为暴，莫能伐。炎帝欲侵陵诸侯，诸侯咸归轩辕。轩辕乃修德振兵，治五气，艺五种，抚万民，度四方，教熊罴貔貅貙虎，以与炎帝战于阪泉之野。三战，然后得其志。蚩尤作乱，不用帝命。于是黄帝乃征师诸侯，与蚩尤战于涿鹿之野，遂禽杀蚩尤。而诸侯咸尊轩辕为天子，代神农氏，是为黄帝。

在这里，我们可以注意到如下几点：

1. 神农氏，《史记集解》与《正义》均认为就是炎帝。由此看来，神农—炎帝是当时天下的共主，也是黄帝族的君族。从可靠的史料看，我们不能再看到比神农炎帝更早的天子了。就这一点而论，我们也有理由推断神农炎帝就是《尚书》中所记中国最早的君主——尧。

2. 神农炎帝曾与黄帝族发生过激烈冲突，双方三战于阪泉，以黄帝族的胜利而告终。

3. 其后黄帝又联合诸侯与当时诸侯中最强的蚩尤族大战于涿鹿，胜而杀之。由是，黄帝取代神农炎帝，而被诸侯拥立（选择）为天子。

我们在前面曾讲过，黄帝名号的本义是太阳神，但根据《尚书》舜继尧后的记载，以及舜名号是“重华”也与太阳有关的事实，我们也有理由推断，黄帝作为历史上实有的人物，就是起于东夷的舜。

神牛首

牛首人身神（这是否就是炎帝的形象呢？）

图75　商周青铜器铭饰中常见的神牛形象

> 神农氏衰，蚩尤氏叛，不用帝命。黄帝于是修德抚民……诸侯咸叛神农而归之，讨蚩尤氏，禽之于涿鹿之野。（《群书治要》卷十一注引《帝王世纪》）
>
> 炎帝戮蚩尤于中冀，名其地曰绝辔之野。（《艺文类聚》卷六引《帝王世纪》）

亦可与《逸周书》的记载相印证。

从关于炎帝族团的古代记载看，其武力弱于黄帝族团，而文化则似乎高于黄帝族团。《史记》说，黄帝族团“迁徙往来无常处，以师兵为营卫”，“时播百谷草木，淳化鸟兽虫蛾”。据此看，这是一个主要从事游牧兼营不定居农业（即所谓“游农”）的族团。其武力之较强，亦可由此得到解释。而炎帝族则不同，炎帝别号神农氏：

> 炎帝神农氏，长于姜水，始教天下耕种五谷而食之，以省杀生。尝味草木，宣药疗疾，救夭伤之命。[13]

由此可见，炎帝族是一个以农业为主要活动的族团。传说中说“炎帝人身牛首”，这似乎正暗示了他与牛耕的关系。

《帝王世纪》等古代典籍中均说炎帝族起源于姜水，所以姓姜[14]。虽然姜水究竟在何地，我目前尚不能回答，但炎帝族的主要活动区域是在今日的中原（即河南伊洛平原）上，是可以肯定的。传说中炎帝之母的受孕地在华山南侧的陕、豫交界之处（《初学记》卷九引《帝王世纪》），其建都地在陈（河南新郑），而黄帝族团的起源和主要活动区域是在泰山、曲阜一带。从以泰山为天下之中的观点看，炎族的活动区是比较偏居西南的，由此也就产生了炎帝“位在南方，主夏”的说法⑮。后来有人以此而把炎帝与南方三苗九黎之君的蚩尤混为一谈，这就是大错而特错了。

注释

①朱芳圃《殷周文字释丛》：“辛即薪之初文。”《史记·仲尼弟子列传》：“颜辛，鲁人，字子柳。”（辛今字化作幸，据《孔子家语·七十二弟子解》校）《史记·天官书》：“柳为鸟注，主木草。”古人以字释名，辛训木草，可证其本义。

②《帝系》谓高辛是帝喾，尧是其子，但丁山等均曾考证喾、尧是同一个人名的分化。

③朱芳圃《殷周文字释丛·释尧》。

④朱芳圃《中国古代神话与史实·帝尧》。

⑤王逸《楚辞·远游章句》。

⑥《左传》昭公十七年。

⑦《左传》哀公九年。

⑧《管子·轻重》。

⑨《淮南子·氾论训》。

⑩甲文中羌字最多。羌与姜本是一字。男曰羌，女为姜，即姜为女子之姓。其实，姜姓即羌人之姓。殷人曾用通婚拉拢羌人。武丁曾娶姜女为妇。卜辞：“妻羌妇。”（董作宾《殷代的姜和蜀》，《说文周刊》第3卷第7期，1942年）

⑪按，原文简错讹乱，几不可卒读。如“上”讹作“二”（甲骨文中上字作二），名、命相乱（两者古同字）等。这里我重新作了校正，使可通读。附原文供读者比照：“昔王之初□作二后乃设建典命赤帝分正二卿命蚩尤于宇少昊以临四方司□□上天未成之庆蚩尤乃逐帝争于涿鹿之阿九隅无遗赤帝大慑乃说于黄帝执蚩尤杀之于中冀以甲兵释怒用大正顺天思序纪于大帝邦名之曰绝辔之野。”

⑫《归藏》等书中，曾记“古称黄神与炎神争斗涿鹿之野”。这一炎神（炎帝）正是蚩尤，而不是姜姓炎帝。

⑬《太平御览》卷七二一引《帝王世纪》。

⑭周人始祖是姜嫄，炎帝起源地是常羊（又作尚羊），这两者之间似有微妙的关系。传说中的神农、后稷、炎帝是否是同一个人呢？许多证据表明，对这个问题可以作出肯定的回答。正如商人是黄帝族的直系后人，周人也是炎帝族的直系后裔。

⑮《初学记》卷九：“有圣德，以火承木，位在南方，主夏，故谓之炎帝。都于陈。”这已经清楚地说明，这个南方并不太南，只是在陈而已。但从战国人扩大了的地理眼光看，陈所在的伊洛地区却已是天下之中的所在。

第十一章　后羿射日与历法改革

《左传》中说："炎帝氏以火纪，故为火师而火名。"在这里透露了一个重要的信息——炎帝族的历法是以观测"火"来决定四季以授民时的。

火，不是五大行星中的火星。此星在二十八宿体系中名心宿二（西方天文学中称天蝎座α星），位在东方青龙宿中，是一颗恒星。居于房宿之东、尾宿之西，为一等大星。其色红，所以称作"大火"（大、天，古同字，大火即天火也）。

此星在古代又叫做"大辰"[①]"商星"。在中国古占星术中，此星一直具有重要而特殊的意义。中国很早就设有专职的"火正"之官，专门观测大火星的出没情况。

炎帝族团所崇拜的火有两种含义：一是自然之火，二是天上这颗名叫大火的星座。《左传》襄公九年："陶唐氏之火正阏伯居商丘，祀大火，而火纪时焉，相土因之，故商主大火。"表明了如下两点：

1. 上古有一个号"陶唐"的族团崇拜天上的大火星，并据以纪时（正，古有正历时之义）。陶唐氏也就是古传说中的高辛氏。

2. 商人在相土时代迁居商丘后，学习了这种历法。

而陶唐氏，即唐尧，亦即高辛氏，也就是炎帝。又，"商"字在甲骨文中上从"辛"字。商星就是高辛氏之星，后来乃成为殷商人之星，这也就是《左传》襄公九年中所说的："商人阅其祸败之衅，必始于火。"

在古人看来，天上的大火星与地上的火事具有着一种神秘的联系。《左传》昭公十七年中记：

冬，有星孛于大辰（即“火”），西及汉。申须曰：“彗，所以除旧布新也。天事恒象，今除于火，火出必布焉。诸侯其有火灾乎？”梓慎曰：“往年吾见之，是其征也，火出而见。今兹火出而章，必火入而伏，其居火也久矣。其与不然乎？火出，于夏为三月，于商为四月，于周为五月。夏数得天。若火作，其四国当之，在宋、卫、陈、郑乎？宋，大辰之虚也；陈，大皞之虚也；郑，祝融之虚也，皆火房也。”

《左传》昭公十八年又记：

夏五月，火始昏见。丙子，风。梓慎曰：“是谓融风，火之始也。七日，其火作乎？”……壬午，大甚。宋、卫、陈、郑皆火。

在这两条记载中，记述了两次观测“大火”预言地面的火灾。其可靠程度不必去管它，但由此我们可以知道的是，古人认为大火也就是火神所在之星。当其在初昏时分出现在正南天中的时候，夏季也就来到了。《尚书·尧典》中说：帝尧“申命羲叔，宅南交……日永，星火，以正仲夏”。

学术界曾有人提出，上古时期可能存在过以大火南中之月为正月的“火历”。[②]

又有人根据甲骨卜辞中的材料论证“夏季六月黄昏，火星中”[③]之时，为商代历法的正月[④]。这种推测是不无道理的。中国从什么时候开始从事天文学上的观象授时的，因年代太过久远而无法确定。从中国的古历法看，可能存在过两种基本的历法。一种是观测太阳方位以定时的方法。一年发生四季的变化，主要是由于太阳在天空中位置的变动而造成的。因此只要掌握太阳移动的规律，就可以确定和预测各种季节。这种方法起源较早。

由于日光强烈，直接观测太阳在恒星间的位置甚为困难，这种方法往往不准确。科技史家吕子方先生曾研究归纳《山海经》：

大荒之中，有山名曰大言，日月所出。

大荒之中，有山名曰合虚，日月所出。

大荒之中，有山名曰明星，日月所出。

大荒之中，有龙山，日月所入。

大荒之中，有山名曰日月山，天枢也，吴姖天门，日月所入……处于西极，以行日月星辰之次。

大荒之中，有山名曰常阳之山，日月所入。

吕先生指出：

我认为，这是远古的农人每天观察太阳出入何处，用来定季节以便耕作的资料。这是历法的前身。一年四季气候不同，按天动学说，是由于太阳从极南到极北，又从极北走到极南，一年之间往返一周而来。太阳走到极南时叫冬至，到极北时叫夏至，到正东正西叫春分或秋分。当然这种认识是人类文化发达以后的事了。远古时代的人，只知道“日出而作，日入而息”，把太阳的出入当做生活作息的标准。多山地带的人自然就以山为日月出入的表尺。(《中国科学技术史论文集》下册第 28 页)

这是一种极有见地的看法，我们以后还会谈到。

另一种观测方法，可以称作间接的观测方法，即以天空中的各种星（包括月亮）所在的方位来确定季节。例如《左传》昭公元年所记子产的谈话，谓尧舜以前以初昏时火南中为夏，参见东方为冬。《尚书・尧典》中记，以鸟、火、虚、昴四星初昏南中来定春夏秋冬。《舜典》中记“在璇玑玉衡，以齐七政”，七政指北斗，此谓根据斗柄所指方向来测定季节。

炎族崇拜火神和天上的大火之星，而黄族则崇拜日神和天上的太阳。这种宗教的差异也反映在历法上，由此就导致了他们的观象授时方法也有差异。

在《左传》昭公十七年中曾记录了郯子与昭子的一段对话：

秋，郯子来朝……昭子问焉，曰：“少皞氏，以鸟名官，何故也?”

郯子曰：“吾祖也，我知之……我高祖少皞挚之立也，凤鸟适至，故纪于鸟，为鸟师而鸟名。凤鸟氏，历正也。玄鸟氏，司分者也。伯赵氏，司至者也。青鸟氏，司启者也。丹鸟氏，司闭者也。祝鸠氏，司徒也……九扈为九农正，扈民无淫者也。⑤自颛顼以来，不能纪远，乃纪于近。为民师而名（命）以民事，则不能故也。”

由郯子的这段话中可看出，少昊时期所谓以鸟纪官，主要是正历、司分（春秋分）、司至（冬夏至）、主计时（司启、闭）的历法之官。前已指出，少昊族是崇拜太阳的族团，而凤鸟正是太阳的象征。所以以鸟纪官，实际上就是根据太阳来定时（商王均以日作名号，其祭祀只用日名号而不用本名，正是以日纪时的遗俗），但这种纪时方法，在商族由山东西下入河南定居商丘后，发生了重大的改变。《左传》襄公九年说：

> 古之火正，或食于心，或食于咮，以出内火。是故咮为鹑火，心为大火。陶唐氏之火正阏伯居商丘，祀大火，而火纪时焉。相土因之，故商主大火。商人阅其祸败之衅，必始于火。

这一记载表明，商族至少从阏伯定居商丘的时候开始，即采用了高辛（陶唐）族以火正年的历法[6]。

商人采用的纪日方法，是干支纪日法。所谓干支纪日法，就是将甲、乙、丙、丁、戊、己、庚、辛、壬、癸这“十干”，与子、丑、寅、卯、辰、巳、午、未、申、酉、戌、亥这“十二支”相配，以甲与子、乙与丑、丙与寅、丁与卯这样的顺序依次排列，一直到癸亥为止，为六十个干支相配，周而复始用以作为日序的记录。

在甲骨文中发现多种干支表，各版之背面均未经钻凿，显然不是作占卜之用，而是罗振玉所称的“骨简”，是一种专为便于检查日期而刻的文书，有如今之月历。郭沫若说：“余谓借此可觇见古代历法之变迁，盖古人初以十干记日，自甲至癸为一旬，旬者遍也。周则复始。然十天之周期过短，日分易混淆，故复以十二支与十干相配，而成复式之干支纪日法。多见三旬式者，盖初历月无大小，仅建三旬已足，入后始补为六十甲子者也。”[7]

郭说很有启发性，但这一说法无法解释以十干纪日与上古时代天有十日传说的契合。难道这仅仅是一种巧合吗？

我们先来看一下有关这个问题的古代神话吧。

《山海经·大荒南经》记：“帝俊之妻，生十日。”

《淮南子·本经训》：“逮至尧之时，十日并出，焦禾稼，杀草木，民无所食……尧乃使羿……上射十日……”

《楚辞·天问》：“羿焉弹日，乌焉解羽？”

关于羿射十日的神话，典籍中的记载已全部在此。过去人们仅仅把它看做一种幻想性的神话，在这个神话的深层结构中实际上隐藏着一个深刻的文化隐义——历法的变革。

甲、乙、丙……癸等十干，最早并不是纪日，而是纪月的。《左传》

昭公五年："日之数十，故有十时，亦当十位。""天有十日。"（杜预注：甲至癸也。）这表明，"十日"与"十时"有关。天上并没有十个太阳，却有以十为月数的计时制度。也就是说，上古时代可能实行过这样一种历法：把一年的周期划分为十个等份，或者说，划分为十个"太阳月"，然后每月用十干中的一个字为其命名，如甲月、乙月、丙月……癸月，十干轮完，即度过一年。一年 365 天，略分作 10 份，即每月 36 天，余 5 天作闰。然后周而复始。这种纪月方法的依据是这样一个观念：每年有十个不同的太阳在天空运行。用这个观点也就可以解释寒来暑往太阳热度的变化。这种十进的纪年方法比较简便，它也符合殷商人崇尚"十"数的观念[8]，但是作为一种纪年法，它是很不准确的，而其误差不断积累，就必定会在某一年造成历法的全面混乱。历法上预告的寒季变成暑季，而历法上预告的暑季变作寒季。这种寒暑颠倒的结果，就很自然地转化成这样一种意象："十日并出，焦禾稼，杀草木，民无所食。"正是在这样的情况下，产生了帝尧命羿射十日的神话。而这个神话的真实意义，也是唯一可能作出的合理解释：它实际上是暗示一场重大的历法改革[9]。

羿是什么人？《天问》中说："帝降夷羿，革孽夏民。"《左传》襄公四年："昔有夏之方衰也，后羿自鉏迁于穷石，因夏民以代夏政。"《淮南子 · 氾论训》高诱注："羿，古之诸侯。"哪里的诸侯呢？商族的诸侯。商族本来是东夷中的一部。商族别称殷，而殷、夷字相通[10]，羿称夷羿，正显示了他的身份。《帝王世纪》中说帝羿是帝喾之后。而帝喾是商族高祖。这是羿与商同族的又一证据。尧是传说中高辛族的古帝，而高辛族在历法上与商族的太阳历不同，实行着庞朴所说的"火历"。这种历法以观测"大火"在天空中的位置来定节气，纪岁年。据现代天文学家的推算，约在公元前 2400 年，黄昏在东方地平线上见到大火时，正是春分前后[11]，即是春播的时节。

他们把一年分作 12 个月，每个月的天数根据月亮的圆缺循环来确定。十二支可能就是他们用以为月亮命名的 12 个称号[12]，因此他们的每月有 30 天。羿进入中原以后，"因夏民以代夏政"，学习了帝尧高辛族的这种先进历法，废止了每年十"日"轮流值月的办法，这就是所谓"上射十日"。从此以后，商族也采用了以火正年的方法，将一年也划分为 12 个月。可能就是从这时起，他们的太阳神一分为二，演化出了作为月神的常仪，"生月十有二”（《山海经》），而原来作为太阳名号的十干却改用作纪日，后来又发展为甲骨文中那种干支纪日的方法。羿到底是商族的哪一个王，今已不可深考。从《左传》和《帝王世纪》看，羿的时代相当于夏帝太康、仲康、相的时代[13]。而从名号考虑，羿音从羽，阏音从于，羽、于古音相通，所以羿可能就是《左传》所说首居商丘以主火正的阏伯。

还有一些材料表明，殷商人接受高辛—炎帝族团影响的结果，不仅使殷商的历法发生了根本性的改变，而且使他们在祭祀和宗教观念上也发生了深刻的变化。《礼记·郊特牲》说：

> 殷人尚声，臭味未成，涤荡其声，乐三阕，然后迎牲。声音之号，所以诏告于天地之间也。

殷商族祭天的方法本来只用音乐和歌唱。楚承商俗，《九歌》即是楚人祭天神、太阳神的歌舞，后来他们采用了高辛族团的祭天方法——以火作祭[14]。祭祀天神时，采用“以禋祀祀昊天上帝，以实柴祀日月星辰，以槱燎祀司中、司命、风师、雨师”。此即所谓“禋祀”“实柴”“槱燎”三祀。禋，烟也。禋祀即焚烟作祭，实柴即以牲体配柴焚烧，槱燎即以酒配柴焚烧。郑玄说：“皆积柴实牲体焉，或有玉帛，燔燎而升烟，所以报阳也。”这种以火祭天神的祭法在甲骨文中已极为常见，很可能也是商族学习炎帝族的结果。

本来崇拜太阳神的商族向崇拜火神的高辛族学习历法的故事，后来也汇入到关于黄帝的传说中，形成了这样的说法：

> 黄帝师大桡。（《吕氏春秋·孟夏纪·尊师》）

“桡”通尧。帝尧即高辛，他变成了太阳神黄帝的老师。

在《管子·五行》中则说：

> 昔者黄帝……得奢龙而辨乎东方，故使为土师。祝融辨乎南方，故使为司徒……是故春者土师也，夏者司徒也。黄帝得众相而天地治，神明治。

《管子》书中乱简错文极多，此段话即是一例。郭沫若《金文丛考》指出：“金文中土、徒同字。铜器铭文中司徒均书作司土。”而这段话中以“奢龙”为土师，又以“祝融”为司土（徒），谓土师主春，司土主夏。

语颇不伦。实际上，司土之“土”当作“火”。古文字中火、土二字同形，均可作丄，故极易相讹。祝融是火神，所以为司火，主夏。也就是说，黄帝得到火师祝融后，方能正夏时（主夏）。这个神话实际也是商族学习以火正时新历法的又一种变形意象。

注释

①《尔雅·释天》：“大火谓之大辰。”关于辰，古已不明。《左传》昭公七年：“公曰：‘多语寡人辰，而莫同。何谓辰？’对曰：‘日月之会，是谓辰。故以配日。’”

②庞朴《火历初探》，《社会科学战线》1978年第4期。

③《毛诗正义》引服虔语。

④郑慧生《“殷正建未”说》，《史学月刊》1984年第10期。

⑤九扈即九夷。商族本为夷族之一部，后与其分离。夷本字似当作翟。翟即天翟，即凤凰，是所有东夷族的共同图腾。

⑥高辛族后裔是《史记》中的有莘氏（莘、辛、薪三字通）。商名相伊尹即有莘人。商王族与此族世代有婚姻关系，所以能采用其历法。又《史记·殷本纪》集解引《括地志》：“古莘国在陈留。”《帝王世纪》说炎帝起于陈。此亦可证炎帝为古莘国所崇拜之神。

⑦见《卜辞通纂》。

⑧殷商军制及政治的基层编制都采用十进的计数法（参看张政烺《古代中国的十进制氏族组织》）。

⑨我在写《诸神的起源》时，关于十月历法只是指出一种假定、一种拟测。《诸神的起源》第一版（1984年）出版后，我读到卢央、刘尧汉的《彝族天文学史》一书。在书中，他们披露了中国西南的彝族地区确曾实行过“十月制”历法，并且指出《诗经》及《夏小正》中都有“十月历”在上古中原实行过的证据。读者可以参看。

⑩徐中舒《殷商史中的几个问题》：“衣、殷、夷读音相近，都是古方音的不同，故周人称殷为夷。”

⑪见《中国科学技术史稿》上册，第25页。

⑫直到战国，还保留着十二月各有称号的古俗。《尔雅·释天》收录了十二月名：陬、如、寎、余、皋、且、相、壮、玄、阳、辜、涂。

⑬《帝王世纪》：“自太康已来，夏政凌迟，为羿所逼，乃徙商丘，依同姓诸侯。”

⑭《礼记·郊特牲》说：“周人尚臭”，“至敬不飨味，而贵气臭”。周人是炎帝、神农之后，所以他们堆柴焚烧祭品，使烟气升天为祭。

第十二章　盘古之谜的阐释

在中国神话中，天地开辟神话出现较晚。黄帝、伏羲、女娲是中国神话中神通最广大的神明，但是关于他们的各种故事表明，与其说他们是创造宇宙和自然的至上神，不如说他们只是创造人类和人类文明的宗祖神。在所有的传说中都强调了他们的人性化身，强调他们有父母，有妻子，有世家和血缘谱系。因此，他们都不是西方神话中那种创造宇宙、开辟天地、无来源、无历史、无终结的原始神、全能神。

但是，除上述诸神之外，中国神话系统中还是出现了一位开天辟地的大神，他就是盘古。令人感到奇异的是，盘古的名号和事迹，不见于今日所见先秦的一切典籍著述，也不见于秦代、西汉以至东汉中叶的一切著述，甚至不见于《山海经》《穆天子传》《天问》《帝王世纪》这种专门搜集“古今上下非常奇怪之事”的神话书。顾颉刚先生曾指出，战国秦汉是中国历史上伪造古事和古人风气最盛的一个时代。但是，即便在秦汉人中，也绝无提及“盘古”这位神通广大、开天辟地的大神者。对此所能作的唯一解释似乎是：在上古的中国神话中，本来根本没有“盘古”这个人物和名号。诸子与秦汉人根本就不知道他，因此不可能讲述他。屈原在《天问》中问：“邃古之初，谁传道之？上下未形，何由考之？”他所提问的内容是关于宇宙天地起源的。如果当时已有盘古开天辟地神话，显然屈原是不会提问的。

王充《论衡·谢短》说：“《五经》之前，至于天地始开，帝王初立者，主名为谁，儒生又不知也。”“夫知古不如今，谓之陆沉，然则儒生，所谓陆沉者也。”又说：“上古久远，其事暗昧，故经不载而师不说也。”

王充是东汉时代以渊博见称的著名学者，但他并不知“天地始开，帝王初立”之事，不知盘古开天辟地之事，足见古经籍中以及当时华夏人的传说中尚绝无此人此事。

盘古事迹在文献中的始出，以三国时吴人徐整所著《三五历纪》（今已佚）为最早，其次是在南北朝时梁人任昉所著《述异记》中。

香港著名历史学者饶宗颐先生寄给笔者一文，文中提供了有关盘古来源的一则新材料：

> 盘古一名之出现，向来以为徐整之《三五历纪》所载为最早。考王羲之《十七帖》之一云：“知有汉时讲堂在，是汉何帝时立此？知画三皇五帝以来备有，画又精妙，甚可观也……”……汉时讲堂，即汉景帝时蜀守文翁所建者也……
>
> 宋黄休复《益州名画录》下“无画有名”条云：“《益州学馆记》云：献帝兴平元年，陈留高朕为益州太守，更葺成都玉堂石室，东别创一石室，自为周公礼殿，其壁上图画上古盘古、李老等神及历代帝王之像[①]……”
>
> ……汉献帝兴平元年，高朕所建之周公礼殿，其壁上即绘有盘古，与李老诸神并列。是盘古之名，汉末已有之，且形之壁画。兴平元年甲戌，即公元194年。
>
> ……知以盘古作图，汉末蜀中已流行，则盘古之神话，最迟必产生于东汉以前。”（见《盘古图考》，刊《中国社会科学院研究生院学报》，1986年第1期）

饶先生所揭示的这一则材料确实可补史料。这里值得注意的两点：

1. 汉献帝兴平元年（公元194年），已属东汉末年。

2. 徐整为吴人，益州学馆壁画在四川。盘古传说初出之地分布在东南、西南，时间在东汉末以及三国、晋之际，但直到此时，在中原学者的著述（包括谯周《古史考》）中尚无述及者。

由此看来，盘古神话在华夏的出现地，确如梁代任昉所指出的，是在吴楚、南海、桂林一带华南地区，其时间则不会早于东汉末。这两点事实极为重要，它是我们解决盘古来源之谜的一个重要线索。恰恰是在这个时期，中国文化史中发生了一件大事，这就是印度的佛教和文化开始进入中国。

佛教开始传入中国的时代，学术界通行的看法是在西汉以后。其进入中国的路线，一是西线沿西域的河西走廊，一是南线由南亚经云、桂入川蜀到中原。佛教在中国的传播，是印度文化对中国文化的渗透。关于魏晋之际印度文化是怎样深刻地深入影响了中国文化，陈寅恪在《三国志曹冲华佗传与佛教故事》（载《寒柳堂集》，上海古籍出版社 1982 年版）一文中曾指出："《三国志》本文中往往有佛教故事杂糅附益于其间，特迹象隐晦，不易发觉其为外国输入者耳。"例如曹冲称象的故事：

《三国志·魏志·曹冲传》	故事原型——印度佛经
时孙权曾致巨象。太祖欲知其斤重，访之群下，咸莫能出其理。 冲曰："置象大船之上，而刻其水痕所至，称物以载之，则校可知矣。"	天神又问："此大白象有几斤？"而群臣共议，莫能知者…… 僧言："置象船上，着大池中，画水齐船。深浅几许，即以此船量石着中，水没其处，则知斤量。"
太祖大说，即施行焉。	即以此智以答天神。

对比上述两则记载可以看出，曹冲称象故事，乃是由印度传入的佛教故事演化而成。

> 总而言之，《三国志》……有佛教故事辗转因袭杂糅误会于其间。然巨象非中原当日之兽……其变迁之迹犹未尽之，故得赖以推导史料之原本……
>
> 夫《三国志》之成书，上距佛教入中土之时，犹不甚久，而印度神话传播已若是之广，社会所受之影响已若是之深，遂致以承祚（陈寿）之精识，犹不能别择真伪，而并笔之于书。则又治史者所当注意之事，固不独与此二传之考证有关而已也。（《寒柳堂集》，第 161 页）

陈寅恪的这一分析发人深省。现在让我们回过头来，以陈氏的方法探索一下盘古开天辟地神话的由来。从流行地域、出现时代上考察，我们有理由设想：盘古神话乃是东汉中叶以后取道于中国西南部流传进入中国的印度神话。

从地域上看，三国时吴国所在的江淮地区是佛教进入中国后最早获得大规模流行的地区[2]（首先记述盘古事迹的徐整是吴人），而四川又是通过云南、广西与东南亚、印度相交通的必经之地。这条通向印度（古称“身毒”）之路，据《汉书》所记，早在汉武帝时代即已打通。而岭南的闽粤桂地区，根据现代考古学的发掘和研究，早在新石器时代即已与东南亚、印度存在文化上的往来和相互影响。盘古故事首先出现并流传在这一地域（以盘古为姓，建盘古庙等），绝不是偶然的。

那么，盘古神话的内容是否确实在印度古神话中存在原型呢？

解开这个历史之谜的钥匙，就在印度上古时代的几部婆罗门教典籍中。

古婆罗门教中有一位大创造神，他是诸天的最高之神、众神之神，也是宇宙万物的创造神，名字叫“Brahma”。他是一个“唯一、永恒、无限的神，是世界的本原和本质，最高的实体或最高‘我’（Brahmeou Parama），以梵天的名义支配全世界，他是创造者又兼毁灭者”（A. Loiseleur-Deslongchamps《摩奴法典·序》）。这个神在北方中原地区的汉译佛经中一般译作“梵摩”“梵天”，简称为“梵”，但此字的另一种音译则恰近于“盘”或“盘古”。

在古婆罗门的圣书《摩奴法典》第一卷《创造》中，记述了这个大神的一系列创造故事。兹择其重要者迻译如下：

> 当初这宇宙沉浸于黑暗中……如同完全处在睡眠中。（第6节）
>
> 于是本体神（Atman）出现。它决意要创造五大和万物[3]，以扫除黑暗，揭示自然的奥妙。（第7节）
>
> 他首先创造了水，在水中播下一粒种子。（第8节）
>
> 这种子变成一个金色的鸡卵，光明四射。于是那至重的本体神现形为大梵（Brahma），而出生于这金色的蛋中。[4]（第9节）
>
> 他在这个蛋中整整住了十二个梵月。[5]于是发大智慧，将蛋破分为两半。（第12节）
>
> 于是，蛋的一半上升为天，一半下降为地。在天与地之间有气。周围环绕以水。（第13节）
>
> 他又以智慧创生了神性、人性和畜生性[6]。创生了眼、耳、鼻、舌、身五识，口、手、足、肛、阴五根，创生了五大元素（Ta-

matras)。(第 15 节)

于是，他将这一切混和起来，创造了世界上的万事万物。(第 16 节)

这一切都是从这大神的本体中所创生的……（第 17 节）

他创造了时间和时间的划分，以及众星、江河、海洋、山岳、平原、大地。(第 24 节)

他创生了人类。由他的口中生出了婆罗门（祭司)。由他的臂中生出了刹帝利（武士)。由他的腿中生了吠舍（农夫)。由他的脚下生了首陀罗（贱民)。(第 31 节)

他把身体一分为二，一半化为男，一半化为女……（第 32 节）

又创造了蛆、虫、蝗、虱、臭、蝇、臭虫、各种咬人的蚊虻。(第 40 节)⑦

试以之对比于《艺文类聚》卷一所录徐整所记盘古故事：

天地浑沌如鸡子，盘古生其中。万八千岁，天地开辟，阳清为天，阴浊为地，盘古在其中，一日九变，神于天，圣于地。天日高一丈，地日厚一丈，盘古日长一丈。如此万八千岁，天数极高，地数极深，盘古极长，故天去地九万里，后乃有三皇。

我们可以看到如下一些契合之处：

1. 大梵神本音“Brahma”，也可译作盘古，简称即“盘”⑧（盘、梵，古、摩在古汉语中皆音近相通)。

2. 梵神与盘神均是自鸡蛋中出生。

3. “梵”的鸡蛋与“盘”的鸡蛋形都剖分两半，分别变成了天与地。

4. “梵”的创造过程共历 360 劫波，计 36 万年；而盘古造天地则经历了 36000 年。这两个数字显然有关。

宋罗汝所撰《绎史》书中收入了传说，也是徐整所著的《五运历年纪》中关于盘古故事的又一种说法：

元气蒙鸿，萌芽兹始。遂分天地，肇立乾坤。启阴感阳，分布元气，乃孕中和，是为人也。首生盘古，垂死化身。气成风云，声为雷霆，左眼为日，右眼为月。四肢五体为四极五岳，血液为江河，筋脉为地里，肌肉为田土，发髭为星辰，皮毛为草木，齿骨为金石，精髓为珠玉，汗流为雨泽。身之诸虫，因风所感，化为黎虻。

类似的记载，还见于梁人任昉所著《述异记》中：

昔盘古氏之死也，头为四岳，目为日月。脂膏为江海，毛发为草木。秦汉间俗说：盘古氏头为东岳，腹为中岳，左臂为南岳，右臂为北岳，足为西岳。先儒说：盘古泣为江河，气为风，声为雷，目瞳为电。古说：盘古氏喜为晴，怒为阴。吴楚间说：盘古氏夫妻，阴阳之始也。今南海有盘古氏墓，亘三百余里，俗云后人追葬盘古之魂也。桂林有盘古氏庙，今人祝祀。

关于盘古创世的上述故事，其原型亦存在于印度婆罗门教的经籍《五十奥义书》中。

《五十奥义书》中有一卷《爱多列雅奥义书》——这是最古老的婆罗门经籍之一，其中关于宇宙的起源是这样说的：

太初，此世界唯独“自我”（Atman）也……彼自思惟：“我其创造世界夫！”（第1节）

彼遂创造此诸世界：洪洋也，光明也，死亡也，诸水也。洪洋在天之彼面，天为其基。两间，诸光明也。地，死亡也。地之下者，诸水是也。（第2节）

彼自思惟：“吁！此诸世界也，我其创造护持世界者乎！”彼遂直由诸水取出一真元体而形成之。（第3节）

……鼻遂启焉，由鼻生气，由气生风。

眼遂开焉，由眼生见，由见生太阳。

耳遂张焉，由耳生闻，由闻生诸方。

皮遂现焉，由皮生毛发，由毛发生草木。

心遂出焉，由心生意，由意生月。

脐遂露焉，由脐生下气，由下气生死亡。

肾遂分焉，由肾生精，由精生水。（第4节）[9]

在上引诗篇中宇宙创造和万物发生的故事与《摩奴法典》中非常相似。只是创造神的神名是“Atman”。梵文的Atman是“自我”。在婆罗门经籍中正是大梵神的代号[10]。上引婆罗门古神话表明，“梵”神的身体在天地创造后被分解为万物和人类。

类似的故事还见于其他一些印度经籍，如《外道小乘涅槃论》：

> 本无日月星辰、虚空及地，唯有大水。时大 Adam（安荼）生[11]，形如鸡子。周匝金色，时熟破为二段，一段在上作天，一段在下作地。

《摩登伽经》云：

> 自在以头为天，足为地，目为日月，腹为虚空，发为草木，流泪为河，众骨为山，大小便利为海。(上引文转引自《吕思勉读史札记》卷一)

试提取印度古创世神话中的诸基本要素，与盘古化身故事作一比照：

	中　国	印　度
名称	盘古	Brahma Atman
开辟以前	天地混沌	混沌
开辟神诞生	在鸡子中	形如鸡子
神变化	日长一丈，成天成地	身分两段，为天为地
变化过程	先生出气	先生出气
呼吸	成风云	气生风
声音	成雷霆	口生因陀罗（雷神）
眼睛	左眼为日，右眼为月	（一）心生日，目生月 （二）目为日月
肢	为四极五岳，筋为地脉，肉为土	头为天，足为地，骨为山
血液	为江河	流泪为河
毛发	为草木	为草木
精液	为珠玉	有精乃有水
汗	为雨	大小便为河
虱蚤	为虫虻	创造各种虫虻

这两个开辟天地、创造万物故事的诸要素，可以说几乎无一点不相吻合。

在中国的盘古神话中，为西方印度故事所没有的因素，只是如下几个数字概念："数起于一，立于三，成于五，盛于七，处于九。故天去地九

万里。”(《艺文类聚》卷一引徐整《三五历纪》)

这几个数字其实是来自于《易 · 系辞》“天一、地二、天三、地四、天五、地六、天七、地八、天九、地十”中的五个天数:“天一、天三、天五、天七、天九。”《京房易传》卷下说:“一、三、五、七、九,阳之数。”由此可见,中国的盘古故事在观念上已渗入了《易经》中的天数观念。这一点,也从《绎史》所引《五运历年纪》描述的如下一个宇宙生成模式中反映出来:

> 鸿蒙(混沌)——→天地——→乾坤——→阴阳——→元气——→中和——为人。

这一模式恰是《列子 · 天瑞》中所记的天地生成式。

由此我们还可以看出一个问题:旧说《五运历年纪》与《三五历纪》同出吴人徐整之手,现在看来,不大可能出于一人之手。因为《三五历纪》中所述盘古故事非常接近于印度神话中的原型,当较为早出;而《五运历年纪》所记则显然已按照中国《易经》哲学观念作加工,应当是晚出的。

综上所述,我们可以作出结论:中国古代神话中关于盘古创造宇宙万物的故事,既绝非如夏曾佑所说源自《后汉书》所记盘瓠故事,亦非如杨宽、吕思勉等所说演变自中国神话中的“烛龙”故事[12]。其原型实是来自古印度创世神话中的梵摩神创生宇宙的故事。

早在明朝人马欢所著《瀛涯胜览》一书中,于“锡兰国”条下即已有这样一条记叙:

> 王君之侧有一大山,侵云高耸。山顶有人脚迹一个,入石深二尺,长八尺余。云人祖阿聃圣人,即盘古之足迹也。

按,“阿聃”应即 Atman,此名正是梵神的别名。由此可见马欢早在四百年前即已根据实地访得的南亚神话,断定了 Atman 就是中国神话中盘古的原型,可谓独具卓识[13]。

在许多民族的远古神话中都曾有一个发音与“盘”或“梵”相近的原始创造神。

这个故事的最早原型,似乎是在西亚巴比伦的一部创世史诗中。记录这一史诗的泥版计两批,分别于 19 世纪中叶和 20 世纪 20 年代,发现于古亚述都城废墟。据考古学家研究，这些泥版距今三四千年。

在史诗中说，最原始的创造神名叫“Ban”[14]，创生了海洋和太空，死后尸体分解为天宇和陆地。

公元前14—前13世纪，来自西亚和中亚一带的雅利安人进入了南亚次大陆，而《吠陀》等婆罗门经典正是这些雅利安人的圣书。因此，在创造宇宙的Ban神与Brahma（梵）神之间很可能存在一种演变的关系。

相似的神话和故事也出现在古代希腊的创世记神话中。这些创世记亦有多种不同的手本。据西方史家考证，其时代均早于荷马。其中的一种手本说，时间之神（Chronos）造了一个极大的蛋。它的两半剖分为天和地。在蛋里出现了一个神名叫“Pan”，他创生了万物。而这位Pan——潘神[15]，又是后来希腊奥林匹斯神话系统中的众神之王宙斯以及罗马神系中的神王朱庇特的前身（见Leon Robin所著《希腊思想和科学精神的起源》第1卷第2章）。

耐人寻味的是，据说Pan在希腊语中具有“全”“万有”的原始语义[16]。在这一层面上，它似接近于古梵文中的神秘语词“Om”（唵）。

> 唵！此字即此一切。其释：过去、现在、未来，一切皆仅唵字。别非三世者，亦皆仅是唵字……一切皆地梵，此我即是梵……是乃一切主，是乃一切智，是乃内宰者，是乃一切母，众生生与灭。（金克木《印度文化论集》，中国社会科学出版社1983年版，第26页）

“唵”也就是“梵”。而“梵”其实也就是老子所说的作为本体的“无”：

> 无，名万物之始；有，名万物之母。故，常无，欲以观其妙；常有，欲以观其徼。此两者，同出而异名，同谓之玄。玄之又玄，众妙之门。（《道德经》第1章）

注释

①此则材料系饶宗颐录自台湾藏碑拓本（列03378号）。

②汤用彤《汉魏两晋南北朝佛教史》上册：“［东汉］永平十三年，［楚王］英以罪废徙丹阳、泾县，赐汤沐邑五百，从英南徙者数千人。佛教或因之益流布江南。故

汉末丹阳人笮融在徐州、广陵间大起浮屠寺。”

③五大指虚空、风、火（光明）、水、地。

④梵天在梵语中又称作Hiranyagarbha，即出生于金蛋者。

⑤梵日即一劫波（Kalpa），一劫波的长短说法不一，或说为一千年。三十劫波为一梵月。十二梵月为一梵年。在中国盘古神话中，认为盘古在蛋中每隔十八千年（即一万八千年）发生一变化。中国、印度的这两个数字也有一种微妙的偶合。

⑥此句为意译。原文直译当作“产生了具有喜、忧、愚三性的物种”。同书第40节指出，喜性是神性，忧性是人性，愚性是畜生性。

⑦以上译文根据牛津英译本《The Laws of Manu》转译。

⑧常任侠《沙坪坝出土之石棺画像研究》引苗族《创世歌》将盘古称为盘王。刘锡蕃《岭表纪蛮》：“盘古为一般瑶族所崇祀，称之为盘王。瑶人以为人之生死寿夭贵贱，皆盘王主之，故家家供其像。”由此可知，盘古的简称亦是“盘”，“王”应是他的尊号。

⑨《五十奥义书》，中国社会科学出版社1984年版。

⑩《五十奥义书》中译本第28页：“是为谁耶？我辈敬为‘自我’者也。是谁自我耶？……此即大梵。”又第21页译注：“自我（Atman），常译性灵，此处义为神灵精神。”

⑪原文如此。Adam当是Atman（梵文）的英译音。

⑫烛龙的真相是极光现象。见本书第十三章，及拙著《一组古神话的深层结构》，刊《文学遗产》1986年第1期。

⑬20世纪初叶屠维实亦曾推测盘古神话与《梨俱吠陀》有关，但他未能最后解决这个问题是由于两点：（1）他未发现盘与梵是同一神的译音；（2）他不知道Atman与梵是同一神的异名。

⑭神名号在不同的泥版中记述不同，他又名Tiawath（狮身龙首怪）、Tiamat（海神）等。

⑮又名Protogonos（太初之神）。

⑯关于潘出生情况的神话是试图说明他的名字来源于希腊语，意思是“全”（《民间词源学》）。见《神话词典》，商务印书馆1985年版。

第十三章　烛龙神话的真相

近世以来对于盘古神话研究颇多，而其中较为流行的一种说法认为盘古故事来自《山海经》中的烛龙故事。《吕思勉读史札记》谓：盘古与烛龙，“此二者即一事，皆谓其身生存，不谓已死。《述异记》所谓先儒说及古史说者盖如此”[①]。杨宽、袁珂、闻一多诸氏亦皆有类似之说。实际上，此二则神话的意义并不相同且不相干，甚至连一点皮相的相似也没有。例如：

1. 盘古名号在声训上与“烛龙”毫无可通之点，找不到丝毫名称嬗变的痕迹。

2. 烛龙为龙为蛇，而盘古人体在蛋中。

3. 烛龙是光明神，地在北方寒国，而盘古流传地在岭南、西南。

那么烛龙神的真相究竟是什么呢？

烛龙是中国古神话中的一位怪神。早在《天问》中屈原就曾惊奇地对这个神发问：“日安不到？烛龙何照？”太阳为什么照不到那里？烛龙为什么发出光明？

《天问》王逸注则解释说：“言天之西北，有幽冥无日之国，有龙衔烛而照之也。”关于烛龙的更详尽故事，收在《山海经》中。《山海经·大荒北经》：

> 西北海之外，赤水之北，有章尾山。有神，人面蛇身而赤，直目正乘，其瞑乃晦，其视乃明。不食不寝不息，风雨是谒。是烛九阴，是谓烛龙。

同书《海外北经》：

> 钟山之神，名曰烛阴。视为昼，瞑为夜，吹为冬，呼为夏。不饮，不食，不息。息为风，身长千里，在无膂之东。其为物，人面，蛇身，赤色，居钟山下。

烛龙是一条赤色巨蛇，它不需要吃喝，也不需要呼吸，它终日立于云中。当它睁眼的时候，北方黑暗的长夜就被光明照亮了，而当它合眼的时候天就黑暗了。《淮南子 · 墬形训》中也转述了这个故事：

> 烛龙，在雁门北，蔽于委羽之山，不见日，其神人面龙身而无足。

这里首先值得注意的是烛龙神所在的地域。我们在本书第四章已说过，钟山就是昆仑山，而章尾山又记作委羽山。尾古音 yǐ，故尾——委羽乃一音之转，而钟、章又是一声之转[②]。由此可见，章尾山实应作章、尾山。章山即钟山，而尾山即委羽山，亦即羽山。

《淮南子 · 墬形训》："北方曰积冰，曰委羽。"高诱注："委羽，山名，在北极之阴，不见日也。"

羽山在北方，它在《山海经》中又记作泑山，亦即幽山。它是中国神话中除昆仑山外的又一座著名的死神之山（禹父鲧即被杀于此山）。中国神话中有三位死神——西王母、蓐收和颛顼。北方的黑帝颛顼是主刑杀的死神[③]，据说他的葬地也在羽山[④]。羽山同昆仑山（钟山）都是死神和幽都之山。所不同的是，羽山称幽山，是因为北方"黑"；而昆仑山称幽山，则因为它是幽国所在，是真正的阴曹地府。所以以羽山为死亡山的传说较为晚出，出于后人的附会[⑤]。

《楚辞 · 大招》中说：

> 魂乎无北！北有寒山，逴龙赩只，代水不可涉，深不可测只。天白颢颢，寒凝凝只。魂乎无往，盈北极只。

诗中的"逴龙"就是讲烛龙（逴、烛同音通假）。这里所说的北方"寒山"正是烛龙所在的羽山、幽山。而屈原说其地的景色是"积冰""不见日""天白颢颢""寒凝凝"，是大地的最"北极"。

《文选 · 烛赋》："六龙衔烛于北极。"傅咸也认为烛龙在于北极区。《吕氏春秋 · 有始》：

极星与天俱游，而天枢不移。冬至日行远道，周行四极，命曰玄明（冥）。夏至日行近道，乃参于上。当枢之下无昼夜。

“当枢之下”即北极之下，春分到秋分，半年常有光。可证当时中国人已到过北极。在北极圈附近，昼夜以冬夏划分。夏至以后是半年白昼，而冬至以后则是半年长夜。所谓“司幽之国”，所谓“长夜无日之国”，正是我国东北高纬度地区、靠近西伯利亚和北极圈附近冬季半年的正常现象。而“烛龙”恰恰活动在这样一个地区。稍作思索，就不难找到这个谜的真相了：所谓“烛龙”，并不是一种生物性的存在物，而是北极圈附近的一种自然现象——极光。

极光是在电离层上空所发生电磁的光学现象，只在南北两极附近的高纬度地区才能看到。在北方的叫北极光，在南方的叫南极光。北极光出现的次数比南极光多，每年平均约一百次。

极光往往突然出现。它的形状千变万化、动静无常。它的颜色变化多端、鲜艳夺目，在一般情况下是黄绿色，有时也出现青白色、红色、灰紫色、蓝色，或几种颜色兼而有之。

极光是天空中雄奇瑰丽的奇景。有的出现数分钟就消失了，但多数是强度、位置、外观不断变化，达数小时乃至通宵达旦。

早自黄帝时代开始，对极光现象即已有所传说。在其后的史书中亦常见诸记载。

先秦史籍所见的极光

纪　事	年代	资料来源	备注
黄帝诞生前一年，大电绕枢斗星，大霓绕北斗枢星。	约前2700	《古微书·河图握矩记》	
周武王东伐纣，夜济河时，云明如昼。	约前1100	《绎史》	
周昭王元年己丑，有光五色贯紫微。	前1052	《通鉴外纪》	《左传》
周昭王二十四年四月八日……而恒星不见，五光贯于太微。	前1029	《路史》	
周敬王二十六年，青虹见。	前494	《竹书纪年》	

史书中描绘极光色彩，常用的词汇有火、红、白、青、黄、紫、青

气、黄气、赤气、赤云、苍云、青龙、黄龙、赤龙等[⑥]。

在古代尚没有“极光”一词。极光现象大多是在史书的星象、妖星、异星、符瑞、祥气、流星等条目中加以记述，常用的名称有蚩尤旗、枉矢、长庚、天冲、狱汉、天狗、蒙星、含誉等十几种。

近代根据极光的特征，将其分为四类。

1. 雾状：天空一角呈现绿黄色，雾状，微茫，没有边界。

2. 脉动光面：常常具有奇妙的边界线，带青色的黄绿色，通常光度以十至三十秒的周期而变动。

3. 静止弧：略为散漫的光弧，向着某个的方向横贯在天空，常常并列成平行的光弧，极光中以这种形式最多。

4. 静止脉动带：和静止弧一样，是出现在某个方向上的青白色光带，仔细观察会发现它是由许多平行的细长片构成，其间隔呈暗黑色。主要形状经常持续静止达一小时之久，而各个细长片则或现或失，光的强度呈脉动变化，通常沿着带的方向由西向东变化，其光度实际多成光块在带中移动的样子。

图 76　极光图例

（我国 17 世纪绘制的极光图例，取自《管窥辑要》）

1. 蚩尤旗　2. 枉矢　3. 长庚　4. 格泽　5. 含誉　6. 狱汉
7. 归雅　8. 众星交流　9. 大星如月，众小星随之　10. 蒙星
11. 旬始　12. 天冲　13. 天狗

验诸烛龙所描绘的那些光现象：所谓“蛇身而赤”，所谓“直目正乘，其瞑乃晦，其视乃明”，正接近于极光分类中的脉动状以及静止脉动状，而杂有放射光的光现象。再请参照一位北极观测者的实录：

> ……晚 9 时 1 刻，我正观测天象，北方突然出现的一束很宽的光柱吸引了我的注意力……从东方地平线向上直射到天顶，成为很宽而

界限清楚上下一般粗的一道白色强光柱，很像极光，但光亮稳定，形体不变，天空无云……这时没有月亮，所以天空黑暗。天上云彩不多，光柱在夜间一直看得非常清楚。它很慢地整体向西运动，一直占据着从地平线到天顶的空间。当它接近东北方向时，上部逐渐消失，最后整个消失了。气温未测，只知那天很冷。无风。9 时 25 分，光柱不见了。但紧跟着又在地平线上空原来出现过的位置上隐约地重现，同时我以前看过的极光弧又在北方地平线上出现，并且迅速变得很亮，到了 9 时 50 分，天空亮得使我能看周围物体，好像在暗淡月光下面一样……极光弧升得很高，然后变得扁平。在 10 时成为美丽的双弧，连它下面的黑暗世界都被照得异常壮丽。⑦

这是一次极为壮观的带状—龙蛇状极光现象。这种光现象的移动性、变幻性，在上古先民的眼里，一定会被描绘成活的生物神灵现象。可以肯定地说，中国上古关于烛龙的神话传说，就是从对北极地区这种自然现象的观测中起源的。

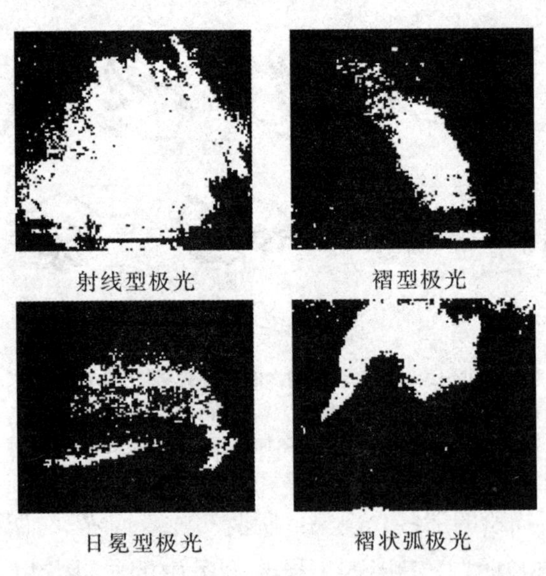

射线型极光　褶型极光

日冕型极光　褶状弧极光

图 77　极光奇景

所谓烛龙与幽冥无日之国的神话，正是以灵物化的幻想意象，对极光和极区长夜现象作出的描述和解释。

表层结构	音层面	章尾山、钟山、委羽山	烛龙—烛阴—踔龙
	语义层面	幽冥无日之国	赤红色巨蛇，其瞑乃晦，其视乃明
深层结构	文化层面	北极区长夜现象	北极光带状、幕状、放射状

从考古发掘看，中国远古居民的足迹，至少在新石器时代早期就已曾进入到西伯利亚以北地区[⑧]，甚至远渡白令海峡进入美洲。关于烛龙的神话意象可以说是中国文化意识中一种极为久远的历史意象的产物。

注释

①《吕思勉读史札记》第2页。

②郝懿行笺《山海经》："章钟声转，钟山即章委山。"

③"北方色黑……颛项水德，位在北方。"（《尔雅·释天》郭璞注）

④《山海经·海外北经》："务隅之山，帝颛项葬于阳。"务通委，羽、隅通。务隅山即委羽山，亦即羽山，又作苍梧山。梧古音羽。苍，黑也。

⑤我国北部地区以幽黑命名之山颇多，如燕山（即泑山）、阴山、蒙山、黑山、大小青山等。

⑥见陈遵妫《中国天文学史》第3册第8章。李约瑟《中国科技史·天文》已指出：《左传》《周礼》所录"云物""五云十物""十烨"中包括极光现象。

⑦R. H. Bomnycastle，《美国科学杂志》1937年第1卷32期，第393—394页。

⑧参看吕思勉《先秦史》第1章。又，商周骨器中多猛犸象牙具，此物出西伯利亚。中国商周时代青铜器文化与俄罗斯西伯利亚及卡拉苏克草原文化有相似性（参看《鄂尔多斯青铜器》，文物出版社）。

第十四章　浑沌神与中国人的宇宙创生观念

盘古不是中国人自己的神。那么中国人难道就没有思考过天地开辟、宇宙起源的问题吗？

章太炎曾说："吾国民之常性，所察在政事日用，所务在工商耕稼。志尽于有生，语绝于无验。"他的看法是对的。总的来说，中国人在哲学上是一个不太爱好作抽象思辨的民族。神话是民族意识的创造物，会反映出民族文化和思维类型的基本特点。

就中国神话来说，其发生次序是：

我们的祖先并不是没有思考过天地开辟、宇宙起源的问题——《天问》中的第一个问题就是这个问题——而只是把它放在次要的地位去思考。这当然是因为思考这个问题过于抽象，对人类的生存实用没有具体的意义。对这个问题的解答，也绝不像其他神话那样是由民众的集体创作产生，具有强烈的个人性和地方性，诸家说异，各持一端。先秦从事这种思考的人中以楚人为多——屈原是楚人，老聃是楚人，庄周也是楚人。姜亮夫说：

> 南土气候温燠，物产丰赡，而五湖、江汉之沃沃，求生至易，云梦、洞庭之浩浩，狂想足乐……北土则河朔风尘，赤地千里。三春不雨，则九谷不登……碌碌一世，逃生且不易，又安得闲余之日……故

其教在以现实态度，以求无亏于生……南北风习地方之异而决其学术思想之趋向，所谓存在决定意识，于此得征验矣。[①]

这不能不说是一种解释。

在先秦关于天地开辟问题的思考中，《庄子 · 应帝王》中的一个寓言可以说是最有代表性的：

南海之帝为儵，北海之帝为忽，中央之帝为浑沌。儵与忽时相与遇于浑沌之地，浑沌待之甚善。儵与忽谋报浑沌之德，曰："人皆有七窍以视听食息，此独无有，尝试凿之。"日凿一窍，七日而浑沌死。

庄子在先秦思想史上具有崇高的地位，是因为他思想解放，敢于打破一切传统。在这个寓言里，他就非常大胆地和太阳神开了一个玩笑。昆仑山亦作浑沌山，又作轩辕丘。黄帝号轩辕，所以浑沌氏乃是太阳神黄帝的别称。

又西三百五十里，曰天山……有神焉，其状如黄囊，赤如丹火，六足四翼。浑敦无面目。是识歌舞，实为帝江也。(《山海经 · 西山经》)

"天山"，即泰山、昆仑山。"帝江"，清人毕沅说即帝鸿（江古音与鸿通)。《左传》："帝鸿氏有不才子……天下谓之浑沌。"杜预注说："帝鸿，黄帝。"《礼记 · 月令》："中央土……其帝黄帝。"凡此皆可证明，帝江、帝鸿即黄帝。黄帝号轩辕，即"玄元"。玄元语通于浑沌，都是旋圆浑沌之意。《淮南子 · 本经训》："玄元至旸而远照。"高注："玄元，日也。"

我们再来分析《山海经 · 西山经》所描写的浑沌之神黄帝的形象：(1) 状如黄色球囊；(2) 红如丹火；(3) 有翼有足；(4) 浑沌无面目；(5) 是识歌舞。

试问，这不是太阳—太阳神的神话意象，又是什么呢？

《楚辞 · 九歌 · 东君》："暾将出兮东方，照吾槛兮扶桑。""暾"，混沌神也。闻一多说："暾之为言团也。《诗 · 东山》'有敦瓜苦'，《传》：'敦犹专专也。'专、团古今字。古彝器有敦，其状浑圆如球。暾即敦字，以其状日形，故加日旁。"(《九歌解诂》) 按，闻氏之说精确，但闻氏未识"敦"即"浑敦"，即日名也。闻氏又说："《乐府 · 西乌夜飞》：'日从东方出，团团鸡子黄。’《九叹·远逝》：‘日暾暾其西舍兮。’日出入时，其形圆尤显，故皆曰敦。”浑，通作辉、焜。《周礼》郑注：“辉，日光气也。”

特别要说明的是第五点。《山海经》每当描写凤凰的时候常提到凤鸟“是识歌舞”，这里谈到浑沌神时也提到这一点，这难道仅仅是因为凤凰是太阳之鸟，“是识歌舞”，所以太阳浑沌也就“是识歌舞”吗？否。原来在上古民俗中，歌舞是祭日、祭天的一项主要活动。

《礼记·郊特牲》：

> 涤荡其声，乐三阕，然后出迎牲。声音之号，所以诏告天地之间也。

《左传》：

> 凡人神以数合之，以声昭（招）之。数合声和，然后可同也。

《后汉书·礼仪志》蔡邕注：

> 《易》所谓“先王以作乐崇德，殷（音）荐上帝。”《周官》：“若乐六变，则天神皆降，可得而礼也。”……所谓“琴瑟击鼓，以御田祖”者也。《礼记》曰：“夫乐，施于金石，越于声音，用乎宗庙、社稷，事乎山川、鬼神。”此之谓也。

《后汉书·祭祀志》：

> 迎黄灵于中兆，祭黄帝后土。车旗服饰皆黄，歌《朱明》，八佾舞《云翘》《育命》之舞。

古人祭祀太阳神和天神的主要活动就是以音乐歌舞娱神。如果太阳神“不识”歌舞，又怎能由此获得娱乐呢？

我在《论胥与儒》中曾论证，《周礼》中主持祭祀典礼的乐胥就是儒的前身，而乐是古代祭神礼中最重要的活动之一。由此我们方可以理解，为什么中国古文化是一种礼乐文化，以及为什么表述这种礼乐文化的儒家会成为中国古文化的主流。

在上引庄子的寓言中，他开了太阳神浑沌一个大玩笑。他使用了浑沌一词的引申语义——糊涂[②]，让儵与忽二位凿破这个糊涂神的糊涂面孔，

图78　《山海经》中描绘的太阳神浑沌

其结果是糊涂神丢了命。

在庄子以后，认为天地开辟于一片混沌的看法逐渐流行起来。

这种宇宙创生观念在晋人皇甫谧的《帝王世纪》一书中得到了一个系统而完整的记述。书中建立了这样一个宇宙创生的模型：

> 天地未分，谓之太易。
>
> 元气始萌，谓之太初。
>
> 气形之初，谓之太始。
>
> 形变有质，谓之太素。
>
> 质形已具，谓之太极。
>
> 天地开辟，有天皇氏、地皇氏、人皇氏。
>
> 天皇大帝耀魄宝。

按，易、阴古字通用。阴者，隐也。始、胎古字通用。素，白色也。上述理论简化一下即：

> 太阴——→太初——→太始——→太白——→太极——→天皇——→地皇——→人皇

太阴就是无形无色的大浑沌。从浑沌中产生了阳气，进入了宇宙的初始。这浑沌一团的气孕育万物，因此叫太始——也就是万物的大胚胎。大胚胎中分化出物形，可以分辨了，所以叫太素——即太白。太白又可引申为出现了光明，所以下文注释说："太素之前，幽深寂寞，不可为象。"[③]即太素出现前，无物无象，什么也看不见——一片浑沌。

物形完成，叫做太极，也就是世界进程由此开端。

因此宇宙发生的顺序是：先是浑沌之神，再有天神，后有地神，最后有人神。

天神的名字叫“耀魄宝”。就语义而言，“耀”即照耀，“魄”即形魄，“宝”即大宝。耀魄宝即照耀万物形魄的大宝，也就是太阳。《广雅》：“日名耀灵。”耀灵，或作炬灵（巨灵）[④]。炬灵及耀魄宝，意义均相同，都是指太阳神。

《帝王世纪》一书取材于古文《尚书》以及六经图谶，实际上是调和秦汉儒、道两家思想而编成的一部神话史。在这里，不妨把《帝王世纪》的宇宙创世模型与西方基督教的宇宙创生模型略作比较。

《圣经·创世记》是以这样一个神话为开始的：

> 起初，神创造天地。地是空虚混沌，深渊上一片黑暗；神的灵运行在水面上。神说：“要有光。”就有了光。神看光是好的，他就把光暗分开了。神称光为“昼”，称暗为“夜”。有晚上，有早晨；这是头一日。

在东西方这两个宇宙创生神话中，我们可以看到某些共同点。它们都认为，宇宙是由太阳——光明出现为开端的（从现代宇宙理论看，这种直觉事实上也并不错，因为没有太阳当然不会有太阳系，也不会有地球。这绝不是一种巧合。在人类最初的悟性中，还有什么能比白天与黑夜、光明与黑暗、太阳与太阴的对比更鲜明呢？这种对比不是还可以直接转化为关于生与死、存在与虚无的对立意象吗？因此这个天文问题，同时也是一个宇宙问题、宗教问题和哲学问题。上古先民关心天文问题，就是因为他们关心自身的存在本原。在这个意义上，我们说天文学是宗教和哲学的起源，恐怕不能说毫无道理吧？[⑤]在他们的知识系统中，从最初的直觉到最后的结论，都把太阳作为宇宙中最神圣的存在。他们都是太阳中心论者。

这种太阳中心观念的宗教表现，就是对太阳神的崇拜。

古人把太阳神称作浑沌，就其初义来说，因为只有太阳具有那种包纳一切、吞吐一切、涵盖一切的大光芒。所谓“大一”或“泰一”一词的语根很可能也正是来自这里。

更为耐人寻味的是，这种由混沌中产生宇宙和万物的观念也渗透在先秦的哲学思想中。在老子的《道德经》中，宇宙的创生过程是以极其简括的四句话完成的：

道生一，一生二，二生三，三生万物。

从老子对“道”的解释，我们可以知道，所谓“道”就是原始的浑沌[6]。万有仅作为潜概念蕴伏于其中，而其本身却是绝对虚空的“太虚”，即作为“太有”的太虚，是前宇宙。

在它身上孕育出了“一”。根据先秦人的观念，太一就是太阳，也就是上帝。

“一生二”，阳又产生了阴。老子所说的“一”和“二”，所指的并不是任何具体事物，而是一种关系——阳与阴的对立关系。

在较为肤浅的意义上，我们自然可以指出，男和女，天和地，山和水，以至年和月，一切处在对立关系中的事物都是“二”。

在较深刻的意义上，我们应该看到，老子以这种关系揭示了由太一（神）到神之子（人）的过渡，也就是由“原始自然界”到“自为自然界”的过渡。神作为自然界是人的母体。人作为自然人是神（自然）的儿子。所谓“太一”，所谓“神”，其实都是一种符号，就是象征那个能动的、能生产的自然界的符号。由于它能动而且能生产并且孕育和创造了人，因此它是“神”。

人是自然的子女，但人有一种特性。这种特性为其他自然物所不具有，而唯有人的母亲——神才具有。这个特性就是人也是能动的、能生产的。由于有这种能动性，因而人不愿屈从于他的母亲——神。人不甘心受动和被动，由此陷入了一种痛苦的境地。儿子与母亲陷入了分裂和对立。人要制服他的母亲，而他的母亲也同样陷入了一种悲剧境地：她要报复甚至毁灭这个亲生的子女。这一原始分裂的悲剧，久已成为许多神话的共同母题。在希腊神话中表现为宙斯、普罗米修斯与人类的悲剧。在希伯来及《圣经》的神话中，表现为上帝把亚当、夏娃逐出伊甸园的悲剧。它实际上就是人类原罪观念的起源。而在中国神话中也有一位伟大的殉道者，这就是大禹的父亲，那个因偷盗天帝的“息壤”镇治洪水，结果被处死于羽山—昆仑山的“鲧”。（这也使人联想到弗洛伊德在《图腾与禁忌》一文中引用的那个希腊故事：人类本来由一群父亲统治。他们占有全部女性。后来儿子们杀死了父亲，夺取了母亲和妻子，并吃了父亲的肉。结果他们为罪恶感所笼罩。他们把死去的父亲变成图腾，进行祭祀，希望以此赎罪。）

调和人与神对立的办法，就是老子所说的“三”。在中国文字中，三也就是“参”。参就是参和，即调和。因此，一生二，二生参，参生万物。这就是说阳与阴的调和，人与神的调和，产生了宇宙中的一切事物。

老子哲学是中国古代哲学中最精深的哲学，也是作为本体论而出现的第一部纯哲学。实际上，我们有一切理由可以把老子称作“中国哲学之父”。他的哲学命题是中国原始神话中所蕴涵的深刻观念的理论表现，并因此成为后来两千年里的中国哲学不断再思考和再认识的基本母题。

注释

①姜亮夫《楚辞学论文集》，第115页。

②汉语中浑沌、混沦、囫囵、糊涂诸词皆似生于同一个语根，其意义也相近。因此，始造这些词以称神的人可以说是无意识地对神明开了一个大玩笑。

③原文作幽清寂寞，清注当作深。

④巨灵一名见《路史·前纪》引《遁甲开山图》。在小说《西游记》中，巨灵曾挥斧上阵与孙悟空作战，但已完全失去了其本来的神话意象。

⑤或说先秦文化是巫史文化。殊不知中国的巫起源于拜火，而史起源于天官（参看何新《史官本原考》）。所以不如说先秦文化在本质上是一种天人感应的文化。

⑥“有物混成，先天地生，寂兮寥兮，独立而不改……强为之名曰大。”“敦（通沌）兮其若朴，浑兮其若浊。”这正是宇宙起源于浑沌的观点。

第十五章　玄武神的演变故事

在中国神话的诸神系统中，玄武是一位地位颇显赫的大神。它是天空二十八宿中的北方神，又是传说中的水神、海神兼冥王（即死神）[①]；而在晚近的道教中，玄武更变形为真武大帝，成为道教多神系统中的四大天王之一。研究玄武神的演变过程，可以对中国神话的变形规律有一个深刻的理解。

在上古神话中，玄武本名玄冥，是水神。这个神话起源于上古时代的理水之官——水正。而这个神的最初本体，不是别人，正是大禹的父亲，那位为治水而献身的鮌。鮌别名鲧。这是由于“玄”古字形作[illegible]，而“系”古字形作[illegible]，两字相差极微，因此以形近而相讹。古神话说，鮌治洪水没有成功，以身殉职，死后其魂化为三足鳖[②]。

《左传》昭公二十九年：“水正曰玄冥。”《国语·鲁语》：“冥勤其官而水死”。[③]《吕氏春秋·孟冬纪》：“水神玄冥。”高诱注：“玄冥，官也。少昊氏之子曰循，有玄冥师，死祀为水神。”

按，“循”，《说文》训作“行顺”。鮌在古传说中一向有正直的名声（《离骚》：“鲧婞直以亡身兮，终然夭乎羽之野。”婞直，据王逸注，即耿直、正直），所以“循”正是指鮌。

综合上引这些材料，已足可证明：玄冥起源于上古时代的理水之官，他治水而死，所以被后人尊为水神。关于鲧治水而死的原因，《山海经·海内经》中有如下论述：

> 洪水滔天，鲧窃帝之息壤以堙洪水，不待帝命。帝令祝融杀鲧于羽郊。

鲧死后又得到了复活，并且得到人类的纪念。《左传》昭公七年：

> 昔尧殛鲧于羽山，其神化为黄熊，以入于羽渊，实为夏郊，三代祀之。

熊，古音通黾。黾族为水中甲介类的共称。关于鲧死后的变化有两种说法：一说变作鳖，一说变作龙。“鲧死后三年不腐，剖之以吴刀，化为虬龙。”（《归藏·启筮》）

鮌的象征是鳖，鳖别名鼋、鮌鼋，省形即玄黾。玄黾也可写作玄冥黾，也就是玄冥。

《左传》昭公二十九年：“少昊氏有四叔，曰重、曰该、曰修、曰熙，实能金木及水……修及熙为玄冥。”这里所说的“熙”，就是“鲧”的近音通假字，而“修”，正是鲧（熙）的夫人和大禹的母亲女修：“帝禹夏后氏，母曰修巳。”（《竹书纪年》）“巳”通姒，是夏族的族氏[④]。

巳与蛇在古代是同字[⑤]，所以修巳实际上就是修蛇。修是蛇，而鲧则是鳖。鳖与龟为同类。由此我们也就可以解释在汉代画像砖中玄冥神具有龟蛇结合体那样神奇的形象了。原来这一形象，正是作为“玄冥”的修（蛇）与熙（鳖）夫妇的象征性变形。

以上说明了玄冥神的起源，下面再来探讨它的演变。

“玄”“冥”二字皆有黑暗的语义。“冥”与“昧”是同义兼同源字，在上古语言中音义完全相同，所以玄冥也可以称作“玄昧”。这就是《左传》昭公元年所说的：“昔金天氏有裔子曰昧，为玄冥师。”

图 79　玄武，四川卢县王晖墓出土

（龟蛇合体实际是根据鳄鱼形象生发出来的）

冥、昧古音同，读若“晦”，而其音义又与海相通（海古音从每，张华《博物志》说：“海之言，晦昏无所睹也。”）。所以玄冥由水神再变为海神，遂与原来的海神禺强混而为一（《庄子·大宗师》注：“北海之神，名曰禺强，灵龟为之使。”又《山海经·海外北经》郭璞注：“禺强字玄冥。”）。

传说中鲧死于羽山，而羽山是传说中的极北之山（见《山海经·海内经》，羽山全名季羽之山，“在北极之阴，不见日”。又见于《淮南子·墬形训》）。所以玄冥遂成为北方之神，以及北方七宿的方位星神。

又，传说中的北方是长年黑暗不见日的黑暗王国，即“幽都”（《山海经·海内经》），而禺强在传说中是主管刑杀的“不周风”之神（《史记·律书》），“不周风居西北，主杀生。”《淮南子·墬形训》：“隅强，不周风之所生也。”（“不”古与“丕”通用，训作大。“周”与“凋”通用。所以不周风实即大凋杀万物之风，即秋风、金风。）这样一来，玄冥便成为冥王，即“北方黑帝”，也就是中国神话系统中的死神之一。

玄冥之冥在上古音系中与武（古音读若“莫”）相通[6]，以音近而通假。这就是“玄武”一名的由来。但这样一来，武字又把自己的语义“勇武”引入了玄冥神话。所以在《礼记·曲礼》中，孔颖达解释“玄武”：“玄武，龟也，龟有甲，能御侮也。”宋高似孙《纬略》：“龟，水族也。水属北，其色黑，故曰玄。龟有甲，能捍御，故曰武。”《白虎通》：“灵龟者神龟也，黑神之精，五色鲜明，知存亡，明吉凶。”

玄武一名再变即为“真武”（真古音读如填，与玄为叠音转。真武又可写作镇武）。真武，勇武也。这一语义再汇入于玄冥的神话系统中，真武大帝便被塑造成了一位仗宝剑、衣黑衣、脚踏龟蛇的武士形象。

【附记】

李时珍《本草纲目》记蛟龙，谓蛇形而四足，是有龟蛇合体之象。古人所见的蛟龙实际是湾鳄，而鳄类正是兼有龟蛇之象的动物。

所以所谓海神玄冥、杀神玄武都不是古人凭空想象的产物，其来源反映了远古的鳄鱼图腾崇拜。这一点我已在《龙：神话与真相》中作了详细研究，特于此作一说明。

注释

①中国神话中共有四位冥王（死神）：西王母、玄武（颛顼）、金天氏蓐收、刑天。

②见《史记·夏本纪》正义："鲧之羽山，化为黄熊……鳖三足曰熊。"

③韦昭注："冥，契后六世孙也……为夏水官，勤于其职而死于水。"韦昭把玄冥说成夏鲧后代，这显然是由于夏世系年代湮远而发生窜乱的结果。

④"禹为姒姓。"（《史记·夏本纪》）姒、巳相通的详证，可参看刘师培《姒姓释》，收于《左盦集》卷五。

⑤闻一多《神话与诗》第34页："巳、蛇古同字，金文龙字多从巳。"

⑥丁惟汾《俚语证古》第6页："武，古音读没，为冥之双声音转。"

第十六章　虎神与玉兔

殷代卜辞中有“虎方”一族，郭沫若、丁山等均曾证明虎方即徐方。有人认为徐即虎之音转[①]，则不确。按，徐音余，通涂。淮、楚之间称虎为“於涂”（即於菟）。《左传》宣公四年：“楚人……谓虎於菟。”徐族实际是从于涂之涂得名，故徐字亦可从邑作郐。徐族即虎族，在晚周乃是诸夏族之一（《左传》僖公十五年：“楚人伐徐，徐即诸夏故也。”）。但其前身则曾是夷戎（《尚书·费誓》：“淮夷徐戎。”《左传》昭公元年杜预注：“徐即淮夷。”）。今日徐州以南的江、淮、苏、皖交会地区，是徐人——古代虎族主要的居地（《路史·国名纪》：“……徐偃王庙、徐君墓，去徐州仅五百里。”）。虎族在商周时代是一大族。其足迹不仅分布在江淮地区，而且在湖南、四川均有发现（湖南、四川均曾出土多种虎纹铜器）。丁山著《殷商氏族方国考》引《左传》哀公四年“楚人即克夷虎”句，谓夷字古与尸、死同字，因此夷虎即《水经注》淝水系下的“死虎塘”，在今寿县东南。虎族即徐族，亦即“《春秋》所谓群舒”。其说至确，已成定论。《山海经·西次三经》记：

> 昆仑之丘，是实惟帝之下都，神陆吾司之……司天之九部及帝之囿時。

《后汉书·礼仪志》注引《山海经》佚文：

> 上有二神人，一曰神荼，一曰郁櫑，主阅领众鬼之恶害人者，执以苇索，而用食虎。

文中“郁櫑”即禺垒，亦即偶儡，即今之所谓傀儡，乃古代用以逐鬼的面具大头人也。此种人在《周礼》中称作“方相氏”，是逐鬼钟馗的原型。又《庄子 · 徐无鬼》中有神名“大隗氏”，黄帝曾朝拜之，疑亦即能逐鬼之郁櫑氏也。盖隗（傀）、儡在古音中是双音叠韵的联绵词，音义相通。实际上“陆吾”“神荼”也是一位逐鬼之神。吾、余古音相同。荼与陆吾皆为於菟——老虎之转音，所以《山海经 · 西山经》中记陆吾形象为虎身人面。同时《山海经 · 海内南经》中又记：

> 夏后启之臣曰孟涂，是司神于巴。

按，“夏后启”别名夏后开，《海内西经》云：

> 开明兽身大类虎而九首，皆人面，东向立昆仑山上。

“开明”即是夏后启。以此二则相参验，可知启有一怪兽，身大而为虎类，具有人面，守护于昆仑山上，名叫孟涂。实际上，孟应是“盂”字之讹，而孟涂亦即於菟，与陆吾、神荼乃是同样的虎神。虎神守护于昆仑山门之上，并能逐镇鬼怪，捉住鬼怪后即系之以苇索，而后食之。由此我们也就可以解释殷商青铜器纹饰和艺术形象中一个经常重复出现的母题——老虎食人，考古学界过去对此类图形的含义颇感费解，实际上它们是虎食鬼图（图 80）。从图中可以看出，虎所食者虽具有人形，但形象颇狞厉，周身绘有怪纹——应是鬼魅的象征。我们曾证明过月神即西王母，

图 80　殷商青铜器中的虎神食鬼

也就是死神，而她又是嫦娥的前身。又据《山海经》，虎神荼所居之山乃是一座鬼山，“万鬼出入也”（《后汉书·礼仪志》注引）。又西王母与虎神的关系非常密切（汉砖画中西王母身下常有虎）。由此我们就又可以发现月亮中那个奇怪的兔子的由来了。

月中有兔之说始见于《天问》：

夜光何德，死则又育？	那夜光的月亮有什么德能，使它死去之后又能重生？[2]
厥利维何，而顾菟在腹？	它的牙口该多么锋利，竟能把顾菟吃进肚腹？[3]

问题的关键在于，这里说的“顾菟”究竟是什么。一千年来，说《天问》者多从于汉儒王逸的谬说，以顾为动词，解作顾盼，而以菟解为兔。此说纯属王氏望文生义，根本不足信。唯近人汤炳正先生别创新解，释顾菟为于兔，即虎[4]。他指出，月中有兔之说实来自月中有虎之神话。更进一步说，“於菟”实即“玉兔”。

“於菟”二字，古无定形。大徐本《说文》记作“乌䖘”。於、乌古同音，而䖘字从虎又从兔。月中有虎的传说，乃是上古神话中的月神是死神，而司鬼之神又是虎神，由此结合而形成的。由于虎在南方语系中读作“乌䖘”而讹变为兔，月中有兔的传说乃是由此而来的。因此，屈原《天问》中所说的“顾菟”肯定是虎神。后来虎演变为兔，而兔又演变为蟾蜍，最后更演变为月中既有蟾蜍又有兔。而虎作为白虎却被汉人归入二十八宿的系统中了。虎是制鬼之神，所以中国人有以虎镇邪之俗。《风俗通》：

虎者阳物，百兽之长也，能执搏挫锐，噬食鬼魅。今人卒得恶悟，烧虎皮饮之，击其爪，亦能避恶。

《酉阳杂俎》：

虎有骨，如乙字，长一二寸，在肋两旁皮内，尾端亦有之。佩之临官气雄。

闻一多曾说：“言蟾蜍者莫早于《淮南》，两言蟾蜍与兔者莫早于刘向。”（《天问疏证》）但马王堆西汉帛画中已有蟾蜍和兔。可见此说之形成要比《淮南子》、刘向的时代早，可能在西汉初叶。那么为什么虎又可以变名为蟾蜍呢？从古音学角度考察，这一变化是并不奇怪的。蜍、涂、荼、菟均从余声，古书中同音常可相乱，所以蟾蜍的传说则是“於涂”（虎）的又一种讹变之形罢了[⑤]。

1982 年出土于湖北江陵的一件丝绣图像（见《江汉考古》1982 年第 1 期），上有凤斗虎的图形。又楚墓出土漆绘木雕凤像，凤鸟足尖常踏有一只小虎。楚人崇拜太阳神和凤鸟，其艺术品常以凤作为本族的象征。虎方即徐方，亦即春秋战国时代的徐国，而徐国乃是楚人的世仇，最后终为楚人所灭。那么这类作品是否正是徐楚战争的纪念物呢？又《搜神记》卷十二：

> 江汉之域，有貙人。其先，禀君之苗裔也，能化为虎。

《后汉书·南蛮传》记禀君是巴人的祖先，而貙、舒、徐三字音通。又《山海经》中说巴祖名孟涂，即孟涂，亦即虎神。《蜀王本纪》中关于古巴史有这样一段记载：

> ［远古］时蜀民稀少。后有一男子，名曰杜宇，从天堕，止朱提……乃自立为蜀王，号曰望帝……望帝积百余岁，荆有一人，名鳖灵，其尸亡去，荆人求之不得。鳖灵尸随江水上至郫，遂活，与望帝相见……鳖灵即位，号曰开明帝。帝生卢保，亦号开明[⑥]。

这一神话虽不见于中原典册，但其中人物事迹却也并非无可印合者。

杜宇应作宇杜，亦即《山海经》中所说的巴祖孟涂。杜宇自天堕入蜀中，实际上表明了他本来并非巴人，而是由外方迁入。鳖灵、开明，在《蜀王本纪》中记有他们的治水故事：

> 时玉山出水，若尧之洪水。望帝不能治，使鳖灵决玉山，民得安处。

玉山，有人说是蜀中玉垒山，但我颇疑应是昆仑山。此治水故事发生在蜀中，但似乎是鲧、禹治水故事的又一种变形：“鳖灵”即鲧，“杜宇”即禹，而开明亦即夏后启也[⑦]。

据此看来，夏人祖先鲧、禹、启治水均曾到过蜀中，并废掉巴国的望帝杜宇。而典籍中关于禹出生地有一种说法认为禹是四川汶山广柔县人（亦见《蜀王本纪》，《太平御览》卷八二引）。再参照《山海经》中称虎神孟涂为“开明兽”，可知夏、巴、虎三者之间确实有某种深刻的关系。

今日巴蜀出土古巴国文物中多饰有虎钮或虎纹，可证虎神确实是巴国的图腾。那么综合以上的考述，我们作出如下一种推断：崇拜虎神的巴族先祖也是来自中原的徐人后裔。古代巴人乃是沿淮、汉、江水经皖、鄂、湘迁入巴蜀地区，并将中原文化传播于这一地区的古徐人。姑将此说存此，以备后考。

注释

①李白凤《东夷杂考》，第 94 页。又 98 页引郭沫若“徐、虎一音之转。”

②可以断定，古人关于月神西王母有不死药的神话，实际正是根据月亮失光以后又能复圆复明的现象而想象出来的。

③王逸注此谓：“言月中有菟，何所贪利，居月之腹而顾望乎？菟一作兔。”其说实不通。

④汤炳正《屈赋新探》，第 260 页。

⑤王念孙《广雅疏证》引《方言》郭璞注：“今江南山夷呼虎为䖘，音狗窦（**何按，**此即蝌蚪之谐音）。”或作菟。《经典释文》：“菟音徒。”《说文》：“叙，黄牛虎文，读若涂。”涂、徒、兔声同。

⑥《全上古三代秦汉三国六朝文》引《蜀王本纪》。

⑦朱芳圃曾说：“按开明当作启明，汉人避景帝讳而改之。《尚书》“启籥见书”，《史记·鲁世家》引作“开”。《左传》僖公六年作“微子启”，《史记·宋微子世家》引作“微子开”，是其证。“启”为本名，“明”为附加之形容词。与鴅名鴅明，例正相同。

第十七章　神秘数字——八卦与九宫

杨希枚先生曾指出，对某些神秘数字的迷信，是中国传统文化的特点之一。这些神秘数字构成了古代人的一种神秘语言。

神秘语言常是非自喻性的，也即隐喻性或象征性的（metaphorical or symbolistical）语言。这种语言另有其神秘性的意义，非可就世俗语言的观点而直接求其了解。例如，同一个“+”字，就基督教徒而言，就显然有非一语可以道尽的复杂的神秘意义。神秘数字同见于其他民族，在西方学者有关宗教的著作中不乏讨论。有关中国古代的神秘数字的问题，就国人论著而言，却似乎仍未见有系统的研究。就著者所知，三十年前，闻一多、季镇淮和何善周三氏曾合撰《七十二》一文，指出七十二是或与阴阳五行有关而泛表多数之意的一种虚数。虽然，究与阴阳五行有何种关系？又何以如此，而七十二即为泛表多数的虚数？闻氏等却未能加以说明。其后，周法高先生在《上古语法札记》一文内，指出前人曾论及十二、三十六、七十二之类的数字“都有表示虚数的可能”；此外，谈到藏语中的“九”跟汉语中的“九”一样，也可以是虚数或神秘数，两者究源于同一母语或由于文化关系，颇可注意。①

对中国古代神秘数字的研究可以写一部专书，我们在这里只想讨论与中国古宗教神话有最密切关系的一组数字。《易·系辞》：

天一、地二、天三、地四、天五、地六、天七、地八、天九、地十。天数五，地数五。

此即1、2、3、4、5、6、7、8、9、10十个自然数，在上古时代却是一种神秘的符号。它们如此排列在《周易》中，有什么特殊的意义吗？为什么所有的奇数在此都被称作“天”数，而所有的偶数又都被称作“地”数呢？

这个问题可以通过下图给予回答：

天一 ——→ 地二 ——→ 天三 ——→ 地四 ——→
（混沌、太极）　（两向地理方位）　（日、月、星，三皇——三光）　（东、西、南、北）

天五 ——→ 地六 ——→ 天七 ——→ 地八 ——→ 天九 ——→ 地十
（五行）　（六极、六合）　（七曜）　（四正四维）　（九道、九圜）　（五帝五佐）

这里所有的奇数均与天文现象有关，故称“天数”；而所有的偶数都与地理现象有关，故称“地数”。

一就是太极、混沌，也就是道教所人格化了的“元始天尊”。

三就是三皇一名的本义，即“三光——日、月、星”（《说文》）。

五就是五行或五常，即金、木、水、火、土五大行星。

七就是纬书中及道教书中常谈的七曜——日、月、五星。

九就是天的九重圜宇。

二即地理上的二方位观念。

四即四正——东、西、南、北。

六即六维或称六合——四方以及上、下。

八即四正四维，即东、西、南、北以及东北、西南、东南、西北。

十即地理上的五方之神配上它们的五个伴神。

以下择其要者，略作一些讨论。

天一，又称太一，又称太极或无极（《易经》）。在老子哲学中，一就是道，就是作为万物起源的浑沌（元宇宙），也就是介于光明与黑暗之间的元光明以及元黑暗。而在秦汉人的宗教思想中，一作为太一，更具有一种极其神秘同时又极其神圣的意义。秦汉时代的宗教思想早已由上古的拜日一神教演变为合天神、地亓（祇）、人鬼三界于一体的多神教，因此本来作为太阳神的太一，其宗教含义也发生了深刻的变化。简略些说，这种变化就是：由作为太阳神耀魄宝的太一，变为大火太一，再变为北辰太一，再变为北斗太一，最后变为太岁太一。

这种演变，突出地表现在辰星概念的演变上。在中国天文学中，“辰”是一个极为重要的概念。关于此字本义文字学家有多种说法，至今仍未有最后定论。在古代天文学中常用“辰”这个概念表示时间和观象计时的标准。

古代各民族，由畜牧时代跨入农业时代，必定伴随着天文学上的发展。在中国古天文学中，辰这个概念表示着一种据以定时的标准。不同民族，选定作辰的标准也常是不同的。例如埃及人看天狼星（Sirius）定辰，而中国人最早用作定辰的星是太阳，所以在中国语言中，太阳东升即叫做“辰”——早辰（晨）。观测日之出没以定“辰”，这是先民最原始的也是最简便的观测法（这可能就是《汉书·律历志》所说的上古“黄帝历”的历法）。古代发生过几次大的历法改革。第一次就是把以观测太阳计辰的历法，改变为以观测“大火”计辰的历法。古书中所谓：“五月初昏大火中。”（《夏小正》）“季夏六月黄昏，火星中。”（《毛诗正义》引服虔语）就是以大火计辰方法的实录。这时大火取代了太阳，成为“大辰”。

在上古时代的一些族团中，还有采用观测参星（参见东方为冬至）作为定时标准的[②]。参星又称“伐”。《公羊传》有“伐为大辰”（昭公十七年）的说法，而北极星则构成了太阳以外的第四个大辰[③]。因之在北极星周围，北斗七星在古代也曾被作为观象授时的标准。《史记·天官书》：“北斗七星，所谓‘璇玑玉衡以齐七政’……分阴阳，建四时，均五行，移节度，定诸纪，皆系于斗。”《尚书大传》：“七政者，谓春、秋、冬、夏、天文、地理、人道，所以为政也。”《尚书》马融注：“七政者，北斗七星，各有所主，第一曰正日，第二曰主月法……”

北极星之所以受到崇拜，是它被看做天盖的正中心点。古人认为，整个天体以它为中轴循环转动。他们认为，位于大地正中的昆仑山顶有一棵建木，直接与这颗位于天中的帝星相连，距离是昆仑山高度的八倍[④]。

> 中宫大帝其精北极星，含元出气，流精生物也。（《春秋文曜钩》）
>
> 阳起于一，天帝为北辰。（《春秋保乾图》）
>
> 紫微，大帝室，太一之精也。（《春秋合诚图》）
>
> 天皇大帝，北辰星也，含元秉阳，舒精吐光，居紫宫中，制御四方，冠有五采文。（《春秋合诚图》）

综上所论，我们已经揭示了中国古代对“一”——“天一”这个数字迷信的由来。它起源于对太阳的迷信（太一即泰帝，本来指太阳神），而后来则演变为对“大辰”星（大火和参伐）的迷信，最后（可能在战国秦汉之间）成为对北极星的迷信[⑤]。从此以后，天文学和占星术上就只把这颗星叫做“太一”了[⑥]。

以上详细讨论了对“太一”（即“天一”）的迷信问题。这个问题关联到中国上古和古代天文学中的一系列问题，比较复杂。与此相比较，对于“地二”的迷信，其来源似乎也不那么简单。

对于“地二”之数的来源，前人尚无论及者。我的看法是，这个数起源于上古时代以二方向定位的观念。这一点，从现代人的角度看，可能是相当难于理解的，因为我们几乎是从童年时代开始就已习惯于四方三维的空间定位观念了。而上古先民对大地方位的认识是一步一步地发展起来的。由无方向观念到有方向观念，又逐渐发展出二维、四维、六维、八维以至全方位的观念。这一点最早由清代著名学者顾祖禹、阎若璩、胡渭等人指出。他们在研究《尚书》时发现：上古人凡地理言南者皆可与东通，而凡言北者又均可与西通，非同于后世以为东、西、南、北四向所迥然相反者[⑦]。对于上古时代人们的这种二维方位观，可试作构拟如图81所示。

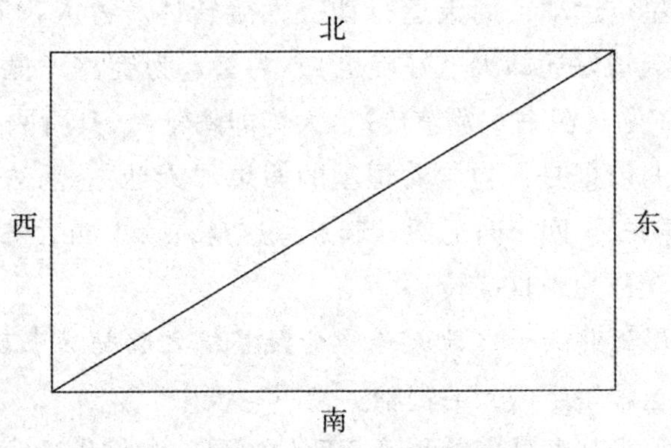

图81　中国上古的二维方位观念

由此我们可以理解，为什么《山海经》《淮南子》等保留着大量上古地理材料的书籍中，在对大地方位的认识上显得那样混乱。即以对太阳起落的描述来说：有时说太阳从东方升起，有时却说是从南方升起；而太阳的昧落之处，有时说在西方，有时却又说是在北方。许多山和水（如昆仑、昧谷、丹穴等）的方位，记述更是极其混乱和矛盾；在这种混乱中又常有一种规律性，即常见东与南、西与北的混淆，却很少见到东与西或南与北的混淆。

如果联系现代天文学的知识，我们就会发现，古人关于大地二方位的观念，其实也是从对太阳运动的实际观测中形成的。

直观地看上去，恒星和银河似乎整日在运动，好像附着在一只绕空中一固定中心（现在叫做北天极）旋转的、不可见的、倒扣着的大碗上。根据地球表面不同地点的观测，可以推断出这只碗更像是一个环绕大地的巨大圆球，而大地本身也是一个圆球[⑧]。我在《释乾坤》中曾论证乾何以称天，坤何以称地，旧说多未确。乾字古音读斡。繁文作“斡”。斡字古音与今音不同，当读“管”。斡者，旋转之物也。管、旋、乾三字皆叠韵，故相通。古人称天为斡（即乾），又称作“旋”“圜”。《易·说卦》：“乾为天、为圜。”圜今音读还，古音读旋（《汉书·贾谊传》引颜师古注：“还读如旋。”）。旋亦书作玄（杨向奎《绎史斋学术文集》曾释玄即旋之本字）。凡此，皆表明古人之宇宙观。根据此种观念，天乃旋转体，日夜转动不已。《庄子·天运》：“天其运乎？……意者其有机缄而不得已乎？意者其运转而不能自止邪？”此观念之根据则来自古人对天体运行规律的观察。夜晚看星空运动，周天运行如一大旋转体。古人称天为乾、为斡、为旋、为还（天道好还即天道好旋也）、为玄、为旋宫（见《拾遗记》卷一）、为大钧（见《汉书·贾谊传》，大钧即陶轮），其所取义皆本于此。

这种观点的依据是：包含着恒星的假想“天球”，看来是从东到西均匀地转动，每隔二十四小时返回其起点。这是古代人颇为熟悉的“事实”。我们把这个运动称为周日旋转。

由于北极星离北天极（北天球中诸恒星绕之旋转的表现中心）很近，所以古代人把这颗星定为天的键轴，又叫“天中”[⑨]。

但是，进一步观察日出前和日落后的恒星，我们发现太阳每天都在缓慢地改变它相对于恒星的位置。事实上，太阳沿着一条从西到东穿行于诸恒星间的路径通过“黄道十二宫”，365 天之后再返回它原来的出发点。更确切地说，太阳并不是单纯地向东运动，而是还有一个沿南北方向的运动：大约在 3 月 21 日（春分）正午时分，太阳位于地球赤道处的正上方；然后每日向北移动，直至大约 6 月 21 日（夏至）正午它位于赤道以北

23. 5°处（北回归线）的正上方。然后，太阳重新向南移动。大约到9月23日（秋分）的正午，它又返回赤道的正上方；大约到12月21日（冬至）的正午，它位于赤道以南23. 5°处（南回归线）的正上方。此后，太阳再次向北移动，如此循环不已[10]。

也就是说，从太阳运动的直观现象中，古人已观察到，太阳在不同的季节，其视运动并不单纯是由东到西，而同时还是由南到北的。这一点在冬季就尤为明显，那时候太阳看起来仿佛是从偏东的南方升起的。由此我们也就可以理解，古人为什么把南方称作“丹穴”“太阳之地”，认为是太阳的老家，却把东方称作“少阳”，而把北方称作“暮谷”（昧谷、蒙谷）、“太阴之地”，看做太阳被埋葬于地下的“暮地”[11]，却把西方称作“少阴”[12]。不难想象，当上古先民尚未形成固定的天地四方观念时，他们必然只能靠视觉追踪太阳的运动。因此他们只能掌握两个方位——太阳升起的方位（即东方与南方的重合）以及太阳下落的方位（即西方与北方的重合）。这也正是“地数二”的起源。

上古这种二方位的大地观念，又是与他们在季节上的二分法相对应的。文献和考古材料均表明，中国人对四季的认识较晚。历史学者于省吾说：

> 甲骨文和《山海经》均没有四时的说法。《书·尧典》把四方和四时相结合。商代的一年分为春秋两季制，甲骨文只以春和秋当做季名。西周前期仍然沿用商代的两季制，到了西周后期才由春秋分化出夏冬，成为四时。[13]

商人虽然没有四季的名称，但在商代甲骨文中已出现了关于四方神和四方风的观念。

> 东方神曰析，风为劦。南方神曰因，风为光。
> 西方神曰夷，风为朿。北方神曰伏[14]，风为队[15]。

商代甲骨文中这种四神四风的观念，周秦以后演变为四象二十八宿：

> 东方曰青龙。南方曰朱雀。
> 西方曰白虎。北方曰玄武。

四方神显然与四季有关，同时也就是晚周出现的五天庭、五帝、五佐观念的滥觞。《尔雅·释地》：

> 岠齐州以南，戴日为丹穴。北戴斗极为空桐，东至日所出为太平[16]，西至日所入为太蒙。

郝懿行笺注："齐，中也。齐州即中州。"在这里，我们可以看到，战国以后人的地理方位观念已由四方位发展为五方位，即东、西、南、北、中。

以此与晋张华《博物志》所引汉代纬书《河图括地象》中所存九州说作一比较：

> 地南北三亿三万五千五百里。地部之位（立），起形高大者，有昆仑山，广万里，高万一千里，神物之所生，圣人、仙人之所集也。出五色云气，五色流水，其白水南流入中国，名曰河也。其山中应于天，最居中，八十城（国）布绕之[17]。中国东南隅，居其一分，是好城（国）也。
>
> 中国之城（国），左滨海，右通流沙。方而广之，万五千里。东至蓬莱，西至陇右，右跨京北，前及衡岳。尧舜土万里，时七千里，亦无常，随德优劣也。尧别九州，舜为十二[18]。

《博物志》所引的这一段话，实极重要。这一说法完全是战国时邹衍的学说。邹衍是战国齐国方仙道巫师，同时又是我国古代极杰出的一位科学家（天文和地理学家），其所著书今已佚失，然因其学说在战国秦汉时期影响极大（可与孔、老相抗衡），他的一些残篇仍可见于今存先秦及秦汉著作中。《史记》记邹衍地理学说：

> 先列中国名山大川，通谷禽兽，水土所殖，物类所珍，因而推之，及海外人之所不能睹……以为儒者所谓中国者，于天下乃八十一分居其一分耳。中国名曰赤县神州。赤县神州内自有九州，禹之序九州是也，不得为州数。中国外如赤县神州者九，乃所谓九州也。

以此与《博物志》所引相比照，可看出二者完全相合。又，《淮南子·墬形训》："天地之间，九州八极……何谓九州？东南神州曰农土，正南次州曰沃土，西南戎州曰滔土，正西弇州曰并土，正中冀州曰中土，西北台州曰肥土，正北泲州曰成土，东北薄州曰隐土，正东阳州曰申土。"

以上九州与《禹贡·九州》仅冀州同名，余皆不同。《论衡·难岁》："邹衍论之，以为九州之内五千里，竟合为一州，在东南位，名曰赤县州。"其称东南神州，与邹衍所称中国名曰赤县州相合。因此这九州之名很可能是采自邹衍大九州说。兹将邹衍大九州说以图模拟出来，即如图82所示。

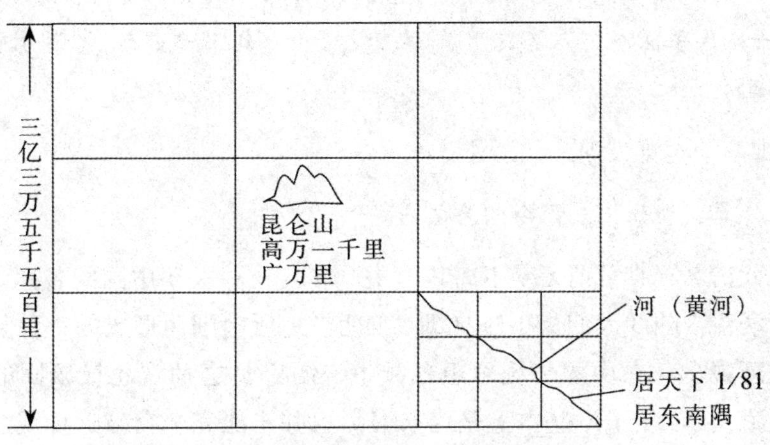

图82　邹衍的大九州说

由图中可以看出，邹衍认为大地广3亿多里，中国仅居天下1/81，其天下观确实如司马迁所说，是一种非常宏大的新地理观念，为前古所未有。这种观念已经彻底突破了商周以前认为泰山是天下之中的狭小地理观念。它所说的昆仑山不再是泰山，就其方位和与天比高的形势而论（如果忽略那些想当然的地理数字的话），并且考虑到它所说的黄河源这一因素，应可以看出，这一昆仑山很可能就是指中国西北方向高高耸起的整个青藏高原。尽管在这种地理观念中不乏许多空想的成分，却表明了中国人的地理眼界在战国时代已经得到了极大的拓宽。再看它对中国在整个天地之区内的定位——仅仅侧居天地东南隅的小小一角，因而中国再也不能被认为居于天下之正"中"了。由此我们又可以看出邹衍的思想是何等勇敢和开放！因为从古以来，并且在邹衍以后直到晚清，中国人曾一直是宁愿只把自己的"好国"看做"最居"天地之中的。这一点只要看看中国人用以自名其国的名称就可以很清楚了——"中国""中州""中原""齐州""冀州"。前三个名称自不必说，其意义是很明显的。而"齐州"，我们前已引《尔雅》证明过，齐本义是脐，人体中位称

“脐”，所以天地之中位即称“齐州”。至于“冀州”，上古亦为中国的称号之一，同样具有天地正中的语义。顾炎武《日知录》卷二引《路史》说：“中国总谓之冀州。”

胡渭《禹贡锥指》卷三：

> 《九歌》云：“览冀州兮有余，横四海兮焉穷。”《淮南子》云：“女娲氏杀黑龙，以济冀州。”又云：“正中冀州曰中土。”则号中国为冀州。

《淮南子·览冥训》高诱注：

> 冀，九州中。谓今四海之内。

凡此诸名，真可谓万变不离其“中”了。这些关于中国的名称，充分反映了居住内陆的人们为山陵（即“四岳”）所包围而形成的一种狭隘封闭的地理观念。在中国传统思想各派中，儒家是这种观念最顽固的恪守者。道家（《淮南子》基本上是道家书）也并未能完全突破这种观念。只有战国时邹衍一派阴阳家才比较彻底地从这种观念中解放出来。

九州的概念，又是与中国固有的大地是正方形的概念不可分开的。与此密切相关的，就是八卦和九宫（河图）的神秘概念。八卦可能起源于对四正四维的一种空间定位方法。《史记》录司马谈《论六家要旨》中有“夫阴阳、四时、八位、十二度”一句，张宴注此即谓：“八位，八卦之位也。”

汉人依据《周易·说卦》所传古法，以八卦作为八方的符号：东方震、南方离、西方兑、北方坎，叫做四正；东南巽、西南坤、西北乾、东北艮叫做四维。与其相配的图就是著名的九宫图（图83），亦即河图洛书。据说是伏羲或黄帝根据黄河水中的神龟龙马的背纹所书写的。由九宫图可以看出，它的数字构成确有一些微妙之处。2、4、6、8，四个偶数分居四角，而1、3、7、9四个奇数则分处中线。正中心正是1至9这一组自然数的中数5。最有趣的是，图中任何一行三个数的和数（包括两条斜行在内）均是15。这就是西方近代数学所说的“魔方”（magic square），即 n^2 个自然数排列在每边 n 格的方图里，纵横斜 n 数相加都得相同的和数。此图至迟在战国后期已经出现，可算作世界上最早被发现的一种魔方。

《大戴礼》中用二九四、七五三、六一八等九个数字来表示明堂九室的方位，显然也是模仿九宫之数的。《易·系辞》：

天数五，地数五，五位相得而各有合。

	南			
	巽	离	坤	
东	震	中	兑	西
	艮	坎	乾	
		北		

	南			
	4	9	2	
东	3	5	7	西
	8	1	6	
		北		

图83

图中南方在上，北方在下，东方在左，西方在右。此循中国易图之惯例也。

天数1、3、5、7、9，地数2、4、6、8、10，五位是五行方位。1、2、3、4、5是生数（元数），6、7、8、9、10是成数（再生数）。各取次第：1、6配北方（水），2、7配南方（火），3、8配东方（木），4、9配西方（金），5配中央（土）。

《易纬乾凿度》："太乙取其数以行九宫，四正四维皆合于十五。""天有九宫，地有九州。"郑玄注："星位曰：天一、太一，主气之神。行，犹德也。四正四维，以八卦神所居，故亦名之曰宫。"⑲在汉代到唐宋的出土文物中，曾发现许多宫殿建筑的基础中都放有这个魔方（象征大地九州），表明它确有一种神秘的宗教意义。此外，据《太白阴经》所说，这种九宫数法还曾被古人应用于军事上作为一种布阵方法，这很可能就是非常有名的八卦阵或八阵图。其奥妙之点可能在于，凡陷入此阵的敌人，无论由哪一个方向进入方阵，其所遇到的兵力都将是一样的。如诸葛亮八阵图（水八阵），就是以石、兵布成而应用数学方法的一种迷宫。《晋书·桓温传》："初，诸葛亮造八阵图于鱼复平沙之上，垒石为八行，行相去二丈。温见之，谓：'此常山蛇势也。'文武莫能识之。"王欣夫《补三国兵志》："蜀相诸葛亮尝推衍古时兵法作八阵图。垒石为之，则河图之圆，而分为四层。则洛书之方，而分为九军。则井田公私之制，而分为中外之营。则文王后天卦位，而定四奇、四正之名。西北乾卦也，曰天阵。西南坤卦也，曰地阵。东南巽卦也，曰风阵。东北艮卦也，曰云阵。东方青龙之兽也，曰龙阵。西方白虎之兽也，曰虎阵。南方朱雀之兽也，曰鸟阵。北方玄武之兽也，曰蛇阵。中为中军阵，太极之位也。中军四象为正，四兽为奇。四象四兽，各以六阵相从，或四象七阵，四兽五阵。中军大将所居，中四阵为余奇，大将所握，别为游骑二十四阵，以系八阵之后。阵有八门，开合出入，以为变化。南正手，北正足，中正身，前奇首，后奇尾，左右奇翼，游骑爪牙。首尾伸缩以为节也，两翼掩张以为权也，爪牙往来以为势也，身体手足鹄立鳌据以为主也。氤氲变化，为方、为圆、为曲、为直、为锐，其变无穷。不外八阵分合而已。其数起于五而终于八，总为九军。以后为前，以前为后，四头八尾，触处为首。敌冲其中，首尾俱救，八阵制度之妙，于斯为极。故孟获观于营阵之间，拜曰：'公天威也。南人不复反矣。'司马懿按行其营垒，亦叹为天下奇才也。"

战国秦汉时古医书《黄帝内经》中，亦用"三、九、七、一、五"五个数字分别表示"东、南、西、北、中"五方。这都证明八卦方位与九宫数字确实具有某种神秘的联系。遗憾的是，对于这九个数字象征的特殊神秘意义，至今尚未能作出圆满的解释。

注释

①杨希枚《中国古代的神秘数字论稿》。

②《左传》昭公二年："迁实沈于大夏，主参。"

③《公羊传》昭公十七年："北辰（极）亦为大辰。"

④见《淮南子·墬形训》："或上倍之……是谓太帝之居。"

⑤有趣的是，太阳是最早的太一这一观念，也转移在太一星上。所以《晋书·天文志》说"太一，玉皇大帝，名耀魄宝"，把本来属于太阳的名号赋予了它。

⑥木星及其反影在战国晚期成为又一个"太一"和"辰"。当时的天文学家了解到木星在天空中以12年（实际是11.86年）为周期运行。观察木星的位置可以推算年度，所以木星又叫岁星，并定作北极星以后的又一个"辰"。春秋以后历法家分黄道周为12次，各次用子、丑、寅、卯等12辰做符号。战国末期，发现每逢寅年岁星在丑，卯年岁星在子，辰年岁星在亥，如此经过12年，岁星周游一遍。那时的人就想像有一个岁星的反影，也在黄道附近周游，速率和岁星相同而方向相反。用这个反影纪年，比直接用岁星纪年便利。这个岁星反影，《淮南子·天文训》叫做"太阴"（本来是月亮之称），又叫"天一""青龙"，《黄帝内经》称其为"太一"，《尔雅》称作"太岁"。

⑦阎若璩《尚书疏证》卷六。

⑧古代游牧民族民歌《敕勒歌》中的名句“天似穹庐，笼盖四野”，也把天体想像成半球形。

⑨因此，“中”有定标尺的语义。“忠”的语义可能由此推演而来，即定标尺于心，矢志不移，此即所谓“忠”。

⑩这里所介绍的天文知识，请参看G. Holton著《物理科学的概念和理论导论》一书第一章。

⑪《汉书·郊祀志》：“东北，神明之舍；西北，神明之墓地。”神明即太阳。夏季太阳偏于东北，故又称神明之舍。张晏注：“日没于西，古文曰墓。墓，蒙谷也。”

⑫《博物志》：“东方少阳，日月所出……西方少阴，日月所入……南方太阳……北方太阴。”

⑬于省吾《甲骨文字释林》，第124页。

⑭从曹锦炎说，见《中华文史论丛》1982年第3辑。

⑮从于省吾说，见于著《甲骨文字释林》。

⑯太平一名不见他书。郝懿行说：“《大荒东经》云东海之外大荒之中有山名曰大言，日月所出，即太平也。”此说可参。又《释地》并言：“太平之人仁。”《说文》仁下：“夷俗仁。”即太平在东夷之地也。

⑰原文作“城”，范宁校注《太平御览》引作域。按，当作域，城乃形讹也。域、国古代音同义通，通用。

⑱下列九州名“秦（蜀）、周、魏、赵、燕、齐、鲁、宋、楚”，与《禹贡》九州全不同，乃战国时邹衍小九州之说也。

⑲《易纬八种》，见《古经解汇函》。

第十八章　五方帝与五佐神

在殷商甲骨文的四方神和四方风观念中已经蕴涵有战国秦汉时期所形成的五方帝和五方神的观念。

五方帝及五方神的概念始见于《礼记·月令》及《吕氏春秋》中。其略曰：

> 春，其帝太昊，其神勾芒。（高诱注：此苍精之君，木官之臣。）
> 夏，其帝炎帝，其神祝融。（此赤精之君，火官之臣。）
> 中央，其帝黄帝，其神后土。（此黄精之君，土官之臣。）
> 秋，其帝少昊，其神蓐收。（此白精之君，金官之臣。）
> 冬，其帝颛顼，其神玄冥。（此黑精之君，水官之臣。）

“黄帝”是日神，“后土”即女娲，是阴神、月神、死神。这种五帝五佐的概念，就是以太阳神为中心而构建的一个四季神系统（图84）。

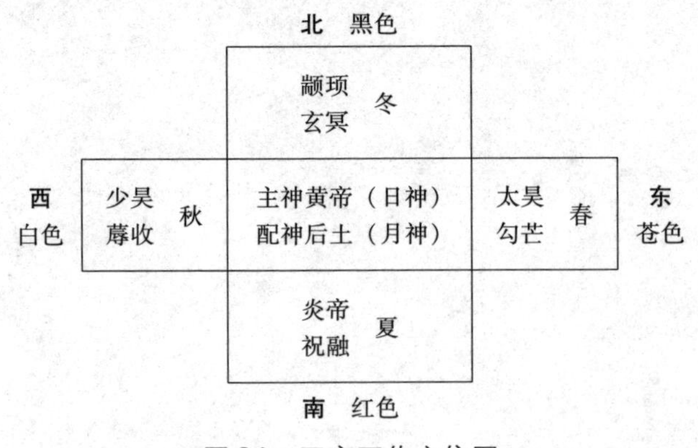

图84　五帝五佐方位图

《吕氏春秋》的撰作年代在先秦，五方帝及五配神的观念至迟在战国末已形成[①]。奇怪的是，《史记 · 封禅书》中记录了汉高祖刘邦的这样一件事：

［高祖］问："故秦时上帝祠何帝也?"对曰："四帝，有白、青、黄、赤帝之祠。"高祖曰："吾闻天有五帝，而有四，何也?"莫知其说。于是高祖曰："吾知之矣，乃待我而具五也。"乃立黑帝祠，命曰北畤。

也就是说，直到西汉初年，国家才为五帝建全祠。这一事实表明了晚周秦汉之际宗教观念正在发生深刻变化。秦汉所祭的四帝、五帝，其原型虽来自商周的四方神四方风观念，但其结构已经发生了重大变化。请看下表：

	商代	战国	商代	战国	秦汉
东	析	太昊	劦	勾芒	青龙
西	夷	少昊	朿	蓐收	白虎
南	因	炎帝	岂	祝融	朱雀
北	伏	颛顼	段	玄冥	玄武
中		黄帝		后土	太一

首先来考察和比较这两个方位神系统的称号。

东方神析，即曦，亦即太昊、伏羲。其配神劦即常仪。而勾芒，丁山先生曾引《墨子 · 明鬼》的如下记述：

昔者郑穆公，当昼日中处乎庙，有神入门而左，鸟身，素服，玄绕，面状正方。穆公见之，乃恐惧奔。神曰："无惧。帝享女明德，使予锡汝寿十年有九……予为句（勾）芒。

据此推断说：

勾芒的造象特征是鸟身、素服、玄绕，活像玄燕。即高禖、鳦，固可确定是勾芒的化身。高禖当然也是勾芒语转。又，燕、鷗本一字，《尔雅 · 释鸟》：鷗，凤，其雌皇。凤，古文作鹏，甲骨文则通假为风。[②]

图85 《山海经》中的断头战神——刑天

又引郭沫若说：

> 古人盖以凤为风神……于帝使凤者，盖视凤为天帝之使。[③]

丁山此说极有见地。“勾芒”乃“高禖”即高母之转音，而其形象与凤凰有关。这里所需注意的只有两点：

第一，勾芒是凤凰化身，而甲骨文中四方风神均是风神，由此可见五帝配神与五风神正有一脉相承的关系。

第二，上引神话中说勾芒是主生死之神（可赐人寿），而其名号又是“高母（禖）”之转音——作为东方帝太昊配偶神的勾芒，不是别人，是曾在昆仑山上主人生死的那位西王母。只是她嫁夫随夫，迁到东方来了。由此可见，勾芒不过是西王母神话在战国秦汉间的又一种变形。

再讨论西方神夷和少昊。于省吾说：“夷训为毁、为伤、为杀……《白虎通·五行》谓：‘西方杀伤成物。’然则西方杀伤万物，是指万物收缩之时而言之。这就是甲骨文称西方曰夷的本来意义。”[④]

于说极确。“夷”音通刈，故可训杀[⑤]。西方帝少昊有别号称“金天氏”。“金天”二字，旧无解者。金音通刑，而又有兵器的语义，所以金天其实就是刑天（见图84）。《释名》：“天，颠也。谓头顶颠。”所谓金天、刑天，就是断头之神或无头之神。关于断头神的神话见于《山海经·海外西经》中：

> 刑天与帝至此争神。帝断其首，葬之常羊之山。乃以乳为目，以脐为口，操干戚以舞。

“刑天”亦作“形残”[⑥]，又称作“厉”（即厉鬼）。在神话中，刑天有两个含义：1. 是战神，杀神；2. 是战死之鬼，亦即《九歌》中的“国殇”[⑦]。

刑天的原型来自蚩尤。在前面曾说到黄帝联合炎帝与蚩尤进行的涿鹿大战。据马王堆出土帛书《黄帝四经 · 十大经》说，在此战胜利之后，黄帝剥了蚩尤的皮作箭靶，又将其头拔去头发吊起来，将其身剁为肉酱。在传说中，蚩尤死后成为了战神："……兵主，祠蚩尤。"（《史记 · 封禅书》）

又马王堆出土帛书《五星占》中有彗星图，名叫蚩尤之旗，据说见则主"兵"——发生战争。很多典籍中还说，蚩尤首先发明了青铜兵器。"蚩尤以金作兵器。"（《世本》）"伏羲以木为兵，神农以石为兵，蚩尤以金为兵。"（《太白阴经》）这可能又是西方杀神在五行中属"金"，并称作"金天氏"的原因。

又据《礼记 · 月令》：

> 仲秋……申严百刑，斩杀必当……季秋……趣［决］狱刑，毋留有罪。

中国古代有秋季斩决犯人的习俗，而秋天又为农事上收获（杀草）和自然界西风凋杀万物的季节。这几种因素结合在一起，也就使古人将杀神配于秋季。

甲骨文和西方神的配神名隶，郑慧生说：

> 束薪之风也。《周礼 · 秋官》："薙氏掌杀草……秋绳而芟之。"绳而芟之即束薪。隶字形象束木。

如此说可从，则隶神与蓐收神就也是一对具有相同含义的神。丁山释蓐收之名说：

> "蓐"即"农"字别体……《月令》："……季秋，农事备收……""农事备收"即是"蓐收"名号的正确解释⑧。

关于北方神颛顼和玄武，甲骨文中北方神名叫"伏"，风名叫"殴"。曹锦炎说：

> "北方曰伏"，除了见于甲骨文外，尚见于典籍，《史记 · 五帝本纪》司马贞《索隐》引《尸子》曰："北方者，伏方也。"北方何以名为"伏"？《史记 · 五帝本纪》作："申命和叔，居北方，曰幽都，便在伏物。"《索隐》注："使和叔察北方藏伏之物，谓人畜积聚等，

冬皆藏伏。”[9]

其说甚精确。由此可见，“藏伏”、“幽”，也就是“黑帝”。这个名字与玄冥同义，但与颛顼并不相干。后者乃是被战国时构造五帝神系统者为凑数而硬拉进来的。正因为如此，北方风名殴，即厉，与玄冥也没有关系。但《吕氏春秋·有始》所记“八风”之名中“西北曰厉风”。又《史记·律书》说：“不周风居西北，主杀生。”“厉风”即“不周风”。“不”与“丕”古通用，《说文》：“丕，大也。”“周”，古音与“凋”相通，所以，“不周风”就是大凋杀之风。玄冥居北方，主管不周风。他所以成为中国神话中除西王母、蚩尤、蓐收以外的第四位死神，这当是原因之一。

甲骨文中南方神名因，而五帝中的南方帝是火神炎帝。因、炎乃一声之转。至于南风神旧释作“岂”，我疑不确[10]。

但其字像人头上有长羽之形，见下图（图 86）中 A，与帝尧之尧的古文体（图中 B）相像。尧字甲骨文及金文如图中 C[11]。

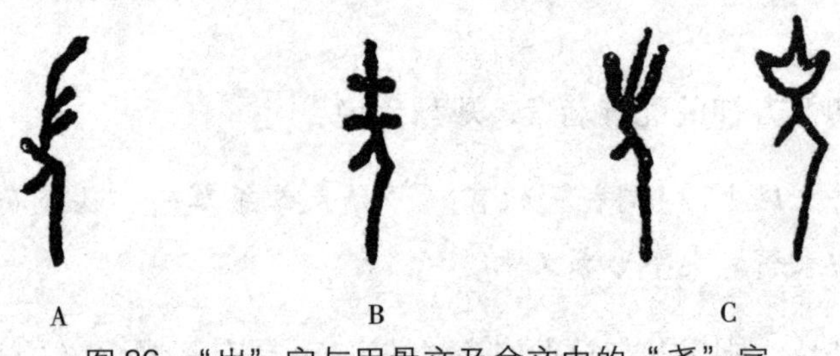

图 86 “岂”字与甲骨文及金文中的“尧”字

前面讨论炎帝时已说过尧是火神的名号之一。中国神话中的火神又名祝融，即南方神，而祝融亦记作“朱明”。《释名·释地》：“融，明也。”二名同义，但朱明又是太阳神之名。由此可见，无论甲骨文中的四方神和南风神还是五帝神系统中的炎帝、祝融，都是由太阳神和火神转化而来[12]。

综上已可得出结论，以商代的四方四风和战国时的五帝五神相比照，除中央黄帝和后土外，后者完全是前者的变形，是由前者中演化出来的。而四神四风之所以变成了五帝五神，又与战国后期流行起来的“五行”观念紧密相关[13]。阴阳五行说形成于晚周战国之际，是当时关于宇宙生成的理论，发展到后来，成为指导人类行为的基本原理。从政治、军事、农业、天文历法乃至宗教、伦理、艺术等，没有一项不和阴阳五行说相联系的。阴阳观念，直接起源于上古对太阳神的崇拜。而五行说的起源，则是和战国时期天文学与占星术（二者在古代本来不可分，占星术是英文“astrology”的译语，而“astronomy”则译为天文学）的发展紧密相关的。

五行说以木、火、土、金、水五种元素作为构成宇宙万物及其现象发生无限变化的基础。把木、火、土、金、水说为五种元素，不如叫做五种符号更合适些。这五个符号，在天上就代表五星，即木星、火星、土星、金星和水星，在地上就代表木、火、土、金和水五种物象，而对于人来讲就是所谓仁、义、礼、智、信五种德行[14]。古人认为，如果天上的木星有了变化，就会使地上的植物和人心的仁善观念都受影响而发生变化。因此，天、地、人三界是互相影响的，此即所谓“天人交感”（这是中国古代一种原始朴素的系统和整体论的观点）。占星术的目的，就是试图预测这种天人交感的关系。五行说就是中国占星术的理论基础。

殷商时的四方神观念，也正是在五行观念的影响下，变成了战国时的五帝、五神系统。在《淮南子·天文训》中，古人还构拟了一个用阴阳五行观念解释宇宙起源的理论：

> 道始于虚廓，虚廓生宇宙。宇宙生气，气有涯垠。清阳者薄靡而为天，重浊者凝滞而为地……天地之袭精为阴阳（高诱注：“袭，合也。精，气也。”）。阴阳之专精为四时，四时之散精为万物。积阳之热气生火，火气之精者为日；积阴之寒气为水，水气之精者为月。

他们认为阳气凝积则生火，而火的精者为日；阴气凝积为水，而水的精者为月。这就是把日叫做太阳、月叫做太阴的来源。他们还认为星是从日月溢出的气的聚合物，因而认为五星是从日月溢出的阳精和阴精的不同分量的结合。这一宇宙创生模型比《帝王世纪》中的那一个显然是进步得多了。

从春、夏、秋、冬四时配合为木、火、金、水推究，古人认为春和木星、夏和火星、秋和金星、冬和水星具有同一性质。夏季炎热，属于纯阳，冬季寒冷，属于纯阴，因而认为火星是从日溢出而水星是从月溢出的。春是阳渐盛而阴渐衰的季节，秋是阴渐盛而阳渐弱的季节，因而认为木星和金星是适合于春秋阴阳结合的状态。至于土的位置，则要从五行配合方位来考虑。五行以木配东、火配南、金配西、水配北、土配中央，这样就很自然会联想到东春、南夏、西秋、北冬。把土配居中央，是对东南西北都不偏倚。从古以来，就已认为土的性质不偏于阴阳任何方面，这也和混沌、太极或太一不偏于阴阳任何方面正相一致。

更进一步地，古代凡以五为一组的事物都可配称五行，例如：

五行	木	火	土	金	水
五方	东	南	中	西	北
五帝	太昊	炎帝	黄帝	少昊	颛顼
五佐神	勾芒	祝融	后土	蓐收	玄冥
五时	春	夏	孟	秋	冬
五神星	岁星	荧惑	镇星	太白	辰星
五兽	苍龙	朱鸟	黄龙	白虎	玄武
五音	角	徵	宫	商	羽
十日	甲乙	丙丁	戊己	庚辛	壬癸
五色	青	赤	黄	白	黑
五器	规	衡	绳	矩	权
五嗅	膻	焦	香	腥	腐
五味	酸	苦	甘	辛	咸
五事	视	言	思	听	貌
五德	明	从	睿	聪	恭
五征	燠	旸	风	寒	雨
五岳	泰	衡	嵩	华	恒
五社	户	灶	中霤	门	行
五脏	肝	心	脾	肺	肾
五常	仁	礼	信	义	智
五虫	鳞	羽	羸	毛	介
五数	八	七	五	九	六

在这种五行观念的影响下，“五”变成了中国古代数字中最具有神秘性的数字之一。上表中以五为纪的事物均来自秦汉典籍中，但这只不过是古代典籍中以五为数的无数名称中很小的一部分。由此一例，也就可以看出五行观念以及对“五”这一数字的迷信在中国传统文化中的影响是何等之深了。

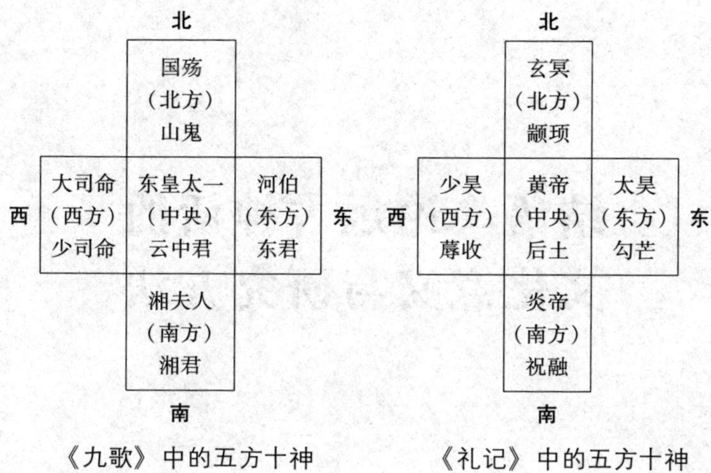

《九歌》中的五方十神　　《礼记》中的五方十神

注释

①屈原《九章·惜诵》有“令五帝以折中”句。

②丁山《中国古代宗教与神话考》，第48页。

③郭沫若《卜辞通纂》，第82页。

④说见《甲骨文字释林》，第123页。

⑤《左传》襄公二十六年杜预注：“夷，伤也。”《荀子·君子》杨倞注：“夷，灭也。”

⑥西王母司天之五厉及刑残。《淮南子·墬形训》亦说：“西方有刑残之尸。”天、残，叠韵相通。

⑦《山海经·大荒西经》记汤斩桀使之亦成为无头鬼：“有人无首，操戈盾立，名曰夏耕［刑］之尸。故成汤伐夏桀于章山，克之，斩耕［刑］厥前。”

⑧丁山《中国古代宗教与神话考》，第68页。

⑨见《中华文史论丛》1982年第3辑，第70页。

⑩此字最近有人释作“鞔”（见陕西博物馆馆刊），可从。

⑪据朱芳圃《殷周文字释丛》。

⑫据《淮南子·时则训》的说法，炎帝、祝融本来就是同一人：“南方之极……赤帝祝融所司者。”高诱注：“赤帝，炎帝少典之子，号为神农，南方火德之帝也。”

⑬详论请参拙作《重论五行说起源问题》，刊于《学习与探索》1986年1期。

⑭《荀子·非十二子》“按往旧造说，谓之五行”注：“五行，五常，仁、义、礼、智、信是也。”

结语　论远古神话的文化意义与研究方法

一

以上，我们力求比较系统地以太阳神崇拜这一主线考察和整理了中国远古时代至汉代的神话传说。从功能观点看，上古神话至少具有三种社会作用：1. 它是一个解释系统；2. 它是一个礼仪系统；3. 它是一个操作系统。

所谓"解释系统"就是说，神话是远古先民的"哲学"和"科学"。他们要用这种意识形态来解释各种自然现象，解释人际关系，解释人类与自然的关系，并且解释他们的来源和历史。

所谓"礼仪系统"就是说，神话在远古先民那里，不仅具有超现实理论的力量，而且具有礼仪规范和价值规范的效力。他们没有法律，发生诉讼即由神判来决定曲直。他们没有自我意识的道德价值系统，以神的名义命誓就是行为的最高约束力量。礼教起源于祭神仪式，而艺术起源于敬神的庆典和装饰。神话，其实就是先民们所信仰和崇拜的整个天神地祇系统的宗教理论基础。

所谓"操作系统"就是说，神话在先民手中又是一种巫术的实践力量。在自然灾害面前，他们根据神话的启示筑起求雨逐旱的土龙，焚晒巫尪以祈天佑；他们观察星象来预测人事；他们选择吉日以趋避凶神。在原始先民的文化中，神话并不是一种单纯想象的虚构物、一些或有趣或荒谬的故事。神话本身构成一种独立的实体性文化。神话通常体现着一种民族文化的原始意象，而其深层结构又转化为一系列观念性的母题，对这种文化长期保持着深远和持久的影响。在这个意义上，它是一种法律，又是一种风俗和一种习惯势力，并且也是一种宗教。正因为如此，它不能随心所欲自由改变（改变或重新解释要冒渎神和叛教的危险）。它如果改变了，就意味着必定发生了文化方面——宗教或哲学、政治观念的变革。因此，上古神话的演变是有其自身的规律性的。

二

对于现代人，古神话的研究价值是不那么明显的。对许多人来说，神话除了其荒诞不经的形式，似乎并没有其他可重视的内容。作为一种早已失去魅力的作品，它们还是多少具有类似珍稀古玩的艺术价值。很少有人意识到，即使对于现代人来说，民族的远古神话也绝非只是一种梦幻性的存在。它是一个既是历史又依然是现实的实体。作为一种早期文化的象征性表记，远古神话是每个民族历史文化的源泉之一，在其中蕴涵着民族的哲学、艺术、宗教、风俗习惯以及整个价值体系的起源。黑格尔曾说："古人在创造神话的时代，生活在诗的气氛里。他们不用抽象演绎的方式，而用凭想象创造形象的方式，把他们最内在最深刻的内心生活转变成认识的对象。"①马克思在谈到希腊神话时指出："一个成人不能再变成儿童，否则就变得稚气了。但是，儿童的天真不使成人感到愉快吗？他自己不该努力在一个更高的阶梯上把儿童的真实再现出来吗？在每一个时代，它固有的性格不是以其纯真性又活跃在儿童的天性中吗？为什么历史上的人类童年时代，在它发展得最完美的地方，不该作为永不复返的阶段而显示出永久的魅力吗？……有粗野的儿童，有早熟的儿童。古代民族中有许多是属于这一类的。[而] 希腊人是正常的儿童。"②

从艺术特征看，中国神话与希腊神话具有极为显著的不同。这种不同恰正反映了这两个民族在气质和性格上的深刻差异。希腊神话充满了一种乐天的戏剧化气氛。他们的诸神体系普遍缺乏神性，却极富有近乎人类的鲜明个性。例如他们的众神之王宙斯，一点没有中国神祇那种高高在上的神圣性和不可凌犯的威严。宙斯具有一个凡俗男子的一切优点和弱点。他爱女人，爱冲动，也爱嫉妒。他常因轻信而受骗。普罗米修斯因盗天火而被宙斯处罚，要永远锁于高加索山巅；当他逃脱以后，只要在身上永远佩戴一只铁环和一块高加索山的石片，就可避免遭受宙斯的报复，因为这两件小东西可以使宙斯相信他仍然被锁在高加索的山顶上。作为威力无边的天地大神宙斯，却并不能自由追求他的所爱，因为他的妻子天后赫拉永远在监视和干涉着他。希腊人让他们的爱神尽情地嘲笑和戏弄被剥夺了爱情自由的宙斯：爱情折磨和困扰众神之王——这真是人类对于神灵所能想象的一种最高讽刺！而爱情的权利高于众神之王，这一点也正体现了希腊人的一种根本性的生活观念，所以他们的美神（阿佛洛狄忒）是女性生殖器的象征，而他们的酒神狄俄尼索斯却是情欲的化身——对酒神的祭典乃是希腊生活中最欢乐放浪的盛大节日。黑格尔在论述希腊人的精神时指出：他们“一心一意地追求某种东西，而总是遇着它所探索的那种东西的反面。然而它并不因此产生任何怀疑，也不反过来想想自己，却仍然对自身和自己的事业满怀信心。自由的雅典精神的这个方面，这种在遭逢挫折时仍然完全自得其乐的精神，这种在结果与现实事事与心愿相违时，依旧是心神不乱地确信自己的精神，乃是一种崇高的喜剧精神”[③]。若与希腊相比，中国神话的内涵就显得完全不同。中国的天神是远离人间不食烟火的。他不仅是至高无上的权力化身，而且是美德（圣）和全知全能（贤）的化身。中国神话的气氛是沉重和庄严的，以至这种沉重有时是一种沉闷，这种庄严有时简直使人感到压抑。它充满一种内向的忧患意识和理性的反省思考。在伏羲、女娲的人面蛇身形象中，似乎象征着人类从野蛮过渡到文明这一进程是何等艰难！而在燧人氏、有巢氏、神农氏以及造字的仓颉、作甲子的大桡、掘井的伯益等一系列前古圣贤“观象制器”的故事中，我们看到了民族祖先对整个文明进程的追溯和反思。一只渺小的雀鸟精卫，为了复仇，决心一石一木地填平沧海。神农遍尝百草，被毒得死去活来，终于成为农神和医药之神！正直的鲧被杀死于羽山，他的治水抱负宿命地要由儿子禹来继承，13 年漫长而艰辛的苦功——劈开巨山，凿通江河。禹的情人因漫长而无希望的苦守和等待，凝成了高山顶峰的一座石头！如果说希腊神话好像爱琴海那蔚蓝明亮的海面和碧空，那么中国神话就是黄河那浑浊扭曲的水流，或者竟是那黑色的渤海——须知在汉字里，“海”的本义正是晦黑和渺茫。希腊民族的童年是无拘束而天真的，而华夏民族的童年却是有负担而早熟的。也许因为我们民族祖先所面临的自然条件和生活环境实在是太艰辛了！他们面临的生存挑战实在是太严峻了！他们不得不“筚路蓝缕，以启山林”。远古神话内涵的这种差别，体现了东西方这两个伟大民族在性格上的深刻差别，事实上也决定了后来东西方两大文化系统全然不同的发展方向。由此可见，作为人类语言发明以后所形成的第一种意识形态，在神话的深层结构中深刻地体现着一个民族的早期文化，并在以后的历史进程中积淀在民族精神的底层，转变为一种自律性的集体无意识，深刻地影响和左右着文化整体的发展。在这个意义上，对上古神话的研究，就绝不仅仅是一种纯文学性的研究，这乃是对一个民族的民族心理、民族文化和民族历史最深层结构的研究——对一种文化之根的挖掘和求索。

三

考察人类各民族的史前神话系统，其所关联的原始母题基本上出于以下的两个类型和四个种类：

第一类型：天地开辟神话	1. 解释大宇宙的起源。 2. 解释天地之间各种自然现象起源。
第二类型：种族和文明起源的传说	1. 解释人类及本族始祖起源。 2. 解释人类文明（风俗、伦理、器用、技术）起源。

第一类型多半以超人类的神灵格为主体。

第二类型多半以人类中的英雄格——往往是人与神相交媾而生育的半人半神格为主体。所以，对前者，我们可以称之为关于上帝和诸神的故事；而对于后者，我们则可以称之为关于人神格英雄的故事。

有意思的是，在古神话中，一方面划分了神与人的明确界限，从而宣告了神与人的对立；另一方面，在所有民族古神话的深层结构中又都暗含着一个潜概念，即认为人与神具有原始的同一性。这种同一关系通常以两种形式表现在神话的故事内容中：

1. 人类是天神的一种作品（《圣经·创世记》：上帝造人祖亚当及

夏娃）。

2. 人类是天神的嫡系子孙（历代华夏帝王均认为自己是天神的嫡派子孙——天子）。

这是一种自身分裂的矛盾意识，在它的深层结构上映射着人类力图脱离大自然而走向自由独立，同时又不能不依托于大自然而生存的矛盾本体地位。

旧治中国神话者恒有一错误观念，以为开辟神话似应当早于始祖神话，而开辟神话中天地开辟神话又必先于文明创造神话。以逻辑顺序言，固然好像理当如此，但考诸中国神话发生的实际历史先后，却实未必然。就中国而言，夏、商、周诸族团的图腾神话、始祖神话，其来源就远早于关于宇宙天地的开辟神话。

中国人的始祖神话可以划分为两个级别。第一级次是关于全人类的共祖的神话——古华夏先民们认为它就是太阳神以及火神。第二级次是关于本族团的始祖神。这就是夏祖女修吞月精而生禹的神话，商祖简狄吞凤凰卵而生契的神话，以及周祖姜嫄与神迹交合生后稷（炎帝—神农）的神话。这里值得注意的是两点：

1. 夏商周三族的始祖神全是女人。

2. 这些女人都是不夫而孕，即所谓“感”生于神的。“感”字是中国文化中的性关系隐语之一。它有时可以写作甘字或咸字④。我很怀疑其本字实当作“甘”。《释名》：“甘，含也。”其字古形象口中含物，借喻交媾耳。日出之地名“咸池”“甘渊”，似乎也映现了这种阴阳交合的观念。

中国关于文明创造的神话多是晚周战国之际诸子之所创作，不同于自然形成的始祖神话，而具有着比较深刻的哲学和文化的自觉意识。晚周战国诸子在文化观念上可分作进化论与退化论两派。前者以为今之文明胜于古之蒙昧，而后者则认为古之质朴应胜于今之文明（如老庄一派，然而18世纪卢梭和浪漫派亦曾提出类似观点，见所著《论科学与艺术》）。上述两派尽管对文明的价值观有根本性分歧，但对于当日智识与技术所取得的各种伟大进步，则一致表示惊叹。

《吕氏春秋·恃君览》说：“昔太古尝无君矣，其民聚生群处，知母不知父，无亲戚、兄弟、夫妻、男女之别，无上下长幼之道……”《礼记·礼运》说：“后圣有作，然后修火之利，范金合土，以为台榭、宫室、牖户，以炮以燔，以亨以炙，以为醴酪；治其麻丝，以为布帛。”先秦人们对于文明起源的追溯探索，是一种理性主义思潮的表现。晚周诸子将文明的起源托附于古传说中的各族始祖神，如伏羲、神农、黄帝等，这实际又掩盖着一种神秘主义的潜流。这种做法产生了两方面的问题：（1）伪造了一个假人文历史系统；（2）搞乱了古代自然流传的各族民间神话。

顾颉刚先生曾指出：“战国秦汉之间造成了两个大偶像：种族的偶像是黄帝，疆域的偶像是禹。这是使中国之所以为中国的，这是使中国人之所以为中国人的。”⑤他当时还不知道黄帝其实是太阳神（虽然他已看出黄帝是上帝），但他以此概括战国秦汉人伪托和伪造古史的活动却是极有见地的。

那时中国本来是一个多种族多邦国的地域。《吕氏春秋 · 离俗览 · 用民》：“当禹之时，天下万国，至于汤而三千余国。”《逸周书 · 世俘解》：“武王遂征四方，凡憝国九十有九国……凡服国六百五十有二。”《墨子 · 非攻》：“古者天子之始封诸侯也，万有余。”甲骨卜辞中亦屡称多方、多方邦。本来这些不同的地区和族团均尊奉有自己独特的部族始祖神，具有不同的始祖神话、图腾神话，而在春秋战国时期兼并战争摧毁了种族封疆的原有界限，在以华夏族团为核心的民族融合进程中，有些图腾随着崇祀他们的种族而一起灭亡了，有些图腾则随着他们的族团而与华夏族团融合于一体了。散处中原的小国小邦小族，以夏、商、周三大族团为核心，走向汇合和统一。在这个伟大的历史性进程中，许多国族灭国绝祀，许多地域性的文化丧失了其原有的特殊性色彩，许多宗系神强制性地合并到华夏民族的大系统之中。那些被合并进来的异族分子，不甘心于亡国灭族的遭遇，他们在武力上失败了，在政治上被征服了，在文化上却默默地进行了新的反抗。宣扬和纪念自己的祖先，为自己的祖先以及本族的历史在华夏族的大谱序和大历史中建立一种独特的位置，这正是从文化和心理上进行反抗的一种形式。其结果，出现了各种不同的史传和记载，造成了上古族姓谱序和神话历史的严重混乱。这种惊人的混乱，使汉初如司马迁这样伟大的历史家也不能不为之叹息：“学者多称五帝，尚矣！然《尚书》独载尧以来，而百家言黄帝，其文不雅驯，荐绅先生难言之！”

四

在晚周诸子所宣扬的创造文明诸神中，其最显赫也是最重要者，应无过于三皇五帝。早在20世纪初，以顾颉刚先生为首的“古史辨”派即已指出：三皇之说实非华夏族上古神话中所固有，其产生乃在战国秦汉之际。此时期正当中国历史上一个文化剧变的大时代。旧论此时代者多着眼于诸子之勃兴、百家之争鸣，即此时代思潮的理性层面，而普遍忽视此时代思潮的另一层面——宗教神学的再造与复兴，实际上是一个非理性甚至反理性的层面（尤当注意者，秦汉以后居时代思潮支配地位者恰是后者而非前者。本来具有反宗教精神的道家，演变成了一种新的宗教道教，正是说明这一点的典型例证）。三皇说的产生，其解释的歧异、演变的复杂，正反映了此时代理性思潮与非理性思潮的斗争。皇字本来是一个神号，即太阳神的称号，但在晚周以后皇已不专指太阳神，而变成了一般的天神和人王之称。正是在此基础上，方形成了“三皇五帝”的说法。汉人谷永云：“夫周秦之末，三五之兴。”（颜师古注：“三谓三皇，五谓五帝。”）这里指明了三皇五帝说起源的时代。

考战国三皇说起源，与东方方仙道具有深刻关系。《史记·封禅书》记方仙道八神，其中主神名天主、地主。《史记·秦始皇本纪》记秦博士说谓：“古有天皇，有地皇，有泰皇，泰皇最贵。”泰皇就是日神伏羲、黄帝。而天皇、地皇则与方仙道教所信奉的天主、地主相同。因此三皇说的第一模式，亦为最古模式，应如下图：

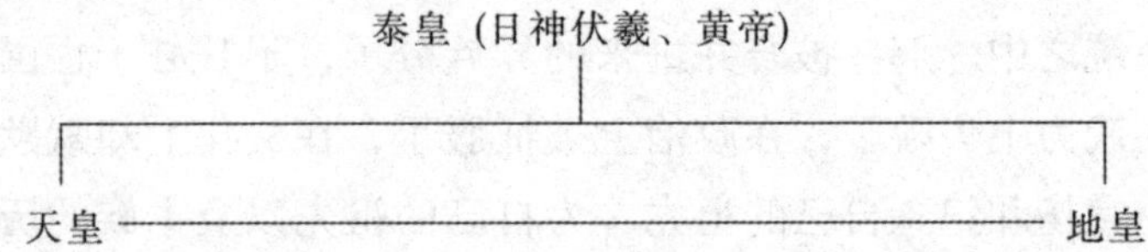

这种“三皇”模式的出现，实际上概括了由原始时代拜日一神教向商周以来天神、地祇、人鬼多神教的发展。三皇说的又一类型，系根据《易传》“天地人”三才理论所构成[⑥]，即：

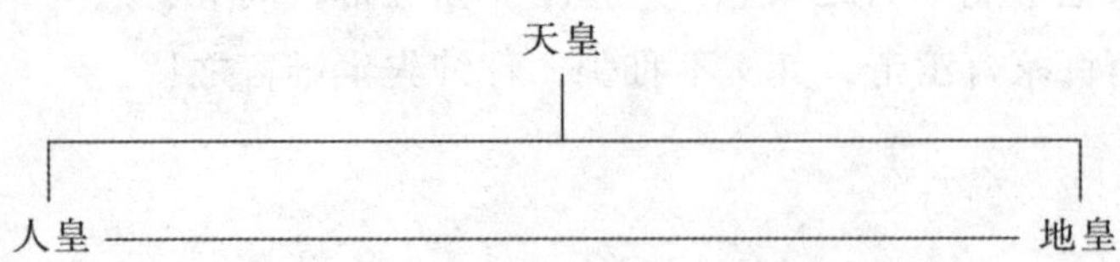

三才说中以人为最尊。“人定胜天”“人天交相胜”“天地间，人为贵”，乃是战国秦汉流行颇广的一个观念（荀子《天论》是此种观念的系统理论表现）[7]，所以此类型的三皇说与“天、地、泰”三皇说已有质的不同。如果说前一种说法反映了方士的神秘主义，那么后一种说法则反映了周学术界流行的人德主义。

三皇系统的第三大类型是晚周诸子所构造的又一种三皇说。其特点是试图以虚构的三皇神话故事来作为对人类文明起源的理论解释，故此派可称为诸子派的三皇系统。其说盖有五型：

1. 伏羲—女娲—神农（《春秋运斗枢》）；
2. 伏羲—神农—祝融（《白虎通·号》）；
3. 伏羲—神农—共工（《通鉴外纪·引》）；
4. 伏羲—神农—燧人（《白虎通·德论》）；
5. 伏羲—神农—黄帝（《帝王世纪》）。

按，此五说有异，出处亦不同，伏羲、女娲、神农、燧人、祝融、黄帝都已经失去了在华夏古宗教中的原有神明地位，而变身成为有所发明创造、有益民生的英雄人物。如伏羲作“九九”，“制嫁娶之礼”（《管子·轻重》），“女娲作笙簧”（《礼记》），“神农教民耕作”（《礼记》），“燧人钻燧取火”（《韩非子·五蠹》），“祝融作市”（《吕氏春秋·勿躬》），等等。

验诸先秦典籍，诸子追溯文明起源常借用古传说中诸神的名号，如无适合者，即不惜凭空编造名字以行附会，所谓燧人氏、神农氏、有巢氏，这种显然不是人名的名号，就是这样产生的，所以《淮南子·修务训》颇为精辟地指出：“世俗之人，多尊古而贱今。故为道者，必托之于神农、黄帝而后能入说。”试从一例证之。《墨子·辞过》中说：“古之民未知为宫室时，就陵阜而居，穴而处，下润湿伤民，故圣王为作宫室。”此言作宫室者仅为“圣人”，尚无具体的名号，但《韩非子·五蠹》则称：“上古之世，人民少而禽兽众，人民不胜禽兽虫蛇。有圣人作，构木为巢，以避群害。而民说之，使王天下，号曰有巢氏。”如是，则在墨子那里不过只是泛泛言之的圣人，在韩非子这里就具有了一个名号曰“有巢氏”。三皇中最为显赫的，除黄帝外，即为伏羲。前已指出，伏羲一名来自日神大

“曦”，但晚周秦汉人望文生义地作出了种种曲解。《周易正义》谓：“取牺牲以充庖牺，以食天下，故号曰伏牺氏。”这样一来，伏羲的名号就成为了渔猎肉食文化的象征。所以《尸子》说：“宓牺氏之世，天下多兽，故教民以猎。”⑧“作结绳而为网罟，以田以渔。”⑨（商代以上称猎为田。）渔猎时代是人类由蒙昧野蛮走向文明的转折点，因此在传说中伏羲也被尊作开辟人类文明起源的人物。发明婚姻制度是进入文明的一个重要标志，诸子将此也归之于伏羲，“伏牺始制嫁娶，以俪皮为礼。”⑩（在这里，否定了高禖之神女娲作为婚姻之神的地位。）

摩尔根《古代社会》曾说，一夫一妻制形成于由蒙昧向渔猎野蛮时代过渡的初期。先秦人们关于伏羲创制嫁娶的传说，印证了这一点。归纳先秦诸子对于文明起源的论述，恰可以形成如下一个文明进化序列：

太古蒙昧 ⟶ 燧人 ⟶ 有巢 ⟶ 伏羲 ⟶ 神农

（洪荒时代）（用火）（建屋）（渔猎、婚姻）（农业）

此一顺序正确地反映了人类史前文明演进的一般历程。摩尔根在《古代社会》中曾说：“野蛮阶段随着伟大的野蛮人的成果而结束。对于这个阶段的社会状态，后来的希腊、罗马著述者固然很了解，但对于这个时代以前的状况，对于以前的独具特色的文化和经验，他们却同我们一样茫然不晓。不过他们在时间上比我们更接近古代，所以能更清楚地看出今古之间的关系。他们很清楚地知道，在一系列发明和发现之间存在着一种先后关系，制度的发展也有着一种顺序。”⑪战国诸子似乎正是如此。

五

中国上古神话向以难治见称，这种困难主要来自两个方面。

第一是史料的不可靠，第二是记载的矛盾和歧异。由此造成了“异名同格”“同名异格”和“同事异名”这三大类型的混乱现象。

顾颉刚先生曾指出：

> 研究历史，第一步工作是审查史料。有了正确的史料做基础，方可希望有正确的历史著作出现。史料很多，大概可分成三类。一类是实物，一类是记载，再一类是传说。这三类，都有可靠或不可靠的。

而中国上古的史料却以不可靠的居多。[12]

顾先生认为中国古人普遍缺乏“历史观念”，因而往往一经改朝换代必扔掉毁掉旧朝代的遗物，其结果是：“凡是没有史料做基础的历史，当然只得收容许多传说。这种传说有真的也有假的，会自由流行也会自由改变，改变的缘故有无意的也有有意的。中国的历史就结集于这样的交互错综的状态之中。”[13]由于史料不可靠，其结果就是，中国事实上根本没有独立的、非历史的神话系统。全部上古神话都是作为一种历史传说流传下来的。这种历史与神话的重叠，造成了充满上古记载的那种乍看起来完全不可思议的“民神杂糅”和人神同格的非理性现象，所以中国上古史的诸开辟者——伏羲、燧人、有巢、黄帝、炎帝、蚩尤、大禹以至殷商人的女祖简狄、周人的女祖姜嫄等，无一不是半神半人的神人同格体[14]。他们究竟是神还是人，从历史的角度看，这也许将是一个永远可以争议的问题。因此要试图在这些不可靠的传说中发现一种理性结构的存在，找出它们的秩序和规则，并对之作出文化性的解释，乍看起来，简直是不可能的。

在中国古神话中还经常可以看到这样的现象：某位人物A，在另外的记载中却变成了B。例如神农，有的书中说他是炎帝，而有的书中则说神农自是神农，炎帝自是炎帝[15]，两人毫无关系。这种现象，我们称之为异神（名）同格现象。在神话中又常见到同一个A，竟分化为许多个“A”，分别存在于不同的时间和空间中。例如神话中的射神羿，在有的传说中是唐尧时的人物，而在有的传说中又是夏初的人物，甚至还有的记载说他是西周的人物[16]。三者年代相差至少超过一千年。这种现象，我们称之为同名异格现象。大禹杀黑龙的故事，在另外的记载中却转为女娲杀黑龙的故事。A的事迹变成B的事迹，这种同事异名的现象也是古神话中常有的。上述三种现象在中国神话中都是相当普遍的。对于这三种现象，仅仅用形式逻辑的矛盾律就足以宣判它们是假系统。其实近代的“疑古”学派就是这样做的。顾颉刚先生认为上古史（神话）基本上是后人伪造的系统。他提出了著名的“古史传说层累增加”的定律，认为传说的时地愈广，其变形愈大，枝节愈丰富，因而愈不可靠。这样一来，中国上古史包括《史记》在内的许多记载就都要被划入可疑和伪造的行列，势必造成历史中的一大片空白。近年来的一些著述者则又采取了一种完全相反的办法，他们各取所需，对上古史中那些矛盾的传说避而不见，只是根据著书的需要和目的，选择单方面有利于己说的材料，以证成主观的立说为唯一目的。这样构造的古史系统，只能是建立在沙滩上的！

为了澄清古历史与神话的真实面貌，我们必须探索新的方法。

我认为，上古神话系统是从属并表现着人类史上一个特定文化阶段的符号系统。它不仅体现了先民们最初的知（而不是无知），从而存储着重要的文化信息，而且具有自身的生成——变形逻辑。

一般来说，每一个神话系统都可以划分为三个层面：

1. 语音、文字所组成的语句层面。

2. 由一个语句集合构造成的一个语义层面。这个层面乃是对语句的第一层解释。

3. 作为深层结构的文化隐义层面。它构成对一个神话由来的真正解释。对任何神话的研究，只有在深入地掌握了这个层面之后才能算是成功的。

从操作上说，本书所采取的分析步骤大致可以区分为几步：

首先将与一个共同母题有关的代表性神话联结成一个大系统。

然后，用训诂学的方法，扫除理解这个神话系统的语言障碍。

第三步，找出这个系统的组合、生成与变形规则。

最后发现、揭示作为这个神话系统深层结构的文化信息层面。

原始神话是表征一种原始文化的一个语言符号系统。作为这样一个系统，它包含有：

（1）一组文化信息；（2）一组语言符号；（3）一组构成规则；（4）一组变形规则；（5）按照（3）和（4）的规则操作，而生成一个文化—语句符号集合。

根据我的研究，中国神话生成和变形的一般规则是：

（1）一组文化信息转变成一组象征性意象，成为一个故事。

（2）由口头讲述的故事（传说），转变成一组古典文献的记载。

（3）在这一转变的过程中，由于单体汉字作为音义符号的特殊表达功能，因而在记录故事和转述故事时就发生了大量的同（近）音异字现象。其结果是，每一个新的同音异体字都把自己的义素汇加于这个神话的原有语义系统之中。这样就不可避免地导致了语义层面上的变异和歧义。

以上这个规则，我们称作中国神话的“音义递变规则”，这是把握中国神话结构变形规律的一项主要规则。

音义递变规则，揭示了中国古代神话变形的一般规律，但要解释古代神话中各种音义递变的具体现象，还必须运用训诂的方法。

所谓训诂，其实就是汉语独特的语音学和语义学体系。古代神话由口头文化转变为书面文化，远者距今已有三千年的历史。当它由口语被记录为书面语的时候，同音字假借的现象大量发生。由于地有南北、时有今古的差异，形成方言及古今语音的不同，同一个字在上古语音系统、中古语音系统和现代语音系统中，其读音差异往往很大。这就导致了古代文献中普遍存在的异文现象。由于汉字是既具有表音功能同时又具有表意功能的符号系统，所以字形的每一个变化都可能导致语义上的重大变化。这种文字上的歧异就造成了后人研究古代文献时会遇到的最大障碍，而克服这一障碍的唯一工具只能是前人所传留给我们的训诂学。

归纳起来，古人需要写假借字的情况大体有三种：

（1）根本没有本字，不得不用同音或近音字作假借。

（2）本字晚出，写书时尚无，所以写书人不得不以同音或近音字作假借。

（3）原有本字，但仍写同音或近音字为假借（在古籍中以这一种情况为最多）。

归纳古代文献中运用假借的通则，基本上有如下四项：

（1）同音字可相借；

（2）双声（声母相同）字可相借；

（3）叠韵（韵母相同）字可相借；

（4）合音字（两音可拼为一字，或一音可拆开为二字）可相借。

除了以声音近、同而借字外，典籍中还存在许多因字形相近而致讹的情况。例如《山海经》中“有神十人名曰女娲”，这句话历来一直有人强为索解，却从来未能讲通。今按，句中的“十”字应是“巫”字的讹形。甲骨文中巫字形作“┿”，与隶书“十”字很相近。因此，这句话的真义应是“有神巫，人名曰女娲”，而不是“有神十人名曰女娲”。这样一来，过去讲不通的故事就可以讲通了。

综上所述，我们已阐明了本书的写作目的和基本方法。至于本书对这一方法的运用是否成功，以及我们是否实现了上述目的，那就只能请本书的读者去作出判断了。

【补记】

我在写本书时，虽然已经从体系上对“古史辨”派作了根本性的反叛，但在方法上尚未对其进行反思和怀疑，对该学派对20世纪史学的负面影响认识不足。我在新版序中已表明我对这些问题的新认识。

1985年9月10日

第三稿改毕于京西古城

注释

①引自黑格尔《美学》第2卷，第18页。

②《马克思恩格斯全集》第46卷，第549页。

③参见黑格尔《哲学史讲演录》中译本第1卷，第78页。

④王明先生曾指出，《易·咸卦》即是一组描写男女交合的字谜。见《中国哲学》第10辑。

⑤参看《崔东壁遗书·序言》。

⑥《易·系辞下》：“有天道焉，有地道焉，有人道焉，兼三才而两之。”

⑦春秋以后中国思想家的潮流多变，到荀子为止可分为四阶段：神德主义→怀疑主义→自然主义→人德主义。这个问题我拟在另书中研究。

⑧见《北堂书钞》卷十引。

⑨见《易·系辞下》。

⑩见《帝王世纪》。

⑪摩尔根《古代社会》，第40页。

⑫《崔东壁遗书·序》，第1页。

⑬《崔东壁遗书·序》，第1—3页。

⑭《汉书·律历书》。

⑮《史记·封禅书》索隐注。

⑯章太炎《膏兰室札记》：“《海内经》有帝俊赐羿彤弓素缯，以扶下国之语。故世称尧时有射十日之羿，与有穷后羿异。按《御览》八百五引《随巢子》曰：幽、厉之时，奚禄山坏，天赐玉玦于羿，遂以残其身，以此为福而祸。据此则幽、厉时又有羿也。”（《章太炎全集》第1卷，第209页）

附记　我研究上古文明的目的是“寻根”

一

本书第一版于1986年由北京三联书店出版，当时慧眼赏识此书的是资深的老出版家范用先生，是他促成了本书的出版。

在海外，本书由后藤典夫先生译为日文，洪熹先生译为韩文。在台湾，我见到过此书的两种盗版[①]。

此书出版后对正统史学界冲击之大出我意料。也因此，所遭受排挤之强也出我意外。若干权威杂志不惜版面著文批判[②]，而对我的答辩则或删削或拒刊。

王震中博士君在某权威刊物以头版头条地位力抨此书的离经叛道，重点是：第一，他断言古华夏无系统的太阳神崇拜和生殖神崇拜；第二，他也认为此书存在所谓“硬伤”。

关于博士君指摘的“硬伤”问题，后来该刊刊出了我引经据典的答复，未再见到此君的诘问。那么看来未必是我的“硬伤”，却可能是博士君阅书尚未广。至于我所说的古华夏存在太阳神和生殖神崇拜问题，在此书出版之后诸新论之出已如雨后春笋，以至远古中国与世界其他古老民族幼年期一样曾存在系统的太阳神和生殖神崇拜在今日殆已成乎定论。在本书出版之后，国内学术界亦形成了以人类学、符号学方法研究中国上古文明的热潮，以及研究中国古代神秘文化的热潮。

二

在本书中，我在现代学术中首次大胆提出“伏羲”及“黄帝”初义均是太阳神之名号，太古华夏曾存在以太阳神为天地主神的宗教。这在当时的确是一个离经叛道之说。因为郭沫若在《甲骨文字研究》中曾断然指出中国古代无日神崇拜。除少数学者如丁山外，很少有人反对郭氏的这一观点。

但是，在写《诸神的起源》时，我对太古天文学的认识尚属浅薄。今日观之，书中一些论点确有修正的必要。此后更深入的研究使我认识到，天文学对天体运动的观察与研究，在中国古代具有极其特殊的地位和意义。天文学深刻地影响、渗透于古华夏之宗教、哲学和政治。

太古华夏的宗教观并非是一成不变的，而是伴随着古人对天文现象认知的不断深化而演化着的。大体说来，存在如下一个演化系列的轮廓：

第一阶段，即是以太阳神黄帝—伏羲为中心，以其配偶司月女神，即雷、电、雨之神嫘母（即雷母）女娲为副神，作为天文界的主要神灵。这是太古华夏宗教中的太阳神阶段。这一阶段伴随着华夏文明的最初诞生。太阳神系统宗教的产生，是以高度发达的天文历法科学认知为基础的。在这一宗教阶段，华夏民族已经大大超越了所谓图腾崇拜的原始巫术形态信仰。

这一时期古华夏已发明以太阳神为“大辰”的十月太阳历法及涉及大规模地理区域的观象授时制度（遗迹存于如《夏小正》《管子·幼官》）[③]。

三

太古华夏文明的太阳神崇拜阶段，贯穿了自伏羲至炎黄帝的数千年时代（据《帝王世纪》），跨越自渔猎发明（伏羲时代）到由采集而种植（神农时代），直到大规模畜牧及垦殖（黄帝、炎帝）的一系列经济时代，从而伴随着太古华夏文明的整个起源。

原是图腾动物的凤凰（原型为鸵鸟）与龙（原型为大鳄与海鲸），在这一宗教宇宙观中乃升格成为体现宇宙阴阳观念的两大抽象宇宙神灵。对太阳神，即晴日之神，以及其配偶太阴神，即雷电雨神的信仰，正是形成后来影响中国文化至为深远的阴阳哲学的原型（近代人梁启超仅据《国语》片段书语认为阴阳观念晚出于春秋战国之际，此乃片面之论。实际阴阳之观念贯串于《易经》，早在伏羲时代即已发生。河南濮阳出土新石器时代墓中，东西分列龙虎，所体现的也是日月即阴阳观念）。

四

然而，一些海外学者（如张光直等）见不及此，从其西方文明中心论的意识形态出发，鄙视华夏古文明，对早期华夏文明采取诬蔑性的低估。他们否认夏王朝的历史存在，将文明灿烂、系统严整、历史意义绝不低于希腊罗马的商帝国贬低为以巫术文化为特征的次丛林即准野蛮文明。此辈秉承胡适倡导的20世纪初疑古派的余绪，对六经以来传承有自的太古华夏文明采取否认和鄙视的心态，一概贬之为战国秦汉人的伪造。实际上，20世纪中国考古的辉煌成就，已以一个又一个铁的事实证明此辈疑古派的荒谬。例如甲金文中早有证据证明伏羲（“东方曰析”）、黄帝、女娲（在甲骨中记为娥）、帝夔、尧、舜、禹、汤及夏启的实存，证明《尚书》等上古经典的可信性。但对此辈只相信西方爱琴海文明为人类文明本根和正统的疑古派来说，这些证据概可以视而不见。对他们来说，不仅五帝三皇概不存在，夏王朝也不存在，中国文明直到殷商才形成一种次野蛮形态。因此张光直辈总是乐于将殷商王朝的辉煌宗教文明比附于亚非地区一些落后粗陋的丛林原始文化，将华夏古宗教贬低为仍近同于原始萨满教及图腾化的低级巫术形态（张光直著《中国青铜时代》）。这不仅凸显其个人的浅学，而且反映了考古文化中的西化主义思潮。

五

在太古华夏宗教意识演进的第二阶段，中心宇宙神乃由单一的太阳神发展成多方位的太阳神系列，即“九阳”或“十阳”。

在甲骨文中出现了一个新的宇宙中心神的观念，此即作为天文轴心的“上帝”“太一”或“太极”。而太阳神及其配偶则成为主持四方、运转四季的四大方位神和四位季风之神（合计九位）。继之再演化为五帝五臣（合计为十位神，见《礼记》及《九歌》）。在后一宇宙体系中，五大行星被看做是上帝及日神的使臣，而以金木水火土为抽象的物理象征。这也就是五运、五行观念的起源。

羿射九日的神话象征着太阳神中心地位的衰落。由太阳作为宇宙中心神到多方位太阳神的宗教观念演变，反映了太古人类对太阳运动认知的深化，即由直观中的太阳中心（太阳周日运动与周年运动的视觉合一），向复合化太阳天文运动及黄道运动的推理认知的理性深化。

其后即进入了古华夏历法上一个多元化发展（试验）的改革时期。作为季节历法定位坐标的所谓“辰星”，亦呈现为不仅有日、月，且包括北斗、大火及水星等多种恒星、行星的非常多元的坐标系统。

天文观念及宗教的这一系列大变革，可能发生在商末周初之际。

六

周初改历，曾实施以四分月相计日的太阴历法（王国维、马承源说），表明月神曾被周人看做司天之大辰。作为月神之行舍的二十八宿的观念或亦于此时发明。

春秋以后，北极神取代太阳神和月神，成为主持宇宙的中心大神。此即“太一”、“太极”以及后来道教的“玉皇大帝”（耀魄宝）。

这是古华夏天文观中的一次重大革命（“革命”一词在典籍中的本义即更改“天命”，所谓“天命”本义正是指“历法”）。

由上述可以注意到，中国上古及古代的全部基本哲学和宗教观念均与天文观念密切关联。例如所谓“道”的观念，即来自对天象观察而得的周期性概念。又如：

对太阳每日东升西落（地球自转及绕太阳公转）这一最切身周期的观察，产生素朴的太阳神概念。

对月由缺而复圆的周期观察，及月相与气候的关系，特别是发现这一周期与女性生理周期也存在关系时，古人必然产生对月神的敬畏观念。

而对更大的天文周期、季节的周期和行星周期的观察，导致对天球轨道多元性的认识。当古人认知了在天球上太阳并非中心，而黄道的中心是北极时，天道的观念即不可能不发生根本性的革命了。

实际上，所谓“三正”、所谓“三皇”（据《说文》，“皇”是古文

“光”字)，就是天文中的日、月和太极（北极）这三大光明神灵。而五帝则是五行之神，即循环于天空的五大行星（五运）的人格化身。

（我将在《易经》的有关研究中，系统地就太古至先秦华夏天道观念的变迁历程进行研究。）

七

20世纪以来，一种外来思潮误导了上古史的研究，此即胡适所倡导而为“古史辨”派所实践的疑古主义。这一思潮尊奉美国杜威的哲学实用主义为圭臬，而对古华夏的历史文化，包括传承有序的上古文献，采取了基本全面抹杀、进而否定的虚无主义态度。殷商以前的华夏历史——包括《左传》《史记》的记述——都被认为是秦汉人的伪造而不足信，此即所谓“层累地伪造的上古史”（参看《古史辨》第一册)。在此派“辨伪者”的笔下，上古华夏历史及文明被涂抹成为一片空白，作为中国历史第一王朝的夏帝国的存在竟然被否定，其英雄始祖禹则被认为只是一条虫（而不是一个有实体的名号)。华夏文明五千年的文献记载起源被认为均不复可信。这种疑古的结果是，从《尚书》到《左传》均被基本否定其记载的可信性。因之，作为人类世界最古老最辉煌文明的创造者的华夏民族，当前竟找不到一部可信的、记载自身起源的文献历史。

我们知道，西方民族没有严肃的史家会抹杀《圣经》史学及史料的意义，也没有人会否认荷马史诗的历史价值；在东方，日本人也从未否定过他们的《古事记》和《日本书纪》，尽管人们知道那里面的许多记载也是传奇和神话。事实上，除了鄙视华夏者，没有一个具有文化自尊的民族会对其民族先祖的历史采取疑古派那种可耻的讥嘲、冷蔑和虚无主义一概抹杀的态度。

实际上，自古华夏的宇宙从“浑沌之气”即星云中起源的猜测，到女娲、燧人、庖牺、大庭、炎黄的传说，其中虽杂有神话，其真相却也与考古学及人类学发现的人类文化演进系列相距不远。而20世纪以来在中国国土上一系列伟大的考古发现，已可证明中国古陆存在持续达一万年以上的文明发展历程，且其历史比传说还要久远而辉煌，其对于人类文明的成就和贡献绝不亚于西亚、南亚的古文明，更毫不逊色于晚得多的希腊罗马文明。

现在，是把太古华夏文明从疑古派在20世纪初叶所播下的谬说之雾中解放出来的时候了。

因之本书，及其已出和将出的若干续集所做的都是一种“寻根”的工作。我研究及重新诠释上古文明的目的，所欲从事的绝不仅是一种单纯发掘和复原的工作，而是着眼于未来——我深信作为伟大华夏英雄先祖的后代，中华民族有资格拥有一个更光辉的文明未来！

何　新

1996年7月5日

注释

①日本东京树花舍书店1999年版，韩国东文选书店1992年版。

②如《历史研究》《中国语文》。

③参阅《陈久金集》，黑龙江教育出版社1994年版。

第二卷

天命玄鸟

——凤凰的动物学真相与起源

导言　龙凤绝非先民无中生有之虚构

一

我是不同意近几十年来那种流行甚广的说法——认为龙与凤都是出自先民无中生有之虚构而塑造出的两种神话动物。

在传统的观念中，远古的文化似乎完全是野蛮、愚昧而简单的。但根据现代人类学者的实际考察研究，所谓“原始文化”在复杂和发达的程度上，实在并不低。尽管他们在某些科学、生产力和技术上远不能达到人类后来的发展水平，但这并不意味着他们在观念上、在抽象思维的能力上、在对宇宙整体逻辑的把握上、在工艺技术和许多个人技巧上，不能或未曾达到极高的水平。

另一方面，地球上一些难解之谜，飞碟、百慕大神秘区域与泛宇宙文明的可能存在，也使人类学者有必要重新审慎地估价古代那些关于宇宙自浑沌中诞生、星中有神、地球之外别有文明，以至远古时代有人能升天腾云的奇异传说，而不能再一概将其看做没有根据的天方夜谭。

这也许就是20世纪在精神上与近代启蒙及19世纪的自然唯物主义精神的最大区别之一。20世纪的哲学与科学，在新的观察、实验和理论水平上，试图重新理解与估价人类精神——宗教、哲学、科学与世俗精神中的神秘主义。这不能不说是人类精神倾向的又一次深刻转变。

在新世纪中，我们将不得不改变、转换我们原有的科学和宇宙观察范式，从而采用一种能容纳超地球文明、一个超越常规物理学的新宇宙框架，以至一种新宇宙观念的框架。我们可能也不得不在新的文明层面上，重新认识和估价远古时代的神秘主义和许多神话，重新估价宇宙的发生原因和存在根据，以至重新估价人类及其文明，特别是曾经使现代人如此自负的近现代文明，在宇宙中的真实地位和意义。我们有必要对远古神话以至古代某些宗教体系的价值和意义给予全面的重新认识。

二

我试图从与前人不同的若干审视角度，重新分析和解释古代的文献和考古文物资料。我所尤其重视研究的是古代语言中的语音及语义的演变。通过这一研究，往往可以导致对于古代文献的重新理解和阐释。

我深信，这种通过语言分析（尤其注意分析保存在古文献中的活语言即口语材料）来建构新的理解和解释的方法，可以应用于神话学上，可以开拓当代人对于中国古代文化的全新认识。

本书中的一些结论，不仅对于读者可能是新鲜的，甚至对于作者也是新鲜的。例如，判定上古所谓龙的真相实际是指鳄鱼、蜥蜴一类爬行动物（亦包括某些两栖动物如蝾螈），判定凤凰的真相是指鸟类之王——大鸵鸟等，都是发前人所未发。

在我之前很久，已有学者（杨钟健）从比较生物学的角度猜测过龙与鳄鱼的关系，也有学者（顾颉刚）暗示过大禹、龙等可能来自蜥蜴。由于上述假定均缺乏更进一步的坚实证据，当时它们几乎相当轻易地即被反对者否定了。

我的观点也曾经遇到强大的反对力量（目前也还有不同意见），但我关于龙的原型来自远古的湾鳄、鼍鳄及蜥蜴类动物这一假定，由于能够得到文献与考古文物等多方面证据的支持，已被相当多的人所接受。如果进一步考虑到龙的古音读若王、鳄，另一种古音则读作虫（见陈第《毛诗古音考》），伏羲别名“羲俄”，语通于蜥鳄，而“蛇”字的异音读作鼍，亦读作蜴，在语源上与鳄鱼、蜥蜴被归于一类。在日语中，鳄鱼读音近“儿娃”，即汉语之“鲵鲑”，亦即娃娃鱼、蜺鱼。又鲑、王音转，转通蜗、娲，又转通蟒、龙，鲵鲑实即蜺龙之转语。

龙、老虎均有古名“大虫”，而老虎在上古语言及艺术中更常与鳄鱼列为同类（古代常以“龙虎”联称）。那么我们对上述结论的坚实性就可以有更强的信念。

近年来的中国学术界有一股崇尚玄谈的风气。在本书中，我所遵循的却是传统朴学的实证主义，我欣赏胡适所提出的“大胆假定，小心求证”这八个字。由这本书中，有心的读者也许可以获得这样一个认识：尽管近年有那样多的朋友喜欢信口侈谈中国文化的长长短短，对于中国文化在其漫长历史中所曾呈现的丰富多彩的复杂形态究竟有多少真正切近的了解和认识？我主张，与其空谈文化的形而上学，不如切实深入地做一些具体的微观研究。这也正是我近年来追求的方向。

三

我对于龙凤真相的动物学和文献语言学研究，正如我此前对中国古代太阳神和生殖神的研究一样，还暗含着一个此前我一直未予道破的潜在含义。

我的研究证明，龙的真相是鳄鱼神，而凤的真相是鸵鸟神。这两种动物至今在西亚和北非仍然存在，而在上古则也都是受到崇拜的神异动物。我一直倾向于相信，太初的人类文明具有一元性的起源，这个起源地就在今日亚、非、欧三大洲交会之处的西亚和近东地域（请注意，我说的只是文明的起源，而不是人种和人类的起源）。

正是在那一地域，出现了人类最早的种植农业（麦子）和游牧人，出现了最早的城市和帝国，建筑了最早的、其设计和工艺至今仍然是谜的那些伟大神庙、殿堂和陵墓，出现了最早的关于宇宙神、太阳神、动物神（龙神、蛇神和鸟神）、植物神（农神）和人神（生命神、祖先神）的系统宗教，出现了最早的象形文字，出现了最早的彩陶文明和金属冶炼，等等。总之，在距今一万至五千年的上古西亚和近东文明中，蕴涵着后来我们在西方的希腊、东方的印度和中国早期文明中所能看到的许多基本因子。著名考古学家夏鼐先生在所著《中国文明的起源》中曾写有一个态度很客观的注。他指出：

> 中国文明的发源地在西方，是从西方传播过来的这种说法，很久以来就有了。18 世纪后半，法国人约瑟夫·德·歧尼（Joseph de

Guignes，或译德经）认为中国人乃是从埃及殖民过来的。另外两位法国的汉学家波提埃（M. G. Pauthier）和卢奈尔曼将汉字和楔形文字进行比较，提出了中国文明和巴比伦文明有亲缘关系的说法。英国的东方学者拉克伯里（Terrien de Lacouperie）将中国文明和美索不达米亚的乌尔地方的迦勒底文明相比较，也认为两者之间有某种关系。英国的里格（James Legge）提出了诺亚的子孙东行来到了中国之说。德国的李希霍芬也主张中国人是西方移入之说。

上述种种说法，无非都是出于假设。但安特生发现了彩陶并指出这和苏联中亚的安诺以及南俄的特里波列等处的彩陶相类似，于是为西方起源说提供了有力的证据。

主张中国文明是独自发展说的，其论据是文明的发生都是在世界上的大河流域。也有人从人骨化石的研究上，提出在旧石器时代已经形成了蒙古人种，是同汉民族的祖先有联系的。另外，新石器时代的龙山文化，是发生于中国东部地区的土著文化。这种文化取代了西方起源的仰韶文化。夏和殷的文化是承袭了这种文化而演变出来的。其后，西方系统的周文化占了统治地位。东西两个系统的文化，如此交替地发展形成了中国古代的文化，因而总有主夷夏东西之说的。

总而言之，中国农耕文化在黄河流域是粟和稗，而在长江流域是水稻耕作。这和西亚的麦作农耕是有本质上差别的。其次，尽管最早的青铜文化是由西方输入的，但它是经土著民族独自发展起来的。

我想在此为夏先生所说提供一些补充。自海外归来的著名人类学家杨希枚在《殷墟头骨研究》中指出，根据他的实测，其中有多个头骨非属于黄色蒙古人种。其说在国内虽受到抵制，但杨先生曾亲身参加殷墟挖掘和实测，这批资料又是他亲手带回国的，当然应比其反对者的说法可信。对鄂尔多斯出土商、周、秦、汉时代青铜器的研究更证明，无论在中原和匈奴的铜器中，多种可以表征文化的风格，均明显地与散布于中亚、黑海、西伯利亚的斯基泰文化相互影响。

“麦”在汉语中古音读“来”，是“来”的同源词。《诗经》中有“俾我来、牟”一语。历代注家解“来”、“牟”均为小、大麦，表明它们是自远方传播于华夏的作物。中国秦、汉贵族坟墓的封土形制采用与法老墓相同的棱锥金字塔形。中国古代的宇宙结构观念和起源观念，与古巴比伦的神话相似（郭沫若早年亦曾指出“帝”字的形、音、义与巴比伦象形文字相似）……

此类事例在当代考古中发现尚多。仅仅是由于晚近几十年来，在中国现代学术中占据了统治地位的那种排外主义和封闭民族主义，才使许多学者有意无意地对考古学和历史学中早已发现的大量明白无误的材料，采取视而不见或怯懦地沉默的态度而已。

对于中国人来说，龙凤崇拜的实质是图腾神。我推测龙图腾可能起源于中国东部和北部，而凤鸟崇拜则起源于中国西部和南部。龙是月神的象征，而凤鸟却是日神的象征。它们都可能与远古富于游迁性的游猎和游牧文化有关。

本书的观念，都已经是对原始材料做了很大的简化和概括后才得到的。由于古代神话传说本身的歧异和复杂，使得只要更换观察角度，就不难得到不同、以至相反的结论，而在目前这样一本小书中，我们显然无法全部理清这种矛盾和歧异。因此，我将把问题的叙述局限在龙凤真相的解释方面。

本书的观点与前人、今人的见解多有不同。是耶非耶，诚望海内外方家惠予指正。

何　新

1988年12月25日记于北京

第十九章　一位能带来祥瑞的舞蹈之神

今日所见关于凤的最早文献记录可能是在《尚书·益稷篇》中，记述大禹治水后举行庆祝盛典：由夔龙主持音乐，群鸟群兽在仪式上载歌载舞；最后，凤凰也来了——“箫韶九成，凤皇来仪”。

何谓凤皇？孔安国传[①]：“灵鸟也，雄曰凤，雌曰皇。”灵鸟，即神鸟也。在这里，凤凰被古代经学家视作一种象征吉庆的神鸟。古音“仪”与“娥”通。“娥”，又作“婀”，“舞也”，婀娜而舞。

“箫韶九成，凤皇来仪”，郑玄读“仪”为“偶”，谓“仪，言其相乘匹”，即凤凰成双（“乘匹”/双匹）而来，来而跳舞。故下文中夔高兴地说：“吁！予击石拊石，百兽率舞！”（“呵，我敲石拍石，百兽随我的节拍而一齐跳舞！”）

凤凰以善舞而闻名，故在《山海经》中又被称作“舞鸟”。

在较早的先秦文献中，凤凰常常是作为一种祥瑞之兆和一位舞神而出现的。“天山有鸟，状赤如丹。是识歌舞，至于妙靡，名帝江。”（《文选·王融〈三月三日曲水诗序〉》注引《山海经》）

帝江即帝鸿，鸿鸟，大鸟也。鸿鸟，上古亦被认为是凤凰别种，汉以后成为鸿鹄，即天鹅与黄鹄的名称。《山海经·南山经》记：“有鸟焉，其形如鸡……名曰凤皇……是鸟也，饮食自然，自歌自舞，见则天下安宁。”《海外西经》又记：“鸾鸟自歌，凤鸟自舞。凤皇卵，民食之。甘露，民饮之。”

鸾鸟，乃凤鸟之别种。鸾，联也，成双曰鸾（故双生子称孪子）。鸾，团也。形如团团之鸟亦曰鸾鸟。

图87 随州曾侯乙墓出土漆画《鼓乐之神》

鼓神：扬子鳄（鼓下巨人） 击鼓者：商羊（左图） 钟神：凤鸟（右图）

《帝王世纪》记古代传说谓："帝喾击磬，凤皇舒翼而舞。"又有传说："（黄帝）制十二筒以听凤之鸣，其雄鸣为六，雌鸣亦六……是为律本。"②

《诗经·大雅·卷阿》："凤凰于（扬）飞，翙翙其羽，亦（翼）傅于天……凤凰鸣矣，于彼高岗。梧桐生矣，于彼朝阳。"毛传："凤，灵鸟，仁瑞也。雄曰凤，雌曰皇。"郑笺："翙翙，羽声也。亦，亦众鸟也……众鸟慕凤皇而来。"按，此说不确。于，当读为扬，扬飞即翔飞。翙，即扇，挥舞双翼曰扇。羽即翼也。《白虎通》记："黄帝之时，凤皇蔽日而至。"是来必众多也。"扇扇其羽，翼覆于天"，似表明其羽翼之广大。

"凤凰"之名在古汉语中有两个来源：

1. 风皇。即大风之王，大风之神（在甲骨文中，风即凤字）。③

2. 方皇。方皇即彷徨之语转，"彷徨"今语亦作"徘徊"或漫步。④本意似为优游轻舒的漫步之貌以及盘旋婀娜的曼舞之貌。凤之称方皇，应与它的能歌善舞及善于步行有关。

关于凤凰，综合这些上古时代的传说表明：

1. 凤凰，是一种能歌善舞之鸟，是一种祥瑞之鸟。

2. 凤凰结群，来必众多。

3. 凤形似鸡，身材高大。

4. 性喜双栖。

5. 形态团鸾。

6. 善于舞蹈和漫步。

图 88　南阳汉砖中太阳、虎、乌鹊

注释

①为《尚书》作传之孔安国有两人，一为西汉之孔安国，一为东晋之孔安国。旧说“伪”孔传者，乃东晋孔安国所传。详说见何新《尚书新考》。

②《汉书 · 律历志》。

③于省吾《甲骨文字释林》。

④《辞海》：“彷徨，亦作徬徨、傍偟、仿偟、方皇、旁皇……徘徊，游移不定……盘旋，回转。”

第二十章 商王曾捕获到五只凤

凤凰，究竟只是一种仅在神话中存在的子虚乌有之物，抑或是在历史中确曾存在过的一种真实的动物？

正如对于龙的问题一样，学术界过去的观点多倾向于前者，即否定凤凰曾经是一种真实的动物。而我在神话研究领域近年来所做的工作，是试图建立一种神话考古学。我始终不认为远古人类都是一些不务实际、想入非非的幻想家。我绝不认为远古流传下来的神话仅仅是臆想的产物。

在远古神话的符号象征之下，剔除其传说附会或以讹传讹的变形后，都有隐藏在其深层结构之下的历史真实、生物真实和人类文化真实。龙如此，凤凰也必如此。

在商代甲骨文中记载：“甲寅卜，乎鸣罹，获凤。丙辰获五。”（甲3112）[①]

此则卜辞，据古文字学者于省吾说，意思就是：商王指令臣鸣用网捕鸟，于丙辰这天捕获了五只凤。因此于氏认为：“由于用网捕之，故所获自是生凤。”由此看来，至少在商代，人们在狩猎时还曾经捕获过活的凤鸟。

无独有偶，在早期金文《中鼎》铭辞中，可以读到：“归生凤于王。”[②]文中所提到的“生凤”一词，郭沫若认为正是指活凤凰。在著录甲骨文中，我曾发现有一片卜辞记为：“且乙，鸣凤。”（祭祀祖乙时，凤鸟在鸣叫。）

图 89　且乙鸣凤（乙 3468）

图 90　周原甲骨“己（祀）凤”

此辞中“凤”字形构特殊，其两足长而明显，与其左方“鸣”字中的鸟形之区别亦明显。朱芳圃释其字为“凤”，确切无疑。

在陕西出土的周原甲骨卜辞中，有一片甲骨上有“己凤”二字的刻辞。[③]此片甲骨中凤字之形亦颇为特殊，像一只高足之鸟。又“己凤”之“己”可释为：（1）祭祀之祀，己凤即祀凤；（2）己与易通，是蜥蜴即龙，己凤或即龙凤。

在古文献中也有关于凤凰实存的大量记载。《逸周书·王会》记：“氐羌（中国西部民）来献鸾鸟。”历代注家都说鸾鸟亦即凤鸟。

凤鸟中有“青凤”一族。晋书《拾遗记》记：“（周昭王）缀青凤之毛为二裘，一曰燠质，二曰暄肌（玄机），服之可以却寒。”又说：“罪入大辟者，抽裘一毫以赎其死，则价值万金。”

这则记载表明，周初时凤之羽毛仍存在，已被视为珍奇之物。时俗贵重之，喜以凤毛制裘。罪徒若献凤毛，则可赎身免死（今成语“凤毛麟角”源出于此）。

总之，在甲骨文、金文及文献资料中都表明：直到商周之际，凤凰还是一种虽然稀见、却并非不存在的奇异鸟类。

先秦秦汉史籍中关于凤凰出现的记载却仍然时有所见。《左传》昭公十七年：“我高祖少皞挚之立也[④]，凤鸟适至，故纪于鸟，为鸟师而鸟名。”

战国秦汉以后，凤凰方逐渐被神化成一种灵异之鸟。据《汉书》记，汉时凤凰数至，鸟身“高五六尺”。

《后汉书·光武帝纪》记：建武十七年，有五凤皇见于颍川之郏县（今河南省汝州市郏县）。注引《东观汉记》曰：“凤高八尺。”而据《京房易传》：“凤皇高丈二。”

汉代凤凰在中国大陆已极稀见。秦汉人所描绘的凤凰形体特征，有一个与古代凤鸟之传说共同之处，即凤凰体型特别高大，身高由五六尺直到一丈二以上。

注释

①释文参看于省吾《甲骨文字释林》第324页。

②收入《两周金文辞大系图录考释》。又，周金文中亦有关于“生凰”的铭辞。

③陈全方《周原与周文化》图版第68页。

④挚，或即伊挚，伊尹也。

第二十一章　凤凰的鸟类特征

我们考察一下古代关于凤凰形态的记载。

《尔雅·释鸟》："凤，其雌皇。"郭璞注："凤，瑞应鸟，鸡头，蛇颈，燕颔，龟背，鱼尾，五彩色，其高六尺许。"

《渊鉴类函》（下引省称《渊》）引《晋中兴书》记："（凤鸟）鹄颈而龟腹（背）。"

《说文》中综述了汉以前关于凤凰的各种传说，记曰：

凤，神鸟也。天老曰：凤之象也，鸿前、麐后、蛇颈、鱼尾、鹳鶟、鸳思、龙纹、龟背、燕颔、鸡喙。五色备举，出于东方君子之国，翱翔四海之外，过昆仑，饮砥柱，濯羽弱水，暮宿风穴，见则天下大安宁。从鸟，凡声。凤飞群鸟从以万数，故以为"朋"字。①

《尔雅翼》解释《说文》这段话说：

鸿前者，轩也。麐后者，丰也。蛇颈者，宛也。鱼尾者，歧也。鹳鶟者，椎也。鸳思者，张也。龙文者，缀也。龟背者，隆也。燕颔者，方也。

《韩诗外传》说：

其鸣也，雄曰节节，雌曰足足。昏鸣曰固常，晨鸣曰发鸣，昼鸣曰保章，举鸣曰上翔，集鸣曰归昌。（《太平御览》引）

汉李陵诗：

凤凰鸣高冈，有翼不好飞。安知凤凰德，贵其来见稀。

《瑞应图》：

凤不啄生虫，不折生草。

《韩诗外传》中记录了关于黄帝与凤凰的这样一个传说：

黄帝即位，施惠承天。一道修德，唯仁是行。宇内和平，未见凤凰。唯思其象，夙寐晨兴，乃招天老而问之，曰："凤象如何？"天老对曰："夫凤象鸿前麟后，蛇颈而鱼尾，龙文而龟身，燕领而鸡喙。戴德负仁，抱忠挟义。小音金，大音鼓。延颈奋翼，五彩备明，举动八风，气应时雨。食有质，饮有仪。往即文始，来即嘉成。唯凤为能通天祉，应地灵，律五音，览九德。天下有道，得凤象之一，则凤过之；得凤象之二，则凤翔之；得凤象之三，则凤集之；得凤象之四，则凤春秋下之；得凤象之五，则凤没身居之。"黄帝曰："于戏允哉！朕何敢与焉？"于是黄帝乃服黄衣，戴黄冕，致斋于宫，凤乃蔽日而至。黄帝降于东阶，西面再拜稽首曰："皇天降祉，不敢不承命。"凤乃止帝东园，集帝梧桐，食帝竹实，没身不去。[②]

在古代传说中，凤鸟与黄帝一族关系特别密切。这与凤鸟是黄帝（太阳神）一族的图腾有关。

图91　新石器时代的太阳和鸟（玉器）

天老所描绘的凤凰形态，与《说文》所引述的"天老说"显然同出一源。关于凤凰所谓"戴德负仁，抱忠挟义"之说，乍看颇令人不解（此说在古代流传颇广）。对此，《抱朴子》中有一种解释：

夫木行为仁，为青。凤头上青；故曰戴仁也。金行为义，为白；凤颈白，故曰缨义也。火行为礼，为赤；凤嘴赤，故曰负礼也。水行为智，为黑；凤胸黑，故曰尚知也。土行为信，为黄；凤足下黄，故曰蹈信也。

汉代经学家的这种神秘说法，不过是以儒家的五行符号对凤鸟身体各部不同颜色的一种描写罢了。即：头部呈青色，颈部呈白色，喙部呈赤色，胸、背部呈黑色，趾、爪呈黄色。

对《韩诗外传》中描述凤凰鸣叫的一系列奇怪说法，清儒王念孙指出：

> 一鸟之鸣，既以节足为异，又复数更其响，乃至应候而殊声，成文以协韵；语由增饰，事涉虚诬，识者所不取也。

以上这些记载，似都是秦汉以后没有见过真凤的人所采辑的前人关于凤鸟的各种传说，其中颇不乏虚妄的成分。如《说文》中所谓“过昆仑，饮砥柱，濯羽弱水”“翱翔四海之外”的说法，显然来自《庄子 · 逍遥游》中关于鲲鹏的寓言。但其指出凤凰是一种自西北向东南往返流迁的鸟类，则是颇可注意的。

剔除掉传说中那些神奇荒诞不可置信的成分，我们从古人对于凤凰的形态描述中可以筛选出如下一些特征：

1. 凤鸟形体甚高，约六尺至一丈。
2. 凤鸟具有柔而细长的脖颈（蛇颈）。
3. 凤鸟背部隆起（“龟背者，隆也”）。
4. 凤鸟喙如鸡，颔如燕。
5. 凤鸟羽毛上有花纹。
6. 凤鸟尾毛分叉如鱼。
7. 凤鸟以植物为食（竹实）。
8. 凤鸟雌雄鸣叫不同声（雄曰“节节”，雌曰“足足”）。
9. 凤鸟好结集群处，来则成百。
10. 凤鸟不善飞行，“覆巢毁卵则凤不翔”。（《渊鉴类函》引孔子语）
11. 凤鸟营于穴居（居“丹穴”“凤穴”）。
12. 凤鸟足脚甚高。行走步态倨傲而善舞蹈。（凤鸟又名“鵔”，字从“夋”，徐锴注：“夋，行步舒迟也。”）
13. 其生态：“游必择地，饥不妄食。”（《白虎通》）
14. 凤鸟翔行喜鼓翼逆风。（《白虎通》）

上述关于凤鸟的形态描述，与汉代以前文物中描绘的凤鸟图像大体也

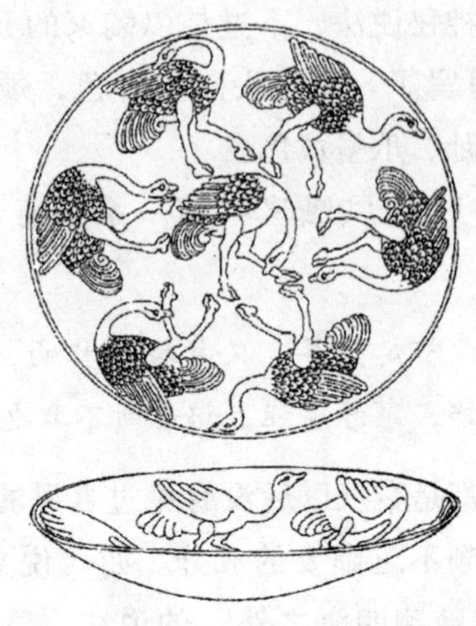

图 92　唐代七鸵银盘

是一致的。

由此我们就可以提出一个问题：从古生物学观点看，中国古代是否确实曾存在过具有以上特征而又曾为先民所崇爱的一种鸟类呢？

我的回答也许是令人惊异的，却是一个颠扑不破、经得起检验的事实：这种奇异的鸟类确曾存在，它就是大鸵鸟。

注释

①原文作“朋党”，“党”字乃为后人妄增。凤、风、朋三字古音近，字通。

②孔子晚年说：“凤鸟不至，河不出图，吾已矣夫。”谓不见天下太平之日矣。

第二十二章　凤凰的生物原型是大鸵鸟

关于鸵鸟，现代中国人多数对它颇不熟悉。因为鸵鸟在中国大陆上灭亡已久。现代人很少知道，这种体躯庞大堪称鸟王（即“众鸟之长”）的巨型鸟类，不仅曾在古中国存在，而且作为一种图腾物，其与远古中国文化曾具有极其深刻的关系。

在北京周口店及安徽、河南的多处古人类遗址中，与古人类活动遗存物一同出土的，常有古鸵鸟的骨化石及巨大蛋壳化石。

《大英百科全书》“鸵鸟”条：

> 鸵鸟是世界上现存的最大鸟，不过它是不会飞的巨鸟。但是，其怪异而坚韧的足补偿了这一缺陷，鸵鸟可以以每小时70公里的速度奔跑。事实上，鸵鸟是当今鸟类中最奇特的一种，它们的生活千奇百怪，充满了神奇色彩。

在西周时代的铜器铸纹中，关于凤鸟的多种图形非常类似于鸵鸟。而在马王堆出土西汉帛书《天文气象杂占》中有一凤鸟之图，其形则正是一只典型的鸵鸟。①

我收藏有一块清代出土于陕西长安汉宫旧址的瓦当（砚），其铸纹中之凤鸟（朱雀）之形也正是一只典型的大鸵鸟。②对这块瓦当，史树青先生曾作过一个考释：

> 西汉朱雀纹瓦当拓本，原物清末陕西西安汉城遗址出土。
>
> 历来所见汉代朱雀纹瓦当，朱雀形象皆作凤颈、鹰喙、鱼尾。此瓦则作鸟头，长颈高足，尾部下垂，近似鸵鸟。

鸵鸟产于西域，见《汉书·西域传》及《后汉书·孝和帝纪》，屡称安息国进献大鸟事。因知朱雀形名俱源于大鸟也。

汉代大鸟形象仅此一见，殊可贵也。

图93　马王堆帛书《天文气象杂占》中的大风之神：鸵鸟

图94　西汉凤纹瓦当砚

按，史先生说"大鸟形象仅此一见"不确。我在汉瓦当图纹中还见到过几件朱鸟的拓片也是鸵鸟。

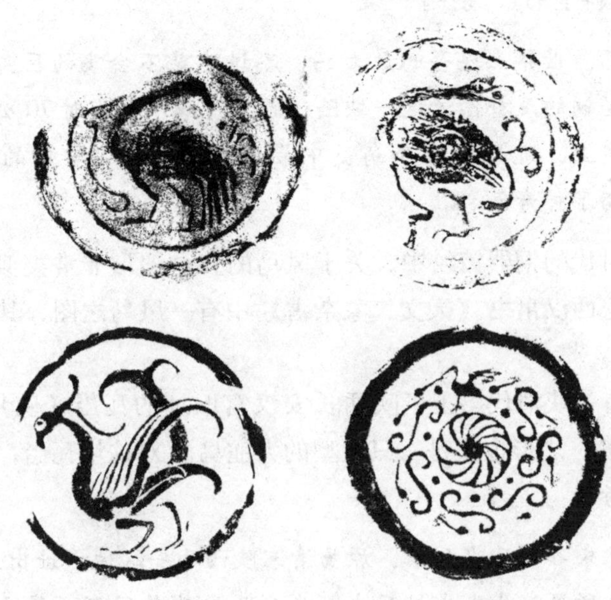

图 95　汉瓦当太阳与鸵鸟纹

下图是周代铜器铸纹中有代表性的一种凤鸟图像，一种美化的鸵鸟。

图 96　周铜器中铸纹凤鸟

由此推知，鸵鸟可能就是远古传说中的凤凰之原型。那么，为什么鸵鸟会成为一种被古人认为是具有神异特性的神圣之鸟呢?

为了解开这个历史之谜，我们有必要详细地了解有关鸵鸟的生态及动物学知识。

注释

①西汉马王堆帛书《天文气象杂占》中“大凤”为鸵鸟。在帛书中，以鸵鸟象征风神，以大鱼象征水神河伯。

②此铸纹收入钱君匋、张星逸、许明农合编《瓦当汇编》第 95 篇，上海人民出版社 1988 年版。

第二十三章　鸵鸟的形态与生态

鸵鸟是现存鸟类中体形最大的鸟，在分类学上属于平胸总目（Ratitae）鸵形目（Struthioniformes）鸵鸟科（Struthionidae）。

鸵鸟为现代最大型鸟类，成体高可达2.5米，甚至2.75米，体重75公斤。鸵鸟的主要特点是龙骨突不发达，不能飞行，但其肢腿粗壮有力，适于奔走。

生存于世界各地的鸵鸟在皮肤颜色、体形大小和卵的特征方面有很大差别。以前认为这些鸟属于不同的种类，其实它们都只是鸵鸟的亚种。世界各地现存在的鸵鸟种类中包括以下五个亚种：

（1）鸵形目的代表种类是非洲鸵鸟（Struthio camelus），现在主要生活于非洲的沙漠草地和稀树草原地带。

（2）美洲鸵鸟（Rhea americana），生活于中美、南美的荒漠草原地带。

（3）鹤鸵（Casuarius casuarius），亦称食火鸡，生活于昆士兰、新几内亚等地的热带雨林。

（4）澳洲鸵鸟（Dromaius novaehollandiae），亦称鸸鹋，分布于澳洲的草原灌丛地带。

（5）几维鸟（Apteryx australis），分布于新西兰。

人们现在通常所说的鸵鸟，严格来讲，主要是指非洲鸵鸟。它是现存所有鸵鸟中个体最大的一种。大鸵鸟肢腿强壮，骨盘为关闭型，脚长善走，常结群奔行于草原或沙原。群行时速度快猛，其双翼鼓动可形成强大风流，能够飞沙走石。因此，在非洲土著部族中，鸵鸟一直被崇奉为大风之神。

鸵鸟喜集体生活，常数十甚至上百只结伴群居，在群内则实行一雄一雌的配偶方式。鸵鸟两性轮流孵卵共同育雏。鸵鸟蛋巨大，比鸡蛋大30倍。其食性以植物为主。

雄性高可达275厘米，体重可达75千克，雌性较小。两翼退化，胸骨扁平，无龙骨凸起，脚具2趾，掌垫发达，善于疾步行走。雄性大部分体羽黑色，翼羽和尾羽均小，白色。雌性羽灰褐色。雄性具交接器。雌性每次产卵6—8枚，卵重可达1000克，为世界上现存鸟类卵中之最，孵化42—45天。

鸵鸟虽有翼，但不能飞翔，仅能用作疾跑时摆动翅膀以平衡身体。它在沙漠中的奔跑速度十分惊人，时速可达50—70千米。非洲鸵鸟栖息于宽阔的热带草原和沙漠地带。鸵鸟的家族为一雄多雌制。

图97　非洲鸵鸟

鸵形目鸵鸟科

图98　美洲鸵鸟

美洲鸵鸟目美洲鸵鸟科

体形小于非洲鸵鸟，体高可达120厘米，体重25千克。全身羽毛呈灰褐色。善于奔跑，足3趾均向前，属走禽类。喜群居，一雄多雌，一般1只雄性可与5—7只雌性生活在一起。营巢、孵卵和育雏均由雄性担任。美洲鸵鸟大多20—30只一群，食性较杂，以植物的种子、根以及昆虫和蜥蜴为食。

体形似鸵鸟，脚长善于奔跑，属走禽类。副羽发达，几与正羽同大，体羽呈黑色，头部裸露，有角质冠；颈大部分裸露，具肉垂。每年7—8月产卵，每次产卵3—8枚，孵化期49天。卵绿色，花纹艳丽。孵卵和育雏均由雄性担任。食火鸡别名“鹤鸵”，生活在热带雨林中，通常单独或成对行动，很难发现其踪影。早晚外出觅食果实、树芽及昆虫等。食火鸡奔跑时速可达45千米。

图99　食火鸡

鹤鸵目鹤鸵科

图100　鸸鹋

鹤鸵目鸸鹋科

体形仅次于非洲鸵鸟，体重可达54千克。喙扁平而阔，体羽呈灰褐色。两翼退化，有7枚初级飞羽，但无羽轴，体羽也如此，副羽发达，几与正羽同大。脚长而善于奔跑，足3趾均向前，为走禽类。营巢于地面上，每年2—3月产卵，每次产卵9—12枚，卵深蓝色，卵重可达680克。由雄性孵卵和育雏，孵化期60天。鸸鹋别名“澳洲鸵鸟”，体形较大，生活在开阔的森林、沙原和草原中，常4—6只小群活动。鸸鹋一般白天外出觅食，食性较杂，主要以树叶、果实等为食。

图 101　几维鸟
无翼鸟目无翼鸟科

体大如鸡，重约 2—3 千克，翅高度退化，无尾，只能在地面上行走，不能飞行。全身长满如头发一般蓬松的羽毛，眼很小，嘴尖长而略下曲。其鼻孔长在嘴的尖端，这在鸟类中是绝无仅有的。雌性每年产卵 1—2 枚，卵呈白色，很大，重量可达 450—500 克，为体重 1/4，这在鸟类中是极为罕见的。孵化期 75—78 天。

几维鸟别名“无翼鸟”，它栖息于森林和茂密的灌木丛中，白天躲于洞穴中，夜间外出活动。鸣声似“jiwei－jiwei”的尖哨声，故而得名。主要以蠕虫和昆虫为食，也食一些植物的浆果。其嗅觉极其敏锐，而视觉退化，这和它在洞穴中生活有关。几维鸟平时喜欢结成 6—12 只小群活动，但在繁殖期间为一雄一雌活动。几维鸟是新西兰的国鸟。①

鸵鸟的色彩以黑为主，间杂有灰、青、白、褐、红诸色（传说中的凤凰“五色并举”）。鸵鸟是穴居鸟类，巢建筑在山洞或土穴中。

鸵鸟雌雄双性颜色不同。雄鸟体羽呈黑色，但翅和尾羽呈白色。雌鸟大部呈黄褐色，头和颈的大部分则呈淡红至浅蓝色，顶端稍有绒羽。其头小，喙短而稍宽。眼大，呈褐色，具浓黑色睫毛（雄称“凤”，雌称“凰”）。

鸵鸟结群生活，通常结成 5—50 只以上一群，有时可达数百只甚至上千只，群体之大小与周边生态环境条件有关。鸵鸟常混伴食草动物以共同生存，如麋鹿。（在先秦及楚文化出土文物中，常见到一种鹿角与鸟形合于一体的高足怪鸟。由鸵鸟与鹿共生的习性中，我们似可以得到解释。）

鸵鸟用强有力的腿逃避敌人，受惊时速度每小时可达 60—70 公里。若被逼于绝境，它能以脚踢击对手，爆发力极强，甚至狮子也要逃避。

图 102　虎座立凤

图 103　虎座凤架鼓

鸵鸟主要以植物为食。其生性耐干旱，长久没有水也能生活很长时间。在鸵鸟的发情期，雄鸟之间为争夺雌鸟会进行搏斗，发出吼叫和洪亮的兹兹声。中世纪骑士喜用鸵鸟羽毛装饰头盔。周代进行“万舞”或“大武”之舞时，舞者手中持有狄（翟）鸟之毛。这种狄鸟许多人误以为是“雉羽”，其实是“西方狄人大鸟之羽”。[2]鸵鸟皮可制柔软、细致、珍贵的皮革。

鸵鸟经训练后可供乘骑及驾单座两轮车。鸵鸟长寿，容易适应豢养，寿命长达50年。

图104　西周和汉代铜器中的鸵鸟、凤凰

古鸵鸟化石曾广泛地发现于中国中部及北部的上新世地层。

在上述关于鸵鸟的动物学记述中，若干特征与古代传说中的凤鸟特征皆正相吻合：

1. 凤有五色，色彩以黑为主，亦区别不同种而间杂有灰、青、白褐、红诸色，而以黑、青色为主，故在古代又称作“青鸟”。

2. 凤鸟体态高大（7—8尺），大鸵鸟成体亦高达2.75米。

3. 鸵鸟雌雄体色不同。雄性苍青色，雌鸟则以褐黄色为主。传说中的凤鸟雄性为青绿色，雌性则为黄色，故称“凰”，凰者，黄也。

注释

①引自唐思贤《彩图动物百科》，海燕出版社。

②周秦以后鸵鸟在中国绝灭，方改用长尾锦鸡之尾羽。

第二十四章　鸵鸟的起源

鸵鸟起源于恐鸟（Dinornis maximus）。大型的恐鸟，身高 3. 5 米—4 米，重达 300 公斤。孔子所见过的防风氏巨骨，可能就是指恐龙或恐鸟的化石。防通庞，风，凤也，庞凤即巨鸟。这种巨型恐鸟灭绝很晚。在新西兰，有报道说恐鸟一直存在到纪元后 1000 年左右。

从动物分类学的观点看，整个鸵形目类群体形相似，亲缘很近。一些学者认为这些相似性特征是由于趋同进化的结果。地理学的大陆漂移理论，为“平胸类”（属古鹗总目，又称平胸总目，现种类共 5 个科，即鸵鸟科、美洲鸵鸟科、鹤鸵科、鸸鹋科、几维科）的共同起源提供了证据和必然性的有效解释。

关于鸵鸟之起源，目前动物学界仍有某些不同看法。一些学者认为整个平胸类起源于一个共同的原始祖先。这个祖先当时可能广布于冈瓦那古陆的南部地区。后来，这一类群在整个南半球迅速分化和扩散。当时大陆板块开始分离。直到白垩纪末期，这一原始类群才进化成今天这一独特的类群，最终形成了现存于非洲、南美、澳大利亚的不同类群。大量的形态学、生物化学和遗传学等方面的资料都已证实了这一点。另一些学者认为非洲鸵鸟是平胸类中主要的一支，而且是当时所有鸵鸟中最为原始的类群分化出来的。也有一些学者认为它们是一支非常特化的类群。大多数学者都认为原始鸵鸟（平胸类）是从会飞翔的原始祖先演化而来的，后来才发生了翅膀的退化。

由于陆地生活的特殊习性，使晚近的鸵鸟飞翔能力退化，导致飞行肌肉的萎缩，支持庞大飞行肌肉的龙骨突也渐渐地发生退化，使它们成为

“平胸类”。

在平胸类中，形态特征最特殊化的类群是非洲鸵鸟和美洲鸵鸟。这两大类群的亲缘关系最近，这主要体现在一系列骨骼特征的相似性方面，曾有人将这两大类群放在同一个科内。

最早的鸵鸟原始类群至少于第三纪始新世在欧洲已经进化而成，而后在欧亚大陆广泛扩散，分布于包括外贝加尔、北高加索、乌克兰、蒙古、中国和南亚等地。从第三纪上新世到第四纪的地层中都发现了它们的踪迹，并且其分布扩散逐渐向南推移。

在更新世晚期山东半岛的地层中，曾出土大量古人类烧灼过的兽骨，其中有安氏鸵鸟蛋、河套大角鹿、猛玛、原始牛、赤鹿等。时间约为旧石器时代，距今约为 1—2 万年。①

鸵鸟属的化石从欧洲希腊至印度、中国及整个亚洲都发现过。

在中国古籍的记载中，在周、秦、汉时代，西亚及非洲属鸵鸟曾多次进入中国，当时被人称为“安息（古波斯国）大雀（爵）”“神雀”（爵）或“大鸟”。

非洲鸵鸟是非洲的特有种，有人认为它最早发现于上新世，可以追溯到大约 1200 万年前。非洲鸵鸟包括：北非鸵鸟（S. c. camelus）、索马里鸵鸟（S. c. molybdophanes）、马塞鸵鸟（S. c. massaicus）和南非鸵鸟（S. c. australus）。

在晚新生代，鸵鸟曾生活于我国北方的广阔原野。在山西、内蒙古曾分别发现过上新世的鸵鸟化石——维氏鸵鸟（Struthio wimani）和蒙古鸵鸟（S. mongolicus）。在中国北方发现分布很广的更新世安氏鸵鸟（S. anderssoni）蛋化石。

在河北、山东、安徽等省多处曾发现完整的安氏鸵鸟蛋化石。在河南巩县发现一例雏鸟即将出壳的鸵鸟蛋化石，可推测为当年一场风沙袭击使这只小鸵鸟被迅速掩埋而成为化石。

总之，从化石记录看，鸵鸟曾生活于我国上新世至更新世，距今约有 6000 万年以上的历史。这个时代可能是鸵鸟在中国大陆生活的一个鼎盛时期。

在周口店山顶洞人的遗址中，鸵鸟蛋化石伴随古人类化石一同出土，表明山顶洞人曾以捡拾鸵鸟的巨蛋为食物。

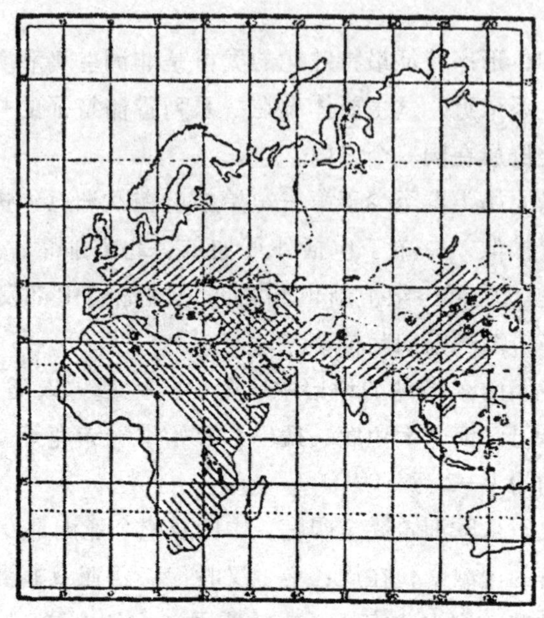

古代鸵鸟的分布区域

现代鸵鸟的分布区域

● 曾经发现过鸵鸟化石的区域

图 105　古代和现代的鸵鸟的分布区域[②]

注释

①宋承钧《胶东史前文化与莱夷的历史贡献》。

②引自周本湘《鸵鸟》，科学出版社 1956 年版。

第二十五章　鸵鸟的分类特征

根据动物学家的记述：[①]

在分类学上，鸵鸟属于动物界脊索动物门脊椎动物亚门鸟纲鸵形目鸵鸟科鸵鸟属。目前对平胸类的分类尚有不同的看法，将平胸类的几个科，即鸵鸟科（Struthionidae）、美洲鸵科（Rheidae）、鹤鸵科（Casuariidae）、鸸鹋科（Dromaiidae）、几维科（Apterygidae）、鸟形鹈科（Tinamidae）等分别列为5个目，即鸵形目（Struthioniformes）、美洲鸵目（Reiformes）、鹤鸵目（Casuariiformes）、无翼目（Apterygiformes）、鹈形目（Tinamiformes）。

非洲鸵鸟原有5个亚种，其中属于西亚类型的叙利亚亚种（S. c. syracus），即中国古书中所说的安息大雀。但这一类的鸵鸟可惜已于1941年灭绝。

鸵鸟科目前尚存者有：（1）北非鸵鸟，分布于非洲北部撒哈拉沙漠西部、南部，毛里塔尼亚、埃塞俄比亚及萨赫勒地区；（2）索马里鸵鸟，分布于索马里、埃塞俄比亚和肯尼亚；（3）马塞鸵鸟，又称东非鸵鸟，分布于肯尼亚南部至纳米比亚、博茨瓦纳和津巴布韦、坦桑尼亚；（4）南非鸵鸟，分布于南非。

美洲鸵科包括有2属2种8个亚种。

鹤鸵科有1属3种，即鹤鸵（Casuarius casuarius）、侏鹤鸵（C. bennetti）、单垂鹤鸵（C. unappendiculatus）。

鸸鹋科有1属1种1个亚种，即鸸鹋（Dromaius novaehollandiae）。

几维科有1属3种5个亚种，即 Apteryxaustralis，褐几维（A. mantelli），

A. rawi，大斑几维（A. hasstii），小斑几维（Apteryxowenii）等。

不同种鸵鸟在形态、色彩上具有很大的差别。例如非洲鸵鸟4个亚种的形态区别如下：

1. 北非亚种为红颈鸵鸟，是身体最高的类群。该亚种头顶无羽毛，周围长有一圈棕色羽毛，并一直向颈后延伸。雄鸟的颈和大腿为红色或粉红色；喙和跗跖更红，在繁殖期特别明显，具裸冠斑。此种鸟相当于中国古书中的赤凤。

2. 索马里亚种为蓝颈鸵鸟，头顶无羽毛，雄鸟颈部有一较宽的白色颈环，身体羽毛明显呈黑白二色，而雌鸟偏灰色。颈和大腿部为蓝灰色。跗跖亮红色，尾羽白色。具裸冠斑，虹膜灰色，通常将喙抬得较高。此种鸟相当于古书中所说的青凤。

3. 马塞亚种又称东非鸵鸟，为红颈鸵鸟，头顶具羽毛。雄鸟颈部和大腿为粉红色，繁殖季节变为红色。腿部亮粉红色。尾羽暗白色，在颈的大约1/3处沿着黑色体羽替代裸皮处，还有一小圈白色羽毛。从形态及色彩看，此属与中国古书中描写的凤凰最为相似。

4. 南非亚种为蓝颈鸵鸟，头顶具羽毛。雄鸟颈部蓝灰色，跗跖红色，无裸冠斑，尾羽棕黄色。通常将喙抬得较高。此属与黄凤形态颇相近。

澳洲鸵鸟鸸鹋有三趾。非洲鸵鸟是鸟类中唯一具两个脚趾的类群。其内脚趾厚而强健，体现了它适应快速奔跑的特性。

图106　三趾（足）鸟

鸵鸟靠趾及趾间蹼来支撑身体，能奔、善跳，可灵活地转移方向。

先秦历史传说中屡见关于“三足乌”的记述。足、趾古字通。所谓“三足乌”实际就是三趾之鸟，即鸵鸟。

三足鸟，在中国远古一直被传说为一种神秘的鸟。“天地之初，有三白（足）乌，主生众鸟”。[②]“日中有三足乌”。[③]孔安国《尚书大传》引《泰誓》，言武王伐商，“有火流于王屋，化为赤乌三足”。

注释

①本书引用的关于鸵鸟的生物学资料，分别辑录自《大英百科全书》，以及撒尔著《阿非利加鸵鸟》，周本湘著《鸵鸟》，尹祚华等著《鸵鸟养殖技术》，丁汉波著《脊椎动物学》。在此谨向上述书籍作者表示谢意。

②《艺文类聚》卷九二引《三五历纪》。

③《太平御览》卷三引《春秋元命苞》。

第二十六章　鸵鸟的生态与环境

据动物学家记述，鸵鸟的生活习性随食物变化很大。如果食源稀少，它往往能跋涉很长的路程寻找食物。鸵鸟能耐受极热的天气，常常在中午太阳暴晒下进行活动。

在夜晚，鸵鸟栖息地比较固定。它们具有高度的组织性。其集群的个体间会保持一定距离，互相守望，彼此都能看到和听到。鸵鸟晚上休息时虽闭眼而眠，但多数情况下是蹲在地上，头部高高耸起。短时间深睡时，将头和颈放在体侧或伸向前方地面。

鸵鸟喜集群活动，群的大小和结构因生态与季节的不同而变化。在繁殖季节，成对组成2—5只小的繁殖群，有时也单独进行活动。

在非繁殖季节，不同性别的幼鸟和成鸟则组成1000只以上的群体。在干旱季节经常组成500—600只的群体，集结生活在水源周围。

鸵鸟雄性个体之间为争取等级地位而抗争或因争夺配偶而展开竞争。它们对抗时通常发出叫声相威胁；或仰起头，扇动翅膀，翘起尾羽。斗败的鸵鸟会屈服或逃跑。

在鸵鸟的群落中，常伴随着鹿、斑马、羚羊等大型食草类哺乳动物。

鸵鸟是杂食性的，以植物性食物为主，喜爱食用各种草或草根、树叶及植物的种子等，有时也兼食一些昆虫和小型脊椎动物。

鸵鸟在野外取食时，为避免成为狮子和鬣狗等天敌的牺牲品，常采取几种御敌对策：

第一，它常将头低垂于植被内，并不时地抬头向四周环顾，十分机警。

第二，鸵鸟不需要经常地直接饮水，体内的大部分水分是从多汁的植物中摄取。它能够凭借自己独特的生理适应能力来节省体内水分。

第三，它们喜集群活动，增强了对天敌的防御力量。

非洲鸵鸟群居内部的结构则是由若干个家群组成。

在多雨的季节里，鸵鸟大多组成一雄一雌式对偶。有些群由未成年的幼鸟组成。

据英国著名动物学家撒尔说，他在 1960 年发现非洲鸵鸟社群结构的组成成分具有巨大的可变性和可塑性。他说：

> 鸵鸟个体间能够相互认识，并且没有任何亲缘关系的“老朋友”可保持长期联系。因此，有人认为许多异常事件会发生在这些越冬群中，如离群幼鸟建立新家群，成年鸵鸟与刚性成熟的青年鸟相配对，雌鸟对已有“妻妾”家群作为“第三者”介入。
>
> 在繁殖季节，鸵鸟每个家群或可由多只雌鸟组成（通常有三只，一只处优势地位的雌鸟与另两只处于非优势地位的雌鸟和平相处，即“一妻二妾制”），但在小的隔离种群中，一夫一妻的繁殖单位（单配制）仍占主导地位。鸵鸟优势雌性配偶常攻击非优势雌性配偶以表示它们的优势地位。

第二十七章　鸵鸟的爱情与舞蹈

雄鸵鸟在发情期的表现异常兴奋，其腿和颈部会明显地转变为朱红色。在中国古代传说中，凤凰又有“朱鸟”“朱雀”“丹鸟”“丹朱”之称，可能源自古人所观察到的鸵鸟的这一特性。发情期的雄鸟会勇敢地与来自其他越冬群的雄鸟争斗。

在第一次雨季来临之前，雄鸟要么单独活动，要么与雌鸟一起开辟新的活动领域。繁殖领域一旦确立，雌鸟就会发出暴鸣般的叫声，并表现出求爱行为。据撒尔说：

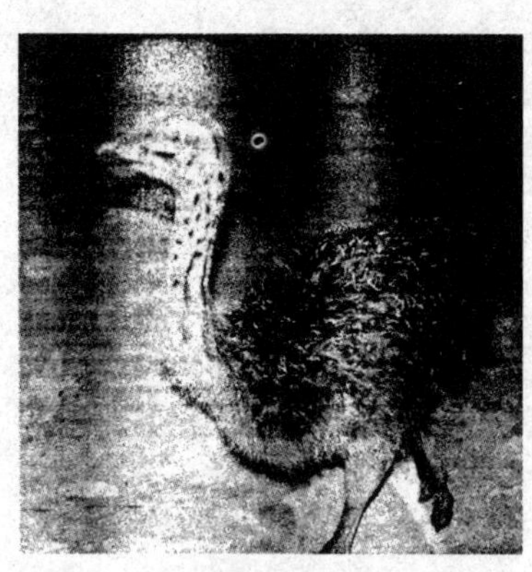

图 107　小鸵鸟

繁殖期开始后，虽然有雌鸟的参与，但雄鸟会承担主要的筑巢义务。其第一枚蛋由优势雌鸟产下。在其产下第二枚蛋后，非优势雌鸟才开始产蛋。在一般家群中，整个产蛋期可延续 11 天。窝蛋 6—23 枚。孵化期，每天都要翻蛋。

通常雌鸟可穿越 3—4 个雄鸟的领域并与它们交配。在食物充足的季节内，成年鸵鸟可保持非常高的性活力。一些幼鸟被赶离亲鸟，这样在家群外就又形成很大的游牧群，有的可多达数百只。由此，在食源丰富的季节却常会导致广泛的社群结构瓦解。同时大量的蛋被产于巢外，同性之间亦发生求偶表示。

此现象撒尔认为是鸵鸟对高种群密度的反应和对高度性活力的缓冲。

据撒尔说：

> 鸵鸟的社群结构极其复杂，婚配体制也相当复杂。以单配制（对偶制）为基础，从一夫多妻制、一妻多夫制到多夫多妻制的混合交配都有。优势雌鸟在产更多蛋和将蛋产在中心位置方面比非优势雌鸟做出更多贡献。鸵鸟与许多个体能保持长久的各种各样的关系，尽管在一些个体中并无明显的亲缘关系。

在非洲，鸵鸟的交配季节从入冬开始，一直持续到第二年的仲夏。

据动物学家观察，当雄鸵鸟对雌鸵鸟求爱时，会做出非常优美的舞蹈动作，重点在炫耀自己的羽毛和双翅。舞蹈前雄鸵鸟在雌鸵鸟前蹲下，向两边伸展翅膀，左右摇摆，同时将头转向背部，不停地从一边转向另一边，发出振动翅膀的有节奏拍击之声。当雌鸟作出回应后，雄鸟往往随之跃起，与雌鸟快步逐舞。

图108　鸵鸟之舞

在繁殖季节，雄鸵鸟经常发出“呜隆、呜隆”的叫声，以展示自己的雄威，这也是雄鸵鸟性成熟的主要标志之一。

雌鸵鸟在繁殖季节发情表现也异常明显。它会表现出温柔，主动接近雄鸵鸟，边走边低头，直至头部几乎触到地面；垂展翅膀，同时两喙快速地一张一合。

如果接受雄鸵鸟的求爱，雌鸵鸟两喙张合会加快，并很快蹲下，示意邀请雄鸵鸟爬在身上进行交配。撒尔指出：

交配时，雄鸵鸟爬在雌鸵鸟身上，左腿站地上，右脚轻轻放在雌鸵鸟背上，从雌鸵鸟的左下部把阴茎插入阴道口。这时雄鸵鸟左右摆动自己的头，射精时雄鸵鸟双翅会快速抖动。交配时间约为 30—60 秒。1 只雄鸟一般 1 天交配 4—6 次，也有少数雄鸟可达到 6 次以上。交配时间一般多在早晨和上午，也有在傍晚交配的。

图 109　凤凰戏珠（汉代空心砖）

鸵鸟通常选择在干燥的沙地掘穴为巢，巢的构造不算简单。巢中铺垫的材料向四周凸出，有时更以杂草装饰边缘。在沙漠地带很不容易发觉其筑巢的地点。鸵鸟交配后数周，雌鸟便开始产蛋。鸟卵产在巢中，其数约 12—16 个。通常每隔一天或两天产 1 枚蛋，到巢内有 12—16 枚蛋时便开始了长时间的孵化工作。

孵化工作是由雄鸵鸟和雌鸵鸟交替进行。雌鸵鸟一般是在白天孵蛋，雄鸵鸟则是在夜间孵蛋，因为在夜晚，其艳美的颜色不易被敌害发现。当鸵鸟在巢中孵蛋时，经常沿地面伸展其颈部。这可能是一种伪装方法，用以迷惑其天敌。

第二十八章　鸵鸟与“鲲鹏”

非洲鸵鸟常栖居于沙漠中生草的平地上。撒哈拉大沙漠以及南非的平原和山谷地带都是其足迹常到的地方。鸵鸟也会居住在点缀着低矮灌木的草原区域。

鸵鸟脚长，体高，可以高瞻远瞩，性极机警，颇善于隐匿躲避天敌。当其外出回到巢窟附近，常表现出过度小心和怯懦的神态，巡视着远方。

鸵鸟行走时有无比的高速力，一步可跨越 7 米以上，快如奔马，比羚羊还有过之而无不及，所以不易为食肉类动物所捕获。它避敌逃走时常有绕大圆圈的习惯，这样虽妨碍了进程，却有闪躲袭击的作用。

鸵鸟疾走时头部前伸，常大幅展开其已经退化的两翼，这使其容易维持身体平衡。

它的双翼展开，硕大像船帆，可以迎受强大气流，加速行程。风鸟之“凤”，在古文字中有一体从“凡”，凡就是帆之古字。由此可见，上古时人认为凤鸟乃是“帆鸟”。

鸵鸟眼缘多生睫毛，能防御风沙。这也是适应于沙漠生活而异于其他鸟类的一种特殊构造。

每当危急的时候，或要对其他动物进行攻击和防御时，鸵鸟主要用脚踢，偶尔用嘴啄击。

鸵鸟夜间仍活动不息。在靠近海水或河川的地方，鸵鸟在暑天有浴水的习惯。它能浸没水中，仅露出头部，似乎吸取某种盐类对于它的生活是很重要的。这种喜水浴的习惯，会使远古人误认为它既是鸟类又是鱼（鲲鹏）。[①]

在中国古代传说中，有一个来源极其古老而神秘的所谓“燕或雉入水化为蜃（龙）”的传说。燕、雉都是指凤鸟，也应与鸵鸟喜水的这一习性有关。[②]

注释

①《庄子·逍遥游》中，有关于巨鸟化鱼成为鲲鹏的神话。巨鸟即鸵鸟，海鲲即巨鲸，古人认为二者可以互相变化。《淮南子》中也有关于“雉化为蜃”即鸟龙互变的传说。

②李时珍说：“《淮南子》言燕（雉）入水为蜃、蛤，故高诱注谓蛟龙嗜燕。人食燕者，不可入水。而祈祷家用燕召龙。”

第二十九章　鸵鸟是“火精”“火鸟”

鸵鸟是杂食性的鸟类，在自然状态下主食草、叶、果实与种子，偶尔也食用小型哺乳类、小鸟、蜥蜴和昆虫等。在某一时期，如果没有这许多食物，鸵鸟则颇能耐受饥饿。

鸵鸟可以数日不饮水，天性能耐渴。这是在干燥而荒凉的沙漠地带长期生活适应的结果。

鸵鸟常有吞食沙砾、碎骨、甲爪以及金属等的习惯，以帮助砂囊的摩擦和消化。每当烈日高照的时候，沙粒受热，温度增高，其内脚趾厚可防止传热，不致被热沙所烫灼。

鸵鸟不惧炎热，传说它能穿越烈火而行走，因此非洲人认为它是“火鸟”。埃及神话中关于“芬尼克斯”之鸟即火凤再生的神话可能与此有关。古中国人也认为凤鸟是一种“阳鸟”和“火之精鸟”。

图 110　韩国出土三足乌图像

每当早春繁殖季节来到，雄鸵鸟间常发生剧烈争斗，并向雌鸟殷勤求爱以引诱之。据 Rivingston 的记述，其雏不鸣，亲鸟则大声而鸣，声粗哑而凄惨，如狮吼牛鸣状。其鸣犹喜在清晨，迎日出而放歌，有如雄鸡报晓。在非交配的平时则不轻易发声。

野生鸵鸟的寿命约25—35年，在家养状态下，寿命最长者可达50年。

鸵鸟可以被驯化。家养的鸵鸟可以供人骑乘，也可以拉动轻型车辆（“鸾车”）。

鸵鸟的翼羽和尾羽美丽多姿，很早就被人们采用作装饰品。由于其羽的两翅相等，古来常被取意于象征公正，或是佩戴着作为胜利的标记。

在非洲及欧洲一些地方，至今仍保留着这种尊崇鸵鸟羽毛的古老风俗。

图111　清代飞凤

图112　射凤（汉代画像砖）

第三十章　鸵鸟特征与凤鸟特征一致

综合以上材料，我们可以概括出鸵鸟的一些基本特征。

一、在形态方面：

1. 鸵鸟形体高大，是鸟类中之最大者，高约2—2.5米。

2. 鸵鸟之颈细而柔长，如蛇颈。

3. 鸵鸟背部隆起。

4. 鸵鸟羽毛有花纹。

5. 鸵鸟有红、褐、青、白、灰、黑等色。

二、在生态上：

1. 鸵鸟以植物为主要食物。

2. 鸵鸟群居，数十只至数百只结成一群。

3. 鸵鸟有较稳定的配偶。

4. 鸵鸟穴居。

5. 鸵鸟善鸣叫、奔跑。行走速度极快若飞，双翼张起如帆，当其鼓动可形成强大风流，飞沙走石，被认为是“风神”。

6. 鸵鸟力大可以拉车（传说中的凤凰也可以御车，即“鸾车”）。

以上述诸特征与古人传说中关于凤凰的形态描述相比照，二者的形态与生态完全吻合。

最有趣的是，据动物学家称，鸵鸟爱听音乐，对音乐节律有极高的辨赏力，并且极善于舞蹈。其日常行走步态，昂首阔步有如倨傲的绅士。而每到求偶的发情期，在交配之前，雄鸵鸟与雌鸵鸟一定要进行长时间仪态万方的周旋舞蹈。因此我认为，鸵鸟也正是传说中那种“自歌自舞”的“五彩凤鸟”。

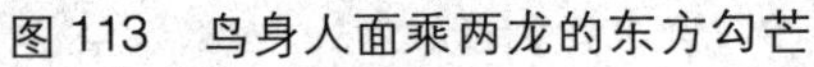

图 113　鸟身人面乘两龙的东方勾芒

图 114　凤鸟铺首（汉代画像砖）

第三十一章　远古岩画中的鸵鸟

关于鸵鸟与凤凰关系的实物证据，我们还可以从考古学中发现的各种人类文化遗存中进一步得到证实。

在非洲先民岩画中，曾发现有大量鸵鸟及狩猎鸵鸟的绘画。在中国也发现了鸵鸟岩画。

内蒙古阴山及狼山地区曾发现大批史前原始岩画。位于狼山南麓格尔敖包沟（汉代朔方郡所在地）有一组古岩画群，编号第13组的有一幅引人注意的岩画（高1.28米，宽0.60米）。据岩画发现者盖山林教授称：

> 这幅画的画面上方有两只鸵鸟。其前有一无头轮廓的人面像，下又有5只鸵鸟……右旁还有一人面，头饰长羽。其下有一马鹿，尾上翅。鹿前足下又是一鸵鸟及一只动物。其间似有两条被肢解的肢体。最下方有一轮形，似抽象人面。

盖山林教授指出：

> 凿刻如此众多的鸵鸟、人面，还有鹿、肢体等等，只能作一种解释，就是这是一个娱神、媚神的场面。①

远古阴山人类描画鸵鸟及动物，在这里所祭祀的是什么神灵呢？在同一地点发现的另一幅岩画提供了解释。那是一幅先民拜日的图画：

> 图高0.42米，宽0.16米，在半山腰上。拜日者虔诚地站立在大地上，双臂上举，双手合十过顶，朝拜太阳。被朝拜的圆圆太阳，高悬于天际。②

图 115　凤鸟戏珠（汉代画像砖）　　图 116　阴山岩画拜日图

图 117　阴山岩画鸵鸟·鹿·人面像　　图 118　内蒙古达尔罕鸵鸟岩画

同一地点的岩画中尚有大量关于太阳神和羽人的形象。

在中国古神话中，人们一直认为凤凰乃是传说中的太阳之鸟：

> 凤，火精。[③]
>
> 凤凰者，鹑火之禽，阳之精也。[④]

《开元占经》记：

> 日者，阳精之宗积而成。乌象，乌而有三趾。

在上古传说中，凤凰是司历法，即“司分”之鸟。《左传》昭公十七年：“少皞氏挚之立也，凤鸟适至，故纪于鸟。凤鸟氏，历正也。”杜预注：“凤鸟知天时，故以名历正之官。”

古代之所以形成这样的传说，我认为与鸵鸟的季节性行为有关。鸵鸟是一种迁徙性鸟类。它如同候鸟一样冬去夏来逐草而居作长途游徙。鸵鸟有季节性求爱与交配的习惯。特别是在交配期，它每天清晨如同晨鸡一样迎日朝鸣，所谓“凤鸣昆冈，声振于天”，会使远古时期的人们把鸵鸟看成一位神秘的季节使者、物候之官。

《渊鉴类函》引“天老对黄帝语”说：

> 凤能究万物，通天地，律五音，览九州，观八极也。

凤凰因此也被古人认为是天使、天帝的使者，“究万物，通天地”。

传说中的凤鸟夕宿“丹穴”[5]，是一种祥瑞之鸟，“凤，王者之嘉祥”“上通天惟，下集河洛”（《瑞应图》）。

张华《博物志》记：“凤鸣朝阳。”[6]顾恺之《凤赋》：“凤……禀鹑火之灵曜，资和气之烟煴。”

关于凤凰与季节、太阳的这种神秘关系，完全与鸵鸟的习性相符。由此看出，上述岩画中同时出现鸵鸟、太阳、羽人以及拜日者绝不是偶然的。在上古，鸵鸟实际上也正是作为一种太阳神的使者之鸟（“帝使”）而受到人们喜爱和崇拜的。

图 119　双凤（西周青铜器）

图 120　凤纹（秦瓦当）

图 121　新石器文物中的太阳之神

图 122　鸵鸟大风之神
1937 年出土于河南辉县琉璃阁

注释

①②盖山林《阴山岩画》第208、210页，文物出版社。

③《初学记》引《演孔图》。

④《鹖冠子·度万》。

⑤唐李峤《凤》诗："有鸟居丹穴，其名曰凤凰。"

⑥《渊鉴类函》引《博物志》。

第三十二章　鸵鸟在中国古陆的绝灭

鸵鸟及鸵鸟卵的化石在中国的古地层中也具有广泛存在。周口店北京猿人遗址，不仅出土过鸵鸟蛋，而且发现过鸵鸟的大腿骨化石。据古动物学家称：

> 鸵鸟是我国北方更新世晚期地层中最丰富的化石种类之一。鸵鸟蛋化石遍及新疆、甘肃、宁夏、青海、陕西、内蒙古、山西、河北、辽宁、吉林、黑龙江和北京等12处，有蛋片化石的地点不下上千处，可以想象当时鸵鸟生活之繁盛。
>
> 在我国北方，几乎所有的旧石器时代晚期遗址中都有鸵鸟化石。

在距今约10000年至3000年的历史年代内（甚至还要更晚），中国北部草原区域仍可发现有鸵鸟活动的大量遗存。

与鳄鱼一样，鸵鸟适应生活于气温较高的生态环境中。

大约距今8000年—5500年间，地质上称之为大西洋期，是全世界气候的最佳期。那时我国北方地区气候温和，雨量充沛，植被发育充分，山区森林茂盛，野生动物大量繁殖。①

据动物学家推测，鸵鸟在中国濒于绝灭的时间，约在距今4000年——传说中的黄帝、炎帝（尧舜）时期。在黄帝、炎帝时代，鸵鸟（即凤凰）的出现已被认为是一种十分重要的祥瑞，可见其已十分稀少。在这一时期以后，关于凤鸟出现的报告愈来愈趋于稀贵。偶或出现，即被看作特别重大、具有吉祥涵义的珍异事件。

因此，凤凰被认为是与丰收和祥瑞有密切关系的“瑞应鸟”“瑞鸟”

“瑞鹦”，以至与生态和气候、季节相关的“青鸟”“春鸟”。

从西周金文所见关于“生凤”的最晚记载到汉代谶纬家关于重新发现凤鸟的记述之间，有着将近两三千年的一段凤凰（鸵鸟）空白时期。

综上所述，我认为：蛟龙和凤凰——大型鳄类与鸵鸟，都是古中国本来实存过、但在周秦汉以后渐趋绝灭了的动物。

周秦汉以后，中国社会愈来愈减弱了早期图腾文化的影响。又恰是在商周秦汉之间，中国大陆的自然生态与人文地理环境发生了巨大的变迁。气候的趋寒、湖沼湿地的减少、山林草原的大片垦伐，以及人类控制和破坏大自然手段的逐渐加强，使得龙——蛟鳄（大型鳄类）在中国北方趋于灭绝，而凤鸟——鸵鸟则彻底地灭绝了。

据说孔子由于毕生未曾见到过龙、凤这两种祥瑞神异动物，临终前曾发出了著名的悲叹：“凤鸟不至，河不出图，吾已矣夫！”[②]——“凤鸟不来，龙马也不来，我就这样地要死去了！”这恐怕不仅是孔子对时代政治的悲叹，而且也是对其所处时代人文生态、自然变迁的悲叹！

图123　双凤飞天（北魏石刻）

注释

①参阅竺可桢《中国近五千年来气候变迁的初步研究》。

②河图、龙马，实即鳄鱼背甲的花纹。《春秋经传集解》孔颖达疏：“郑玄以为河图洛书，蛟龙（一本作“龟龙”，龟、蛟字通）衔负而出。”《尚书中候》曰：“龙马衔甲，赤文绿色，甲似龟背，袤广九尺，上有列宿斗正之度，帝王录记兴亡之数。孔安国以为八卦是也。”这种绿色龙马实即大型鳄类。

第三十三章　凤鸟为什么是一种祥瑞

在传说中，凤鸟是一种祥瑞之鸟（瑞应鸟），而且与圣人关系密切。凤凰与黄帝尤为关系密切。纬书《春秋合诚图》记：

> 黄帝游玄扈洛水上，与大司马容光等临观，凤凰衔图置帝前。帝再拜受图。
>
> 尧坐舟中，与太尉舜临观。凤凰负图授尧。图以赤玉为匣，长三尺八寸，厚三寸，黄玉检，白玉绳，封两端。其章曰“天赤帝符玺”。

宋人罗愿在所著《尔雅翼》称：

> 盖凤生南方，去中国甚远，而又不妄飞鸣饮啄，其至盖罕。故孔子称之。而世好事者，喜为之传道，务奇怪其章，紬绎其声，列于神圣，故千世而不合焉。

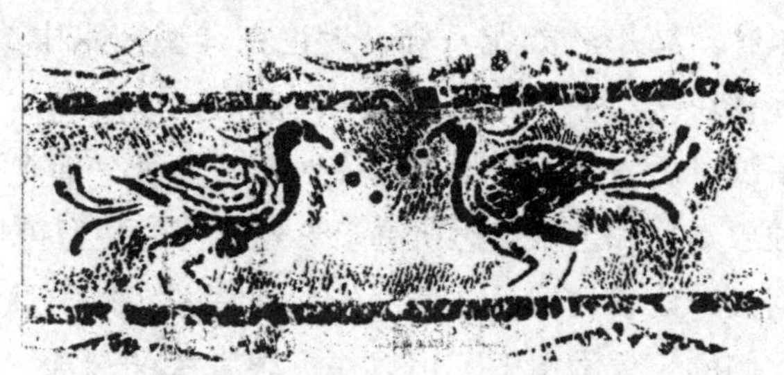

图 124　济宁画石双凤图（西汉）

此图中凤鸟造型呈现由鸵鸟向后来孔雀型凤凰演变的中间形态。

所谓“凤生南方”，应是根据《山海经》五彩鸟出于南方丹穴之山的

图 125　汉砖雕凤凰

图 126　凤鸟起舞（汉代画像砖）

传说。所谓“其至盖罕”，即所见稀少。

我们观察岩画、商周铜器、秦汉砖石画中关于凤鸟的原始造型，会发现其与鸵鸟的形态相去不远。

当鸵鸟在中国灭绝后，凤鸟与其原型鸵鸟的形象就逐渐分离。逮于唐宋以下，已是谁也不曾见过凤鸟，只能口耳相传，文字转抄错讹，言语辗转附会，增枝添叶。结果就如龙一样，无论在造型艺术中或者在传说中，都日益远离其真相。

实际上，秦汉以后，龙、凤不再是一种图腾象征，而愈来愈变成一种宗教哲学中的抽象崇拜和艺术美感所寻求形式表现的造型符号。

实体尽管消失，语言的记号外壳却依然保留着。凤与凰这两个语言记号的外壳，给人们的想象力留下了可以作无限发挥的园地。所以，凤凰的传说早在秦汉学者中已经众说纷纭，成为一种极为怪异的神秘、神圣之鸟，而在魏晋以后就更是新说迭起，愈传愈奇了。

第三十四章　古史书中西域入贡鸵鸟的记载

在关于中国古代奇鸟的记述史料中，我注意到有如下一则：

> 尧在位七十年……有秖支之国献重明之鸟，一名“双睛”，言双睛在目。状如鸡，鸣似凤，时解落毛羽，肉翮而飞。能博逐猛兽虎狼，使妖灾群恶不能为害。[①]

秖支国即条枝国。其语源来自阿拉伯语“Tajik”及“Tazi”。唐代称“大食”，此乃中国古代泛称阿拉伯国家的古名。所献给中国之“重明之鸟”，《拾遗记》记为“鸾”，言其“或一岁数来，或数岁不至，国人莫不扫洒门户，以望重明之集（栖）。其未至之时，国人或剖木，或铸金，为此鸟之状”。

鸾鸟就是凤鸟。这则记载着重刻画了这种“重明之鸟”具有“双睛”的眼部特征，恰与鸵鸟相符：“鸵鸟眼大，具上下眼睑，且被长而浓密的黑色睫毛所保护，可防大漠风沙。鸵鸟视力敏锐，突出的眼和灵活的颈使它能随意地环顾四周，可从远距离看到同伴和可能的敌害。”因此，这则史料可以看作关于上古时期西亚（叙利亚种）之鸵鸟东来的最早记述。

《史记·大宛列传》记，汉武帝元朔年间（公元前126年左右），安息（波斯）来华入贡大鸟卵：

> 初，汉使至安息，安息王令将二万骑迎于东界。东界去王都数千里。行比至，过数十城，人民相属甚多。汉使还，而后发使随汉使来观汉广大，以大鸟卵及黎轩善眩人献于汉。

安息乃亚洲西部古国，本为波斯帝国一行省（地在伊朗高原东北部），即先秦秦汉书中常提及的日落西方之地“崦嵫”。（屈原《离骚》：“望崦嵫而勿迫。”）其地位于里海东南，相当于今伊朗的东北部和土库曼斯坦之南部。

张骞通西域时为安息全盛时代，其领土奄有全部伊朗高原及两河流域。来使所献之大鸟卵应属现已灭绝之叙利亚种鸵鸟卵。

又汉和帝永元十三年（101 年）“安息王献条支大雀”[②]。条支大雀，指产于条支的大雀，即鸵鸟。条支，即析支。据西籍记载，其地在安息西，临西海（今波斯湾），唐代称大食。《后汉书》中也记载了此事：

> （永元）十三年，安息王满屈复献师子及条支大鸟，时谓之安息雀。[③]

汉安帝永宁元年（120 年）条支又来贡大鸟，《拾遗记》记为“鸩鹊”：

> 章帝永宁元年，条支国来贡异端。有鸟名鸩鹊，形高七尺，解人语。其国太平，则鸩鹊群翔。昔汉武帝时，四夷宾服，有献顺鹊，若有喜乐事，则鼓翼翔鸣。[④]

《史记·大宛列传》：

> 条枝在安息西数千里，临西海。暑湿。耕田，田稻。有大鸟，卵如瓮。人众甚多。往往有小君长，而安息役属之，以为外国。国善眩。安息长老传闻条枝有弱水、西王母，而未尝见。

唐高宗永徽元年（650 年）又有吐火罗国来献大鸟：

> “吐火罗，或曰土豁罗……永徽元年，献大鸟……开元、天宝间数献马、骡、异药、乾陀婆罗二百品、红碧玻璨。”[⑤]

唐代之吐火罗，地在今阿富汗境内。而据近人考证，吐火罗人即汉代西域之“大夏”人，与建立夏王朝之夏人出于同源。[⑥]据《册府元龟》云：

> 吐火罗国献大鸟，高七尺，其足如驼，有翅而能飞行，日三五百里，能啖铜铁，夷俗呼为驼（鸵）鸟。（这是典籍中始见“鸵鸟”之名）

唐玄宗开元元年（713 年）西域康国入贡鸵鸟卵：

国人立突昏为（康）王。开元初，贡锁子铠、水精杯、玛瑙瓶、鸵鸟卵及越诺、侏儒、胡旋女子。[7]

康国，地在中亚。锁子铠，是古代武士穿的一种铁锁铠甲。据《正字通 · 金部》："锁子甲，五环相互，一环受镞，诸环拱护，故箭不能入。"

康国也以乐舞（胡乐及胡舞）著名。据《旧唐书》记：

康国乐，工人皂丝布头巾，绯丝布袍，锦领。舞二人，绯袄，锦领袖，绿绫浑裆裤，赤皮靴，白裤帑。舞急转如风，俗谓之胡旋。

胡旋，亦即《汉书》所记安息之"善眩人"——急舞善旋，眩人耳目，故得名。

鸵鸟卵以巨大闻名。据《本草纲目》记：

刘郁《西使记》云："富浪有大鸟。驼蹄，高丈余，食火炭，卵大如升。"

郭义恭《广志》云："安息国贡大雀，雁身驼蹄，苍色，举头高七八尺，张翅丈余。食大麦，其卵如瓮，其名鸵鸟。"

明代人称鸵鸟为"驼鸡"。明成祖永乐十九年（1421 年）有祖法儿国来贡"驼鸡"：

永乐十九年遣使偕阿丹、剌撒诸国入贡……有驼鸡……常以充贡。

祖法儿又称佐法儿，地在今阿拉伯半岛东南岸阿曼。永乐十九年该国曾遣使至中国通好，所贡物中有鸵鸡，"颈长类鹤，足高三四尺，毛色若驼，行亦如之"。由此可知，鸵鸡亦即鸵鸟也。

这时的中土之人都已不知道，这种所谓"大雀""大爵"或"驼鸡"，其实就是上古以为重大祥瑞的鸟王凤凰呵！

图 127　战国"三头凤"纹绣
（湖北江陵马山一号楚墓）

注释

①《拾遗记》。

②《艺文类聚·鸟部》卷九十二引《东观汉记》。

③《后汉书·西域传》。

④《拾遗记》。

⑤《新唐书·西域列传》。

⑥此从徐中舒先生说。

⑦《新唐书·西域列传》。

第三十五章　作为大风之神（风伯）的鸵鸟

西汉以后，重新被中国人所认识的鸵鸟，都已非产自中国本土，而是由西域引进的。

《汉书·西域传》记：“（安息国）有大马爵”。颜师古注引《广志》：“大爵，颈及膺身，蹄似橐驼，色苍，举头高八九尺，张翅丈余，食大麦。”王先谦补注：“有两翼，飞而不能高。食草，亦能敢（噉）火。”所谓“大马爵、大爵”，即“大麻雀、大雀”的转语。这种“大爵”“大雀”，都是指鸵鸟。

唐代，据杜佑《通典》记：

> 高宗永徽初，（吐火罗）遣使献大鸟，高七尺，其色玄，足如驼，鼓翅而行，日三百里。能噉铁，夷俗谓为驼鸟。

唐代杜环《经行记·大食国》：

> 鸵鸟，高四尺以上，脚似驼蹄，颈项胜得人骑，行五六里。其卵大如三升。

宋代彭乘《墨客挥犀》：

> 骨托禽，出河州，状如雕，高三尺余。其名自呼，能食铁石。

明代费信《星槎胜览》：

竹步国、阿丹国俱出驼蹄鸡，高者六七尺，其蹄如驼。

以上是汉以后中国人关于鸵鸟的记载，从中注意到：

1. 据说鸵鸟可以吞火。这与古代人认为凤凰是阳火之精的传说颇相吻合（顾恺之《凤赋》："凤……禀鹑火之灵曜。"）。

2. 鸵鸟也是一种大型季候鸟，即古人所谓"阳鸟"。其与燕子（玄鸟）一样，都具有随季节趋阳性迁徙的习性。（《礼记·月令》："是月也（季春三月），玄鸟至……生气方盛，阳气发泄。句者毕出，萌者尽达。"①）

3. 凤凰在上古语言中又名"鵔鸟（鹑鸟）""鸾鸟"。而鸵鸟因其背部隆起如骆驼，故称"鸵鸟"。以声类求之，鵔者，敦也；鸾者，团也。鵔、鸾、鸵，古音相通，语义中都有圆、隆、团、大的含义。

李时珍解释"凤凰"得名曾指出："凤……古作朋字，象形。凰者，美也，大也。"从训诂学的角度分析，"凤凰"一名分言之，凤者丰也、庞也；皇者王也、广也、大也、美也。鸵鸟正是以其体形之硕大与美丽，所以得名"凤凰"。

凤凰之转语即"方皇"（叠韵连绵词），今语转为"彷徨"。徘徊而行曰"彷徨"。鸵鸟以健走、"彷徨"而闻名，故"彷徨"语源或亦来自方皇——凤凰。

考"凤"之古音，由于古代方言的差异，至少有三系：

（1）读"凤"如"鹏"。（peng）

（2）读"凤"如"凡"，如"方"。（fan，fang）

（3）读"凤"如"风"。（feng）

这三系音在上古音中实际是同源的（清儒钱大昕曾考证：帮、旁、明、并、奉诸声母在上古语音中无分别。）

古读近 peng、fang 之语都有庞大之意，如"庞""溥""放"等。凤鸟得名称"凤"，正是因其是鸟中之最大者。

再从语源学角度考虑，鹏、蓬、凡、方古均为同音转语。鸵鸟翅大，故语言中凡形如大翼者，古皆名之曰 peng 或 fan，如"蓬""帆"等。

在甲骨文中，风、凤同字。而在上古传说中，凤凰则被看作风伯、风神。《淮南子·本经训》高诱注："大凤，风伯也。"《禽经》："凤禽，鸢类。越人谓之风伯，飞翔，则天大风。”

我们再来考察一下甲骨文中的“凤”字字形。在甲骨文中，凤字盖有两个系统，第一系统为古文“朋”字，另一系统音符从于“凡”字。

根据《说文》的分部原则，第一系统凤字是象形字，而第二系统凤字则是形声字。

图 128

两系统凤字中多数字体在形象上都突出地描写了凤鸟那两只很长的足脚。其字形正是鸵鸟的抽象线描。

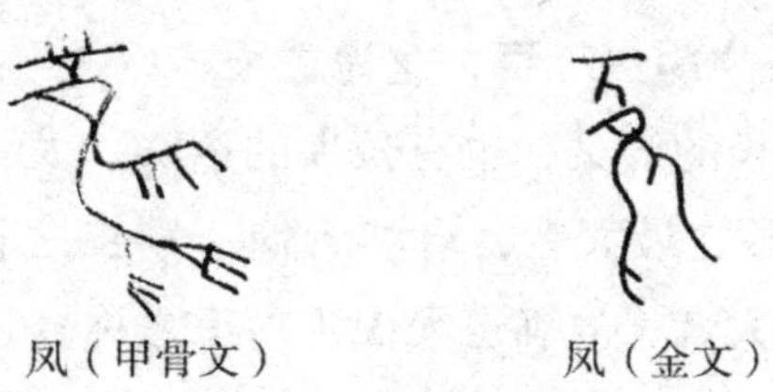

凤（甲骨文）　　　凤（金文）

图 129

这一点与鸵鸟的体型特征是极其吻合的，似暗示其善走而不善飞翔。此与描写翅羽以状其飞翔的“鸟”字和“隹”字恰恰形成强烈对比。（见下图）

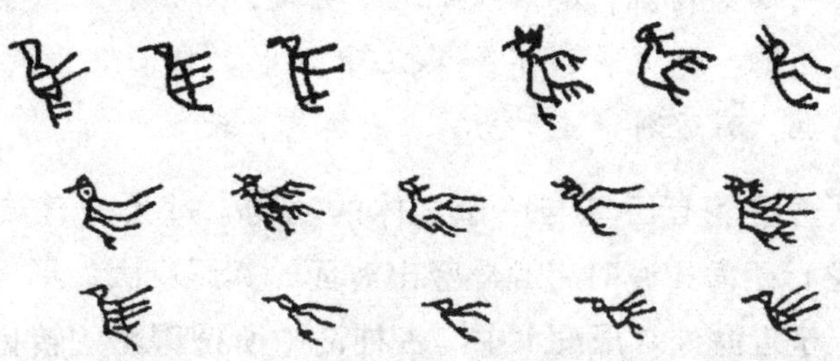

图 130　甲骨文中的鸟与隹

当鸵鸟快速奔跑时，须以双翼搏动为助力，因而扬风起沙。我在有关鸵鸟的录像中曾看到，当100余只的大群鸵鸟在沙原上飞奔疾驰而过时，风声雷动，飞沙走石，足以使人动容。[②]这应就是古人尊奉鸵鸟——凤凰为大风之神的原因。在中国古神话传说中，风神又名“飞廉”。飞廉即飞灵、飞麟的语转。楚文物中之鸵形鹿角之鸟，也就是飞廉之造型。

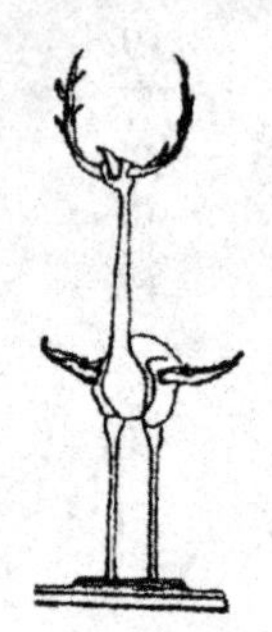

图131　鹿角巨鸟（睡虎地秦墓）

图132　鹿角鸵鸟（曾侯乙墓）

在古代传说中，龙是鳞虫之长，凤鸟一向也有“禽中之长”的说法。《白虎通》：“凤皇者，禽之长也。”《孔子家语·执辔》：“羽虫，凤为之长。”《论衡·龙虚》：“鳞虫三百，龙为之长。”

所谓长，既有君长的语义，也有长大的语义。龙中最大者为蛟鳄（马来鳄），是动物中体形之最大者，自然无愧于鳞虫之长的称号。鸵鸟，也正是鸟类中体形之最大者，故确也无愧于鸟王之称号。

由此看来，我们的远古先民尊奉凤凰为众鸟之王是不无道理的。

古代传说中有一种大鸟名叫“鲲鹏”，其实也是凤凰。据《玉篇》，“鲲”是海中大鱼名。鹏从朋从鸟，则是凤（朋）的晚出异文。《庄子·逍遥游》：

> 北冥（溟）有鱼，其名为鲲。鲲之大，不知其几千里也。化而为鸟，其名为鹏。鹏之背，不知其几千里也。怒而飞，其翼若垂天之云。是鸟也，海运则将徙于南冥。南冥者，天池也。

这种极其奇特兼有巨鸟与巨鱼之体的动物，过去一直被认为只是神话。海鲸（龙）于海中有时将鲸尾竖出海面，其尾巨大，形极似鸟翼。又鸵鸟喜海水，于近海处常浸没水中。古神话中所谓鲲鹏的转化以及凤鸟变蜃（龙）的转化，都应是由此而来的。

渤海古代称北海，亦即北溟。据史籍记载，秦汉以前渤海多见海鲸。鲸体形极大，可长达30米（是现存最大动物），所以庄子所说的鲲鹏并非纯寓言，也是具有真实的生物学背景的。

图133　大鹏鸟形凤纹（宋代）

图134　海鲸展翼

［附录］

《本草纲目·凤凰》

［释名］瑞鹍。［时珍曰］《禽经》云："雄凤，雌凰。"亦曰瑞鹍，鹍者，百鸟偃伏也。羽虫三百六十，凤为之长，故从鸟，从凡。凡，总也，古作朋字，象形。凰者，美也，大也。

［集解］［时珍曰］凤，南方朱鸟也。按《韩诗外传》云："凤之象，鸿前麟后，燕颔鸡喙，蛇颈鱼尾，鹳颡鸳腮，龙文龟背，羽备五采。高四五尺，翱翔四海。天下有道则见。其翼若竽，其声若箫，不啄生虫，不折生草。不群居，不侣行。非梧桐不栖，非竹实不食，非醴泉不饮。"《山海经》云："丹穴之山有鸟状如鸡，五采而文，饮食自然，自歌自舞，见则天下安宁。"蔡衡云："象凤有四。赤多者凤，青多者鸾，黄多者鹓，紫多者鸑鷟，白多者鹔鹴。"又群书立名各异，文繁不录。按罗存斋《尔雅翼》云："南恩州北甘山壁立千仞，猿狖不能至，凤凰巢其上，惟食虫鱼，遇大风雨飘堕其雏小者，犹如鹤而足差短。"

《本草纲目·鸵鸟》

［释名］驼蹄鸡，食火鸡，骨托禽。［时珍曰］驼，象形。托亦驼字之讹。

［集解］［藏器曰］驼鸟如驼，生西戎。高宗永徽中，吐火罗献之。高七尺，足如橐驼，鼓翅而行，日三百里，食铜铁也。［时珍曰］此亦是鸟也。能食物所不能食者。按李延寿《后魏书》云："波斯国有鸟形如驼，能飞不高。食草与肉，亦啖火，日行七百里。"郭义恭《广志》云："安息国贡大雀，雁身驼蹄，苍色。举头高七八尺，张翅丈余。食大麦，其卵如瓮，其名驼鸟。"刘郁《西使记》云："富浪有大鸟，驼蹄，高丈余，食火炭，卵大如升。"费信《星槎录》云："竹步国、阿丹国俱出驼蹄鸡，高者六七尺，其蹄如驼。"彭乘《墨客挥犀》云："骨托禽，出河州，状如雕，高三尺余，其名自呼，能食铁石。"宋祁《唐书》云："开元初康国贡驼鸟卵。"郑晓《吾学编》云："洪武初，三佛脐国贡火鸡，大于鹤，长三四尺，颈足亦似鹤。锐嘴，软红冠，毛色如青羊。足二指，利爪能伤人腹致死。食火炭。"诸书所记稍有不同，实皆一物也。

注释

①《白虎通·八风》："风之为言萌也。"竺可桢说："《左传》提到郯国国君到鲁国时对鲁昭公说，他的祖先少皞在夏、殷时代，以鸟类的名称给官员定名，称玄鸟为'分'点之主……家燕正规地在春分时节来到郯国，郯国以此作为农业开始的先兆。"

②中央电视台电视专题片《动物世界·鸵鸟》。

第三十六章　为什么孔雀不是凤凰

明清以后关于凤凰的图像已不似鸵鸟，而更接近于具有长尾的孔雀或长尾雉。因此，许多人以为凤凰乃是以孔雀为原型，综合其他鸟类特征而组成的一种想象中的神鸟。这种看法颇为流行，却完全经不起推敲。事实上，我们只要指出“商周秦汉时代关于凤鸟、朱鸟的图案造型，不仅与宋元以下的凤凰造型完全不同，而且非常不似于孔雀”这两点就已经足以反驳了。

孔雀，这个名称的本义即大雀。孔，大也。大雀在汉代原是西域鸵鸟的名称，但唐宋以后所说的孔雀则已非言鸵鸟。

今日人们所说的孔雀，指蓝孔雀（Pavo cristatus）和绿孔雀（Pavo muticus）两种。蓝孔雀分布于印度和斯里兰卡。绿孔雀分布于我国滇西南，还见于缅甸、孟加拉、泰国、马来西亚和印度尼西亚的爪哇等地。[①]

《太平御览》引东汉《异物志》对孔雀的形态描述如下：

> 孔雀，其大如雁而足高。毛皆有班（斑）文采（彩）……形体既大，细颈，隆背似凤凰，自背及尾皆作员文，五色相绕，如带千钱。文长二三尺，头戴三毛长寸，以为冠。[②]

图 135　绿孔雀（鸡形目雉科）

动物学者描绘之说：

雄性通体翠绿色，具金属光泽，下背显现紫铜色光泽；头顶有一簇冠羽，各羽呈柳叶状。尾上覆羽极长，构成孔雀开屏的尾屏，尾上具众多的由紫、蓝、铜褐色构成的眼状斑。雌性体色以褐色为主，无尾屏。营巢于灌木丛、竹丛间的地面。每次产卵4—8枚，卵乳白色或乳黄色。分布于我国云南西南和南部……

绿孔雀栖息于海拔2000米以下开阔疏林间或灌木丛中，常在溪流等水源附近觅食和饮水。春夏间是绿孔雀的繁殖季节，雄孔雀常常在花丛中张开美丽的尾屏，婆娑起舞，并紧随着雌孔雀，这就是人们熟悉的孔雀开屏。绿孔雀食性较杂，主要以种子、浆果等为食。[③]

南宋《建武志》说：

孔雀生溪洞高山乔木之上，喜卧沙中以沙自浴，拍拍甚适，盖巢于山林而下浴沙土。[④]

孔雀在历史上和现代都不是一种稀见的鸟类。

据近人观察，孔雀主要栖息在海拔2000米以下有针叶、阔叶等树木的开阔高原地带，或开阔的稀树草地、灌丛、竹薮地带；尤喜在靠近溪河沿岸或林中空旷的地方生活。

活动地区附近一般都有人类耕地，以便于寻找食物。树木有利于它逃避敌害，但浓密的原始森林则又不被人们认为适于它的活动。[⑤]

据唐代的有关记载，“罗州（今广东省廉江）山中多孔雀，群飞者数十为偶”。[⑥]据观察，孔雀很少单独活动，常一只雄鸟伴随三五只雌鸟，有时还杂以幼鸟。

动物学家文焕然、何业恒曾专题研究过孔雀在中国历史中的地理分布，指出其分布范围远广于今日：

历史时期中国的孔雀主要分布在长江流域及其以南地区。但古书中所记的西域孔雀并不是指今日人们所说的孔雀，而是指鸵鸟。

据动物学家考察，中国孔雀的分布地域在历史中曾发生过重大的变迁，大体包括如下三个区[⑦]：

（一）华中南地区

在河南省淅川县下王岗遗址第九文化层中发现有孔雀的遗骨，说明距今五六千年前秦岭东南端天然森林与开阔草地灌木的接触地带曾有野生孔雀分布。

晋左思《蜀都赋》：“孔翠群翔，犀象竞驰。”唐刘良注：“孔，孔雀；翠，翠鸟也。”说明3世纪末四川盆地内还生有野象、野犀，也有野生孔雀。

《后汉书 · 南蛮西南夷列传》记：“（益州郡）河土平敞，多出鹦鹉、孔雀，有盐池田渔之饶，金银畜产之富。”

晋常璩《华阳国志 · 南中志》记：“晋宁郡，本益州也……郡土平敞，有原田，多长松，皋有鹦鹉、孔雀，盐池、田渔之饶。”

这些记载表明在一千多年前滇东北一带的野生孔雀也有不少。

（二）岭南地区

《汉书 · 南粤传》记，汉文帝前元元年（公元前179年），南粤王赵佗遣使上书献孔雀二双，说明当时岭南地区有孔雀分布。

汉桓宽《盐铁论》记载，南粤以孔雀珥门户。宋范成大《桂海虞衡志 · 志禽》称12世纪末广西“民或以鹦鹉为胙，又以孔雀为腊，皆以其易得故也”。

宋周去非《岭外代答 · 禽兽门 · 孔雀》记载：“孔雀，世所常见者，中州人得一则贮之金屋。南方乃腊而食之。物之贱于所产者如此。”说明从两汉到南宋，孔雀在岭南一带乃为常见的飞禽，容易猎获，常被当作一般的食物或普通的装饰品。

根据古籍记载，孔雀在岭南的地理分布颇为广泛。

南朝梁陶弘景《本草经集注》记：“（孔雀）出广（州）、益诸州。”唐《新修本草》：“孔雀，产交（州）、广（州）也。”宋罗愿《尔雅翼》：“孔雀生南海……盖今粤人以珥门户。”明隆庆《潮阳县志》卷七：“间出孔雀。”

以上数条记载，所指孔雀的范围不一，地点不同，但综合来看，可反映岭南一直到南宋都有野生孔雀生存分布。

三国《吴录 · 地理志》记：“孔雀，交趾、雷、罗诸州甚多，生高山乔木之上……数十群飞，栖游冈陵。”唐代雷、罗二州多见野生孔雀。[8]北宋《太平寰宇记》卷一百六十七记化州产孔雀。同书卷一百六十五谓高州也有孔雀。这些都反映唐宋时代雷、罗、化、高等州，特别是靠近雷州半岛一带，孔雀的数量是很多的。

《明一统志》卷八十一记雷州有孔雀。

唐齐己《送人南游》诗曰："且听吟赠远，君此去蒙州……蛮花藏孔雀，野石伏犀牛……" 反映唐代蒙州（今广西蒙山）一带曾有野生孔雀分布。

《大元混一方舆胜览》记湖广等地"孔雀生溪峒高山上"。

明《百粤风土记》称"鹦鹉、孔雀产蛮洞中，甚多"。

此外，清代广西方志等文献记载出产孔雀的资料亦颇多，如雍正《广西通志》提到郁江流域的太平府和南宁府的各州县出孔雀，红水河流域的上林县也产孔雀。

滇西南也是我国野生孔雀分布地区。据《华阳国志·南中志》记："永昌郡，古哀牢国"，"土地沃腴，物产丰富"，有孔雀、犀、象等珍禽异兽。哀牢为滇境之古国名。东汉永平十二年（公元 69 年）以其地置哀牢（今云南省盈江县东）、博南（今永平县）两县，属永昌郡。

据《华阳国志·南中志》记，从蜀汉到晋，永昌郡南涪县（今云南省景洪县）物产有野生孔雀。云南郡："孔雀常以二月来翔，月余而去。"这说明当时孔雀是随一定时间迁徙的。

唐樊绰《蛮书》记："茫蛮部落……孔雀巢人家树上，象大如水牛，土俗养以耕田，仍烧其粪。"

《明史·土司传·芒市土司》记："芒市，即唐史所谓茫施蛮也。"按芒市在今德宏傣族景颇族自治州潞西市。

据《大元混一方舆胜览》记，云南等处行中书省金齿百夷诸路，产犀牛、象、孔雀等。

由上所述，可知滇西南一带从汉代到元代一直有野生孔雀栖息。

明清时期滇南区野生孔雀的分布，据文献记载，大体包括沅江、镇沅、景东、凤庆、保山一线以南及以西地区。

文焕然、何业恒指出：

> 综观上述，可知历史时期中国孔雀的地理分布，从北向南，从东北到西南，逐步缩小。目前云南西南部仍为我国野生孔雀仅有的分布地区……
>
> 由于历史上人们对孔雀的捕杀，加以对山林和草地的垦辟，破坏了孔雀的栖息环境，使得孔雀的数量迅速减少，分布的范围随着缩小。孔雀分布地区和数量的变迁是"人与生物圈"变化的反映……

我国地区开发大体上是长江流域较早，珠江流域次之，最后为滇西南，这样就使得孔雀分布的北界和象、犀有相似之处，即逐渐南移。岭南野生孔雀分布变迁的趋势也反映了该地区开发的总趋势。

图 136　人首凤身（北魏石刻）

从古代历史记载看，古人与今人不同，他们从来没有把孔雀看作是凤凰或一种祥瑞之鸟。尽管雄孔雀也是一种十分美丽的鸟类，却从没有人将它与凤凰混作一谈。我认为其重要原因是，直到唐宋以前，中国中南部到南部的广大地理区域中都有孔雀分布。当时的孔雀并不是一种稀见的鸟类。此外，孔雀虽然美丽，但在古人的眼中，它是一种“好淫”的“贱物”，不能“鼓风致气”，正如雉即野鸡一样，绝不具备凤凰所具有的很多神奇特性。因此，它绝不会成为凤凰的原型动物。

注释

①Grzimek's animal life encyclopedia. v. 8. New York：Van Nostrand Reinhold Co. , 1972.

②《太平御览》卷九百二十四引。

③据唐思贤《彩图动物百科》，海燕出版社。

④《永乐大典》卷八千五百零七引。

⑤据郑作新等著《中国动物志》，科学出版社。

⑥《太平广记》卷四百六十一。

⑦本章资料主要引用于文焕然、何业恒《中国历史时期孔雀的地理分布及其变迁》，谨向作者致谢。

⑧见《新唐书·地理志·岭南道》。

第三十七章　凤凰与锦鸡

据古人记载，凤凰有许多不同的品类。诸说不一，其中不少属于秦汉以后俗人的增饰附会之谈，比较著名者有以下三类：

1. 鸾鸟　　2. 翳鸟　　3. 鵔鸃

“鵔鸃”，亦称“鵕鸃”，都是“啄玉”的转音。古代有“凤凰生昆冈（昆仑山），以啄玉为食”的传说，故得名。昆仑山也是传说中之西王母所在地。鸵鸟确有啜食硬石包括玉石类的习性，并且极能耐饥。这种习性应是上述传说的产生背景。鸵鸟产于西域，与传说中的昆仑山相近。

翳鸟，亦即乙鸟，乃是鷾燕的转音。燕（Hirundo rustica），别名玄鸟（《礼记》）、乙鸟（《说文》）、鸾鸟（《古今注》）、天女（《易林》），是一种小型候鸟。凤凰是鸟中之王者，体形巨大，与燕子极不相似。但凤、燕在古代具有共同的名称，以致其传说常相混讹。“凤凰，别名瑞鷾（燕）”（《禽经》）。为什么凤凰竟与小小的燕子同名？这看来是令人费解的。

我们应注意到，家燕是一种候鸟。家燕“春社来，秋社去”，在古代被看作一种能知天文、授历法的报时神鸟，特别是作为春天之神的象征。《吕氏春秋·仲春纪》：“是月也，玄鸟至。至之日，以太牢祀于高禖。天子亲往，后妃率九嫔御……授以弓矢于高禖之前。”[①]此所谓玄鸟就是指燕子，先秦时人以燕子作为春神及爱情之神（高禖）的使者和象征。此外，燕子色黑，古人的色彩观念认为青、黑同色，所以玄鸟亦称青鸟。

家燕，喙扁平呈三角形，嘴基较阔。体羽大部分为深黑色，带蓝紫色金属光泽。颏、喉及上脸栗色，腹部白色或棕色。尾呈深叉状。喜在居民点附近的建筑物屋檐下或梁下营巢，巢用泥土与杂草等混合成的黏土筑成，呈半碗状。每次产卵3—5枚，卵白色，具大小不一的红褐色斑点……

我国古代劳动人民最早就是通过观察燕子的春来秋往，懂得了鸟类的迁徙现象的。家燕有很强的归巢性，每年，燕子从南方飞来，总会找到自己的旧巢。家燕是农林益鸟，以蚊、蝇、象虫、叶蝉、松毛虫等为食。②

图137　家燕（雀形目燕科）

至于燕子与鸵鸟的关系，二者从动物分类学观点看，亲缘关系并不密切，但在某些形态上又颇有些相似之处。在某种意义上，可以视燕子为一种小型的鸵鸟（所以传说中的凤凰具有燕颔、鱼尾、玄色等）。凤凰（鸵鸟）是“玄鸟”，燕子也是“玄鸟”。因此燕子与鸵鸟的关系颇有些相似于蜥蜴与鳄鱼的关系。古人亦称燕子为“子鸟”，似就是把燕子看作“凤鸟之子”（正如蜥蜴之被称为“龙子”）。

鸾鸟，在凤凰的诸种异名中可能是最为人们熟知的一种。从语音上来说，“鸾鸟”即团鸟，团鸾之鸟。古人所描述的鸾鸟形态，诸家说异。汉、晋小说中流行的说法是把鸾鸟——玄鸟——青鸟视为春神及爱情之使者，常作为东王公与西王母的象征。

有一种说法认为“凤凰之类，青黑者鸾鸟”，另一种相反的说法，却认为鸾鸟的形态是“赤色五彩，鸣中五音”（《艺文类聚·鸟部》）。桂馥《说文解字义证》归纳诸说，认为：

> 赤为鸾之正色而诸说各异。《禽经》：“黄凤谓之鸾。”……汉太史令蔡衡对曰：“凡象凤者有五。多赤色者凤，多青色者鸾，多黄色者鹓雏，多紫色者鸑鷟，多白色者鹄。”

以赤色为鸾鸟的正色，实际上是把“鸾”训作“丹”（二字叠韵，古音相近通），从而认为鸾鸟就是丹鸟。

丹鸟，又称丹朱、朱鸟、离朱，在上古也都是凤凰的别名。

《山海经·南山经》：

> 丹穴之山……有鸟焉，其状如鸡，五采而文，名曰凤皇，首文曰德，翼文曰义，背文曰礼，膺文曰仁，腹文曰信。是鸟也，饮食自

然，自歌自舞，见则天下安宁。

所谓“丹穴”就是《说文》中所说的凤鸟所居的“凤穴”。在甲骨文中，风、凤是同一个字，古音读近“凡”。“凡”，甲骨文字形近“口”。甲骨文中“丹”字形通“甘”，与“凡”字形极相似，故常相混讹。以音类求之，则丹、凡叠韵可通。所以丹穴就是风穴，亦即凤穴（鸵鸟营穴居生活）。而所谓“丹鸟”，实际也就是“凡鸟——凤鸟”一名的变语。在《南山经》关于凤凰的传说中有一点极可注意，就是把凤凰——丹鸟描绘为南方（南山）的一种鸟。《山海经》一书材料来于上古传说，结集于战国之际，则《南山经》至少代表战国时期人们的看法。当时鸵鸟在中国大陆上基本已绝迹了。

《南山经》认为凤凰“其状如鸡”，因此，后世人们常把中国中部的一种形态十分美丽的赤雉锦鸡误认为凤凰的原型动物，并由此产生了许多附会之谈。明清以后流行的凤凰造型基本上皆脱胎于此。

这种被认为是凤凰化身的鸡，名叫“金鸡”，又叫“锦鸡”“赤雉”，学名“鹫雉”，乃是中国所特有的一种珍稀鸡类禽物，出产于湖南、四川、青海。

图 138 红腹锦鸡（鸡形目雉科）

红腹锦鸡，雄性头部具金黄色丝状羽冠，散覆于颈上。后颈围着呈橙色具黑色羽缘的扁状羽，形如披肩。上背浓绿色，羽缘带黑色，背羽和腰羽金黄色，至腰转呈深红色；下体深红色；尾羽较长而曲，中央尾羽深褐色并杂以黄褐色斑点……雌性羽色以褐色为主，杂以黑斑；尾较短……野生红腹锦鸡产卵数较少，每次产卵仅 5 枚左右。分布于我国中部、西北和西南山区……

红腹锦鸡别名“金鸡”……此鸟生活在多岩石的山地，常出没于矮树丛和竹林间，以植物性食物为主。善奔走而极少飞行；求偶时，雄鸟在雌鸟面前高高地耸起美丽的翎羽，尽情炫耀其美丽的羽毛和优美的体态……③

《水经注 · 泿水》注引《南越志》，认为这种锦鸡名叫鵔鸃：

鵔鸃，山鸡也。光采鲜明，五色炫耀，利距善斗。

这种金鸡在古代还有一个名称叫“鷩”。《说文》：“鷩，赤雉也。”桂馥《说文解字义证》引《汉书》注：“尾中有赤毛，光彩鲜明。”《山海经》：“少华之山……鸟多赤鷩，可以御火。”《左传》昭公十七年：“丹鸟氏，司闭者也。”注云：“丹鸟，鷩雉也。”

这种鷩雉，也应就是商周时期形成的天文四方神兽体系中南方朱雀的原型。④

鷩雉，别名“华虫”，在《尚书》中乃与龙对称。（《尚书》：“日、月、星、辰，山龙华虫。”注：“华虫，鷩雉也。五彩，故谓之华虫。”）在战国以后，与凤凰关系较为密切的禽类，与其说更似于现代人所想象的孔雀，倒不如说是生存于中国中南部的这种雉鸡。

李时珍《本草纲目》记述：

> 鷩……《逸周书》谓之采（彩）鸡、锦鸡，则小于鷩，而背文扬赤，膺前五色炫耀如孔雀羽。此乃《尔雅》所谓天鸡者也……二种大抵同类，而锦鸡文尤灿烂如锦。或云锦鸡乃其雄者。

《禽经》记：

> 首有采（彩）毛曰山鸡，腹有采（彩）色曰锦鸡。

《渊鉴类函》引徐整《正律》中有一条极可注意的记载：“黄帝之时，以凤为鸡。”此一记载有一定的可信性。传说中的黄帝时代鸵鸟（真凤鸟）可能已不多见。或许正是在此时锦鸡乃成为凤凰的替身禽类。

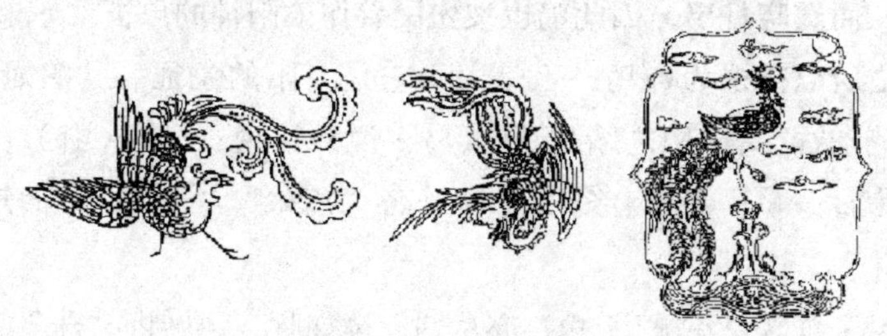

图 139　宋代凤凰

在唐宋以后的人们所想象和描绘的长尾凤凰图案，主要就是以长尾之锦（金）鸡的形象为原形，加以放大和增饰而产生的。

《说文》有所谓“凤出东方君子之国”的说法，实际也是指鸡。所谓东方君子之国，古代指东夷——朝鲜。而《本草纲目》引《别录》："鸡生朝鲜平泽。"这表明古人认为朝鲜是家鸡的起源地。《本草纲目》又记载：

> 朝鲜一种长尾鸡，尾长三四尺。
>
> 其鸣也知时刻，其栖也知阴晴。
>
> 其羽焚之，可以致风。
>
> 古人言鸡能辟邪，则鸡亦灵禽也。

《三国志·魏志》亦记："马韩国出细尾鸡，其尾长五尺余。"

图 140　白腹锦鸡（鸡形目雉科）

白腹锦鸡，雄性头顶、背和胸为翠绿色，有金属光泽；羽冠紫红色；披肩白而具黑色羽缘；下背至腰棕色，向后转为朱红色；尾长，具黑白相杂的云状斑纹；腹部白色。雌性上体及尾大都棕黑色并杂以黑斑，胸棕色并缀以黑斑，腹白……分布于我国西藏、四川、贵州、云南和广西等地……

白腹锦鸡别名"铜鸡""银鸡"。栖息于海拔2000—4000米的山地，较红腹锦鸡的栖息地为高，常栖息于多岩石的山地，出没于荆棘丛生的灌木丛及矮树林中。以农作物种子、草籽、竹笋为食。白腹锦鸡平时多单独或成对活动，但在秋冬季常20—30只集结成群。⑤

鸡之所以成为凤鸟的替身，更可能是由于它与太阳的关系——鸡鸣见日升。鸵鸟有"凤鸣朝阳""丹凤朝阳"的习性，而雄鸡恰也具有黎明报晓的习性。古代传说，太阳所居扶桑树上有天鸡报晓，其一呼鸣则天下之鸡皆鸣，从而破晓日出，因此鸡也被先民看作太阳神的象征。

凤凰之所以被视为神鸟，正是由于它是太阳的象征。《鹖冠子》说："凤凰者，鹑火之禽，阳之精也。"《易·说卦》说："离（卦）为雉……离为火，为日……"凤凰、鸾鸟有异号名"离朱""丹朱"，而雉鸡之古名亦叫"朱"。

《尔雅》："鸡大者蜀。"蜀，亦从蜀，读如啄，语转即"朱"。

《风俗通》：（古）"呼鸡曰朱朱。"《博物志》："今世人呼鸡云祝祝。"

与鸵鸟相似，鸡也是一种善舞喜斗之禽鸟：

> 山鸡爱其毛羽，映水则舞。魏武时，南方献之，帝欲其鸣舞而无由。公子苍舒令置大镜其前，鸡鉴形而舞，不知止。（《异苑》）

有趣的是，鸵鸟在古语中亦有“鸡”名，称“鸵鸡”：

> 鸵鸡昂首高可七尺，出忽鲁谟斯国。长尾鸡尾细而长，长三尺者出朝鲜国，长五尺余者出马韩国。（《渊鉴类函》引《交广志》）

《淮南子》：“日中有踆乌。”所谓“踆乌”，即“鵔鸃”的转语。鵔鸃即丹雉。丹雉是太阳之鸟。由于这一点，上古祭日神往往以凤凰羽毛为舞者冠——在远古是以鸵鸟羽毛，战国以后时代则是以鷩雉之毛。

《楚辞·九叹》王逸注：“神俊之鸟，以其尾毛为羽冠。”这种羽毛冠即“鷃冠”（《广雅》）。

图141　立凤（清代刺绣）

注释

①“据E. 威尔金森在他的《上海鸟类》一书中报道：家燕在每年3月22日来到长江下游上海一带，年年如此。沿海人民每年观测家燕（Hirundo rustica gutturalis）的最初到来以测定春分的到来。”（竺可桢说）

②③⑤据唐思贤《彩图动物百科》，海燕出版社。

④东方青龙，西方白虎，南方朱雀，北方玄武。

第三十八章　凤凰与鸳鸯

以上所说是与凤凰关系至为密切的两种禽鸟——燕子与锦（金）鸡。在晋、唐、宋以后较晚近的传说演变中，还有一些禽类与凤凰也或多或少地挂上了关系，即鹤、天鹅、隼、雕、鹰等。

特别值得一提的是鸳鸯。我们在《说文》关于凤鸟的叙述中可以读到，传说凤的特征之一是"鸳思"。这个词的真正涵义，我以为应与鸳鸯有关。鸵鸟虽然群居，但配偶方式却是一雌一雄。所以"凤"古亦名"朋"（凤、朋是同源字）。

朋，戴侗《六书故》释义曰："两相从者，皆谓之朋。"与鸵鸟相似，鸳鸯这种水鸟也实行着"对偶婚"：

> 鸳鸯，取匹鸟为名也。（《急就篇》注）
>
> 匹鸟，言其止相为耦，飞则为双。（《诗经·小雅·鸳鸯》传）
>
> 鸳鸯，水鸟，凫类也。雌雄未尝相离，人得其一，则一思而至死。故曰匹鸟。（《古今注》）
>
> 古人图之绣于衣上，以其贞且义也。（杨日华《膳夫录》）

凤凰亦名鵁鶄。据《本草纲目》说，鵁鶄又名"凤凰雏"，"其状如鸭而大，长颈，赤目斑嘴，毛紫绀色"，"有文采如凤毛"（引陈藏器说）。据《说文》，鵁鶄是一种水鸟，"江中有鵁鶄，似凫而大"（桂馥《说文义证》），这显然都是指鸳鸯。

古中国人在禽类中特别钟爱鸳鸯——常以其作为爱情忠贞的一种象征，这与把燕子看作青鸟——高禖鸟，亦即报春和爱情之鸟的风俗，具有共同的神话与文化渊源。鸳鸯正是由于其对于爱情的忠贞不渝——伴侣死则另者不独生，从而成为凤凰的一种重要伴鸟。

图 142　鸳鸯（雁形目鸭科）

鸳鸯，喙暗红色，跗跖暗黄色。雄性羽毛色鲜艳华丽，头顶深蓝绿色，枕部赤铜色，与后颈的暗紫色和暗绿色长羽组成冠羽，眼后有白色眉纹，翅上有一对栗黄色向上直立的扇状帆羽。雌性的头及背部褐色，无冠羽和帆羽，腹部纯白色。筑巢于树洞中。每次产卵 7—12 枚。分布于我国内蒙古、黑龙江、吉林、辽宁以及长江以南各地……

鸳鸯……常在湖泊、河流、溪流中成双结对地生活。据说，如果其中一只死去，另一只则终身不再婚配……[①]

注释

①据唐思贤《彩图动物百科》，海燕出版社。

第三十九章　丹鹤之舞

在古人关于凤凰的众伴鸟中有一种常被提及，这就是仙鹤。鹤属多种，其中最为著名的是丹顶鹤。

丹顶鹤，体羽以白色为主。头顶裸露，呈鲜红色，似肉状冠。额和眼先具稀疏的黑色羽毛，喉、颊及颈大部分为黑色。次级飞羽和三级飞羽黑色，形长而弯曲成弓状，覆于白色的尾羽上。栖息于芦苇沼泽湿地，营巢于周围环水的浅滩或深草丛中，巢用枯草和干芦苇筑成浅皿状。每次产卵2枚，卵苍白色。分布于我国黑龙江、内蒙古、吉林（繁殖期）、江苏和江西（越冬期）等地……

丹顶鹤常于近水浅滩觅食，主要以鱼类、水生昆虫、软体动物以及水草的嫩芽等为食。性格温柔，体态优美，常伸翅引颈，翩翩起舞，鸣声嘹亮高亢。由于其寿命长达50—60年，因此历代文人常把丹顶鹤与松树放在一起，吟诗入画，称为“松鹤延年”……①

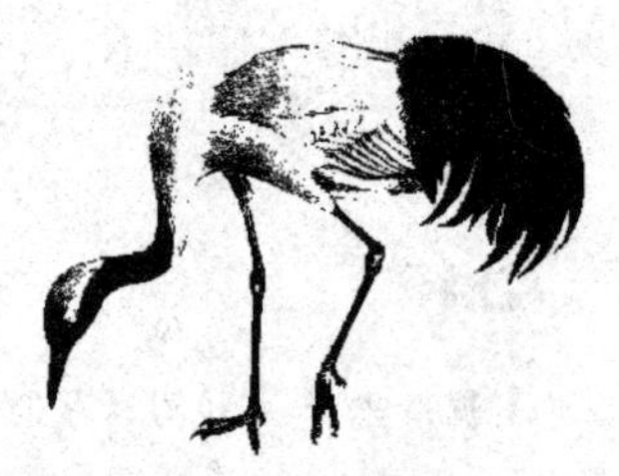

图143　丹顶鹤
（鹤形目鹤科）

丹顶鹤体型优美、举止优雅、鸣声洪亮，自古以来便博得人们的喜爱。丹顶鹤的幼鸟比较容易驯化，能与饲养人建立起感情，在主人的指挥下，可以展翅引吭，翩翩起舞。我国古代传说仙人常以鹤为伴，因此又叫它“仙鹤”。

丹顶鹤的寿命在鸟类中是比较长的，古今画家常作《松鹤图》，以此象征人事长久。

丹顶鹤体形匀称，体态轻盈，十分好看。头顶的皮肤裸露，露出一块美丽的朱红色，因而名之为“丹顶鹤”。古人称赞它：“白丝翎羽丹砂顶，晓度秋烟出翠微。”

古人爱鹤之风很盛，《毛诗义疏》记载“吴人园中及士大夫家皆养之”，把养鹤作为清高和养性的一种手段。后来的作品和传说常把丹顶鹤作为神仙道士的一个助手，就更富有传奇色彩了。

鹤的鸣声极其洪亮，声达于数里之外，古人用“鹤鸣九皋，声闻于天”来比喻，就是说鹤的鸣声可达于九天之上。鹤的鸣声洪亮是与它的特殊发声器官有关系。它的气管异常地长，能在胸部盘卷成好多圈，好像还随年龄而不断加长，一直能穿入到胸骨之内继续盘旋生长。因而鹤在鸣叫时就比一般鸟类多了“共鸣器”，叫声自然响彻云霄了。

鹤在我国历史上被视为仙禽，有高人隐士之风。通常如有捕得，每饲养以供玩赏。古时对松鹤有特别嗜好的人很多，最早要数卫懿公。

“狄人伐卫，卫懿公好鹤，鹤有乘轩者。将战，国人受甲者，皆曰：‘使鹤，鹤实有禄位，余焉能战?’”（《左传》闵公二年）懿公终因爱鹤以致身败名裂。羊祜是很有名的将军，《舆地纪胜》说他镇荆州时，“江陵泽中多有鹤，常取之教舞，以娱宾客”。由是江陵泽名为鹤泽，后来连江陵郡也称鹤郡了。西晋陆机为成都王司马颖所诛，临死时犹顾左右而欢曰：“今日欲闻华亭鹤唳，不可复得。”（晋《八王故事》）。

《相鹤经》说：[2]

> 鹤者，阳鸟也，而游于阴，因金气依火精以自养。金数九，火数七，故禀其纯阳也。生二年，子毛落而黑点易。三年，顶赤而羽翮具。七年小变而飞薄云汉。复七年，舞应节，而昼夜十二时鸣，鸣则中律。复十六年大变，而不食生物。故大毛落而蕣毛生，乃洁白如雪，故泥水不污。或即纯黑，而脑尽成膏矣。复百六十年，变而雌雄相视，目睛不转，则有孕。千六百年，形定，饮而不食，与鸾凤同群，胎化产为仙人之骐骥矣。
>
> 夫声闻于天，故顶赤。食于水，故喙长。轩于前，故后指短。栖于陆，故足高而尾凋。翔于云，故毛丰而肉疏。且大喉以吐故，修颈以纳新，故天寿不可量。所以体无青黄二色者，土木之气内养，故不表于外也。是以行必依洲屿，止不集林木，盖羽族之清崇者也。
>
> 《玉策纪》曰：“千岁之鹤，随时而鸣，能登于木；其未千载者，终不集于林也。”其相曰：瘦头朱顶则冲霄，露眼黑睛则视远，隆鼻短啄则少瞑，骱颊䯀耳则知时，长颈竦身则能鸣，鸿鸧燕膺则体轻，

凤翼雀尾则善飞，龟背鳖腹则伏产，轩前垂后则能舞。高胫粗节则足力，洪髀纤指则好翘。圣人在位，则与凤皇翔于郊甸。

鹤不难相，人必清于鹤而后可以相鹤矣。夫顶丹胫碧，毛羽莹洁，颈纤而修，身耸而正，足癯而节高，颇类不食烟火人，可谓之鹤形。望之如雁鹜鹅鹳然，斯为下矣。

养以屋，必近水竹；给以料，必备鱼稻。蓄以笼，饲以熟之食，则尘浊而乏精采。岂鹤俗也？人俗之耳！

欲教以舞，候其馁，置食于阔远处，拊掌诱之，则奋翼而唳，若舞状，久则闻拊掌而必起此食，岂若仙家和气自然之感召哉！今仙种恐未易得，惟华亭种差强耳。③

自汉魏以下，士人有养鹤采其仙气之风尚。

鹤极善舞。据专门研究过鹤之舞蹈的宋胜利先生描述："鹤，不是一般的善舞能歌，给人以耳目之娱，它的舞'岳（跃）湛有仙姿'，本身就是一组生动的啼画。它的啼歌'钧韶无俗音'（皆引于范仲淹《鹤联句》），蕴涵有激越的诗情。至于它对伴侣鸟的爱恋，则更有着传奇、瑰丽的光环，成为千古话题……"

丹顶鹤能做出极为复杂的舞蹈动作。鹤舞的动作有伸腰抬头、弯腰、跳跃、跳踢、展翅行走、屈背、鞠躬、衔物等等。"而这些动作及其后续动作又都有机地结合在一起，如弯腰——伸腰抬头（头急速上下摆动）；展翅——伸腰抬头——弯腰；伸腰抬头——弯腰——跳跃（脚朝下）；展翅弯腰——弯腰行走——展翅衔物（颈和身体呈"V"字形）——展翅行走；衔物——抛物（跳跃）——跳踢（不变位的体旋转）"。

图 144A　鹤舞动作

1. 伸腰抬头（B. 展翅伸腰抬头）　2. 弯腰（B. 展翅弯腰）
3. 跳跃（B. 抛物跳跃）　4. 跳踢
5. 展翅行走　6. 屈背
7. 鞠躬（B. 行走鞠躬）　8. 衔物（B. 展翅衔物）

据鹤舞的观察者的描述：

丹顶鹤舞蹈时，主要靠腿力或扇翅做跳跃，弯腰动作；展翅追击（追逐），展翅助走；鞠躬，梳理背羽，挺胸翘羽；鞠躬、屈背。上面这些动作的目的，有的本身就已表明，也有的是长期观察而知。如鞠躬一般表示友好和爱情，沙丘鹤的鞠躬点头却表示屈服而又愤怒；丹顶鹤似乎是全身绷紧地低头敬礼，表示自身的存在，有炫耀、恐吓之意；弯腰和展翅则表示怡然自得、闲适超逸；亮翅有时表示欢快。

鹤舞往往从略带紧张的注目姿式引起的弯腰开始（导入），有时增加一个并行动作，由行走中的弯腰、展翅到跳跃（蹦）动作的产生，表明舞蹈的开始。也有的就从叼捡食物开始，这足以说明古人的“食化”教舞并非妄谈。④

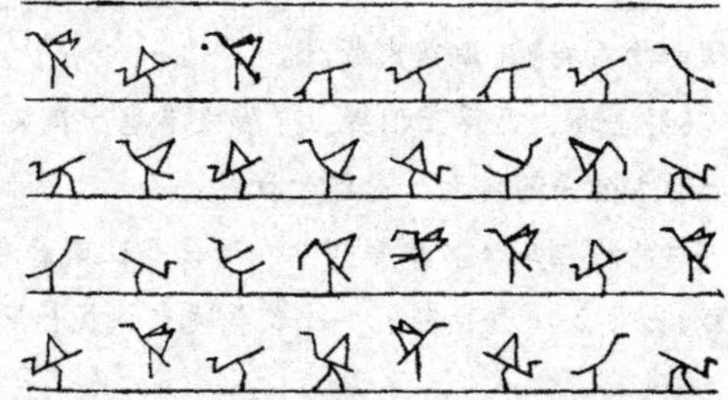

图 144B　鹤舞的连续动作（反方向的动作表示已作旋转）

鹤舞是几十个、几百个舞蹈动作的连续变化，妙不可言。南朝鲍照在《舞鹤赋》中赞美鹤舞：“众变繁姿”，“态有遗妍，貌无停趣”，“轻迹凌乱，浮影交横”。“始连轩以凤跄，终宛转而龙跃”，使得风流善舞的“燕姬色沮”。鹤舞如此动人，自然要引起艺术家们的喜爱。河南南阳汉画馆藏汉砖有鹤舞图，对鹤舞风姿作了生动描绘。

图 144C　鹤舞姿态

综上所述，凤凰崇拜本来起源于上古石器时代的鸵鸟——太阳神图腾。但在进入历史时期以后，由于鸵鸟的灭绝和凤凰的非图腾化，关于凤凰的传说遂发生演变而愈趋复杂。商周秦汉之际，燕子和金（锦）鸡曾先后成为凤凰的替身；汉晋唐宋以后，鸳鸯、鹤，以及鸿雁、天鹅、鹰、雕、孔雀，也都曾与凤凰发生或深或浅的关系，因之在同一语词记号下注入了语义完全不同的禽鸟意象。

这种情况也反映在历代凤凰图形的演变中。先秦的凤凰图多为蛇颈、高足，尚保留着鸵鸟的特征；而汉唐（特别是明清以后）就逐渐发展为以锦（金）鸡的形态为主体，饰有孔雀式羽毛的综合形象了。

注释

①据唐思贤《彩图动物百科》，海燕出版社。

②书前有序谓："其经一通，乃浮丘伯授王子晋之书也。崔文子学道于子晋，得其文，藏嵩山石室中，淮南八公采药得之，遂传于世。"

③华亭地在近长江口的松江华亭。华亭鹤唳在晋代是江南著名景象。

④宋胜利《鹤之舞》，收入《丹顶鹤》一书，黑龙江人民出版社。

第四十章　作为氏族图腾的凤鸟

玄鸟和凤鸟在我国古代神话中的出现绝非偶然。鸟的神话是从殷代发展起来的，在殷代的一些青铜器上可以发现有许多形状奇异的鸟的纹饰。这种纹饰可能来源于图腾。在上古，鸟被看作是神圣的动物。这和当时人们崇拜上天有关。鸟在天空翱翔，来去倏忽，因此被看成是上天的使者、神的表象。《诗经·商颂·玄鸟》中的"天命玄鸟，降而生商"就是如此。这种神的观念，可能一开始产生于某一部族。以后由于部族之间的交往和生活范围的扩大，思想意识也互相影响混合，而渐趋一致，最后成为整体商族的观念。这种观念到了周代又有所发展，《吕氏春秋·仲春纪》载："是月也，玄鸟至。至之日，以太牢祀于其禖。天子亲往，后妃率九嫔御，乃礼天子所御，带以弓韣，授以弓矢于高禖之前。"等待玄鸟到来这里后，才向求子之神高禖祈祷，可见当时的人们认为玄鸟能赋予人新的生命。

（一）

关于中国古代鸟氏族的图腾崇拜，春秋时代郯子（郯国国君）对鲁国大夫昭子曾讲过：

> 我高祖少皞挚之立也，凤鸟适至，故纪于鸟，为鸟师而鸟名。凤鸟氏，历正也（杜预注：凤鸟知天时，故以名历正之官）；玄鸟氏，司分者也；伯赵氏，司至者也（注：伯赵，伯劳也；以夏至鸣，冬至止）；青鸟氏，司启者也（注：青鸟，鸧鷃也，以立春鸣，立夏止）；丹鸟氏，司闭者也（注：丹鸟，鷩雉也；以立秋来，立冬去，入大水

为扈。上四鸟皆历正之属官）；祝鸠氏，司徒也（注：祝鸠，鵻鸠也；鵻鸠孝，故为司徒，主教民）；鴡鸠氏，司马也（注：鴡鸠，王鴡也，鸷而有别，故为司马，主法制）；鳲鸠氏，司空也（注：鳲鸠，鴶鵴也，鳲鸠平均，故为司空，平水土）；鹓鸠氏，司寇也（注：鹓鸠，鹰也；鸷，故为司寇，主盗贼）；鹘鸠氏，司事也（注：鹘鸠，鹘鸼也；春来冬去，故为司事）；五鸠，鸠民者也（注：鸠，聚也；治民上聚，故以鸠为名）。五雉为五工正（注：五雉，雉有五种：西方曰鷷雉，东方曰鶅雉，南方曰翟雉，北方曰鵗雉，伊洛之南曰翚雉）。利器用，正度量，夷民者也（注：夷，平也）；九扈为九农正（注：扈有九种也：春扈鳻鶞，夏扈窃玄，秋扈窃蓝，冬扈窃黄，棘扈窃丹，行扈唶唶，宵扈啧啧，桑扈窃脂，老扈鷃鷃，以九扈为九农之号，各随其宜以教民事），扈民无淫者也（注：扈，止也，止民使不淫放）。”

郯子叙述了凤鸟作为少昊氏图腾的起源。郯子还指出，中国古代的图腾除鸟外，还有云、火、龙三种。“黄帝氏以云纪，故为云师而云名。炎帝氏以火纪，故为火师而火名……太皞氏以龙纪，故为龙师而龙名。”孔子听了郯子这段话后，认为郯子十分博学，拜其为师，后又感叹：“吾闻之，天子失官，学在四夷，犹信！”

孔颖达说：

当时名官，直为鸟名而已。其所职掌，与后代名官所司事同。所言历正以下，及司徒、司寇、工农之属，皆以后代之官所掌之事托言之。言尔时鸟名，如今之此官也。

傅斯年指出：

我们从人类学和民俗学的见地来看这段材料时，立刻觉得郯子所说的这许多鸟官皆是古代鸟图腾部落的名字，因为根本上这些鸟名并不是真鸟而是氏族之名，并且是官名，正合于民族社会的人以鸟为图腾，并以鸟为族名或官名的通例。

这些鸟官作为古代图腾部落的遗留，并且由它的工作来看，可知中国一部分专门学问如历法之类似乎是古代东方鸟族所发明的东西。因为图腾崇拜而连带地发展成一种专门学问，养成一种专家，所以虽在图腾制度消灭的时候，仍沿用这些部落的人民来执掌他们所专长的事，并且用他们的族名以名此类官职，郯子所传述的这一段鸟官在历史发展上大概相当于这个阶段吧。①

傅氏据此认为，古代东方民族在共同以鸟为图腾之下，又分为凤鸟、玄鸟、伯劳、青鸟、丹鸟、五鸠等六部。此外在五鸠之中又分为祝鸠，鴡鸠，鳲鸠，鹩鸠，鹘鸠，"聚民者也"。在五雉之下，又有五工正、九农正等等的细分。在部族（Clan）之下，又分为许多支族（Phratry），譬如鸠等部族，而五鸠、五雉、九扈便是支族。"由这样组织严密的图腾社会，可以看出中国古代图腾社会是如何地发达，并且借此更可以推知东方鸟族在当时是如何一个强大的部落"。

（二）

上古传说中的伏羲氏，大概就是郯子所说的凤鸟氏，即以凤为图腾者。《左传》僖公二十一年：

任、宿、须句、颛臾，风姓也，实司太皞与有济之祀，以服事诸夏。

四国皆风姓，同为太皞（昊）之后，可见太昊姓风。《左传》昭公十七年杜预注："大皞，伏羲氏，风姓祖也。"而曹植《庖牺赞》亦曰："木德风姓，八卦创然。"司马贞补《三皇本纪》说同。

甲骨文的风字即凤字，风姓乃凤姓，即以凤鸟为图腾。《吕氏春秋·孟春纪》曰：

孟春之月……其帝太昊，其神句芒。

按，句芒为鸟神，《山海经·海外东经》记：

东方句芒，鸟身人面，乘两龙（郭璞注曰：木神也，方面素服。墨子曰："昔秦穆公有明德，上帝使勾芒赐之寿十九年。"）。

郭注见《墨子·明鬼》：

昔者郑（秦）穆公，当昼日中处乎庙，有神入门而左，鸟身，素服三绝，面状正方。郑（秦）穆公见之，乃恐惧犇（奔）。神曰："无惧！帝享女（汝）明德，使予锡女（汝）寿十年有九，使若国家蕃昌，子孙茂，毋失！”郑（秦）穆公再拜稽首曰：“敢问神名？”曰：“予为句芒。”

《史记》言秦人奉鸟为图腾，则秦穆公于祖庙之中见此鸟身素服之句芒神并非无因。傅斯年说句芒为九凤之音转，《山海经·大荒北经》：

大荒之中有山名曰北极天柜……有神，九首人面鸟身，名曰九凤。

（三）

古乐中有凤来乐，相传为太昊氏所制作，其字一作“扶来”。《世本·帝系》篇记：

伏羲乐曰《扶来》。

《孝经钩命诀》曰：

伏羲乐曰立基，一云扶来，一曰立本。

《路史·后纪》卷一《太昊纪》：

长离（罗苹注：长离者，凤也）徕翔，爰作荒乐，歌《扶徕（来）》，咏网罟，以镇天下之人。（注曰：《扶来歌》即凤来之颂，乃神农之扶犁也。扶，凤；来，犁；音相同尔）

太昊之乐曰“凤来”，即因其以凤鸟为图腾，凤来乐便是凤族的图腾音乐。太昊的凤来乐也就是《吕氏春秋·仲夏纪·古乐》所载的“葛天氏之乐”：

昔葛天氏之乐，三人操牛尾投足以歌八阕：一曰载民，二曰玄鸟，三曰遂草木，四曰奋五谷，五曰敬天常，六曰达帝功，七曰依地德，八曰总万物之极。

葛天氏，高诱注云：“古帝名。”其名除《吕览》以外，古书甚少见。傅氏认为葛天氏即“皋天氏”或“昊天氏”。葛、皋，双声，古音皆隶于见组。葛天氏为古帝名，昊天氏亦为古帝名。昊天即太昊，《尚书考灵耀》曰：

东方曰昊天。

《说文》曰：

界，春为界天，元气界界（按：即昊昊），从日、介。

《吕氏春秋 · 孟春纪》所言：

孟春之月……其帝太皞（高诱注："太皞，伏羲氏，以木德王天下之号，死祀于东方。"）。

（四）

太皞又称皞天氏，亦即葛天氏。所以马骕《绎史》卷三附葛天氏于太皞纪末。葛天氏既为太昊，那么葛天氏之乐就是太皞的凤来乐。

葛天氏乐中八阕，首曰"载民"，犹《大雅 · 生民》也。生民之来自玄鸟，故继之以玄鸟。凤鸟戴仁，抱义，掖信，归有德，故八阕乐中"五曰敬天常，六曰达帝功，七曰依地德"，处处似指凤鸟而言，此与太皞氏因凤来而作凤来歌又颇相似。所不同者，一个是凤鸟，一个是玄鸟。玄鸟也就是凤鸟。②

傅斯年说：

太皞以凤鸟为图腾，为什么名字叫做太皞呢？我们知道中国古代的东夷以鸟为图腾者，多以太阳或月亮为图腾，这就是民俗学上所谓"联合图腾"（associated totem）的制度。其例甚多，不胜枚举。其表现在神话传说方面者就是中国古代相传为日中有三足乌。

《说文》："皞，皓旰也。"《玉篇》："皞，明也，旰也。"《释文》："旰（皓），日光出也。"皞即日光，则太皞即太阳，少皞亦即月亮。

在上古人的心目中，太阳在天空之运行与鸟类在天上飞一样，都须借助于风。而凤是风之神，所以鸵鸟（凤凰）亦为太阳之神。

（五）

太皞之"皞"，《说文》训为"皓旰也"，徐锴传曰："日转高皞旰盛也。"段玉裁注曰："皓旰谓洁白光明之貌，旰同日出光倝倝之倝，非下文训晚之旰也。"通作"皓"，又作"昊"，见宋洪适《隶释》之《魏修孔子庙碑》，罗苹《路史·后纪》云："皓，昊同。"《说文》："皓，日出貌。"《楚辞·远游》："历太皓以右转兮。"王逸章句："即太皞也。"太皞之名取义乎日，故太皞氏也以日为联合图腾。后代的传说中也说太皞与太阳有关，皇甫谧《帝王世纪》云：

首德于木，为百王先，帝出于震，未有所因，故位在东方，主春。象日之明，是称太昊。

傅斯年指出：

太皞之得称既得义于图腾，其称号为高阳氏，故凡是以日和凤鸟为图腾的部落，人人皆得名"皞"，代代皆可称"皞"，这如"中国人""日本人"的名词一样，皆公名，非私名。然而从这"太"字来看，似乎是有区别特指的意思在内，这太皞似乎是专指东夷中最有名、最有势、时代最早的首君，那么这位首君在历史上应该是谁呢？我们稍一冥想，马上就想到历史上赫赫有名的东夷大君的舜来。我猜想太皞就是舜。

舜是东夷之人（见《孟子》），而太皞亦为东方之帝（见《淮南子·天文训》）。

太皞以凤鸟和太阳为图腾，而舜别号名俊。《山海经·大荒东经》云：

帝俊生中容。（郭璞注云：俊亦舜字假借音也）

《大荒南经》云：

有水四方，名曰俊坛（郭注曰：水状似土坛，因名舜坛也）。

《大荒南经》云：

帝俊妻娥皇生此三身之国也（郝懿行笺疏云：三身国姚姓，故知此帝俊是帝舜矣）。

至于舜与俊、夋在音韵上之关系，王国维、杨树达早有论之，兹不赘述。舜既为俊，俊即鵔之假借字，即鵔鸃。《说文》鸟部："鵔，鵔鸃，鷩也。"（读为私闰切）

《杂字解诂》云："鵔鸃似凤皇。"《广雅》卷十释鸟云："鵔鸃，凤皇属也。"司马相如《子虚赋》曰"射鵔鸃"，郭璞注云："似凤，有光彩。"

又《仓颉解诂》云："鵕鸃，神鸟，飞竞天汉，以为侍中冠。"《楚辞》："抚朱爵与鵕鸃。"王逸注："鵕鸃，神俊之鸟也。"《说文》云：

凤，神鸟也……出于东方君子之国，翱翔四海之外，过昆仑，饮砥柱，濯羽弱水，莫宿风穴，见则天下大安宁。

由此观之，舜之称俊，即鵕鸟，亦即凤皇。与太皞姓风，以凤为图腾者，若合符节。大概因为凤凰丰羽长尾，五彩缤纷，甚为俊美，所以把它又叫做俊鸟（鵕）。太皞姓风（凤），舜名为鵕（凰），可见太皞就是舜了。

（六）

太皞之皞，即皓字，而皓即帝佶、帝喾。《管子 · 侈靡》和《史记》中的《三代世表》及《封禅书》帝喾皆作帝佶。汉武梁祠石室题字：

帝佶高辛者，黄帝之曾孙也。

帝喾既为太皞，而帝喾亦即帝俊，亦即卜辞上之高祖夔。王国维《古史新证》云：

《史记 · 五帝本纪》索隐引皇甫谧曰："帝喾名夋。"《初学记》九引《帝王世纪》曰："帝喾生而神灵，自言其名曰夋。"《太平御览》八十引作"逡"。《史记正义》引作"岌"。逡为异文，岌则讹字也。《山海经》屡称"帝俊"（原注：凡十二见），郭璞注于《大荒西经》"帝俊生后稷"下云"俊宜为喾"，余皆以为帝舜之假借。然《大荒东经》曰"帝俊生仲容"，《南经》曰"帝俊生季釐"，是即在《左氏传》之仲熊季貍，所谓高辛氏之才子也。《海内经》曰"帝俊有子八人实始为歌舞"，即《左氏传》所谓有才子八人也。《大荒西经》"帝俊妻常羲生月十有二"，又传记所云"帝喾次妃诹訾氏女曰常仪，生帝挚者也"……三占从二，知郭璞以帝俊为帝舜，不如皇甫（谧）以夋为帝喾名之当矣。祭法"殷人禘喾"，鲁语作"殷人禘舜"，舜亦当作"夋"。喾为契父，为商人所自出之帝，故商人禘之。卜辞称高祖夔，乃與王亥大乙同称，疑非喾不足以当之矣。

郭沫若亦认为帝喾亦即舜：

《鲁语》云“禘舜”，祭法云“禘喾”，正舜、喾为一之证，章昭云字误者，非也。《楚辞·天问篇》叙舜象事于夏后，于般先公先王之前，亦表明帝舜之即帝喾，篇中舜喾同出者，盖传闻异辞，不则后人所改易也。王云“《大荒经》自有帝舜，不应前后互异”，实则《大荒经》中亦有帝喾，《大荒南经》云“帝尧帝喾帝舜葬于岳山”，与帝俊亦正前后互异，盖《山海经》之辑录者本诸异辞之传闻，误以帝俊、帝喾、帝舜为三人也。

太皞既为帝佶，而帝佶又为帝俊与帝舜，则太皞亦即舜了。

傅斯年指出：

舜是帝喾，我想这关系不能单单从文字音韵上讲，因为舜、夋二字无论如何不能音转作告，或形误为佶。舜之为佶其理由甚简单，就是因为佶即皓字。

舜以鸟为图腾又以太阳为图腾，所以舜名为鵕，而一名太皞，或称帝皓（佶）。犹之乎帝喾名皓取义于日，号曰高辛。高盖为凤字之省，甲骨文凤字字头多作▽，象凤冠，即辛字，是帝喾即高凤也。

传说又说帝喾戴干（《潜夫论·五德志》），戴干就是戴辛，或即戴凤冠。《离骚》说帝喾欲通有娀氏之佚女，先遣凤鸟为使：

望瑶台之偃蹇兮，见有娀之佚女……

凤皇既受（授）诒（贻）兮，恐高辛之先我。

帝喾通之，而曰凤凰授贻。我们虽不能说在诗人屈原的心目中尚以帝喾为凤皇，但从这传说的第二阶段（以鸟为使与以鸟为媒）可以推知第一个阶段的意义是以鸟代表人名，即以鸟为图腾者。《大荒东经》云：

有五采之鸟，相乡弃沙[3]，惟帝俊下友，帝下两坛，采鸟是司。

五采之鸟即凤凰。《南山经》云：

（丹穴之山）有鸟焉，其状如鸡，五采而文，名曰凤皇。

帝俊与帝喾皆有以凤凰为使的传说，不但可以证明帝俊即帝喾，更可以证明帝喾之号曰高辛氏者即大风（凤）氏也。

“商字从辛，商亦即凤，高辛大凤亦即大商也。太皞一方面是日，一方面姓风（凤）；舜一方面是鵕（私闰切），一方面即皓（帝俈、太皓）；帝喾一方面是日（皓），一方面是凤。这充分地表示三人之为一人之分化，更充分地表示东夷鸟族以鸟与日为联合图腾。”

总之，东方鸟氏族之中，凤族是一大族，舜为该族之酋长。帝俊、帝喾、大皞皆为一传说之分化。此族在殷代犹有小部落，甲骨文有“凤氏”即此族。柯昌泗《殷金文卜辞中所见国名考》曰：

> 甲骨文“乙丑允贞，令濯还凤氏聿从鄙蜀。占事，十月。”濯，人名；凤氏，氏族也。《左传》少昊氏以鸟纪官有凤鸟氏，《韩非子》武王至凤皇之墟，盖古有其国矣。

（七）

在文献中早就透露了商族原始的鸟图腾遗迹。《诗经 · 商颂 · 玄鸟》说“天命玄鸟，降而生商”。《诗经 · 商颂 · 长发》说“有娀方将，帝立子生商”。《楚辞 · 天问》说“简狄在台，喾何宜？玄鸟致贻，女何喜？”等，早就成了人所共知的商族遵奉鸟图腾的明证。

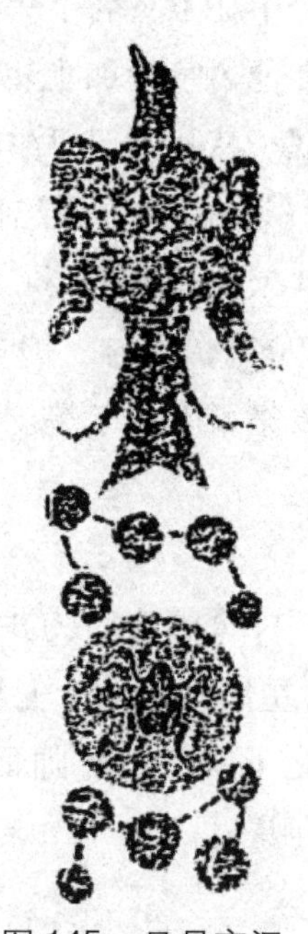

图 145　日月交汇
（汉代画像石）

上帝命令玄鸟下来和有娀氏之女简狄生下了商的始祖，这一故事自商代到汉代广为流传，反映了商族曾经过母系氏族阶段并以玄鸟为图腾这一历史遗影。

于省吾《略论图腾与宗教起源和夏商图腾》一文，举出商代青铜器有“玄鸟妇壶”，表示作器的贵妇为鸟图腾族的后裔。又举帝乙、帝辛时卜辞中有“娄毓[illegible]”之文，指娄即有娀氏。显见商代自先世契母简狄直到帝乙、辛时期还与有娀氏保持婚媾关系。这些地下史料与文献记录交验互证，早期商族母系阶段与图腾崇拜的确切存在。

胡厚宣在《甲骨文商族鸟图腾遗迹》和《鸟图腾新证据》两文中对有关文献和卜辞作了系统的考证，指出王亥的字往往冠以鸟形，“上端所从先从鸟鸾，次作崔萑，最后作隹”，“都像是从一只鸟”，此“乃商族以鸟为图腾之确证”。

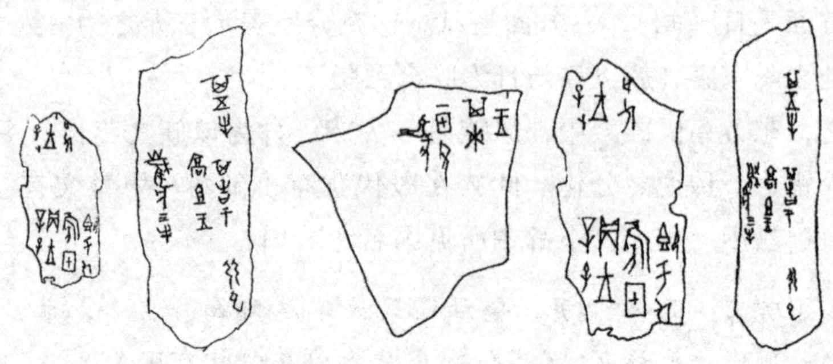

图146　甲骨文中的鸟王亥

胡厚宣考释了玄鸟即凤，而雉是凤属的一种，或称丹鸟。文中举出卜辞中在王亥名字旁加一鸟形，因王亥是商代第一位先公上甲微之所自出，在他名字旁加上本族祖先鸟图腾的符号，看得出商族对鸟图腾往迹的珍视。特别是卜辞中有很多祭祀神鸟的记录。如武丁时数祭“帝史凤”（《通》398、《续补》918等），又有三条禘祭雉鸟，武丁给了很隆重的祀典（用三牛三豖三犬等）。较早卜辞有一条报祭“祥鸟”的事（《甲》2904），则与《殷本纪》载祖乙称雉为“祥雉”同。武丁不仅要祭鸟，还要祭天上的鸟星。

（八）

太皞之后为少皞。太皞以凤鸟为图腾，少皞以玄鸟（燕）为图腾。《左传》昭公十七年郯子说太皞氏以龙纪官，少皞挚之立，凤鸟适至，故纪于鸟，为鸟师而鸟名，似乎是说少皞氏出于凤凰，其实不然。傅斯年说：

> 我们知道少昊姓嬴，因为《左传》杜注说“郯，嬴姓国”，而郯子自称为少皞氏之后，可见少皞必姓嬴。《说文》：“嬴，帝少皞之姓也。”段注云：“按，秦、徐、江、黄、郯、莒，皆嬴姓也。嬴，《地理志》作盈。又按，伯翳嬴姓，其子皋陶偃姓，偃嬴语之转耳，如娥皇、女英，《世本》作女莹，《大戴礼》作女匽，亦一语之转。”
>
> 按：秦民族出于帝颛顼之苗裔，孙曰女脩，女脩织，玄鸟贻卵，女脩取吞之，因孕生子曰大业。是秦民族以玄鸟为图腾，与殷民族

同，盖亦为东方鸟族而后迁播至西陲者。

秦姓嬴，而民族诞生出于玄鸟，玄鸟即燕，则嬴燕亦一声之转尔。秦姓嬴，出于燕，则少皞姓嬴，亦当出于燕。换言之少皞之族乃以燕为图腾，而非以凤凰为图腾者。

马骕《绎史》卷六引战国时墨学派田俅子云：

少昊都于曲阜，鞬鞮毛人献其羽裘。赤燕一羽，飞集少昊氏之户，遗其丹书。

此赤燕贻书大似玄鸟贻卵，此赤燕传说亦乃玄鸟神话之变形。

（九）

《汉书·地理志》引《禹贡》东方鸟夷，颜师古注曰："被服容止皆象鸟也。"此即以鸟为图腾之东夷，其服饰亦取像乎鸟。以羽为饰，故称"羽人"。"夷人"应即"羽人"之变语。《山海经·海内经》："有嬴民，鸟足。"姓嬴的人以鸟为图腾，所以其装饰也摹仿鸟的样子。从这里我们又可以知道少皞氏确为东方之鸟夷。

太皞以凤皇为图腾，又兼以日为图腾，故名曰皞，少皞则以月为图腾者。《山海经·西山经》记：

长留（流）之山，其神白帝少昊居之（郭注：少昊金天氏，帝挚之号也），其兽皆文尾，其鸟皆文首，是多文玉石，实惟员神魂氏之宫。是神也，主司反景（郭注：日西入，则景反东照，主司察之）。郝懿行《山海经笺疏》云："是神员神，盖即少昊也。"④

泑山（即幽山），神蓐收居之……是山也，西望日之所入，其气员（郭注：日形员，故其气象亦然也）。神红光之所司也（郭注："未闻其状。"郝氏笺疏云："红光，盖即蓐收也。"）。

"其气员"，郭注说为日形。则前条之"员神"，盖亦为日神。此条之红光即日光，为蓐收。

傅斯年认为：

伯益就是少皞。第一，伯益姓嬴，《国语·郑语》："嬴，伯翳之后也。"《史记·秦本纪》云秦姓嬴。《郑世家》云："秦，嬴姓，伯翳之后也。”伯翳即伯益，可见伯益姓嬴，与少皞氏姓嬴同。第二，伯益之益即燕字之误。《汉书·百官公卿表》“嗌作朕虞”，应劭曰：“嗌，伯益也。”颜师古曰：“嗌，古益字也。”伯益者，伯燕也。即燕伯，有易之君。郯子叙述鸟官之次第，首为凤鸟氏，次为玄鸟氏，凤鸟若为太皞，则玄鸟就其次第而言可能为少皞。少皞之神曰蓐收。而《路史·余论》卷十《无支祁篇》云：伯益字“虞余”⑤，佐禹治水，“遂导波决川，奠五岳，别九州”。又曰：“虞余庚辰，按：《楚辞》乃益稷之字。”梁玉绳《古今人表考》云：“伯益字虞余。”《路史·余论》卷七“繇余氏墓”条云：“繇余氏，帝尧之臣。与陶臣氏、乌陀氏佐禹理水，愚意繇余氏亦即虞余氏。”虞余、繇余与蓐收之音近，殆皆为燕、乙之长读乎？少皞为帝，而在舜以后的许多鸟族尊长之中当过帝的只有伯益。

古本《竹书纪年》云：

益干启位，启杀之。

《战国策·燕策》：

或曰：“禹授益而以启为吏，及老，而以启为不足任天下，传之益也。启与支党攻益而夺之天下。是禹名传天下于益，其实令启自取之……”

《韩非子·外储说右下》：

古者禹死，将传天下于益，启之人因相与攻益而立启。

《楚辞·天问》曰：

启代益作后，卒然离蠥。何启惟忧，而能拘是达？

皆归射鞫，而无害厥躬。何后益作（祚）革，而禹播降（隆）？

《汉书·律历志》：

寿王言化益为天子代禹（颜注：“即伯益。”）。

（十）

伯益是有易部族的酋长。舜死后，传位给禹。禹死后，伯益与夏启竞争失败，启成为天下的共主。

伯益之族南下，一支由豫鄂进入湘楚，是为楚先，一支由陕而入秦，成为秦先。郯子说少皞名挚，而《史记 · 五帝本纪》说帝喾“娶娵訾氏女生挚。帝喾崩，而挚代立，帝挚立，不善，崩。而弟放勋立，是为帝尧”。帝喾既为帝舜，即太皞，则帝喾之子挚自然不能不是少皞。少者对太而言，父子相继之号次也。此立不善而崩之帝挚，索隐引卫宏说“挚立九年，而唐侯德盛，因禅位焉”。正义引《帝王世纪》说同。帝挚之不善，享国未久而禅位，就是伯益即位未久而被启驱逐事之伪传。

傅斯年则认为，因为帝喾就是帝舜，而舜后被人篡夺王位者只有伯益。尧就是黄帝，比舜早得多，他断不能承继帝喾（舜）之位，帝挚也决不会是尧的大哥。这本来是两件事，后人把它们混为一谈了。

少皞氏名挚，《路史》又记作挈、栔、契，皆乃殷的先祖契。契，《世本》说：“少昊，黄帝之子，名契。”“少昊名栔，或云名契。”以契为黄帝之子固然不可信，然谓契即少皞氏则极是。

契若为少皞氏帝挚，则殷民族实少皞之后。殷民族出于玄鸟贻卵，则少皞亦必以玄鸟为图腾。

少昊氏居西方，《山海经 · 西山经》载少皞氏居长留之山，在积石西二百里。《吕氏春秋 · 孟春纪》《礼记 · 月令》皆以少皞主孟秋：“立秋之日，天子亲率三公九卿诸侯大夫以迎秋于西郊。”是皆以少皞居西方，少皞亦称西皇。《离骚》曰“诏西皇使涉予”，王逸注：“西皇，帝少皞也。”《远游》云“遇蓐收乎西皇”，王逸注：“西方庚辛，其帝少皓，其神蓐收。西皇，即少昊也。”

西皇乃对东皇而言，东皇为太皞，为舜，西皇为少皞，即益也。然则伯益为什么又叫西皇呢？我想这大概与秦有关，秦居西方。伯益死后，其遗族一支迁西方，是为秦。《史记 · 秦本纪》云：

> 秦之先，帝颛顼之苗裔，孙曰女脩。女脩织，玄鸟陨卵，女脩吞之，生子大业。大业取少典之子，曰女华。女华生大费，与禹平水土。已成，帝锡玄圭。禹受曰：“非予能成，亦大费为辅。”帝舜曰：“咨尔费，赞禹功，其赐尔皂游。尔后嗣将大出。”乃妻之姚姓之玉女。大费拜受，佐舜调驯鸟兽，鸟兽多驯服，是为柏翳。舜赐姓嬴氏。

又《史记 · 陈杞世家》曰：

> 柏翳之后，至周平王时封为秦，项羽灭之。

秦居西方，伯益为秦祖，故伯益为西方之神与少皞为西方之神若合符节。《史记 · 封禅书》曰：

> 自周克殷后十四世，世益衰，礼乐废，诸侯恣行，而幽王为犬戎所败，周东徙雒邑。秦襄公攻戎救周，始列为诸侯。秦襄公既侯，居西垂，自以为主少皞之神，作西畤，祠白帝。

西方在五行中属“金”，故少昊又称金天氏（见《左传》昭公元年），《汉书 · 古今人表》注引张晏：“以金德王，故号曰金天。”《淮南子 · 天文训》：“西方金也，其帝少昊。”西方在五方色中属“白”，故少昊亦曰白帝（见《五德志》及《独断》），亦曰白精之君（见《礼记 · 月令》注）。《拾遗记》称其为母皇娥遇太白之精而生。此皆是这种历史的事实（秦以伯益为先）在后代的演化或滋生的意义。

（十一）

铜器中有“玄鸟妇壶”。柯昌泗《殷金文卜辞中所见国名考》云：

> 玄鸟妇见玄鸟壶，端匋齐所藏，释为玄鸟，实乃一文也，字从玄从鸟，无考。然其字意宜当仍本乎玄鸟之称，玄鸟氏为少昊之佐，其后仍为国称。

东方鸟氏族诸酋长，除去舜与伯益，尚有丹朱，相传为尧之子。傅氏认为其族以鹤为图腾。丹朱即驩兜，驩头即红头，红头鸟即鹤。后代之高跷戏即出于该氏族之图腾跳舞。

在夏初东方鸟氏族不断和中原龙蛇氏族的夏人争国。启与益战之后，又与有扈氏战，有扈即郯子所说“九扈为九农正”之九扈，亦鸟官之一。其后又有东夷大君后羿灭夏朝。少康中兴，其势始微。

氏族社会的通例，子女从母，以母亲的图腾为图腾。帝挚即少皞伯益，乃以燕为图腾者。《诗经 · 商颂 · 玄鸟》及《史记 · 殷本纪》说玄鸟贻卵而生契。契以玄鸟为图腾，玄鸟即燕，那么契确乎是以燕为图腾。如此说来，契的母亲不应该是简狄，而是另外一个燕女。[⑥]

郯子所说的九扈，扈之本字为雇，《说文》云：

> 雇，九雇，农桑候鸟，扈（呼）民不婬（逸）者也，从隹户声，春雇鳻盾，夏雇窃（浅）玄，秋雇窃（浅）蓝，冬雇窃（浅）黄，棘雇窃（浅）丹，行雇唶唶，宵雇啧啧，桑雇窃脂，老雇鴳也。

郯子说："九扈为九农正。"孔颖达《正义》引贾逵云：

> 春扈分循，相五土之宜，趣民耕种者也；夏扈窃玄，趣民耘苗者也；秋扈窃蓝，趣民收敛者也；冬扈窃黄，趣民盖藏者也；棘扈窃丹，为果驱鸟者也；行扈唶唶，昼为民驱鸟者也；宵扈啧啧，夜为农驱兽者也；桑扈窃脂，为蚕驱雀者也；老扈鷃鷃，趣民收麦令不得晏起者也。

九雇即鷓鸪、子规之语转。鷓鸪即雎鸠，即杜鹃、布谷鸟。所以许慎谓之"农桑候鸟扈（呼）民不婬（逸）者也"。

《尚书 · 舜典》说益为虞官，掌草木鸟兽之事。《孟子 · 滕文公上》云：

> 舜使益掌火，益烈山泽而焚之，禽兽逃匿。

《潜夫论 · 志氏姓》云：

> 其子伯翳，能议百姓以佐舜、禹，扰驯鸟兽。

所言相似。《尚书 · 甘誓》载启召六卿：

> 嗟！六事之人，予誓告汝：有扈氏威侮五行，怠弃三正，天用剿绝其命。今予惟恭行天之罚。左不攻于左，汝不恭命；右不攻于右，汝不恭命；御非其马之正，汝不恭命。用命，赏于祖；弗用命，戮于社，予则孥戮汝。

这篇誓词里说到的"五行"指五季，说到的"三正"指天地人。《逸周书 · 史记解》云：

> 有夏之方兴也，扈氏弱而不恭，身死国亡（孔晁注：有夏，启也。战于甘，灭扈也）。

傅斯年说：

> 在夏初复国的时候，东方鸟氏族是一个大部族，它屡次地和夏人

争国，舜（太皞）被禹所逐，益（少皞）为启所代，益（燕）部落有扈氏（九雇）又和启战争，卒被启所灭，启一时算是统一了天下。同时伯益的西迁，建国为秦，大概也在此时。不久，东夷的大君的后羿又驱逐启的儿子太康，灭夏后相，夏又一度地亡国了。终夏之世，夏始终为鸟夷所扰，一直到夏桀还被东夷的商汤灭掉，这便是中国上古史上龙（夏）鸟（商）两族交涉接触的大概。

"玄鸟（燕）生商"的事就流传很广，对后代的影响也深远。《天问》："简狄在台，喾何宜？玄鸟致贻，女何喜？"《吕氏春秋 · 季夏纪 · 音初篇》："有娀氏有二佚女，为之九成之台，饮食必以鼓。帝令燕往视之，鸣若谥隘，二女爱而争搏之，覆以玉筐，少选，发而视之，燕遗二卵，北飞，遂不返。"《史记 · 殷本纪》："殷契，母曰简狄，有娀氏之女……三人行浴，见玄鸟堕其卵，简狄取吞之，因孕生契。"《诗经 · 商颂 · 玄鸟》："天命玄鸟，降而生商，宅殷土芒芒。"《毛诗序》谓："《玄鸟》，祀高宗也。"简狄，《史记 · 殷本纪》说她是帝喾的次妃，吞了玄鸟卵而生契。《列女传》载："契母简狄者，有娀氏之长女也。当尧之时，与其妹娣浴于玄丘之水。有玄鸟衔卵，过而坠之，五色甚好……简狄得而含之，误而吞之，遂生契焉。简狄性好人事之治，上知天文，乐于施惠。及契长，而教之理，顺之序。契之性聪明而仁，能育其教，卒致其名。尧使为司徒，封之于亳。及尧崩，舜即位，乃敕之曰：'契！百姓不亲，五品不逊。汝作司徒，而敬敷五教，在宽。'其后世世居亳，至殷汤兴为天子。君子谓简狄仁而有礼。诗云：'有娀方将，立子生商。'又曰：'天命玄鸟，降而生商。'此之谓也。"从这段记载里尚能看到母系氏族社会的影子。

玄鸟生商的神话对其他各族颇有影响，后世衍生出不少类似的神话。《论衡 · 吉验》载："北夷橐离国王侍婢有娠，王欲杀之。婢对曰：'有气大如鸡子，从天而下，我故有娠。'后产子，捐于猪溷中，猪以口气嘘之，不死。复徙置马栏中，欲使马借杀之，马复以口气嘘之，不死。王疑以为天子也，令其母收取奴畜之，名东明，令牧牛马。"《清史稿 · 太祖本纪》说："太祖……高皇帝，姓爱新觉罗氏，讳努尔哈赤，其先盖金遗部。始祖布库里雍顺，母曰佛库伦，相传感朱果而孕。"

《清太祖武皇帝实录》："先世发祥于长白山……其山风劲气寒，奇木灵药，应候挺生。每夏日，环山之兽毕栖息其中。山之东有布库里山，山下有池曰布尔湖里。相传有天女三，曰恩古伦，次正古伦，次佛库伦，浴于池。浴毕，有神鹊衔朱果置季女衣。季女爱之，不忍置诸地，含口中。甫被衣，忽已入腹，遂有身……寻产一男，生而能言，体貌奇异。”在满族的这一神话中，玄鸟换成神鹊，卵换成朱果了。

闻一多在《神话与诗 · 龙凤》中指出：

> 就最早的意义说，龙与凤代表着我们古代民族中最基本的两个单元——夏民族与殷民族。因为在“鲧死……化为黄龙，是用出禹”和“天命玄鸟（即凤），降而生商”两个神话中，我们依稀看出，龙是原始夏人的图腾，凤是原始殷人的图腾（我说原始夏人和原始殷人，因为历史上夏、殷两个朝代已经离开图腾文化时期很远，而所谓图腾者乃是远在夏代和殷代以前的夏人和殷人的一种制度的信仰）。因之把龙凤当作我们民族发祥和文化肇端的象征，可说是再恰当没有了。

注释

①本章说略引自傅斯年《中国古代鸟图腾氏族考》。傅文除了不知凤鸟与鸵鸟之关系外，所论基本都可以成立。

②玄鸟即凤鸟之别名，已详见本书前论。

③弃乃弄之讹文。

④员、云、月古字并通，员神，云神，月神也。

⑤虞余亦即有虞语转。

⑥此说不确。简狄即剪翟，即燕子。又，傅氏认为“凤凰大概就是现在所见的孔雀，而玄鸟则确乎是燕”，这也是不对的。

附录一　早期文明中的鸟神与文物

"四飞鸟"铜鼓是我国战国至西汉时期南方铜鼓中一种最典型的型制。

早期铜鼓，其常见母题包括太阳纹、云纹和雷纹这三大纹饰，显示了铜鼓与古代农业宗教的天象和气象等崇拜有关的文化内涵。

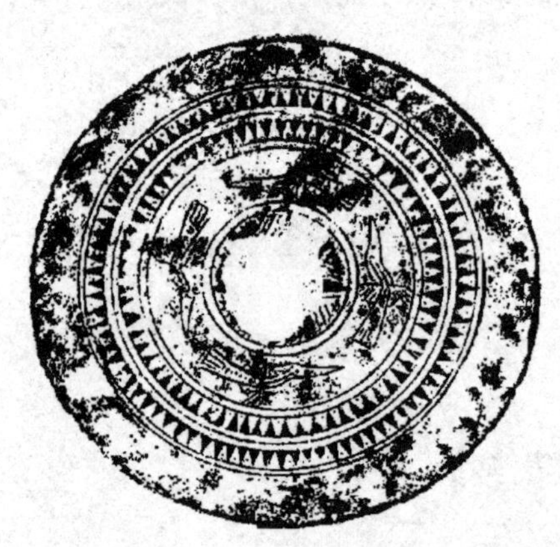

图 147　铜鼓四飞鸟图

"四飞鸟"铜鼓，是在鼓面以"太阳纹"为中心的云雷纹和其他几何纹"晕圈"之间，呈现环绕状排列的四飞鸟图案。

鼓身铸有表现祭祀活动的人物"鸟冠羽人"、祭祀船，以及牛牲等图像，使铜鼓作为古代农业宗教的法器和礼器的礼仪功能表现得更为突出。

"飞鸟纹"和"鸟冠羽人"作为铜鼓的主要纹饰，一直为铜鼓研究者所重视。

法国 H. 巴萝薛在《古代青铜鼓》中认为铜鼓鸟纹是鹭鸶，指出其特点为"大喙"和"羽冠浓厚"。瑞典高本汉在《早期东山文化的年代》中提到法人戈鹭波用铜鼓鸟纹与汉代绘画作过比较。引用《吴越春秋》《穆天子传》和《韩非子》等书中"舞白鹤二八""玄鹤二八"等有关内容，认为"在中国先汉时代的神圣仪式上有鸟人舞"。按其文意，铜鼓鸟纹当是白鹤。

德国鲍克兰认为"白鹭图案是铜鼓和其他器物的普遍花纹，似乎使中国鼓和部落鼓联系在一起”，同时提到“在那伽社会和宗教生活中起着重要作用的举行仪式的庄严行列，与铜鼓上的（舞人图像）行列非常类似”。

四飞鸟象征四季神，中心为太阳纹，合为“五行”。铜鼓乃大雩求雨或久雨求晴、祈风之祭祀用器。

在新石器时代出土陶器中常见一种模拟鸟形的特异型器，如下图：

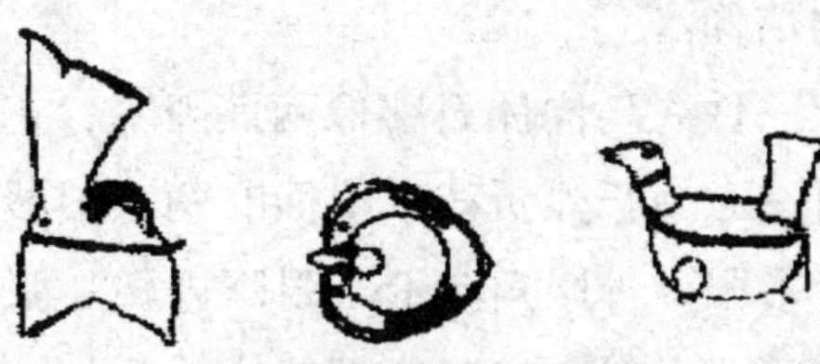

图 148　鸟形陶鬶

这种陶鬶是东方沿海地区史前时期的典型器物，器形模拟鸟类。

1997 年在莒县陵阳河大汶口文化墓地出土的一件白陶双鬶，通高 34 厘米，肥大的后腹足上部正中，以泥片附加一个扁平的鸟尾，对称地分列于肩部，象征鸟的双翼。

20 世纪 80 年代初在长岛县大黑山岛大汶口文化房屋基址中发现的鸟头形褐陶鬶，器身平背圆腹，三实足均残断，通长 24 厘米，残高 19. 2 厘米，流部塑作鸟头形，完全写实，器后部竖立一筒状注水（酒）口，与斜出之鸟颈前后相应，可以看作是鸟尾。

这些鸟形器具多出土于山东沿海，为传说中的少昊一族所在地映现了对于鸟的图腾崇拜。

在考古资料中，河姆渡遗址出土的双鸟纹蝶形器、立体鸟形匕，庙底沟仰韶文化的鸟形器耳、半坡仰韶文化的鸟形器耳、半坡仰韶文化的人面鱼纹、黑龙江新开流遗址出土的骨制鹰头等等，不少学者都认为是图腾形象。在青铜器上也多有动物形象，其中也有不少图腾残迹。郭沫若认为“我国自古器物款识之性质，凡图形之作鸟兽虫鱼之形者，必系原始民族之图腾或其孑遗。非鸟兽虫鱼之形者，乃图腾之转变，盖已有相当进展之文化，而已脱去原始畛域者之族徽也”。

后洼遗址出土的动物形象有图腾遗迹，但多数与图腾无关。远古时期住地是以血缘为单位的，一般地说，一个住地居住一个氏族，而一个氏族只有一个图腾。后洼遗址先后两期的房址都不多，显然只是一个氏族的聚居地。后洼的先民所信仰的也只能有一个图腾，而不可能更多。

后洼遗址出土的雕塑品中以动物居多，可辨明形象的有 17 件，其中又以鸟类形象的最多，达 7 件，超过 1/3。查文献记载和神话传说，在我国沿海地区，自远古以来就对鸟类有一种特殊的感情，多信仰鸟图腾。无论是河姆渡文化、新乐文化、大汶口文化，还是东夷、商族、越族，以至满族，都有对鸟图腾的信仰。

后洼遗址还出土一件人鸟同体石雕像两面雕刻，正面为人头像，额顶和颧骨突出。额上有一条横长弧折线，上面有两条斜线，似表示缠头或斜向披发。浅浮雕柳叶形眼，外眼角向上，眼眶内凹。张口露齿，嘴部刻成两条长平行横线，内填八条等距的竖直短线表示牙齿。背面巧妙地雕刻出一回首鸟的形象，鸟头凸起回首附于身上。有喙。圆洞作眼，尾部圆弧微向上翘，上面浅刻有横竖交叉的网格纹表示尾羽。两腿附于身和尾部两侧。颈部刻细线羽毛。有的认为是鹅、天鹅、雁。正面为人头，额顶和颧骨突出，额上有一条横弧线，上面有两条斜线，以示缠头或斜向披发。眼睛是柳叶形，张口露齿。背面雕一回首鸟形，头凸起，回首附于身体之上，钻孔为眼。尾部上翘，刻网格纹，象征尾羽。两侧有鸟足（参见《辽宁东沟县后洼遗址发掘概要》）。

这件人鸟同体雕像，象征人鸟交合，最富于图腾特征。但是此物很小，又有坠孔，显然不是固定供在某处的图腾偶像，而是佩戴在身上的图腾灵物。由此推断，后洼遗址的先民是以鸟为图腾标志的，也是以鸟为氏族成员保护神的。在鸟形坠饰中，有的也应属此类灵物。与其说是装饰品，不如说是图腾护身符更恰当些。

附录二　古类书中关于凤凰与鸵鸟的资料

《格物总论》曰："凤，神鸟也，雄曰凤，雌曰凰。五色备举。出东方君子之国。见则天下安宁，飞则禽鸟随之，故曰羽虫三百六十，而凤凰为之长。"

《毛诗》曰："《草虫经》：雄曰凤，雌曰凰。其雏为鸑鷟。或曰凤凰一名鸑鷟，一名鷃（燕）。"

《论语摘衰圣》曰："凤有六像九苞。六像者，一曰头像天，二曰目像日，三曰背像月，四曰翼像风，五曰足像地，六曰尾像纬。九苞者，一曰口包命，二曰心合度，三曰耳听达，四曰舌诎伸，五曰彩色光，六曰冠矩州，七曰距锐钩，八曰音激扬，九曰腹文户，行鸣曰归嬉，止鸣曰提扶，夜鸣曰善哉，晨鸣曰贺世，飞鸣曰郎都，知我唯黄，持竹实来，故子欲居九夷，从凤嬉。"

《瑞应图》曰："凤凰，仁鸟也，雄曰凤，雌曰凰。王者不刳胎剖卵则至。"

《人镜经》曰："凡五方之鸟皆似凤而非也。东方发明，全身总青。西方鹔鷞，全身总白。南方焦明，全身总赤。北方幽昌，亦曰退居，全身总黑。中央鸟名玉雀，亦曰凤凰，全身总黄。书曰：'箫韶九成，凤凰来仪。'"

《诗经》曰："凤凰于飞，翙翙其羽，亦傅于天。"又曰："凤凰鸣矣，于彼高冈。梧桐生矣，于彼朝阳。"

《礼记》曰："升中于天，而凤凰降，龟龙假。"又曰："四灵为畜。何为四灵？麟凤龟龙，谓之四灵。”又曰：“无水旱昆虫之灾，凶饥妖孽之疾，故天不爱其道，地不爱其宝，人不爱其情，则凤凰在郊薮。其余鸟兽之卵胎，皆可俯而窥也。”

《礼运》曰：“凤以为畜，故鸟不獝。”

《论语》曰：“凤鸟不至，河不出图，吾已矣夫。”

《尚书考灵曜》曰：“通天文者明，审地理者昌。明者，天之时也。昌者，地之财也，明王之治，凤凰下之。”

《春秋感精符》曰：“王者上感皇天，则鸾凤至。”

《春秋运斗枢》曰：“天枢得则凤凰翔。”

《春秋孔演图》曰：“凤，火精也。”

《礼斗威仪》曰：“君乘土而王其政，太平凤凰集于苑林。”

《乐动声仪》曰：“镇声不逆行，则凤凰至。”

《乐叶图》曰：“五音克谐，各得其伦，则凤凰至。冠类鸡头燕喙，蛇颈，龙形，麟翼，鱼尾，五采，不啄生虫。”

《孝经援神契》曰：“德至鸟兽，凤凰翔。”

《孝经钩命诀》曰：“孝悌之至，通于神明，则凤凰巢。”

《山海经》曰：“丹穴之山，有鸟状如鸡，五色而文名曰凤。首文曰德，翼文曰顺，背文曰义，膺文曰仁，腹文曰信。见则天下安宁。”又曰：“轩辕之丘，鸾自歌，凤自舞。”又曰：“南禺之山，有凤凰鹓雏。”

《帝王世纪》曰：“国安，其主好文，则凤凰翔。”

《鹖冠子》曰：“凤，鹑火禽，阳之精也。德能致之，其精毕至。”

《孙卿子》曰：“诗曰：‘凤鸣啾啾，其翼若竽，其声若箫。有凰有凤，乐帝之心。’此圣不蔽福也。”又曰：“古之王者，其政好生恶杀，凤在列树。”

《淮南子》曰：“凤凰之翔，至德也。过昆仑，饮砥柱，濯毛弱水，暮宿丹水。”

《春秋繁露》曰：“恩及羽虫，则凤凰翔。”

《白虎通》曰：“凤凰，禽之长，上有明王，太平乃来。”

《论衡·瑞指篇》曰：“凤凰、麒麟，为圣人来，即是圣人之禽也。按，圣人游于人间，麟凤亦应与众鸟同。何故远去中国，处于边外？”

《抱朴子》曰：“夫木行为仁，为青凤，头上青，故曰戴仁也。金行为义，为白凤，头白，故曰缨义也。火行为礼，为赤凤，背赤，故曰负礼也。水行为智，为黑凤，胸黑，故曰向智也。土行为信，为黄凤，足下黄，故曰蹈信也。”又曰：“鸾凤食粒于庭，则受辱于鸡鹜也。”又曰：“翠虬觏化益而登绛云，灵凤值孟亏而反丹穴。”

任子曰：“凤为羽族之美，麟为毛类之俊，龟龙为介虫之长，梗柟为众材之最，是物之贵也。”

《十洲记》曰：“凤麟洲在西海之中，四面有弱水绕之，鸿毛不可越也。其上多凤麟，数万各为群。上仙之家以凤喙麟角合煎作胶，名为集弦胶，又名连金泥，能属连刀剑弓弩弦。”

《瑞应图》曰：“王者有道，则仪凤在鼓。故羽葆鼓，栖以凤凰。”

《尔雅翼》曰：“南恩州北甘山，壁立千仞，有瀑水飞下，猿狖不能至。凤凰巢其上，彼人呼为凤凰山。所食亦虫鱼，遇大风雨，或飘堕，其雏小者犹如鹤，而足差短，南人截取其觜，谓之凤凰杯。”

《离骚》曰：“凤凰既受诒兮，恐高辛之先我。”又曰：“独不见鸾凤之高翔大皇之野，循四极而周回，见盛德而后下。”

《宋玉对问》曰：“凤凰上击九千里，绝云霓，负苍天，翱翔乎窈冥之中，藩篱之鷃岂能与之料天地之高哉？”

《帝王世纪》曰：“黄帝服斋于中宫，坐于元扈洛上，乃有大鸟，鸡头燕喙，蛇头龙形，麟翼鱼尾，状如鹤，体备五色，三文成字。首文曰顺德，背文曰信义，膺文曰仁智。不食生虫，不履生草，或止帝之东园，或巢阿阁。其饮食也，必自歌舞，音如箫笙。”

《韩诗外传》曰：“黄帝即位，施圣恩，承大明，一道修德，惟仁是行，宇内和平，未见凤凰。乃召天老而问之曰：‘凤象何如？’天老对曰：‘夫凤，象鸿前而麟后，蛇颈而鱼尾，龙文而龟身，燕颔而鸡喙。首戴德，项揭义，背负仁，心入信，翼挟义，足履正，尾系武，小音金，大音鼓，延颈奋翼，五色备举。’黄帝曰：‘于戏，允哉！朕何敢与之焉？’于是黄帝乃服黄衣，带黄绅，戴黄冠，斋于殿中，凤乃蔽日而至。黄帝降于东阶，西面再拜，稽首：‘皇天降祉，不敢不承命。’凤乃止帝东园，集梧树，食竹实，没身不去。”

《韩非子》曰：“古者黄帝合鬼神于西大山，凤凰覆上，作为渎角。”

《淮南子》曰："昔者二皇（伏羲神农），凤至于庭。三代（尧舜禹也），凤至于门。周室，凤至于泽，德弥粗，所至弥远。德弥精，所至弥近。"

《吕氏春秋》曰："帝喾有圣德，作乐《六英》，乃令人奏之。凤凰鼓翼而舞。"

《尚书中候》曰："尧即政七十载，凤凰止庭，巢阿阁欢树。"又曰："帝舜云：'朕惟不乂，百兽凤晨。（注：百兽率舞，凤凰司晨鸣也。）"

《史记》曰："四海之内，咸戴舜功，兴九韶之乐而凤凰翔。天下明德，自虞帝始。"

《抱朴子》曰："夫麟凤以形状为别，圣人以心神为异。古者太平之世，凤凰常居其国而生乳，至夏后始食卵而凤去之，此则凤有种矣。"

《括地图》曰："孟亏人首鸟身，其先为虞氏驯百兽，夏后之末世，民始食卵，孟亏去之。凤凰随焉，止于丹山。此山多竹，长千仞，凤凰食竹实，孟亏食木实，去九疑万八千里。"

《春秋元命苞》曰："火离为凤凰衔书游文王之都，故武王受凤书之纪。"

《左传》曰："陈大夫卜妻敬仲其妻，占之曰：'凤凰于飞，和鸣锵锵。有妫之后，将育于姜。'"

《庄子》曰："老子见孔子，从弟子五人，问曰为谁。对曰：'子路为勇，其次子贡为智，曾子为孝，颜回为仁，子张为式。'老子叹曰：'吾闻南方有鸟，其名为凤，所居积石千里，天为生食，其树名琼，高百仞'以璆琳、琅玕为实。天又为生离珠，一人三头，递卧递起，以伺琅玕。凤鸟之文，戴圣婴仁，右智左贤。"

《列仙传》曰："萧史教弄玉吹箫，作凤凰声，凤凰来，止其屋。秦穆公为作凤台。一旦皆随凤飞去。"

《汉武内传》曰："西王母曰，仙之上药有九色凤头，次药有蒙山白凤之肉。"

《汉书》曰："昭帝元始三年，凤凰集东海。遣使祠其处。"又曰："宣帝幸河东之明年春，凤凰集祋祤，于所集处得玉宝，乃下诏赦天下。"又曰："凤凰集上林，乃立凤凰殿，以答嘉瑞。"又曰："幸甘泉郊泰时，改元曰五凤。"又曰："本始元年，凤凰集胶东。十四年，凤凰集北海。地节二年，凤集鲁，群鸟从之。诏曰：‘威凤为宝。’神雀四年，凤凰十一集杜陵。”又曰：“祠帝后土，鸾凤翱翔。”又曰：“凤集长乐宫东园树上，飞下至地，文章五色，吏民并观之。”

《东观汉记》曰：“光武生于济阳，先是凤凰集济阳，故宫皆尽画凤凰。圣瑞始于此。”又曰：“建武十七年，凤凰出，高八尺九寸，毛羽五采，集颍川，群鸟从之。盖地数顷。留十七日，乃去。”又曰：“章帝时，凤凰百三十九见。”又曰：“安帝延光三年，凤凰集济南台丞霍穆舍树上，赐帛各有差。”

《魏略》曰：“文帝欲受禅，郡国奏凤凰十三见。明帝铸铜凤凰，高三丈余，置殿前。”

《吴历》曰：“太元元年，有凤集苑中，似雁，高足长尾，毛羽五色，咸以为凤凰。改元为凤凰元年。”

《说文》曰：“鸾，神灵之精也。赤色五彩，鸡形，鸣中五音。”

《禽经》曰：“鸾，瑞鸟。一曰鸡趣，首翼赤曰丹凤，青曰羽翔，白曰化翼，黑曰阴翥，黄曰土符。”《禽经》注曰：“鸾者，凤鸟之亚，始生类凤，久则五彩变易，故字从变省。”

《诗含神雾》曰：“德化充塞，照润八冥，则鸾臻也。”

《孝经援神契》曰：“德至鸟兽，则鸾鸟舞。”

《春秋元命苞》曰：“火离为鸾。”

《春秋运斗枢》曰：“天枢得，鸾鸟集。”

《春秋孔演图》曰：“天子官守以贤举，则鸾在野。”

《山海经》曰：“女床之山，有鸟，其状如翟，名曰鸾鸟，见则天下安宁。”又曰：“轩辕之国，清沃之野，鸾鸟自歌。”又曰：“广都之野，鸾鸟歌。”

《海内经》曰：“桂山有彩鸟三名：一曰凰鸟，一曰鸾鸟，一曰凤鸟。”

《焦氏易林》曰：“温山松柏，常茂不落，鸾凤以庇，得其欢乐。”

《抱朴子》曰：“昆仑国鸾鸟似凤而白缨，闻乐则蹈节而舞，至则国安宁。”

孙氏《瑞应图》曰：“鸾鸟，凤凰之佐，状翟而五色以文，鸣中五音，肃肃雍雍。喜则鸣舞，人君行步有容，进退有度，祭祀有礼，亲疏有序，则至。一本曰：心识钟律，钟律调则至，至则鸣舞以和之。”

《尚书中候》曰："黄帝鸾鸟来仪。"又曰："周公归政于成王，太平制礼，鸾鸟见。"

《决疑注》曰："辛缮，字公文。治春秋，识谶纬。隐居华阴，光武征不至。有大鸟，高五尺，鸡头，燕颔，蛇颈，鱼尾，五色备举而多青。栖缮树槐，旬时不去。弘农太守以闻，诏问百寮，咸以为凤。太史令蔡衡对曰：'凡象凤者有五，多赤色者凤，多青色者鸾，多黄色者鹓雏，多紫色者鸑鷟，多白色者鹄。今此鸟多青，乃鸾非凤也。'"

《典略》："鸾者，神灵之精。其象五彩鸡形，喜则舞以乐。常处幽闲，颂声作则至。"

晋郭璞《鸾鸟赞》曰："鸾翔女床，凤出丹穴，拊翼相和。"

《说文》曰："鸑鷟，凤属，神鸟也。"

《禽经》曰："青凤谓之鷟。"

《国语》曰："周之兴，鸑鷟鸣于岐山。"

白凤曰鸿。陆玑曰："羽毛光泽，纯白似鹤而大，长颈，肉美如雁。又有小鸿如凫，色亦白，今人直谓之鸿。"

《正字通》曰："雁，知时鸟也。《禽经》一名翁鸡，一名沙鹅，一名鹰。《博雅》及《方言》或谓之鴚鹅、仓鴚。《法言》谓之朱鸟。"

《物类相感志》曰："雁奴，阳鸟也……大曰鸿，小曰雁。"

《相鹤经》曰："鹤者，因金气，依火精，以自养……鸾凤同为群，圣人在位，则与凤凰翔于郊甸。"又曰："鹤，阳鸟也，而游于阴。盖羽族之宗长，仙人之骐骥也。"

《易通卦验》曰："立夏清风至，而鹤鸣。"

《风土记》曰："鹤鸣戒露，此鸟性警，至八月白露降流于草上，滴滴有声，因即高鸣，相警移徙所宿处，虑有变害也。"

《禽经》曰："鹤以声交而孕。"张华注："雄鸣上风，雌承下风，则孕。或曰雌雄相随，如道士步斗，履其迹而孕。"

《庄子》曰："北冥有鱼，其名曰鲲，化而为鹏。鹏之背不知几千里也，怒而飞，其翼若垂天之云。是鸟也，海运将徙于南溟，南溟者天池也。水击三千里，抟扶摇而上者九万里。"

《说文》："鹏及朋，皆古文凤字也。凤飞，群鸟从以万数，故以朋为朋党字。”

《晏子》：“景公问晏子曰：‘天有极大物乎？’对曰：‘有。鹏浮游云，背陵苍天……漻漻乎不知其翮之所在也。’”

《癸辛杂识》曰：“元成吉思皇帝常西征，渡流沙万余里。有大鸟，其一羽足以蔽千人，盖鹏类也。”

孔雀，即大雀、大爵。《春秋元命苞》曰“火离为孔雀”，是以孔雀为鸵鸟之名。

《本草释名》曰：“孔雀一名越鸟。梵书谓之摩由逻。”

《异物志》曰：“孔雀形体既大，细颈隆背，似凤。皇自背及尾皆作圆文五色相绕，如带千钱。文长二三尺，头戴三毛以为冠。足有距，迎晨则鸣相和。”

《埤雅》曰：“尾有金翠……性妒忌，自矜其尾。虽驯养已久，遇妇女童子服锦綵者，必逐而啄之。”

《虞衡志》曰：“孔雀生高山乔木之上，人探其雏育之。喜卧沙中以沙自浴，自拍甚适。雄者尾长数尺，金碧晃耀，时自奋张其尾，团如锦轮。”

《续汉书》曰：“西南夷滇池出孔雀。”又曰：“西域条支国出孔雀。”《西域传》曰：“罽宾国出孔雀。”

《交州异物志》曰：“孔雀，人拍其尾则舞。”

《北户录》曰：“孔雀不匹，以音影相接而孕。或雌鸣下风，雄鸣上风，亦孕。”

《周书》曰：“成王时西方人献孔雀。”

《汉书》曰：“尉陀献文帝孔雀二只。”

《晋公卿赞》曰：“世祖时西域献孔雀，解人语，弹指应节起舞。”

《山海经》曰：“三危之山，有青鸟居之。”

《纪年》曰：“穆王十三年，西征至于青鸟之所憩。”

《夏小正》曰：“十月黑鸟浴乌也，浴也者，谓飞乍上乍下也。”

《春秋元命苞》曰：“日中有三足乌。乌者阳精，其偻呼也。”又曰：“火流为乌。乌，孝鸟。何知孝？乌，阳精阳天之意，乌在日中，从天以昭孝也。”

孙氏《瑞应图》曰：“三足乌，王者慈孝，被于万姓，不好杀生则来。”

《伏侯古今注》曰：“所谓赤乌者，朱鸟也。其所居高远，日中三足乌之精，降而生。三足乌何以三足？阳数奇也。”

《抱朴子》曰：“荧惑火精，生朱鸟。”

《淮南子》曰：“尧时十日并出，尧命羿仰射十日，中其九乌。”

《墨子》曰：“赤鸟衔珪降周之岐社。曰：‘命周文王伐殷。’”

孔子曰：“乌，呕呼也，取其助气，故以为乌呼。乌乃日中之禽，故为像形也。”

张衡《灵宪》曰：“日，阳精之宗，积而成乌。乌有三趾，阳之数类也。”

《瑞应图》曰：“乌，太阳之精也，亦至孝之应。西王母以三足乌为使。”

《春秋运斗枢》曰：“瑶光星散为雀。”

《说文》曰：“雀，依人小鸟也。”

《格物总论》曰：“雀，小鸟也。”

《木草释名》曰：“雀，短尾小鸟也。故字从小从隹。隹音锥，短尾也。”

鸟龙互变，《搜神记》曰：“千岁之雉，入海为蜃。百年之雀，入江为蛤。”

《汉武内传》：“西王母曰，仙家次药有昆丘神雀。”

《广志》曰：“安息大雀，举头高八九尺，张翅丈余，食大麦。卵如瓮。”

《韩诗外传》曰：“夫凤皇之初起也，遥遥千里，藩篱之雀，喔咿而笑之。及其升，少阳，一屈一伸，辗转云间，藩篱之雀超然自知不及远矣。”

《春秋考异邮》曰：“黄帝将起，有黄雀，赤头，立日旁。”

《东观汉记》曰：“永和十三年，安息王献条枝大雀。”

后汉曹大家《大雀赋》曰：“班超献大雀，诏令大家作赋曰：嘉大雀之所集，生昆仑之灵丘，同小名而大异，乃凤凰之匹俦。”

周庚信《为齐王进赤雀表》曰：“光同朱凤，色类丹鸟。降火飞精，似入公车之府。流金成制，若上凌云之台。”

《春秋运斗枢》曰：“瑶光星散为燕鸟。”

《广雅》曰："元鸟，燕也。"

《礼记》曰："仲春之月，玄鸟至。至之日，以太牢祀于高禖。"

李时珍曰："《淮南子》言'燕入水为蜃蛤'，故高诱注谓蛟龙嗜燕。人食燕者，不可入水，而祈祷家用燕召龙。"

《毛诗》曰："天命玄鸟，降而生商，宅殷土芒芒。"

《左传》："郯子云，少皞时玄鸟氏司分者也。"

《吕氏春秋》曰："有娀氏有佚女，为九成之台，帝令燕往夜鸣。二女爱而争搏之，覆以玉筐。少选视之，燕遗二卵，北飞不返。二女作歌，始为北音。"

《列仙传》曰："简狄，帝喾次妃，有娀之女也。姊妹浴于玄丘之水，有玄鸟衔卵而坠，五色甚好，相与竞取，简狄得而吞之，生契。"

《史记》曰："秦之先，颛顼之苗孙，曰女脩，女脩织。玄鸟陨卵，女修吞之，生大业。"

宛雏，即宛鹑之别名。《广志》曰："宛鹑，大于北鹑，以供御。"

《梦溪笔谈》曰："天文，朱鸟取象于鹑。故南方朱鸟，七宿曰鹑首、鹑火、鹑尾是也。鹑有两种，有丹鹑，有白鹑，此丹鹑也。色赤黄而文，锐上秃下，夏出秋藏，飞必附草，皆火类也。或有鱼所化者，鱼，鳞虫龙类，火之所自生也。天文南方朱鸟七宿，有喙、有嗉、有翼而无尾。此其取象于鹑欤？"

《诗经》曰："鹑之奔奔。"

《尸子》曰："尧鹑居。"

《禽经》曰："子野曰：'鸟之属三百六十，凤为之长。'故始于此凤者，羽族之长。

"凤雄凰雌。凤，鸿前麟后，蛇首鱼尾，龙文龟身，燕颔鸡喙，骈翼。首戴德，顶揭义，背负仁，心抱忠，翼挟信，足履正。小音钟，大音鼓。不啄生草，五采备举。飞则群鸟从，出则王政平，国有道。

"亦曰瑞鶠。景纯注《尔雅》云：'瑞应，鸟也。鸡头，蛇颈，燕颔，龟背，鱼尾，五彩色，高六尺许。出，为王者之嘉瑞。'《孝经援神契》曰：'王者德及鸟兽，则凤鸟翔。'

"亦曰鷟鸑。凤之小者，曰鷟鸑。五彩之文，三岁始备也。

“羽族之君长也。鸾，瑞鸟。鸾者，凤鸟之亚。始生类凤，久则五彩变易，故字从变省。《礼斗威仪》曰：‘天下太平安宁，则见。’其音如铃，峦峦然也。周之文物，大备法车之上，缀以大铃，如鸾之声也，后改为銮。

“一曰鸡趣。顾野王《符瑞图》曰：‘鸡趣，王者有德，则见。’首翼赤曰丹凤，青曰羽翔，白曰化翼，玄曰阴翥，黄曰土符。别五采而为名也。

“凤翥鸾举，百羽从之。鸾凤翔止，百鸟皆从也，以类化。

“凤靡鸾吪，百鸟瘗之。凤死曰靡，鸾死曰吪。禽鸟啄土以瘗藏之。”

清徐鼒《管城硕记》：“《惜誓》曰：‘飞朱鸟使先驱兮，驾太一之象舆。’《集注》曰：《淮南》云：‘前朱雀，后玄武。’注云：‘张为朱雀。’沈存中云：‘朱雀莫知何物，但谓鸟而朱者，羽族赤而翔，集必附木，此火之象也。’或云鸟即凤也。然天文家朱鸟，乃取象于鹑。南方七宿，曰鹑首、鹑火、鹑尾是也。鹑无尾，故以翼无尾云。按：师旷《禽经》曰：‘赤凤谓之鹑。’《鹖冠子》曰：‘凤，鹑火之禽，阳之精也。’安成王教曰：‘鹑火之禽，不匿景于丹山。’崔豹《古今注曰》：‘《礼记》：行前朱鸟，鸾也。’《山海经》曰：‘帝台之基，五色而文，状如鹑卵。’又曰：‘昆仑之丘，有鸟曰鹑鸟，是司帝之百服。’《黄帝占》曰：‘张，天府也，朱鸟嗉也，主天王宫内衣服。’《玄览》曰：‘凤赤曰鹑。’《三辅黄图》曰：‘苍龙、白虎、朱雀、玄武，天之四灵，以正四方。’《汉书》：‘莽使晓知地理图籍者，共校治于寿成朱鸟堂。’《新唐书·渤海传》：‘渤海言义立，改年朱雀。’魏伯阳《参同契》曰：‘朱雀翱翔，戏兮飞扬。’色五彩，其必非鹑鷂明矣。《集注》：‘鹑无尾，以翼为尾。’《哀时命篇》：‘为凤凰作鹑笼兮。’《集注》又以鹑为‘鸟之小而无尾者’，直以为鹑鸟矣。”

第三卷

潜龙在渊

——蛟龙的动物学真相与起源

导言　龙传说之谜

龙，是中华民族上古以来一直敬奉的一种神异动物。龙是神灵和权威的象征，是华夏先民的图腾。而龙的真相，却是中国文化史上遗留的最大疑谜之一。在汉魏的传说中，龙神通广大，是一种形态极其奇异的动物：

> 龙，鳞虫之长。能幽能明，能细能巨，能短能长，春分而登天，秋分而潜渊。(《说文》)
>
> 龙者，鳞虫之长。王符言其形有九似：头似驼，角似鹿，眼似兔，耳似牛，项似蛇，腹似蜃，鳞似鲤，爪似鹰，掌似虎是也。其背有八十一鳞，具九九阳数。其声如戛铜盘。口旁有须髯。颔下有明珠。喉下有逆鳞。头上有博山，又名尺木。龙无尺木，不能升天。呵气成云，既能变水，又能变火。(《本草纲目》)

在汉代纬书中，龙被传说为五行之精气所生：

> 黄金千岁生黄龙。青金千岁生青龙。赤金千岁生赤龙。白金千岁生白龙。黑金千岁生黑龙。(《瑞应图》)

文中“金”当读作“精”，故又云：

> 黄龙者，四方之长，四方之正色，神灵之精也。能巨能细，能幽能明，能短能长，乍存乍亡。王者不滤池而渔，德达深渊，则应和气而游于池沼。(《瑞应图》)
>
> 黄龙不众行，不群处，必待风雨而游乎青气之中。游乎天外之野，出入应命，以时上下，有圣则见，无圣则处。(《瑞应图》)

这样一种怪物，乍看去在自然界中当然从未有过，也绝不可能实有。所以闻一多在解释《易经》中的龙时，曾尝试把生物性的龙解释为东方天空中的龙星。①笔者也曾怀疑龙真实存在的可能性，因而假定龙的真相和实体实际上是云。尽管如此，我们却不能不注意到，在商周甲骨文中不仅有见龙、祭龙，甚至有狩猎获龙的记载：

> 癸丑卜贞，申往追龙。从某西，及。（燕590，京都大学603）
>
> 戊申卜，龙，佳若。（小屯，2677）
>
> 丙子卜，在单斤田龙。（粹945）
>
> 丙戌卜，王隻龙。（后41.2）
>
> 龙见于莒（周原西周甲骨H11：92第211片）

先秦文献中，更不稀少见龙、养龙，以至屠龙和食龙的记载。

> 见龙在田。（《易·乾卦》）
>
> 龙战于野，其血玄黄。（《易·坤卦》）
>
> 深山大泽，实生龙蛇。（《左传》襄公二十一年）

鲁昭公二十九年（公元前513年）之秋，龙出现在晋国绛都（今山西侯马）近郊，引起人们的惊奇和恐慌。有人想猎捕它，又对龙感到害怕。于是贵族魏献子请教博学多知的太史官蔡墨："传说龙是一种极聪明的动物，很难捕捉，是不是如此？"蔡墨说："不能活捉龙，那是由于现在的人太无能。在古代，不但能活捉龙，而且曾设有养龙官、杀龙者和驯龙者。"蔡墨就详细地叙述了自舜的时代直到夏代养龙、驯龙、食龙的故事，还列举古代那些驯龙者的族氏和后代。最后他说："后来大地上的水泽少了，龙才成为稀奇之物。但在《易经》中仍保存着关于龙的许多条卜辞。'若不朝夕见，谁能物之'——如果那时龙不是经常能见到的动物，谁能把它描述得那样具体？"

《左传》关于龙的这一记载是极可注意的。史官蔡墨明确地肯定了龙作为一种生物的实在性。这一记载还说明，到春秋时代，山西黄河沿岸还依稀可以见到龙的踪迹。此外，《左传》中还有关于龙的另一记载："郑大水，龙斗于时门之外洧渊。"

史官蔡墨还指出，在先夏及夏代曾有专门饲养龙的世家氏族。养龙可作佳肴，亦可作骑乘。如此我们方能理解何以先秦书中多记载古帝王乘龙的故事：

> （颛顼）乘龙而至四海。北至于幽陵，南至于交趾，西济于流沙，东至于蟠木。（《大戴礼·五帝德》）
>
> 黄帝乘龙扆云，以顺天地之德。（同上）
>
> 帝喾春夏乘龙，秋冬乘马……执中而获天下。（同上）

龙肉据说味颇鲜美。豢龙、御龙及屠龙者世代守官，其后裔则一直存续到春秋。

如果龙在上古并不是一种实在的动物，那么这些凿凿有据的记载难道只是臆想而生的谎话？那么，为什么古人（谈龙者中不乏严肃的历史学家和政治家）会对这样一种子虚乌有的生物如此津津乐道、言之凿凿呢？

以往研究者曾提出了种种解释。一派主张无龙说，龙完全是一种子虚乌有之物，是先民臆想的产物。在神话学中，恐怕再没有比把神话简单地仅仅看做一种幻想更省力的事了，这便可以轻松地摆脱对神话进行严肃分析和科学说明的责任。另一种更习见的说法则是把传说中的龙解释为蛇、蟒一类爬行动物的变形。无论龙的原始形象（蛇躯），还是典籍所记龙的种类中，都含有蛇的形象。但另一方面，传说及文物中所见的龙与蛇的形象又毕竟有极大不同。龙有角有足有巨鳞，而蛇则无之；龙有巨首巨口，而蛇亦无之。在甲骨文中自有蛇神称"它示"。如《卜辞通纂》第152页所收录第773片："（祭）它示，三羊。"与龙并不相同。古传说谓"伏羲蛇躯"，但验之两汉伏羲、女娲画像，大部分均有双足、长尾，形似蜥蜴，大不同于蛇。唐以后之伏羲、女娲画像方演变为真正的蛇躯。先秦典籍中龙蛇虽常并称，却也并不混同。凡此，都表明龙之原形是蛇蟒的说法殊难成立。

在内蒙古和辽宁红山文化遗址中发现有龙形玉和龙形泥塑。红山文化龙形玉的首部形象与猪首十分相似。有人据此而提出龙崇拜起源于猪崇拜的假说。[②]这种说法很难与古代传说中的神龙相吻合。我认为，猪首环形龙实际是海洋鲸类的神话形象。还有人提出龙的原形是扬子鳄的假说，此说已颇近真相，而扬子鳄体形甚小，头部无角，仍与传说中的龙有距离。或有人说龙是远古人类关于恐龙的记忆意象，但在恐龙灭绝的中生代后期甚至最原始的人类也还未在地球上出现。

总之，关于龙的上述假说，虽然各自都可以解释关于龙的一部分传说和材料，但至今尚没有哪一种说法能比较完备和全面地涵盖传说中有关龙的全部现象，同时又能印证于考古学迄今所发现的实证材料。

正因为如此，龙的真相问题——龙在历史上究竟是否存在过，如果存在，其实体又是什么——至今仍然是一个巨大的生物和文化之谜，有待给予认真地清理和研究。由于有关华夏上古神话、人物、种族和文化起源的极大一部分内容都是与龙的传说联系在一起的，从解决这个问题入手，我们将有可能解开中国上古史中一系列重大的历史文化之谜。

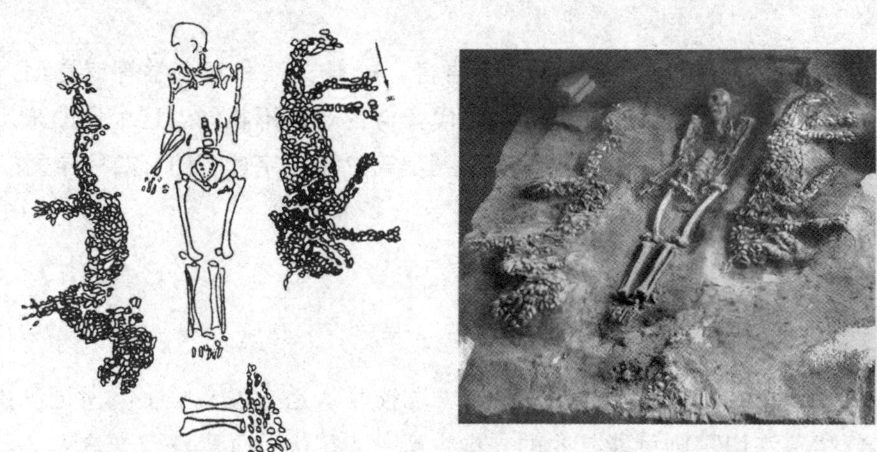

图149　河南濮阳西水坡蚌塑龙虎及北斗图

注释

①见《古典新义》。在《神话与诗》中闻一多认为龙是蛇的图腾，其说影响后人至深。

②《论辽河流域的原始文明与龙的起源》（《文物》1984年第6期）。猪首之龙实际是海鲸的神话形象。

第四十一章　龙字古音考

要解开龙的秘密，需要从文字语言、史料文献和考古学等诸方面入手。就语音看，“龙”在汉语中的现代音与古音极不相同。这个词的来历及演变极复杂。宋代司马光所编字书《类篇》记龙字读音即有四种异读：

1. 童省声（音近钟或东）；
2. 力钟切（音近离/黎）；
3. 莫江切（音近蟒、萌）；
4. 鲁勇切（音近龙之今音）。[①]

其中“力钟切”是唐宋以后音，“童省声”是《说文解字》所记汉代古音，“莫江切”则可能是龙的先秦古音。《春秋元命苞》：“龙之言，萌也。”以“萌”作为龙字的音训。《左传·昭公二十九年》注：“龙读为龙”，龙音正近于“萌”。《汉书》集注引晋灼“龙读为駹”，尨今字或写作“庞”，读入并母。龙、庞二字分属明母、并母，叠韵相通。古音则明母、并母是相通的。

龙字今音属来母，而古音则属明（并）母。从今古语音转化的情况看，来母与明（并）母转化的现象并不是个别性的。请看以下诸例：

龙（lóng）——尨（máng）（古为同音字）

峦（luán）——蛮（mán）（古为同音字）

令（lìng）——命（mìng）（古同音同义）

柳（liǔ）——卯（mǎo）（古同音）

来（lái）——麦（mài）（来是麦之古字）

陆（lù）——睦（mù）（古为同音字）

厉（lì）——万（wàn）（古音读 mǎng）

赂（lù）——卖（mài）（古为同音同义字）

林（lín）——木（mù）（林从木得音）

灵（líng）——巫（wū）（古音同）

在汉语中此类例子还可以列举许多。这些文字在现代汉语中读音不同，但在先秦古汉语中却有证据表明它们均是同音字。它们提供了古来母字与明（并）母字相通转的例证，也提供了龙字古音曾读若“蟒”的旁证。

清代学者钱大昕曾指出：“凡轻唇之音，古皆读为重唇……古读无如莫。”（《十驾斋养新录》）

《汉书·刘向传》：“密勿从事，不敢告劳。”王先谦注：“密勿又作黾勉。”《尔雅·释诂》作“勉没”。此皆双声叠韵的联绵词。由之可证勿、勉、没三字古音近同。

钱氏之说在古音学中已被视作定论。《说文》记“马”古音读“武”，五方神中的“玄冥”古书中亦记作“玄武”。莫、无二字，古音义皆同，也是此说的证据。“龙”古音读如 mǎng，与“马”“莫”二音极为相近。②以上例援之，即可知龙古音不仅与“马”“蟒”相近，而且有一系可读如“武”，因而与王、万、鳄、物诸音皆相通。

综上所述，龙字上古音包括三大系统：

1. 明母。龙古音龙（mǎng），即与马、蟒近通。

2. 并母。龙古音庞（pǎng），即与封、邦、彭、丰近通。

3. 微母。龙古音读若与王、万、鳄、易、夷诸音皆近通。

传说中的北海之神名玄冥，又名玄武，又名玄枵。冥、龙古同音，武、枵古音近，并且与冥、龙相通。玄冥实际上就是玄龙，亦即五方帝传说中的黑帝、水精——苍龙（黑龙）。

《淮南子》：“（女娲氏）杀黑龙以济冀州。”高诱注：“黑龙，水精也。”至于“玄武”，在传说中乃是一种兼有龟蛇之相的怪物——它像龟，有甲与四足；它又像蛇，有长而能弯曲的躯体。所以在汉代艺术中玄武被想象为一种龟蛇合体的怪物。③

这里即有两个问题：第一，我们知道，如上一种怪物，在自然界中不可能实有；第二，传说中的四象之神——青龙、白虎、朱雀、玄武，其中

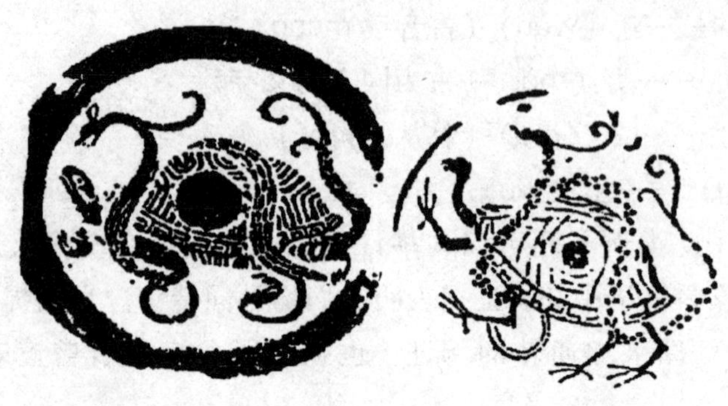

图 150

青龙、白虎、朱雀都是单一的动物，为什么玄武却是两种动物的合成呢？玄武的生物学真相到底是什么？一旦知道冥、武的古音与鳄相通，难题即可迎刃而解。案：玄释作黑。以古音求之，武、鳄音转。由是可知，玄武即玄鳄，亦即黑色之鳄。鳄类动物适应环境的能力极强，既可以生活于淡水的河湖，也可以生活于咸水的海洋中。海洋中的鳄类与鲸类齐名，被看做海中大鱼——海神。所以海神名玄冥，亦名“禺京”或“禺强”。“京”古音与“强”（墙）相通。

> 北方禹（禺）疆，人面鸟身，珥两青蛇，践两青蛇。（《山海经·海外北经》）郭璞注：“字玄冥，水神也。庄周曰‘禺强立于北极’，一曰禺京。”
>
> 北海之神，名曰禺强，灵龟为之使。（《庄子·大宗师》）

“禺京”其实正是“鳄鲸”的转音。《古今注》记：

> 鲸鱼者，海鱼也，大者长千里，小者数十丈，一生数万子。常以五六月就岸边生子，至七八月导从其子还大海中。鼓浪成雷，喷沫成雨，水族惊畏，皆逃匿莫敢当者。其雌曰鲵，大者亦长千里，眼为明月珠。

《庄子·逍遥游》：“北冥有鱼，其名为鲲。”有注家据唐刻异本《庄子》指出，“鲲”本或作“鲸”，可知其真相是鲸鱼。

后面我们会证明，鲵也是鳄的别名。“鲸母曰鲵”，表明鲸、鳄在古人眼中实属同类。鳄类的形态既像龟（有甲介），亦像蛇（有卷曲长尾），皆有鳞，正可称之为龟蛇合体的怪物。由以上分析，我们可以知道汉代那些设计瓦当图案的艺术家之根据在哪里了。他们是把具龟蛇合体之相的黑鳄（玄武）诠解作一龟一蛇相缠绕的形状了。这也是神话在口耳流传中发生语言佯谬的一个典型例证。

“龙”字古别音与“物”亦相通。而“物”在上古汉语中却是一个具有神灵意义的特殊词汇。甲骨文及金文中物字初形作“勿”，字形如：

图 151

字形颇抽象，但犹可辨认似一种长体动物之形。《说文》：“勿，州里所建旗，象其柄，有三游。”以之检验于甲骨文、金文，字不类。因知许慎说解有误。刘节《古史考存》曾指出“物”字有图腾的意义，并举了六个例证：

（一）《左传》庄公三十二年：“有神降于莘……王曰：‘若之何？’（内史过）对曰：‘以其物享焉，其至之日，亦其物也。’”

（二）《左传》定公十年：“叔孙氏之甲有物，吾未敢以出。”

（三）《左传》哀公元年：“祀夏配天，不失旧物。”

（四）《左传》宣公三年：“铸鼎象物。”

（五）《国语 · 楚语下》：“民以物享，祸灾不至。”

（六）《周礼 · 保章氏》：“以五云之物，辨吉凶、水旱降、丰荒之祲象。”

刘节指出：“上述六例中的物字，确乎都有图腾的意义在里面。尤以‘不失旧物’‘叔孙氏之甲有物’‘铸鼎象物’三语最为显著。”此说至确。因之刘节认为物本义为大牛。而我则以为“物”即“易”之异体。易即蜥蜴之蜴的本字。④（《说文》）

《铁云藏龟》第 228 页记有一则卜辞：“贞：勿，燎于丘。”又《殷墟卜辞后编》卷下第 7 片：“贞：勿之于王。”皆以“勿”借为易占之“易”，可见二字相通。

金文中，“易”之字形有似蜥蜴一体，马王堆汉帛书“龙”字与其颇相似：

图152A　伯散会父簠“易”　　图 152B　马王堆汉帛书“龙”

《孔子家语》“王事若龙”，郑注“龙宜读为袭”。袭古音与易相通（易有“锡”音），表明龙之古别音正与易相通。[5]传说华夏古族源于“有易”，有易一族正是有龙一族。亦即黄帝的有熊氏一族，因为“熊”古音亦读近“易”。

龙的古音与物相通，因之龙、物二字在古华夏语言中意义相贯。铸鼎象物就是像龙——这一点我们可以由青铜器上的大量铭饰得到证实。《说文》：“物，万物也。”物在汉语中是一个汇总万类的概念。这一点，对于理解“龙”的古义也是极为重要的。

古人认为水神是黑龙（苍龙）、玄武（龟蛇合体神）、禺京（鳄鲸，北海之神），而这三者实际是相同的。那么通过以上对龙的古音所作的分析，可以得出一个重要结论：水神黑龙的神话，似乎与黑鳄有关。那么这个假设是否还可以得到其他方面的证实呢？

图 153　西周金文中的龙——鳄鱼图纹

注释

①黎翔凤说龙故尚有“袭”音。袭、习皆从龙声。龙音近袭、近习，通于易。故以音求之，龙即蜥蜴也。

②蟒有古音读如莫，见《王力纪念学术论文集》。

③《楚辞·九怀》:“玄武步兮水母。”王逸注曰:“天龟水神侍送余也。”《礼记·曲礼》:“前朱雀而后玄武。”疏曰:“玄武,龟也。龟有甲,能御侮用也。”《后汉书·王梁传》:“王梁主衡,作玄武。”注称:“玄武,北方之神,龟蛇合体。”

④今之说字者,或以“易”为“益”金文之简化,实未必然也。盖以形似相讹也,起源则非同字。

⑤黎翔凤亦有此说,详见黎著《周易通释》。

第四十二章　龙字字形的分析

在甲骨文及金文中，龙显然是一个象形字：

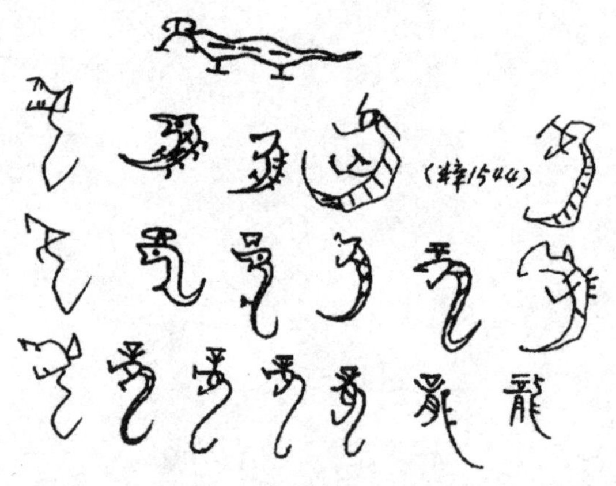

图 154

古“龙”字的原始字形，是对某种爬行动物的描述。这种爬行动物是什么呢？它不会是蛇。因为从这些龙的图形中可以发现：

1. 龙的头部有象征角的饰物。

2. 龙的多数形体上有足（或四足，或二足，或一足。二足、一足显然是省略或概括）。

3. 有的龙背尾部有鬣鬃。

4. 从头部写法看，“龙”应当是一种巨口獠牙的猛兽。因为在甲骨文中，凡凶猛动物的头部，都具有与龙字头部相同的特征。这些标志猛兽的文字都在头部着力刻画了它们的巨口獠牙。那种巨口獠牙似乎是一个具有特定意义的记号。

图 155

在古文字中，有四个字与龙字头部的这种记号有关，这就是凶、虍、齿、彑。

“凶”字在古文字中常用作头部标记。《说文》释“凶”：“象地穿交陷其中也。”其说显然不类，而以音类求之。凶古读 huāng，与虍双声通转①。“虍”，《说文》释作虎皮纹，但从字形的演变关系看，“虍”字就是虎头字，应与“凶”字同源，都取象于猛兽利吻獠牙之形，故有凶恶和吼叫的语义。

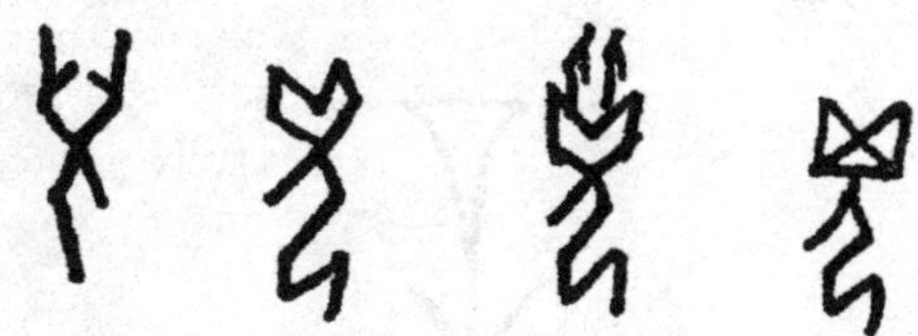

图 156

至于齿字和彑字，则又是另一组同源字。

“齿”字古文与“凶”字形近，像利吻锐齿之形。《说文》：“齿，口断骨也。象口齿之形，止声。”

至于“彑”，《说文》释作兽之尖锐利吻：“豕之头，象其锐而上见也……读若罽。”《说文》“牙”字篆文头部亦从“彑”，又齿、棘（刺）古音通，可知“彑”字与“齿”字本来也是同源字。在甲骨文和金文中，字形从于“凶”“虍”“齿”“彑”之字，多用以标记猛兽。作为一种对比，甲骨文中那些性情温顺的非食肉动物，其头部则多从于“目”或“首”。

图 157

由此可以得出一个重要推论：龙字头部从“凶”，这种动物也应是一种猛兽。

龙字头上还有一个记号，在今天的汉字中释作“辛”，其字形取象于斧斤斫木，其实“辛”就是析/薪的本字。

汉字中从“辛”之字多非佳意，例如辟、宰、孽、辜、僮、仆（甲骨文仆字从“辛”）、妾等。这些字或有宰杀之义，或指孽苦或辛苦之人。所以《说文》说“辛”：“……秋时万物成而飘。金刚味辛，辛痛即泣出。”段玉裁注：“辛痛泣也，辠人之象。凡辠、宰、辜、辥、孽皆从辛者，由此。”

“龙”字头上也从辛。罗振玉曾指出，甲骨文中“龙字从辛，此于古必有说”（《殷墟书契考释》）。笔者以为，从辛即表明龙这种动物在上古时代本非吉物。通过近人的研究，现在我们知道，辛字在甲骨文是以斧斤凿木动作的会意。杨鸿勋《论石楔及石扁铲》文中考此甚详。其字上部像斧斤，下部像木析裂之形。

图 158

辛即楔字，以楔析木曰“辛”，已破之木曰“薪”。

以音类求之，辛、析（楔）一音之转。辛字也是析（楔）的同源词。又，辛字亦可用为动词（“楔”字在现代汉语中亦可用作动词）。郭沫若说：“辛字是剞劂之象形文。”辛、心二字，古语言中音义亦同。《释名》：“心，纤也，所识纤微，无物不贯也。”闻一多训纤为尖，凡尖锐之物古皆称“心”，今字则作“尖”——心、尖音转。辛、心有尖锐利器之意。（《卜辞通纂考释》第 588 页）

以故，《史记 · 仲尼弟子列传》：“颜辛，字子柳。”《方言》：“秦晋宋卫之间谓杀曰刘。”柳、刘同音通假。现代汉语中有“剌（lá）”字，训杀。剌、刘、柳，一音之转。古命名风俗，以字释名。辛训刘（柳），亦即训作杀。

由辛字的以上训义，我们可以推度出龙字从辛的含义。“辛”置龙头上，象征刑杀，很可能是古文字中一种具有巫术意义的镇伏记号，用以施诸凶悍不祥之物，盖取“厌胜”之义耳。

胜古音正通于辛，所以戴辛又可记作“戴胜”。《山海经·西山经》：“西王母其状如人，豹尾虎齿而善啸。蓬发，戴胜，是司天之厉及五残。”胜古音辛，戴胜即戴辛。

古文字中，除龙外，还有一些猛兽头上亦有“辛”字，如野猪和老虎。

图 159

后一字前人不释。前一字朱芳圃释作“豙”即“毅”（《殷周文字释业》）。《说文》：“豙，豕怒毛竖也。一曰残义也，从豕，辛省。”对此字的说解颇为含糊。我们可以约略地推度出，在怒豕（野猪）头上加辛，含有残义，即刑杀镇伏之义。

在甲骨文中，有一些是猛虎头上设有双手、矢或戈的符号，配成难识之奇字。

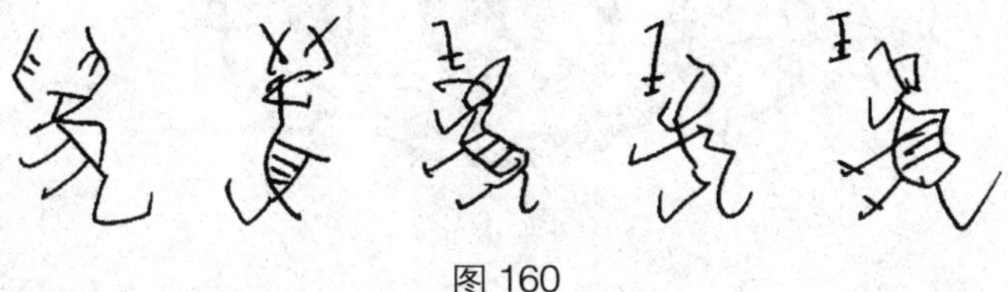
图 160

我解读其字可释为“虢”，而其头上的手符、戈符与辛符同，皆有镇伏之意也。

综合以上的讨论，我们可以从龙的字形结构中分析出以下要素：

1. 龙应是一种具有四足的爬行类动物。

2. 这种爬行类动物可能有角，有鳞，颈部有鬣（像野猪），有长尾。

3. 真实的龙应是一种凶猛的动物，有巨口獠牙。

4. 人们畏惧龙，因此在这个字的头上标记“辛”，以示镇伏。

在商周青铜器图纹中确可见到多种龙食人纹器。马承源曾描绘其所见的三件曰：

（一）商卷角兽觥，此觥极为奇特而壮丽，觥体后部为一曲折角形的龙头，龙口沿下连觥足，足部蟠一人面蛇身的怪物，龙的獠牙正好咬住这一怪物的头部（此器今在美国华盛顿佛利尔美术陈列馆）。

（二）龙噬人头軎，上村领虢国1705号墓出土。軎的顶端作龙形，龙口的獠牙中正面和左右两面各咬一人。此軎的时代可能早到西周晚期。

（三）龙噬人头軎，軎的顶端作龙头形，龙角呈螺旋状，是习见的西周晚期器的特点。龙口的獠牙中正面咬一人头。

在商周玉器图纹中，笔者又发现了一只猛龙食人玉佩，可以清晰地看出，一条巨龙正绞缠着一个挣扎的人，以双足扼抱其胸腹，作吞噬之状。这些商周时代艺术图纹，可以为我们认定龙是一种食人猛兽的论断提供实物旁证。

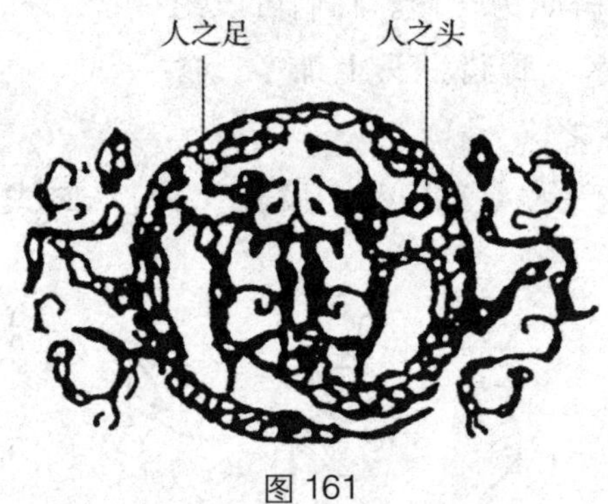

图161

注释

①兕古读huāng，音近况、荒，郭沫若曾有详考。

第四十三章　神龙的真相

以上从语言文字的角度对“龙”作了分析。在远古时代的中国大陆上，是否确曾存在过像“龙”这样一类凶猛的爬行动物呢？

无论是古生物学的材料，还是古文献的记载，都确切无疑地表明：在古中国的大陆及海洋上，确曾存在过一种令人恐怖的巨型爬行动物。它就是上古传说中所谓“龙”的生物学原型。换句话说，“龙”在古代确实是存在的，它就是现代生物分类学中称作 Crocodilus Porosus 的一种巨型鳄——蛟鳄，动物学中亦称“马来鳄”“海湾鳄”“湾鳄”。

据动物学者徐俊传在《马来鳄在我国栖息史初考》一文中介绍：

> 马来鳄为热带海洋爬行动物，是当今世界上还存在的 20 多种鳄类之一。它栖息在印度、斯里兰卡、孟加拉湾、马来半岛、马来群岛及所罗门群岛等地，它不仅能在大陆的海湾或河口栖息，而且还能穿过海峡，远涉重洋。它在水中不是用鳃而是用肺来呼吸的，通过吻端上的鼻孔吸气，肺活量大得惊人，可在海中长时间漂游；它的尾部很大，便于转向，四肢末端的趾间有蹼，利于划水，所以它在水中可以迅速而灵活地游动；它的皮肤很厚，能够阻止海水中的盐分渗透，眼睛和肾脏又都有排除盐分的奇特功能。这些生态特性，使得马来鳄能适应长期的海上生活。它还能随着海潮和泛涨的河水在河流的中上游长期栖息，深入到内陆。
>
> 马来鳄的性情十分凶猛残暴，它是鳄类中体形最大的，有的体长可达 10 米以上。它与其他鳄类最明显的区别是它的第四枚下颌齿对着上

颌的缺刻处，当口闭合时，此齿露于外面，令人望而生畏。由于其吻长，口裂大，牙齿又锐利强固，所以其食谱里不仅有水生动物，一些陆地上的动物也能被它捕捉到，甚至连兽中之王——老虎也会成为它腹中之物。

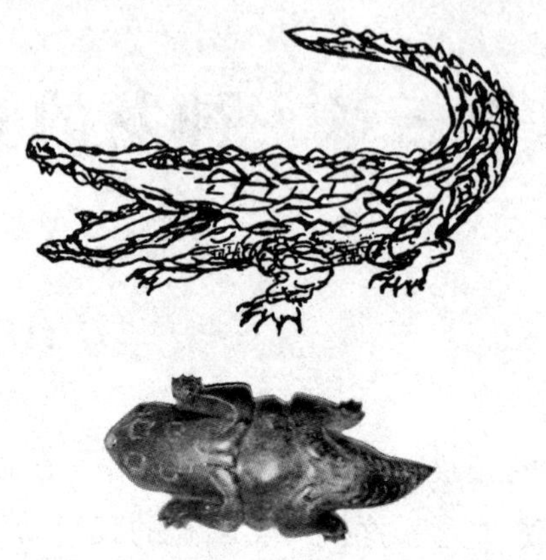

图 162　西周玉鳄（藏辽宁博物馆[①]）

1963 年在广东省顺德县桂州公社，曾经出土过一块完整的鳄鱼上颌骨化石，据分析，这化石是属马来鳄。并且，有人断定这马来鳄骨骼化石是我国西汉时期的遗物。可见，至少早在 2000 多年前的西汉时代马来鳄就已生长、栖息在我国的土地上了。

……1973 年顺德县勒流公社出土了一具带有刀劈伤痕的鳄鱼个体（包括上下颌和躯体骨骼，全长近 8 米），据分析属马来鳄，为唐宋时期的遗物。

1973 年至 1975 年间，新会县大林村江边，出土了一条南宋时代完整的小鳄鱼骨骼，体长 3.2 米，它的形态与上述顺德发现的唐宋时期的马来鳄相同。

……明清以来中国沿海的港湾和岛屿仍有少量马来鳄活动。

在乾隆《晋江县志》里记载了明朝嘉靖六年（1527 年）广东潮阳县有马来鳄活动，当时潮阳县官伍铠“驱逐鲸鳄，力除民害”，当地人民还给他立了“廉正之碑”。

康熙《文昌县志》中记载，在明崇祯三年（1630 年）海南岛文昌县曾有马来鳄出没。

清朝黄叔璥所著《台海使槎录》中有这样一段记载：“康熙癸亥

(1683 年) 四月澎岛 (即今澎湖列岛) 忽见鳄鱼，长大许，有四足，身上鳞甲著火炎，从海登陆……”

中国古神话中、古艺术中，常以海龙描述为太阳神。参照此一记载，此说或有根据。

光绪三十三年 (1907 年) 清朝官员李准在巡视南海诸岛时，曾在海南岛南端的榆林港海面险遇马来鳄。后来，他就将此事绘声绘色地记载在他的《巡海记》里。

1910 年《地学杂志 · 杂俎》上，曾记载了该年在福建闽江口的川石发现马来鳄的情状：“闽江口川石，地居海畔，为航船往来必经之地。现闻有鳄鱼为患，其体重数百斤，头类龙形，嘴长且大，巨齿百余，排列如锯，能跃身离水，搏人以噬。近岸有取石蛎为业者，恒遭其祸，致去年中，川石水产中石蛎一物甚为缺乏，盖无人敢业此矣。”

可见近在十六世纪初至二十世纪初，这大约四百年的长时期内，福建至广东沿海一带委实有过马来鳄活动。

综上所述，从西汉到明清时期，均有大量实物及文献表明马来鳄——蛟龙确曾在中国栖息过。它所栖息的范围，东到澎湖列岛，西至南宁地区，南启榆林港，北达闽江口，可以说广布于中国华南地区大部。

唐、宋以前，马来鳄在中国华南地区不仅分布广泛，而且数量也是相当可观的，这主要是由于那时期本地区人烟稀少，气候条件及自然环境亦适合马来鳄的栖息、繁衍，可以说马来鳄是按生态系统的平衡而自然发展变化的。后来，由于本地区人口大量增加，人类活动破坏了马来鳄的生态系统平衡。特别是宋代以后本地区人口迅速增加，两广一带的人口更是大幅度地增加，尤其以广东境内人口增加最烈 (大约是唐朝时的 1.7 倍)，其中广州、惠州、潮州、雷州、恩州人口增加最多。

人类的活动极大地破坏了马来鳄赖以生存的生态环境，如大面积地旷日持久地开拓森林，生产和生活中无限度地滥用林木，滥杀野生动物等等，加之人们渔猎马来鳄的水平也不断提高，从用戈、网、钩到用药物“以毒法杀之”等等，这都是使马来鳄分布区域逐渐缩小，数量日趋减少，以至于最后终于绝灭的主要因素。

另外，历史时期的气候变迁及自然环境的变迁也都与马来鳄的兴盛和衰亡有一定的关系。

在分类学中，海湾鳄的拉丁名称是 Crocodilus Porosus。由于这种鳄类主要分布在亚洲的印度支那和马来半岛上，因此西方动物学家将其命名为“马来鳄”。由于对历史时期马来鳄在中国的地理分布等了解不够，起初只知唐宋时代的潮洲和 1912 年香港有马来鳄存在，后来又了解到清代澎湖列岛和榆林港亦有鳄鱼栖息，因都只限于沿海的港湾、河口一带，有一些动物学者将这种巨鳄的中国类型译作“湾鳄”。近年已有动物学家指出，这一命名是不恰当的。

马来鳄在中国华南地区曾经广泛分布于广东、广西、福建、台湾四个省区，其中有具体地点可考的多达二十多处。它不仅栖息在大陆沿海的港湾和河口，而且还深入内陆地区，如西江中游的梧州和中上游的邕州、韩江上游的梅州等，说明马来鳄是能适应海水和淡水两种生态环境的热带海洋爬行动物。因此，我们认为过去将中国历史时期的马来鳄定为湾鳄是不恰当的。②

笔者以为，对这种鳄类采用“马来鳄”这一名称，同样也是不适当的，因为这种巨鳄的生态分布不仅不限于海湾，它的地理分布也不限于东南亚的马来半岛。在中国古代书中，这种巨鳄一直被称作“蛟龙”。所以，中国马来鳄（湾鳄）可以命名为“蛟鳄”（甚至可以干脆称之为“龙鳄”）。本书即使用“蛟龙”这一名称。

鳄类动物现在地球上尚存在 20 多种，蛟鳄是其中的一种。蛟鳄是鳄类中体形最大的动物，很可能也是自恐龙绝灭以后，陆地动物中体形最长大的一种，其成体体长可达 10 米以上，这一点亦与传说中的龙相符。

古人传说龙为“天地之长子”“鳞虫之长者”。蛟鳄四肢较短，体节具有明显的头、颈、躯、尾四部区分。体色背部常见为橄榄色或棕褐色，腹部为黄白色。这种体色有利于它在沼泽、水滨、沙石地域隐蔽。

它的尾部比较长，能活动自如。据前人记载，蛟鳄捕猎时，善于“以尾取物”，“用尾如象之用鼻，往往卷食人家所畜羊豕，亦喜食人”。蛟鳄对于人类的生命和生产活动，具有较大的危害性。

蛟鳄与其他鳄类最明显的区别，是它的第四枚下颌齿对着上颌的缺口处，闭合时此齿显露在外。它的吻部比较长，吻长可超过吻宽。这样长的吻必须裂口大。所以在古代传说中蛟常被称作一种有“尖啄”“喙长似鸟”的动物。啄、角二字在古汉语中是同源字。蛟鳄的牙齿尖锐强固，全身披覆坚甲，就使它一向被列入极为凶猛残暴的动物之列。

它的咽喉与口腔间有鳄帆对着舌后端的横裂褶。当呼出的空气触动鳄帆时会发出轰隆的吼声，有如远方传来的闷雷声，这就更增强了它的凶猛性。这一形态和习性又使蛟鳄在古代得到了“雷兽”（见《山海经》，又作“类兽”。雷、类相通）“忽雷”等称号。“忽雷”即“呼雷”，音转又作“忽律”。《太平广记》卷四六四“骨雷”条“鳄鱼别号忽雷”，忽通作呼，显然是因为鳄类的吼声似雷。又《水浒传》中朱贵绰号“旱地忽律”。③

方以智《通雅》卷四十七：“忽雷，鳄也。”郑遂《洽闻记》：“鳄鱼别号忽雷，熊能制之，握其嘴至岸，裂擘食之。一名骨雷，秋化为虎，三爪……”

蛟鳄为食肉类动物。据前人记述，它不仅能吃虎、豹、鹿等野生动物和牛、马、羊、豕等家畜，也吞食人类。从国外文献来看，蛟鳄食性极杂，几乎毫不择食——从低等软体动物如螺蚌，到鱼、蛙、水禽、哺乳动物都能广泛捕食。所以古书中称其为“贪兽”。与这种食性相适应，蛟鳄胃的消化和磨碎能力也极强。它的耐饥能力也很强，半年以上不吃东西，据说不会饿死。

蛟鳄为卵生动物，它的卵为白色，大似鹅蛋（85 毫米 ×55 毫米），一次可繁殖 5 至 60 枚。

蛟鳄为热带动物，能适应于海洋生活。它用肺呼吸，肺活量很大，肺脏能容纳大量的气体，便于在海面上长期漂浮。其通过吻端上的鼻孔能接受大气的氧，更增长了漂浮的时间。它的四肢代替了游水的鳍，又有长的尾部左右摇摆，可以在海水中迅速游动。它的皮肤很厚，可以阻止海水盐分的渗透。

蛟鳄为变温动物，它的体温随外界温度的变化而改变。

中国关于蛟鳄的记录，最晚者是 1912 年捕获于香港的一条，此后中国再也没有见到有关这种鳄出没的报道。据《海洋》杂志 1981 年报道，1979 年夏香港海滨浴场有一游泳者被海下猛兽整体吞噬，其兽形未见，但有见者认为此兽疑是蛟鳄。

鳄类的寿命极长，据说可达百年甚至数百年以上。据记载，鳄类动物具有一种奇异的功能，即可以敏锐地感受气压变化从而预知雷雨。每当下雨前鳄类常作怒吼，“其声如雷，闻之可占雨”。

这是鳄类动物成为古人心目中的雷神、雨神、鼓神（乐神）的原因。在远古人类所面对的各种猛兽中，巨型蛟鳄是最神秘而且最具有威胁性的。远古人类虽恐惧之，又崇拜之，把鳄看做地神（即社神勾龙）、海神（玄冥）和战神（玄武）。在许多民族中，其史前史均有过对鳄的崇拜。例如上古埃及的大神赛贝克就是一条鳄，上古巴比伦的开天辟地神、海神玛杜克也具有鳄的形象。

1959 年出土于山西襄汾陶寺石楼的一件商代早期铜觥，图中一组龙形纹样可以明白无误地辨识出两条巨型鳄的俯视和侧视的图像。

图 163　古埃及鳄鱼神赛贝克

图 164　巴比伦鳄鱼神玛杜克

图 165　山西襄汾陶寺出土铜觥及其花纹拓本，器形模仿鳄鱼头部

在 1973 年出土的一件商代大石磬上，我们可以看到蛟龙的装饰图案。在河南武官村出土与此磬形制极为相仿的另一件大磬上，我们可以看到虎纹。

龙纹石磬　　虎纹石磬

图 166

鳄类与虎类在上古名物中曾被视作同类，在古代传说中二者也被认为是可以互相变化的。鳄鱼在甲骨文及金文中有专字，读为 meng，音近龙，此字即黾字。这个字的变体作竜，即"龙"之异文。在金文中，其字正是一条鳄鱼（见《说文古籀补》）。

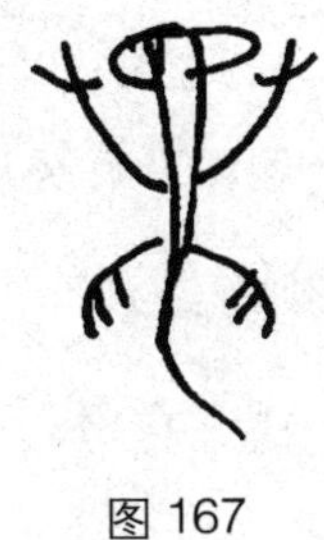

图 167

注释

①上海博物馆陈列品中亦藏有一件玉鳄。

②文焕然、黄祝坚等《历史时期中国马来鳄分布的变迁及其原因的初步研究》，见《华东师大学报 · 自然科学》1980 年 2 期）。

③古琴亦称"忽雷"，或称"鳄琴"。清人姚燮《今乐考证》引《南部新书》："韩晋公入蜀，伐奇树，坚缀如紫石。匠曰：'为胡琴槽，它木不可并。'遂为二琴，大曰大忽雷，小曰小忽雷，后献于德皇。"曾侯乙墓出土之五弦击筑，头大尾细，像鳄鲸之形（南亚称胡琴为"鳄琴"）。胡琴称"忽雷"（大忽雷，本忽雷）或"鼍首筝"（"马头琴"）。这是因为鳄鱼乃是中国古神话中的音乐之神。（《吕氏春秋 · 季夏纪 · 音初篇》）

第四十四章　蛟鳄与蛟龙

在古代关于龙的诸种传说中，一向被认为最神奇、最勇猛、最具有灵异的龙，恐怕无过于蛟龙了。蛟龙的真相究竟是什么？我们可以考察一下古书中所记述的蛟龙形态。

《说文解字》：

蛟，龙属也。鱼满三千六百，则蛟为之长，率鱼而飞去。

《艺文类聚》卷九十六引《山海经》：

蛟似龙蛇而小头细颈。颈有白婴，大者十数围。卵生，子（蛋）如一二斛瓮。能吞人。

《山海经》：

祷过（杌）之山……浪水出焉……其中有虎蛟，其状鱼身而蛇尾。

《艺文类聚》引王韶之《始兴记》：

云水源有汤泉，下流多蛟，害瘀济者，遇之必笑而没。

《埤雅》释蛟之得名云：

蛟能交首尾束物，故谓之蛟。

李时珍《本草纲目》记蛟龙谓：

任昉《述异记》云："蛟乃龙属。其眉交生，故谓之蛟，有鳞曰蛟龙……"

裴渊《广州记》云："蛟，长丈余，似蛇而有四足。形广如楯。小头细颈，颈有白婴，胸前赭色，背上青斑，胁边若锦，尾有肉环。大者数围。其卵亦大。能率鱼飞，得鳖可免……"

王子年《拾遗录》云："汉昭帝钓于渭水，得白蛟，若蛇，无鳞甲，头有软角，牙出唇外。命大官作鲊，食甚美。骨青而肉紫。"据此则蛟亦可食也。

《淮南子·泰族训》：

蛟龙伏寝于渊而卵割于陵。（高诱注：蛟龙，鳖属也，乳于陵而伏于渊，其卵自孚。）

图 168

从以上所引材料可以看出，蛟龙并不是一种神话性动物，而是一种曾经实有过的动物。综观古人关于蛟龙形态及生态的这些记述，我们可以得到如下印象：

1. 蛟龙是一种水生动物。
2. 蛟龙有四足，似四脚蛇（蜥蜴），亦似鳖（鳖属）。
3. 蛟龙尾如蛇，首尾可交环缠物。
4. 其性极凶悍。
5. 其体躯甚长大。
6. 生于水中，而产卵于旱地。

根据这种"四脚蛇"（即似蜥蜴）的形态，这种长而巨的体躯，以及凶悍、卵生、水生的习性，我们可以断定，所谓蛟龙就是蛟鳄。

蛟古音勾，故蛟龙在先秦书中又记作勾龙。《山海经》所谓梼过之山实即梼杌之山（过、杌、鳄，均音转相通），由此就可以知道，古传说中那种名叫“杌”的奇怪凶兽就是蛟鳄。《史记·五帝本纪》注引《神异经》：

（梼杌）其状如虎而大，毛长二尺，人面，虎足，猪口牙，尾长一丈八尺，搅乱荒中……

《太平御览》卷九一三引《神异经》：

西方荒中有兽焉，状如虎而身大，虎毛长尺（张华注曰：言此兽毛皆如豪猪毛也），人面虎足，口有猪牙，尾有一丈八尺，名曰梼杌，此兽食（人）。

图 169

只要把这一形态与蛟鳄形态作一比照就可以明白，所谓豪猪般的虎毛，指鳄背尾部的鬣鬃。至于长尾、虎爪、猪牙、食人、能斗不退，都正是蛟鳄的特性。

可以更进一步印证我们上述论点的，还有唐人的笔记：

蛟之状如蛇，其首如虎，长者至数丈。多居溪潭石穴下，声如牛鸣。岸行或溪行者，时遭其患。见人先以腥涎绕之，既坠水，即于腋下吮其血，血尽乃止。(《渊鉴类函》引《墨客挥犀》)

在这一记述中，极准确地描述了蛟鳄的生态——居溪潭石穴，其首如虎，声如牛吼。更重要的是，它还记录了蛟鳄食人时常从口部分泌出一种有异味的液体，可使人麻痹。动物学研究表明，鳄类口部确有臭腺，其所分泌的口液是一种异腥的盐状物，凝干后成为晶状颗粒。这种口液就是古代著名的“龙涎”。《本草纲目》记：

（机曰）龙吐涎沫，可制香。（时珍曰）龙涎，方药鲜用。唯入诸香，云能收脑麝，数十年不散。又言所吐涎沫浮出，番人采得货之，每两千钱……黄白色……久则紫黑，如五灵脂而光泽。其体轻飘，似浮石而腥臊。

在中国古代神话中“龙”口的这种分泌物，后来又演变出以“蛟人泣珠”为主题的浪漫传说：

《洞冥记》：

> 文犀国，人长七尺。披至踵，垂象入海底，宿蛟人之舍。夕得泪珠，则鲛人所泣泪，而成珠也。

原文中，蛟或作鲛，二字通。段玉裁《说文》注，以为鲛应是海中大鱼，未必是蛟。殊不知蛟鳄既可生活于海中，亦可游于内陆。则在海即称“鲛”，而在内陆则为“蛟”也。

图 170

蛟，亦记作驳（古文字中，从虫之字与从马之字常相乱）。《山海经 · 西山经》中曾记一种凶猛而能吞食虎豹的兽：

> 有兽焉，其状如马而白身黑尾，一角。虎牙爪，音如鼓，其名曰驳，是食虎豹……

郭璞《山海经图赞》：

> 驳，唯马类，实畜之英。腾髦骧首，嘘天雷鸣。气无不凌，吞虎辟兵。

旧读《山海经》者，无不以为这种能食虎豹的兽只是凭空想象出来的怪物，殊不知根据以下特征——1. 皮甲坚硬可以御兵器；2. 头有独角；3. 是雷神，吼声如鼓；4. 首身像马（鳄鱼有四肢，形态像马，别号亦作“水马”）；5. 爪牙如虎，嘘气成云（蛟龙别名蜃，所嘘气即“海市蜃楼”，详下论）；6. 从背部到尾部有腾髦，实即鳄鱼背尾部的硬鬣；7. 性凶悍能吞虎豹——我们可以断定，它就是蛟龙，其真相是蛟鳄。

图 171

蛟龙食虎的故事在古代传说中颇不稀见，如宋人笔记中有如下一则：

> 忠州有潭，潭有潜蛟……虎饮水其上，蛟尾而食之……东坡以十字道尽云："潜鳞有饥蛟，掉尾取渴虎。"（《唐子西文录》）

头上有所谓"独角"，就是说，这是一种独角兽，这使我们联想到传说中有一种独角兽名叫夔牛，商周青铜纹饰中常见一种独角神龙。这种独角龙形相亦见于秦汉瓦当中。

图 172

这种独角怪兽，与古神话中的独角怪兽夔龙，其传说来源是一致的。

据《山海经》中记载，有一种独足龙名叫"夔龙"。夔的这副怪相在孔子的时代已引起惊异。当时孔子曾以一个语言游戏的办法对此问题作为答复。他说："夔一足，是讲夔的本领大，只要一个就足够了，而不是讲此物只有一只足。"其实，夔一足就是夔一脚。而足、脚、角三字在古语言中音义相通。在本书后面的讨论中将证明夔龙也是蛟鳄的别名，而所谓"夔一足"的传说正与"夔龙独角"的传说同出于一源。为什么会发生这种传说呢？这个问题可以从蛟鳄的形态学中得到解答。成年蛟鳄的头部有一组角质凸起物，远观之其形如"▽"（正似辛字），恰像一只独角。此物在传说中亦称"博山木"，"龙头上有一物，如博山形，名尺木。龙无尺木，不能升天"。

《述异记》释蛟之得名说：

> 蛟眉连生。连生则蛟矣。相书所谓交眉则蛟蜃之眉是也。

图 173

《辞海》“湾鳄”条记蛟鳄的形态特征说：“从吻端到眼前方有一对大型隆起腺。”所谓蛟眉与蛟鳄的这一特征正相吻合。因此综括以上的讨论，古代所谓蛟龙、“鲛鱼”（鲛人）以及《山海经》中的“夔龙”，其实都是同一种动物，即蛟鳄。

关于蛟龙的产地，据三国、唐、宋人所记，多集中在岭南。如裴渊《广州记》：“新宁县东溪甚饶蛟，及时害人。”但前引王韶之《始兴记》记北方云水出蛟，云水在今山西。又晋人笔记《舆地志》中亦记：

> 河间滹沱河水尝有蛟入。五月恒曝，遂变为人。于岸上与人并行，至悬岸处推与俱下。

所谓变人或推人入水，应属神话。滹沱河中古代有蛟则可与以下史料相参证。滹沱河在古地理中又记作“恶淹河”。恶淹，应就是《诅楚文》中所记的沉（深）渊湫神“亚驼”。亚（恶）、鳄、蛟，古语音均可相通。而驼则通作鼍，亦是另一种鳄类之名。所谓滹沱水（湫）神亚驼，笔者以为就是蛟龙——鳄鱼。

在古人记载中，蛟龙不仅生于海，生于水泽，亦可居于山地陵穴，成为“山蛟”。《潜确类书》记有这样一件事：

> 元严子忠，汀州人。遣仆入山掘笋，雷电大作，树下有一窟，有物如犬而长；其声如雷。仆挥锄击之而毙，人谓之山蛟，再积五百年则为龙矣。

这一则记载笔者以为未必是无稽之谈。严氏所见树穴中那种似犬而长的“山蛟”很可能即是鼍鳄——此物可水居，亦可陵居，故别名“陵鳄”。“山蛟”一名，音转亦可记作“山魈”“山枭”。而山魈亦即山鬼。在中国古代，这个名称有时是指猴子，有时是指旱居的鳄类。

我们再来谈谈古代人类与蛟龙作斗争的故事。如上所述，蛟龙——蛟鳄，乃是极为凶悍的一种水中猛兽。我们的祖先是否因此而惧怕它、躲避它呢？并非如此。

《吕氏春秋·季夏》中有“令渔师伐蛟”的记载。表明上古风俗中，每逢夏季有合族兴师驱杀蛟龙的制度。而在秦汉魏晋笔记中则收有许多关于斗蛟勇士的美谈：

澹台子羽赍千金之璧渡河。河伯欲之，阳侯波起，两蛟夹船。子羽左操璧，右操剑，击蛟皆死。既济，三投璧于河。河伯三跃而归之。子羽毁璧而去。（《渊鉴类函》引《博物志》）

东海有勇士菑丘䜣，过神泉饮马。其仆曰："饮马此者，马必致死。"饮马，果沉。䜣拔剑而入水，三日三夜，杀二蛟而出。雷神随而击之，眇其左目。（《韩诗外传》）

荆有佽飞者，得宝剑。还涉江，有两蛟夹绕其船，佽飞拔剑赴江，刺蛟杀之。荆王闻之，仕以执珪。（《吕氏春秋》）

曹公（操）幼而智勇。年十岁，常浴于谯水。有蛟来逼，自水奋击，蛟乃潜退，于是毕浴而还，弗之言也。后有人见大蛇，奔逐。操笑之曰："吾为蛟所击而未惧，斯畏蛇而恐耶？"（《新语》）

周处年少时，凶强侠气，为乡里所患。又义兴水中有蛟，山中有虎，并皆犯暴，百姓谓为"三横"。而处既刺杀虎，又入水杀蛟。蛟或浮或没，引数十里，处与之俱，三日三夜……竟杀蛟而出。（《世说新语》）

晋邓遐，字应远，勇力绝人，气盖当时，为襄阳太守。城北沔水中有蛟，尝为人害。遐遂拔剑入水，蛟绕其足，遐挥剑截蛟，流血，江水为之俱赤。因名曰"斩蛟渚"，亦谓之"斩蛟津"。（《襄阳耆旧传》）

记载中的这些人物，有属于先秦的，也有汉晋时代的。其地点，则或在中原，或在江南。表明蛟龙在汉晋以前尚时有所见。而唐、宋以下较晚近的记载中，偶亦发现人蛟斗争的事迹：

黄河之南阳武下埽，在汴京西北，数为湍潦所败。金皇统中尝决溢。发卒塞之，朝成夕溃。汴守募能没者探水底。一渔叟自言能潜伏一昼夜。遂命备牢醴，先祭河神，然后遣之入。半日而出，曰："下有长蛟为害，故埽不能坚，非杀之不可。须得宝剑乃济，蛟方熟寝于百尺之渊，斩之易也。"守取镇库古剑付之。将入，又言曰："愿集众舟于岸浒以相俟。至午，水变赤色，则令舟至中流。"及期，水赤，渔叟携蛟头奋而登舟，洪流陡落。（《宋史·洪迈传》）

金皇统年代在公元1141年至1148年间。如此记载可信，则约当于公元 12 世纪中叶，黄河中游尚时有蛟龙（蛟鳄）为患。《宋史》中的这一记载是极可注意的。

又，《太平广记》卷四二五引《浔阳记》：

> 浔阳城东门通大桥，常有蛟为百姓害，董奉疏符沉水中，少日，见一蛟死浮出。

所谓“蛟死”者，蛟尸也（死、尸字通，说见杨树达《积微居小学论丛》卷六）。这则记载表明宋代长江中亦有蛟。

第四十五章　关于螭龙与鼍龙

在远古中国大陆上曾存在从原鳄到真鳄的多种鳄类，到了有历史记载的古代（尧、舜、禹时代）以后，中国大陆上所存在的鳄类主要仅为两种：一即蛟鳄，一即鼍鳄。前者在典籍和古神话传说中常被称作蛟龙，后者今名叫扬子鳄，在古代又常被称作鼍龙或螭龙。

在古书中蛟、螭常常并称。司马相如《上林赋》："于是蛟龙赤螭。"左思《吴都赋》："或藏蛟螭。"如果说蛟龙是龙之正属，那么螭龙则常被称作"龙之别种"或"龙子"。《吕氏春秋·离览·举难》高诱注："螭，龙之别也。"《吴都赋》刘逵注："螭，水神。一曰雌龙，一曰龙子。"《上林赋》文颖注："龙子为螭。"但螭与龙子又是蜥蜴类爬行动物之统称。方以智《通雅》卷四十七："蜥蜴总曰螭。大者曰山龙子，缘木曰蝘蜓，在草泽者曰蝾螈，在屋曰守宫，捕蛇曰蝎虎，言其变曰十二时虫……蜥蜴亦作刺易、蝾螈、守宫、蝘蜓……一名石龙子，俗谓之壁虎，亦呼螭虎……蝎虎，方言作蜒喉也（翅虎/插翅虎——虎生翼）而误作蜒。蜒则蜗牛矣……蛤蚧出岭表，似蜥蜴，故《方言》曰：桂林之中，守宫能鸣，即蛤蚧也。尝自呼其名，一岁能鸣一声。"

螭龙，以同音通假而变名为赤龙、雌龙、蚩龙、祝融、朱明等。朱明即太阳。先秦传说中太阳神正是龙神。

石龙子

壁虎

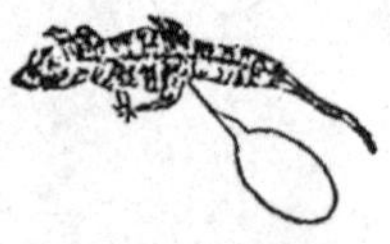
刚出壳的幼鳄

图 174

螭古音有三系：一读如离，一读若 luó（罗），一读若 chì（蚩）。这种读音的差异，可能是由于古方言的不同。螭字从虫从离。古书中，螭、离二字可通用。

《说文》："离，山神兽也。从禽头……欧阳乔说，离，猛兽也。"关于"山神兽"，当指大蜥蜴、穿山甲等，特别是蜥蜴中的食肉类巨兽——科罗多龙。

图 175　蜥蜴——龙的世界

所谓猛兽，所指正是凶猛的鳄类动物。《说文》段注引书说离兽似虎而非虎。能吃老虎的猛兽在自然界中恐怕也只有蛟鳄能办到。所谓山神兽亦即山鬼，又称作山魈、山枭。山枭即山蛟，乃是蛟鳄的别名。蛟鳄与鼍鳄虽然属动物中不同的类型，但以形态相近，因而名物在古语言中常相混讹。

螭又可读 chì，是与蚩、豸音近而通。古代关于蚩尤、獬豸的神话，其实都是与"螭龙"的传说联系在一起的。《说文》：

> 螭，若龙而黄，北方谓之土蝼。

土蝼，即土龙（蝼、龙音转）。土蝼是鼍鳄的古名之一。有人曾以为土蝼即今所谓蝼蛄（一种小土虫）。这种理解是相当浅泛的。土蝼又称地蝼，在古代传说中是一种与麒麟、凤凰并称而象征吉祥的动物。《史记·封禅书》说，黄帝登基时"黄龙地蝼见"（地蝼又记作地螾，同物异名）。螭龙、土蝼，亦即鼍龙。现代动物学家一致认为，鼍龙就是今日仍存在于中国江南的珍贵动物——扬子鳄的别名。

地史和考古资料表明，在史前时代中国大陆曾有多种鳄类生活过，到今天存在于中国的鳄类仅剩下一种。这种鳄于 1879 年由欧洲人 A. Fauvel 命名为 Alligator sinensis（扬子鳄）而闻名于世。但这一名称并不确切，动物学家朱承琯曾指出：扬子鳄古代名称为鼍。"鼍字，自古以来指这个动物，为了名实相符，应将它正名为鼍鳄。"①

鼍鳄与蛟鳄不同，其体形较小，能生活在温带地区。从文献记载看，直到相当晚近的宋代，黄河中游地区尚有发现。

宋程大昌《演繁露》描述螭的形态：

> 螭鱼四足长尾，鳞成五色，头似龙无角。

《说文》描述鼍的形态：

> 鼍，水虫。似蜥易，长丈所（许），皮可为鼓。从黾，单声。

《渊鉴类函》引《广志》：

> 鼍鱼有四足，尾如蜓蜓而大，南方嫁娶必得食之。（蜓蜓，即蜥蜴。）

李时珍《本草纲目》卷四十三“鼍龙”目下对鼍有详细的描述：

> 鼍龙〔俗名〕：鮀鱼、土龙。形如龙，声甚可畏。长一丈者，能吐气成云致雨。

又《通雅》卷四十七：“它即鼍也。合溪曰：《说文》以它为虵，虵盖巳也。古巳即象蛇形，后别为虵，或作蛇。其实它本是鼍，其音同也。《神农本经》鼍作鮀（即它），此是一证，亦因后世字乱，加鱼于旁也……《博物志》谓之土龙，鸣应更鼓，曰鼍鼓。”《本草纲目》又云：

> 鮀鱼甲生南海池泽，取无时。弘景曰：“即鼍甲也。皮可冒鼓，性至难死。沸汤沃口，入腹良久乃剥之。”藏器曰：“鼍性嗜睡，恒闭目，力至猛，能攻江岸。人于穴中掘之。百人掘，须百人牵之。一人掘，亦一人牵之。不然，终不可出。”苏颂曰：“今江湖极多，形似守宫、鲮鲤辈，而长一二丈，背尾俱有鳞甲，夜则鸣吼，舟人畏之。”

又云：

> 鼍穴极深。渔人以篾缆系饵探之，候其吞钩，徐徐引出。性能横飞，不能上腾。其声如鼓，夜鸣应更，谓之鼍鼓，亦曰鼍更。俚人听之以占雨。其枕莹净，胜于鱼枕。生卵甚多，至百，亦自食之。南人珍其肉，以为嫁娶之敬。

综观古代关于鼍的这些记述，均相当确切地描述了鼍龙（螭龙）的形态与生态。概括之即：

1. 形与龙（蛟鳄）相似，无角而小。又与蜥蜴（守宫、蜓蜓）相似而大。其实说鼍龙无角是不对的，据动物学家观察，鼍龙成体耳后也有一排弧形枕鳞，“有坚强的棘壮突，远远看去仿佛是龙头上的角”（陈壁辉等著《珍贵动物扬子鳄》），只是与蛟鳄头上的角凸相比，鼍鳄角凸不那么明显罢了。

2. 皮可剥甲，能制鼓。

3. 性嗜睡，居于深穴。

4. 生命力顽强，极难死。

5. 横行，但不能飞腾。《续博物志》：“鼍长一丈，一名土龙，鳞甲黑色，能横飞，不能上腾。”（而蛟鳄据说可以跃腾高达一二米）

6. 吼声如鼓，常夜鸣。又常雨前鸣，因此可据以知晴雨。

7. 头部有几块枕石，极莹净（这实际就是螭龙颔下有珠玉传说之由来）。

应当指出：详细了解鼍的形态、生态和生活习性是极其重要的。如果未曾作较深入的文字学、文献学和考古学研究，通常人很难想见和相信：在上古时代，中国人的生活（从衣食住行到语言、思想、宗教、文化）竟与鼍这种鳄鱼有何等密切而重要的关系。

作为对比，再来看一下现代动物学家所描述的鼍鳄的形态。据动物学家报道：

> 鼍（Alligator sinensis），学名扬子鳄，现仍生活于长江中下游区域，是中国特有的珍奇动物之一，与湾鳄同属鳄目，但在分类上异种，属鼍科。在典籍与民俗中，鼍有很多别名，称鱓鳣（讹作鳝）、鲍龙、土龙、龙子、鲍鱼、江猪、猪龙或猪婆龙等……喜生于近水沙地或丘陵，掘穴极深，但也可以栖息于陆上的山陵丛林中。
>
> 扬子鳄属中小型鳄类。形似大型蜥蜴，一般体长约150厘米，最大个体近200厘米，初孵幼鳄约18至22厘米。身体可分头、颈、躯干、尾和四肢。吻短而扁平，长略大于宽，吻背中部略凹进而两端稍突出，上有许多雕饰纹，末端有外鼻孔一对，高出吻端，周围环以肌肉，外面的皮肤连同几块小鳞片均可活动，当鳄潜入水中，可前后弥合，将外鼻孔关闭。口大，两颌有槽生锥形齿，新旧齿终生替换，新

生齿在旧齿基础上垂直长出，间或可见在内侧长出。头顶略高，两侧有稍为外突的卵圆形眼，瞳孔纵裂，上眼睑带有几乎与眼皮一样大的鳞板，下眼睑表面粗糙，有许多颗粒状突起，并有一透明能前后闭合的瞬膜。潜水时，瞬膜迅速由后眼角向前关闭，以保护眼球。夜间在光的照射下，鳄眼有如天上的星星，闪闪发红光，相距数百米亦清晰可见。

成体暗灰色，有些个体间有不明显的淡色横带；头部具浅色斑，腹面米黄色，但杂有深灰或浅灰色斑。老年个体色变浅，幼体深灰色，头部、体背和尾部均有黄色横带。[②]

在生态上，扬子鳄有一些重要特征：

1. 栖息地为两种类型：一种是丘陵山塘、水库、老河沟，多为荒芜之地，交通不便，人口稀少；另一种为长江沿岸圩区沟塘。目前扬子鳄主要分布于第一个类型区。

2. 扬子鳄在栖息地区均建有复杂的洞穴系统，选择营造洞穴的地点与地形、土壤、植被的情况关系密切。水体当中如有小岛，则洞穴必建于小岛。其营造洞穴的行为是一种本能活动，初孵幼鳄未经学习即具有此行为。营穴期，从天气温暖的5月起，一直持续到8月。在挖掘洞穴时，其吻部发挥重要作用，动作略似猪拱土。

3. 性喜静，常爬伏不动。在其最活动季节，每天活动时间约占6至8小时，其余时间或在洞穴内或爬伏不动。扬子鳄是变温动物，其体温和代谢率随环境温度而改变，因而对环境温度的依赖甚为明显，一般对高温适应较强，对低温适应性较差。在温度较高季节，其活动性较强；温度变低，其活动性降低或停止。影响它的季节和昼夜周期性活动，温度是最主要的因素之一。

4. 下半年是鳄鱼活动期。一般于4月至5月经冬眠后苏醒出洞，此时活动性尚低。除了晴天出洞晒太阳以取暖外，绝大部分时间仍在洞穴内度过。6月至7月繁殖季节来临，雌雄均甚活跃。夜间求偶交配活动频繁，特别是雄鳄离开自己洞穴四处寻找雌鳄。7月是造巢产卵活动高峰期，此时雄鳄特别忙碌。8月至10月为大量捕食活动期，雌雄鳄夜间均远离洞穴寻找食物，此时迅速长肥。11月至次年4月为冬眠期。

鳄类的活动规律有其相对稳定性。其他气候因素对鳄活动规律也有影响，如气压低而闷，鳄多出洞，晴天出洞多些，雨天少些。

5. 鳄类极贪食。尽管它的消化道内已充塞食物，只要间隔几个小时再给食物，它仍然大口吞食。常由于过食而引起痛风（这一动物学现象，令我们想起古书中“饕餮性贪，食人未咽，害及己身”的传说）。成年鳄食量亦大，每次能吞食占体重约10%的食物量。这种贪食的习性与捕食期短、能迅速将食物消化并贮存有关。在自然条件下，食物的可得性不是时时均具备的，一旦有机会获得食物它就大量吞食，因此形成贪食习性。

6. 它常漂浮于水中，“仿佛水面中央露出一根木头”。一发现食物，迅速游近目的物，沉入水中潜游，然后露出水面审视一番。当距食物很近时，猛地向前一冲，张口咬住食物。鳄鱼的这一生态，产生了古传说中的梼杌神话。

7. 雌雄鳄不同穴而分居两地。约于6月繁殖季节来临，雌雄均发出繁殖期所特有的叫声。一般常是雄性先发声，其音调较高而宏亮略似“哄”，而雌鳄应之以“呼”，其音调较低沉。一哄一呼，有规律地从两个地点交替发出，此乃求偶叫声最重要的特点，多在日落后、天亮前听到。（《淮南子·泰族训》记：“夫蛟龙伏寝于渊，而卵割于陵；螣蛇雄鸣上风，其雌鸣下风，而化成形，精之至也。”）

8. 鼍鳄在各种不同水体内，如山塘、水库等进行交配，交配季节多在每年6月上中旬，常随气候不同而略有前后。交配时间多在夜间进行。根据人工养殖池内的观察，扬子鳄的交配行为有两种情况：（1）雄主动找雌。雄性在水中一反常态，极度兴奋、活跃，在水面上狂游不息，积极主动寻找异性，常从侧面游向并以吻部抵触另一鳄的头侧或吻侧。这一行为可能与头部有臭腺的分泌物有关（交配季节臭腺特别发达）。两鳄相抵触，体轴略呈垂直向。两鳄体轴夹角逐步变小，最后呈平行状态，这时雄鳄开始爬跨雌鳄背部，拥抱后雄鳄吻部末端可抵达雌鳄眼部或稍前。如雌鳄不拒绝交配，则其头部露出水面，身体和水面略呈约30度夹角，静浮不动。（2）雌主动找雄，这种情况主要发生在雄鳄数量少时。

鳄类的这种交配行为，使我们可以联想和比照中国神话中伏羲女娲男女联体图。

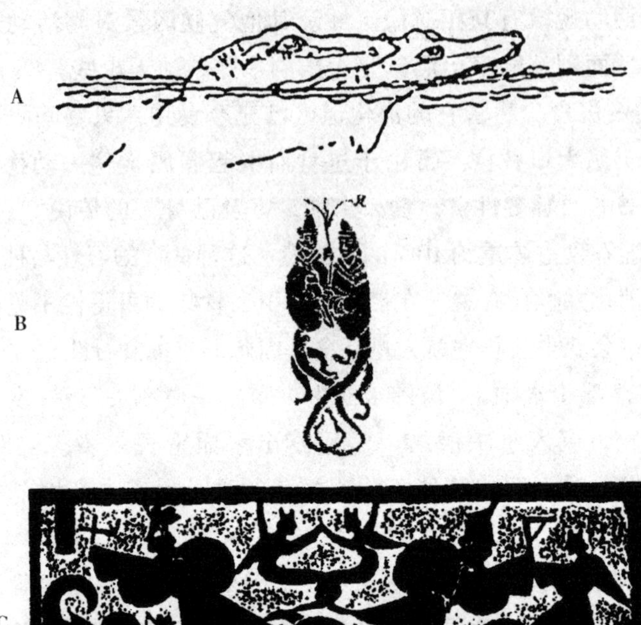

图 176

注释

①朱承琯《鼍生活史的初步研究》，见《动物学报》第 9 卷第 2 期，1957 年 6 月。

②《珍贵动物扬子鳄》，安徽科学技术出版社。

第四十六章　鸟与龙的不解之缘

蜃也是龙类之一种，即蜃龙。许多人仅仅知道蜃是蛤蚌之名，却不知道蜃也是蛟龙的别名。李时珍在《本草纲目》中将“蜃”属作为蛟龙的附录，并考证甚详：

> 蜃，之刃切。时珍曰：蛟之属有蜃，其状迹似蛇而大，有角如龙状。红鬣，腰以下鳞尽逆。食燕子，能吁气成楼台城郭之状。将雨即见，名蜃楼，亦曰海市。其脂和蜡作烛，香凡百步，烟中亦有楼阁之形。《月令》云：“雉入大水为蜃。”陆佃云：“蛇交龟则生龟，交雉则生蜃，物异而感同也。”《类书》云：“蛇与雉交而生子曰蟂，似蛇四足，能害人。”陆禋云：“蟂音枭，即蛟也，或曰蜃也。”又鲁至刚云：“正月蛇与雉交生卵，遇雷即入土数丈为蛇形，经二三百年乃能升腾；卵不入土，但为雉尔。观此数说，则蛟、蜃皆是一类。有生有化也。一种海蛤与此同名。

蜃字从辰。关于蜃得名之由来，亦应从“辰”字去考察。但一些近代文字学者所走的恰是一条相反的道路：他们先抱定蜃是蛤蚌的成见，又以为辰是蜃的初文，即海蛤象形，却不知蜃的本义、初名并非是蛤蚌。按之甲骨文及金文，“辰”字字形颇复杂，形变甚奇。

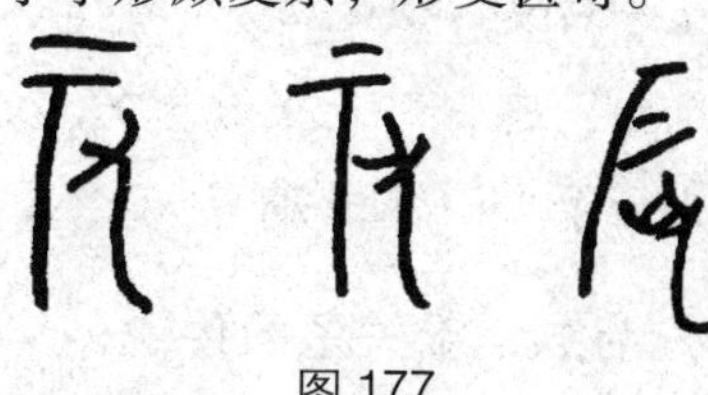

图 177

可以看出，字从示（石），从“九”或“屰”。九、屰，都是鳄鱼的古名。“示”字在古文中常用以标记神灵。因此从字形看，辰字本义就是蜃龙。再以音类求之，蜃即震。《易经》：“震为雷。”《说文》：“辰，震也。三月阳气动，雷电震民。农时也，物皆生。”辰与神（申）亦为同源字。如果说蛟龙（勾龙）得名是由于其身躯能像蛇一样勾曲扭绞，那么蜃之得名即因为蛟龙能“震”，吼声如雷，呼风唤雨，在古人心目中蛟龙是雷神和云雨之神，所以名之为“蜃”（震）。所以古人云：“蜃，龙也，状如螭龙，如池井间有则吐气为雨。”（《物类相感志》）

蜃据说有两种奇特的功能。其一是能从口中嘘出大量的云气，升腾天空，远望如楼台——此即著名的“海市蜃楼”：

> 渭水出气如蜃。蜃，形似蛇而大。腰以下鳞尽逆。一曰状似螭龙，有耳有角，背鬣作红色。嘘气成楼台，望之丹碧，隐然如在烟雾。高鸟倦飞，就之以息，喜且至，气辄吸之而下。今俗谓之蜃楼，将雨即见。（《渊鉴类函》引《杂兵书》）

关于蜃的这一传说，并非全是虚妄无稽之谈。据动物学家报道，鳄类对空气气压和湿度的变化极为敏感，的确能够预知晴雨。每在阴雨之前，鳄鱼常怒吼如雷鸣，随之而降的大雨仿佛是由它召唤而来的。而在炎热夏日，它又常常从口中排放大量水气以降温。由于鳄鱼肺活量极大，所以这种水气远观之如大团的云雾，在阳光下即能幻出艳丽的光色如虹如霞。“蜃楼”所指的正是这种虹雾。

文中提到蜃状如螭龙，螭龙是鼍，即扬子鳄的异名。这一点可以进一步证明我们论定蛟龙、蜃是鳄不误。

其二，据说蜃与燕子或雉鸟等鸟类具有一种特殊的变化关系。

> 世云雉与蛇交而生蜃。（《渊鉴类函》引《杂兵书》）
>
> 雉入大水为蜃。（《礼记·月令》）
>
> 蛇与雉交，而生子曰蟂。似蛇四足，能害人。
>
> 正月蛇与雉交生卵，遇雷即入土数丈为蛇形，经二三百年乃能升腾；卵不入土，但为雉尔。（《本草纲目》）

这些关于蛟龙（蜃）与燕、雉关系的传说，乍看纯系一种无稽之谈。

在古人眼中，鳄类与鸟类似乎属于一类。这一点，我们在后面介绍鳄类形态和生态时将会看到：从形态学和解剖学观点看，鳄类与鸟类确实有大量相似之点（如卵生、营巢居等等）。那么这种鸟—鳄转化的传说，是否即本于古人类对于鸟、鳄生态与习性的深刻观察呢？《庄子 · 逍遥游》中说北海有大鱼，其名为鲲——鲲也是鳄的古名。但此鲲据说能化为大鸟，“化而为鸟，其名为鹏……怒而飞，其翼若垂天之云”。鹏、凤古同音同字，鹏就是凤鸟的异名。鹏又通彭，是与龙亦为同名。由此看来，在古人眼中，龙凤不仅是同源之物，并且可以互相转化。在商周铜器铭饰中可以看到许多古代图纹，其形象往往龙鸟（凤）难分。

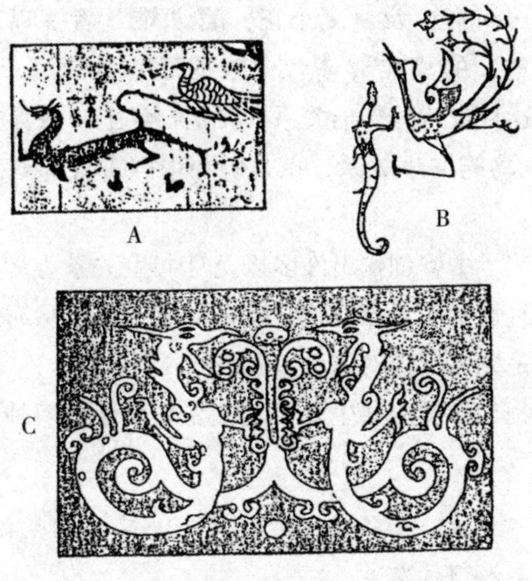

图 178

公元前 450 年，古希腊历史学家希罗多德在埃及旅行。他来到奥博斯城时，祭司们请这位学者参观当地鳄鱼神庙。在树林成荫的神庙里，许多大鳄在大理石砌成的水池中打着瞌睡，人们用珍贵的餐具给鳄送来了讲究的食物。但这并没有引起希罗多德的兴趣，引起他注意的是一种灰色的小鸟。

希罗多德发现，饱食以后的鳄鱼张着大嘴趴在那里，这种灰色的鸟立即飞到鳄鱼的嘴中，在鳄鱼的牙齿间大胆地跳来跳去。这时，如果鳄鱼把嘴一合，十来只小鸟立即会被它吞下肚去。可是，鳄鱼却从来不这么干。

希罗多德在他的著作中记述了鳄与鸟这种奇特的关系。他写道："所有的鸟兽都避开凶残的鳄鱼，这种小鸟却能和鳄鱼友好相处。鳄鱼从不伤害这种小鸟，这是因为鳄鱼需要这种小鸟的帮助。鳄鱼离水上岸后，张开大嘴，让这种小鸟飞到它的嘴里去吃水蛭等小生物。这一定使得鳄鱼感到很舒服。这种灰色的鸟叫燕千鸟，也叫鳄鱼鸟或剔牙鸟。"①

由上述，我们可以重新思考《尚书》中的一个记载："高宗肜日，越有雊雉。"按，《夏小正》："正月……雉震呴。"

汉代经师释《尚书》及《夏小正》言"雉"者多以其为野鸡。笔者很怀疑这种能"震"的"雉"，其实是蛟蜃而并非野鸡。

鸟类与鳄类这种奇特的伴侣关系，在生物学上叫做异类间的"共生关系"。这种奇妙的鸟鳄共生关系，正是解释中国古代那些奇特的鸟蜃转化神话的又一依据。

在中国古代艺术中曾创作出许多以龙鸟共生关系为母题的作品。其起源之古老可以一直远到新石器时代。在某种意义上，鸟鳄这种共生和伴侣的关系，岂非正是龙凤配合的传说来源吗？

关于爬行动物与鸟类的共生和转化，在后世还有多种变形，如唐陆禋《续水经》：

> 蛇雉遗卵于地，千年而生蛟龙属……其蛟破壳之日，害于一方，洪水飘荡，吴人谓之发洪。

《拾遗记》：

> 有赤乌如鹏，以翼覆蛟鱼之上。蛟以尾叩天求雨，鱼吸日之光，冥然则暗如薄蚀矣。

在另一层面上，鸟鳄的共生又转化为一种敌对的关系，即形成龙嗜燕肉的传说。《南部新书》：

> （龙）嗜烧燕肉，故食燕肉者不可渡海。

《琅嬛记》：

虎恒持燕炙示龙，而不即与食，龙俯而垂涎。

在上古语言中，龙与虎有时被视为同类物。因此在汉代瓦当艺术中可以看到这样一块瓦当。

图 179

在这里，龙与燕的伴侣关系被转换和表达成了虎与燕的伴侣关系。而前面已说过，龙与虎在古代曾被认为属于同类。而无论在甲骨文、金文中，还是在商周器物铭饰中，经常可以看到鳄鱼图形与猛虎图形的相似和混讹，有时二者甚至达到难以区别的程度。

注释

①陈效一《鳄鱼也有朋友》，天津新蕾出版社。

第四十七章　与鳄鱼有关的一组古文字

我们现在来研究鼍龙的鼍字。鼍字在甲骨文及金文中，形如图：

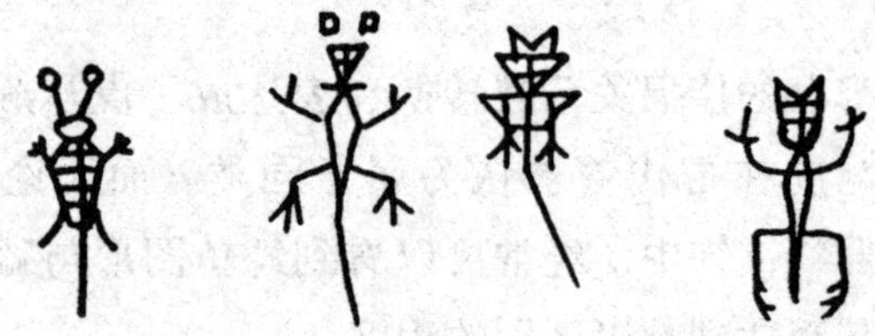

图 180

《说文》释鼍：“鼍，水虫。似蜥易，长丈所，皮可为鼓。从黽，单声。”但对于鼍的字形，许慎并没有作出任何解释。

对这个字形最早作出解释的，并不是文字学家，却是中国古代一位伟大的医学家和分类学家。李时珍在《本草纲目》中指出：“鼍字象其（鳄鱼）头、腹、足、尾之形，故名。”

看鼍字的甲骨及金文字形，可以肯定李时珍的解释是正确的。这个字的字形确实颇像一具鼍鳄的俯视图。

汉字中还有一个怪字，其字形、字音与鼍字均极其相似，这就是“单”字。

《说文》：“单，大也。从吅甲，吅亦声。”在这里，许慎解释了“单”的字义和读音。“单”字其实就是“鼍”字省去下半部所从之“黽”字的简化形。

再就字音而论，单、鼍二字古音完全相同。鼍鳄别名“鱓”，亦正是从单字得音（古文字中从鱼、从黾之字常相混用）。《说文》："鱓，鱼名。皮可为鼓。"《大戴礼记 · 夏小正》："二月……剥鱓。"《诗经 · 大雅 · 灵台》毛传："鱓字，本音鮀，与鼍同。"《埤雅》："鼍象龙形，一名鱓，夜鸣应鼓，吴越人谓之鱓更。"

这些材料表明，鼍、单、鱓三字，在古语言中发音相同。

综上所述，我以为单字与鼍字应是同源字而分化。

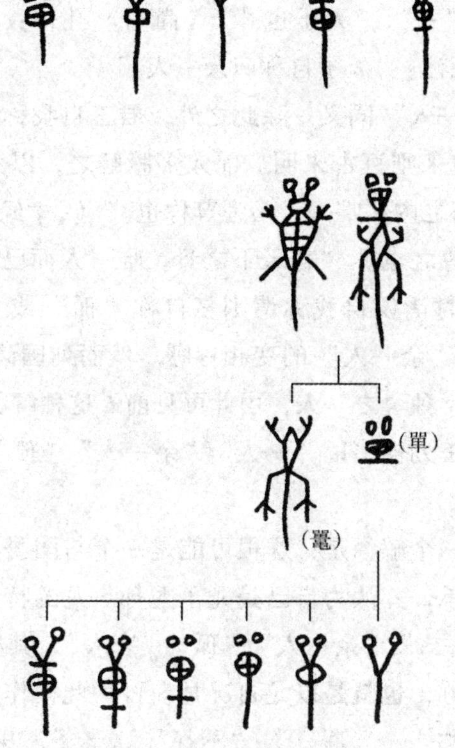

图 181　甲骨文及金文中的"单"字变体

"单"字的现代语义是孤独，即孤单。这一项语义是从何而来？乃是从鼍鳄的生活习性而来。据动物学家朱承琯的考察和报道："鼍长年穴居，生性异常孤独。终生雌雄异穴，即使繁殖期也绝不合穴。幼龄个体虽然随母共穴，但一成年后就脱离亲体，独立营穴。"所以人们所见到的鼍，往往都是一只孤独的"单"。至于《说文》中训单为"大"，则章太炎已指出，这应是声训，是以假借义释本义。单古音"tuó"，与多音近。单亦读

dān，又与“大（dà）”之读单相通：“单训大者，于今字当为‘奢、多’之借，或为‘诞’之借。古文‘但’为‘大’之借（单、大旁纽双声，阳八对转）。”（《文始》）

胡厚宣先生曾指出：“在商代殷墟出土的甲骨卜辞中，殷王常自称‘一人’或‘余一人’。”（《古文字研究》第六辑）在古文献中，商周时代君主自称亦多曰“一人”或“余一人”。《汤诰》：“明听予一人诰。”“俾予一人，辑宁尔邦家。”《太甲》：“一人元良，万邦以贞。”《诗经·大雅·下武》毛传：“一人，天子也。”《尚书》孔传：“一人，天子也。”《国语·周语》韦昭注：“天子自称曰余一人。”

孤、寡人与“一人”同义。除此之外，君王自我称谓还有“朕”“不谷”。这一称谓的由来则亘古未明。前人多臆解之，以为这是一种唯我独尊的尊称。“言四海之内，唯一人乃为尊称也。”（《孝经》邢昺疏）“谓率土之内，唯此一人尊之也。”“言天下之贵，唯一人而已。”（《礼记》孔颖达正义）春秋战国时诸侯自我称谓则多自称“孤”或“寡人”——这实际也是“一人”或“余一人”的变相称呼。然而列国诸侯并不主有天下，亦非如周天子是天下独尊之一人，由此可见前人这种解释并不能成立。

为什么先秦君王列侯多以“一人”“余一人”“孤”或“寡人”为自称呢？[①]

这里想给出的一个解释是：这很可能是一个与图腾有关的称谓。古帝王君侯多以龙族自承，并认为自己是龙子龙孙。龙的特性是孤独，其名亦称“单”。所谓“一人”“余一人”“孤”“寡人”，其实就是“单”的不同说法。而以单自称，也就是以龙自况耳。可为此说作为旁证的，是古代帝王的另外两种自称——“朕”与“不谷”。《老子》第九章：“是以侯王自称孤、寡、不谷。此非以贱为本邪？”这是老子用了一个语言歧义的游戏。按：“朕”通作“蜃”，“蜃”与“不谷”均与“单”一样，是龙、鳄之别名。关于“不谷”详后论。

这里还有一个问题：为什么鼍、单这两个字头上均从双口？对这个问题，有一位研究鼍鳄的动物学家，给了我们一个极重要的提示：

> 如果我们相信我国古代先哲造字艺术，那么古鼍字乃是一个又象形又会意的对动物的描写。这个字的解析，却当于习见的雄鼍的穴

座，这可算是最早的生态学的发现了。[②]

这是一个非常富有见地和具有启示性的见解。根据动物学者的实地考察，我们现在知道，鼍的生活习性是极为奇特的。首先是雌雄不共穴，即使在交配期它们也是分穴单住的。更重要的是，它们营居于地下深达 2 米左右的洞穴中。鼍穴的内部构造，雌雄各不相同。雌性鼍的居穴由于有抚育幼鼍的需要，内部结构较为复杂，洞口较多，一般为 4 至 8 个。而雄鼍之穴则构造简单，一般只有双洞口，见图 182A。

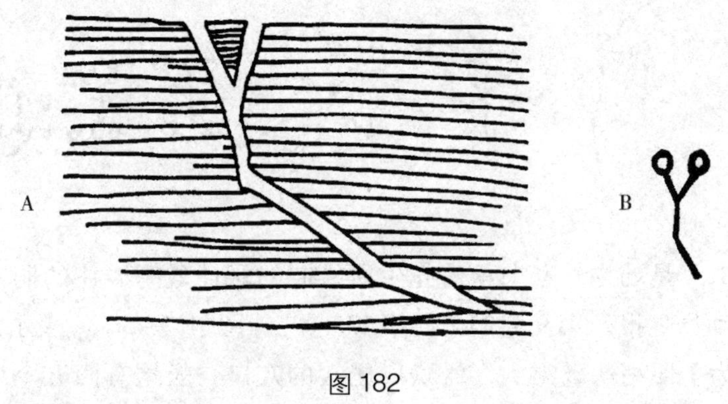

图 182

不难看出，这恰恰就是图 182B 甲骨文中“单”字的形相。换句话说，单（單）字以及鼍字上半部的双口，实际是古人对于鼍鳄洞穴的一种描写。由此又可以解开与单和鼍关系密切的另一组文字的构形秘密。

甲骨文和金文中有几个形构极为奇特的文字。这些文字，前代古文字学者释之为两组：（1）“咢—噩”；（2）“桑—丧”。（见李孝定《甲骨文字集释》、于省吾《甲骨文字释林》、朱芳圃《殷周文字释丛》。）此四字，在今天形、音、义均不同，但文字学家论定在古文字中以上四字乃是同一个字的孳乳和分化（参见闻一多《古典新义 · 释桑》、于省吾《甲骨文字释林 · 释噩》，以及李孝定《甲骨文字集释》）。从字形看，上述一组字的字形颇不规范，乍看起来像一棵树。其实，此字字形与“木”根本没有任何关系，前人对此字字形的解释都说错了。在甲骨文及金文中那种神秘复杂的树枝图，究竟是取象于什么？“单”字实际是雄性鼍鳄的象形，以同样观点观察“噩”字的那种奇特字形，可以从中得到一个新的启示：原来这些文字在字形上所显示的应当就是雌性鼍鳄巢穴的横剖面图。

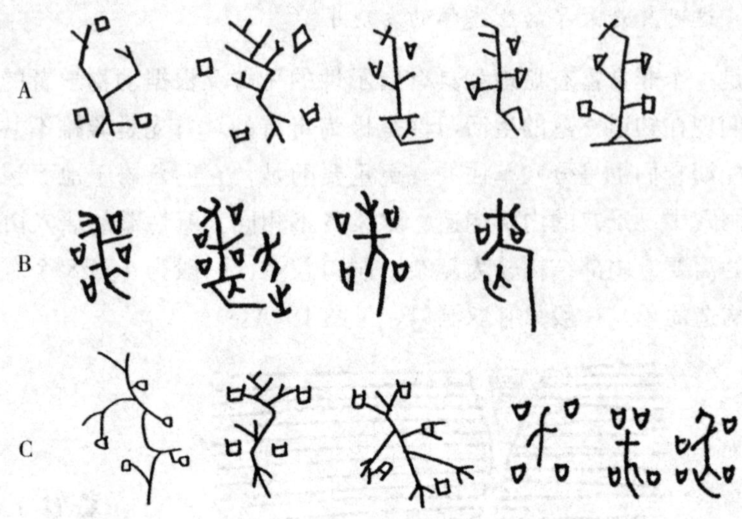

图 183

图 182A 是动物学家朱承琯先生所绘制的雌性鼍鳄居住的洞穴平面图（引自《动物学报》第 9 卷第 2 期第 135 页）。图中诸“口”表示穴道的出入口。“为了便利幼鼍出入，雌鼍所居穴的穴口一般均有四五个（雄性的出入口通常仅为两个）。”以此图与图 183B、C（噩）字形相比照，我们可以断定，正如“单”字字形一样，“咢、噩”的字形原来也是鳄鱼洞穴的描写。每一鳄鱼洞穴的穴道是不可能完全规范化的。由此也就解释了何以“咢、噩”字形在古文字中的表现是那样地不规范。这不能不使人们惊叹祖先的造字艺术和智慧！

在汉字中，“噩”字与“丧”字形、义皆近，“丧”与“亡”形、义又近同。这几个文字在起源上亦有联系。《说文》：“丧，亡也。从哭、亡，会意，亡亦声。”《说文》：“亡，逃也。从人，从乚。”又：“乚，匿也，象迟曲隐蔽形……读若隐。”

关于“亡”字的字形，许慎未作解释，这体现了这位古代学者的慎重。晚近有人释“亡”字字形，推测是奴隶逃亡隐藏于墙后，完全是望文生义之谈，毫无根据。实际上，甲骨文和金文中“亡”字或从“乚”，或从“入”并不从“人”，其初义与人或奴隶的逃亡毫无关系。

那么“亡”字字形及其本义究竟是什么？我们可以将“丧、噩”诸字形与“亡”字字形（图 184）作一下对照：

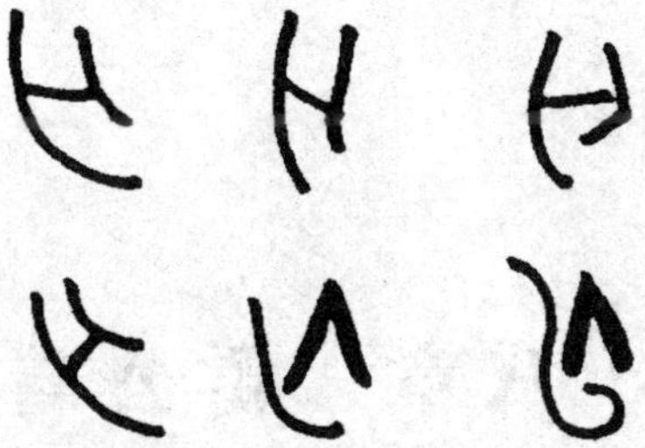

图 184　甲骨文及金文中的“亡”字

比较以上一些字形，不难看出，其实“亡”字是“丧和噩”字的简化和概括。在“亡”字中，省去了“丧（噩）”古文形体中的“犬”字，仅表现出鳄鱼洞穴中的通道和孔洞。这种地下通道更概括的写法，就是《说文》中的“乚”（读隐）字。所以《说文》训乚说：“乚，象迟曲隐蔽形。”鳄鱼进入其洞穴即隐匿不见，这应正是“亡”字之本诂，由此引申而有亡失、丧亡之义，再引申而有死亡之义。古代中国人相信人死后魂魄归于地下，正像鳄类隐亡于其洞穴一样。所以人之死称作“亡”“丧”，亦称作“噩耗”。前面已指出，鳄类在古代别名正是“地鬼”。

古代中国人之所以盛行土葬的风俗，即与相信人死后归于鬼穴，回到其祖先之所在，复归其图腾，变为“鬼”（鳄鱼）有关。所以《说文》说：“人所归为鬼。”由此我们又可以知道，中国自上古以来即流行的那种于地下凿深穴、积厚葬的死亡礼仪，也潜涵着一种深刻的巫术意义，是对于古人所崇拜的鳄（龙）生态的模仿，而这种模仿与古代夏族以鳄（龙）为图腾的原始信仰有关。

鳄鱼生活的定居性、长寿性（寻常可达二三百年），使它被看做一地域内的社神。

注释

①谓天子为“一人”者，其义有二：一则天子自称“一人”，是为谦辞，言己是人中之一耳；一则臣下谓天子为“一人”，是为尊称，言天下惟一人而已。按，天子自称，则加“予”字或“我”字，仅曰“一人”者皆臣下谓天子耳。

②朱承琯《鼍生活史的初步研究》，《动物学报》第9卷第2期。

第四十八章 雷公与神灵

龙是中国神话中的雷雨之神，这个神话的根据也与鳄鱼的动物特性有关。

动物学家朱承琯说：鳄鱼的生活习性是每年秋季（10 月下旬）休眠，次年 4 月初出洞活动。鳄鱼对于大气气压的变化十分敏感，每当天气阴雨之前由于气压变化而发生吼叫。如果地区内有多条鳄鱼栖止的话，就会形成一呼百应、此起彼落之势，使“初临此环境者以为系雷声”。

在古代文献中有大量关于鳄鱼能预知云雨，“常在雨前作雷鸣吼叫，声达数十里”的记载。例如李时珍《本草纲目》：

> 鼍穴极深……其声如鼓，夜鸣应更，谓之鼍鼓，亦曰鼍更。俚人听之以占雨。

嘉靖《九江府志》：

> 鼍，一名土龙。鳞甲黑色，性嗜睡，目睛常闭，能吐雾致雨。善頖岸，横飞，声如鼓。故取其皮以冒鼓。诗曰：“鼍鼓逢逢，欲雨则鸣。”故里俗以鼍谶雨。

罗愿《尔雅翼》：

> 《诗》云：“鼍鼓逢逢。”李斯亦云：“树灵鼍之鼓。”是周秦皆以〔鼍〕冒〔蒙〕鼓也。

《夏小正集解》：

鲜与鼍同鱼名……似鼍差小，横飞，善睡。向日吐水，日入则没，夜鸣如鼓，其声应更。江淮之间谓之鼍更。又闻鼓则鸣，与相应也。其皮坚厚，可以冒鼓。

所谓鼍鼓有两种含义：（一）以鼍皮所制的鼓；（二）鼍鼓夜吼，其鸣遵守时间仿佛更鼓。宋陆佃《埤雅·释鱼》说：

鼍象龙形，一名鲜。夜鸣应更，吴越谓之鲜更。盖如初更辄一鸣而止，二即再鸣也。

同书引晋安《海物记》又云：

鼍宵鸣如桴鼓，今江淮之间谓鼍鸣为鼍鼓，亦或谓之鼍更。更则其声逄逄然如鼓，而又善夜鸣，其数应更故也。

这种善于鸣吼并且吼声如雷的特征，使鳄成为中国古代神话中的雷神。在中国神话中，雷神一向被认为具有猪龙的形象正来自鳄的尊容：

雷州春夏多雷，无日无之。雷公秋冬则伏地中。人取而食之，其状类彘。（《唐国史补》卷下）

古人所说这种肉可食用、面目像猪、秋冬则潜入地下休眠的“雷公”，可以肯定就是鳄鱼。由此我们又可以理解，中国古代许多条大河何以多叫“滤沱”（《说文》：“虎吼也。”），而沱则是鼍的音假。中国北方的沼泽在古地名中又有许多处名叫“雷泽”。而在古传说中“雷泽有雷神”，其形相是“龙身而人头”，“以其尾鼓其腹，其音英英（读梆梆）”：

雷泽有雷神，龙身人头，鼓其腹则雷也。（《史记·五帝本纪》正义引《山海经》）

雷泽有神，龙身人头，鼓其腹而熙。（《淮南子·墬形训》）

这种龙身人首居于雷泽的雷神显然是鳄鱼形相的神化。鳄属爬行类，同蛇、蜥蜴、龟等一样无声带。鳄之所以能发出巨大的吼声，其发声机制有两种：一是张口呼叫时，肺内贮存空气突然冲开腭帆膜和舌根的横起皱褶而发出吼声；这种声音多在发怒发威时发出，特别是护幼母鳄遇入侵之敌常张口怒吼。另一种是闭口时所发出的声音，此时肺内的贮气，被突然压出通过鼻道冲开鼻瓣而发出声音，鼻瓣起着声带的作用，根据冲出气流的大小、急缓可发出不同的声音。实际观察鳄鱼吼叫的人知道，当扬子鳄吸进大量空气充斥肺脏时，连肚子都胀得鼓囊囊的。如果它要鸣叫，即让胸腹肌肉突然收缩，猛地压缩肺脏，使肺脏也发生相应的收缩运动，驱逼着肺脏里的气体迅速向外排出，此时其尾部由于身体的急剧收缩而向上振动，因而仿佛“鼓腹而歌”。

由此我们就可以理解《吕氏春秋·仲夏纪·古乐》中所记的这一种传说：“鲜乃偃寝，以其尾鼓其腹，其音英英。”这实际正是对鼍龙（在传说中为“乐正”，即音乐之神）鸣叫的绝妙写照。

据动物学家测算，当扬子鳄吼叫时吸进的气量是平时的6至10倍，肺压增大至25倍以上。气体冲出鼻腔的速度可达到每小时200公里，由此而形成强大的声波振击空气自然仿佛雷鸣一般。此时如果适逢阴雨，这些迅速排放的气流就又可以像云气一般升腾直上，从而形成唐诗中“湖日似阴鼍鼓响，海云才起蜃楼多”的场面。

《夏小正》中有这样一个记载：

> 正月，启蛰……雉震呴……鼓其翼，正月必雷。

夏小正正月相当于公历之3月或4月，其所记物候是以商周时代的中原地区为标准。公历3月或4月，北方并未进入雨季，那么我们就很难理解何以这时会“必雷”。又古代传说“雷动而万物苏”，我们今天却也很难理解：在这种无雷之月，使万物复苏的“启蛰”与“雷”又有何联系？

原来，《夏小正》所谓启蛰是说一切冬眠蛰伏的爬虫都苏醒了。而在《夏小正》的时代中原尚有鳄鱼，所以初春时节大地多雷也就不难理解了。所谓“振翼”，即鳄鱼鼓腹而鸣的姿态（鳄鼍古语亦称翼）。

由此我们又能理解中国民俗中于春节（正月初一）鸣放爆竹的由来，其实是对“正月必雷”的一种人工模拟，而其功能则是以此象征雷神唤醒万物和镇伏邪魅。《礼记》中说：

> 先雷三日，奋木铎以令兆民曰：“雷将发声，有不戒其容止者，生子不备，必有凶灾。

《尚书洪范五行传》说：

> 雷于天地为长子，以其首长万物为出入也。雷二月出地，百八十

日，雷出则万物出。八月入地，百八十日，雷入则万物入。入则除害，出则兴利，人君之象也。

这里所说的出地和入地各半年的雷，其实都是指雷神，即鳄鱼。由于鳄的鸣吼之声像击鼓，古人又往往把雷看做天鼓：

雷，天地之鼓也。(《河图帝纪通》)。

雷，天之鼓也。(《抱朴子》)。

而鳄鱼则亦被尊作鼓神。《易·说卦》："震（即蜃）为雷，为龙……"《淮南子》记：

雷泽有神，龙身人头，鼓其腹而熙（熙通作戏。此说并见于《山海经·海内东经》)。

这一龙首人身鼓腹而戏的雷神显然是鳄鱼，而可以直接证明这一点的则是《敦煌破魔变文》(斯3491)：

用鼋雷为战鼓，披闪雷作朱旗。

《太平广记》卷四六四：

鳄鱼别号忽雷（亦记作骨雷）。

所谓忽雷，就是呼雷。更进一步，在甲骨文中"雷"与"鼍"本来是同形字。

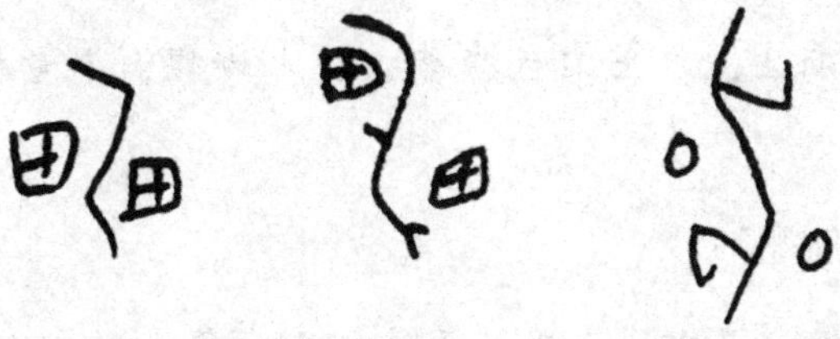

图185

比较图中所列的字形，特别是图中的A、B、C三字，我们可以看出，初期甲骨文中的雷字实际即是鼍字的简化。雷字中的类"f"型记号，显然是"犬"字（即鳄类图形）的一种演化记号，而雷字从二口，象征鳄类在洞穴中的吼叫之声。再从音类上说，雷古音记如luó，与"离"古音相同①，与"鼍"古韵相近，与"单"（鼍）叠韵而通，与"龙"今音双声。所以

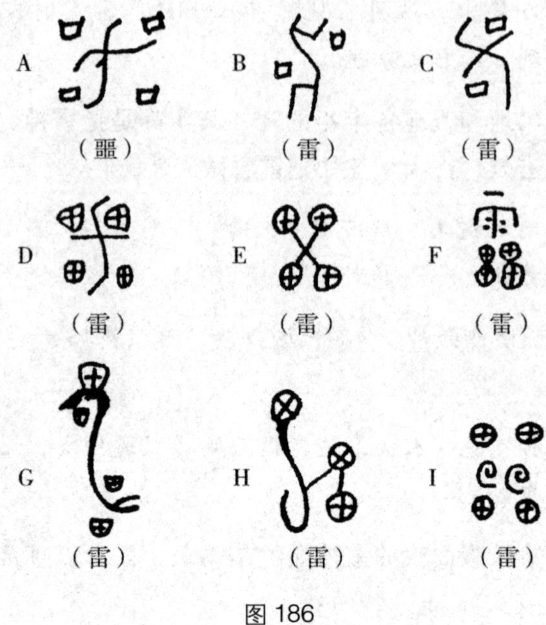

图 186

雷、离、龙、靐、鼍诸字在古语言中音义均为相通，应是同源字之孳乳。

雷神，古代或称作“丰隆”，即轰隆，又读作彭隆。但雷神古名又或称作“轩辕”。《春秋合诚图》：“轩辕，主雷雨之神。”轩辕，郭沫若曾释作玄鼋，这是对的。但前人多不知道，玄在古汉语中并不专指鳖类，蜥蜴别名亦称玄鼋。蜥蜴在古代被看做是与鳄同类之物。《全唐诗》卷八七七《蜥蜴求雨歌》序记：

> 唐时求雨法，以土实巨瓮瓮，作木蜥蜴，小童操青竹、衣青衣以舞。

明张岱《夜航船》：

> 关中求雨，寻蜥蜴十数，置瓮中，童男女咒曰：“蜥蜴蜥蜴，兴云吐雾，致雨滂沱，放汝归去。”宋咸平时用此法祷雨，屡验。

同书又载商汤[2]祷雨：

> 汤有七年之旱，太史占之曰：“当以人祷。”汤曰：“吾所为请雨者，民也。若以人祷，吾请自当。”遂斋戒，剪发断爪，素车白马，身婴白茅，以为牺牲，祷于桑（靐）林之野……大雨，方数千里。

这种求雨法实际是上古鳄鱼崇拜的遗留和对鳄鱼生态的一种模拟巫术。土实巨瓮，中贯木蜥蜴——这显然是模拟鳄类藏身地下洞窟之中，小童操青竹而舞则是为了模拟青鸟、青女——古神话中东君、春神之使者。由此可见，无论称雷神为“丰隆”为“轩辕”，其来源均与对鳄鱼的崇拜有关。

由于鳄鱼的吼声出自地下，进而产生了关于“雷出于地”“雷神蛰处于地中”的奇妙神话。

所谓半年入于地，半年出于地，各占一百八十日，这一传说也不是没有根据的，这正符合鳄类的穴居冬眠春出的活动规律。

《礼记 · 月令》：

> 仲春之月……日夜分，雷乃发声……仲秋之月……日夜分，雷始收声。

仲春之月，鳄鱼冬眠复苏，故“雷乃发声”；仲秋之月，鳄鱼入穴冬眠，故“雷始收声”。

《说苑 · 辨物》：“天将大雨，商羊[③]（蜥蜴）起舞。”

鳄鱼的这种活动规律与一年四季的交替循环正相呼应。这就难怪远古时代的人们认真地相信鳄鱼是雷神和四季之神了。

由于鳄鱼吼叫经常在天欲雨之前发生，使古人产生了鳄鱼能够预知以至决定云雨的印象。如果把这种现象（即每当鳄鱼吼叫，则必有阴雨到来）看做一种规律性的因果机制，那么就不难引出“鳄鱼可以呼风唤雨”的结论了，由此产生了以“雩”呼唤雨的古老习俗。

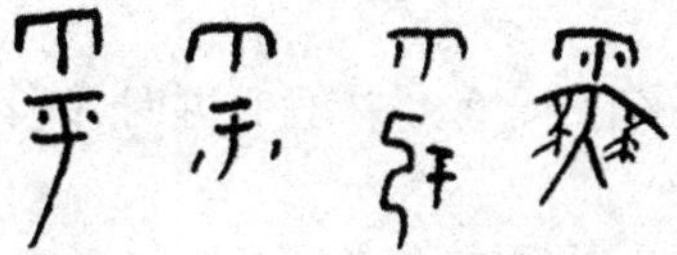

图 187

也正是在这个意义上，中国古代产生了鳄鱼作为龙神乃是主风雨之神灵的观念。事实上，中国文字语言中的神灵观察也正是从鳄鱼身上生发出来的。

甲骨文和金文中的“灵（靈）”字，字形从雨从口。在汉语中，“灵”

主要有三个义项：1. 神明称“灵”；2. 巫师称“灵”；3. 征兆有验称“灵”。

如果将“灵”字诸字形与“雷”字作比较即可看出，“灵、雷”在古文字中起源于同一个字。雷神是鳄鱼，鳄鱼能呼风唤雨，所以“灵”字从雨、从口。如果张口一呼则必有雨来，即可称之为“灵”。这是一个功能性的概念，也正应当是“灵”字的初义。引申之，如果以人来模拟鳄鱼吼叫，在理论上也应该能够召唤风雨。在这个意义上，模拟鳄鱼呼风唤雨的巫师也可称为“灵”。再以音类求之，“雷”古音读如 luó，与“灵”字是一音之转。正是在这个意义上，“灵”与“雷”都是神。“灵”字与“命”字和“令”字的古音亦相同。发言召唤，称作命、令。这些词汇在发音和语根上的近同，表明了它们也具有共同的语言来源。

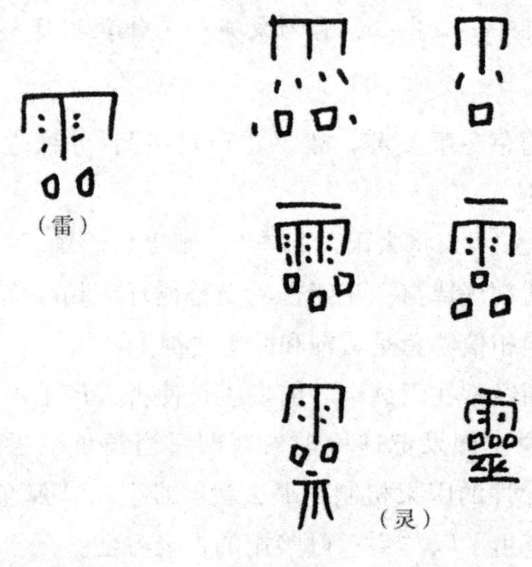

图 188

不仅“灵”的观念来自鳄鱼，中国上古时代所谓“神”的观念，其得名也来自鳄鱼。

申是神字的字根，亦是其初文。《说文》：“申，神也。”关于申字字形的由来，以往说字者谬说颇多，较流行的说法是：申、电二字古为同形，而申字初形像闪电。应当指出，电字与申字在金文和《说文》篆文中确为同字，但申字、电字都绝不是什么闪电的象形字。这一点，我们只要研究一下“申”字的演化过程就可以明白（图 189）。

“申”字字形实际乃是“鼉”和“雷”字的省形和孳乳，而这些文字

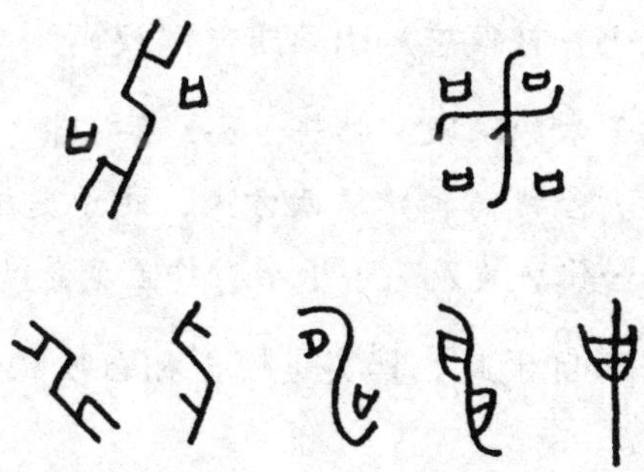

图 189

字形均是鳄类洞穴通道的剖示。申字在字形上不从口（如雷），亦不从犬（如鼍），而格外强调和突出地描写了其穴道的弯曲和长度，所以申的本义就是延伸及“屈伸”（《说文》）。正是从申字的这一延伸、屈伸之义中，方孳乳出了“电”字，因为闪电是一种延伸和曲折之物④。由此亦就可知，认为申、电是闪电象形的这种说法，其实是以果为因的颠倒之论。

鳄鱼本身是一种体尾极长而又可以灵活屈伸的动物，所以鳄鱼别名蜿蜒，又作蜒、蜒蚰⑤，又称勾龙。《西京赋》：“巨兽百寻，是为曼延。”“海鳞变而成龙，状蜿蜿以蝹蝹。”《西域传》：“曼衍，鱼龙。”此言曼延。鱼龙正是指鳄鱼。

图 190　汉石刻艺术（鸟嘴、长尾、虎爪是鳄鱼形象变形）

图 191　《山海经》中的“类”兽

刘昭注补《后汉书 · 礼仪志》引蔡质《汉仪》：

> 正月旦，天子幸德阳殿，临轩。公、卿、将、大夫、百官各陪朝贺……作九宾乐。舍利（兽）从西方来，戏于庭极。乃毕入殿前，激水化为比目鱼……化成黄龙……乐毕，作鱼龙曼延。

今元旦舞龙之俗来自于此。其实是模拟和召唤鳄鱼——雷神以镇邪、辟邪的一种古老风俗。

申的本义是屈伸、延伸。汉语中凡具有这一性质的事物，即都称之为“申”。例如，声音之长者称“呻”（呻吟），光之长者称“电”，衣带之长者称“绅”，虫之长者则称“蚺”亦即“蛇”（与“申”为一音之转），等等。

《诗经 · 国风 · 召南》中有篇《殷其雷》，自汉儒以来直至现代注家甚多，历代皆以为这是一首“妇人以其君子从役在外而思念之”（朱熹说）的情诗。殊不知这其实是古代的一首“雷神颂”：

原文：

殷其雷，
在南山之阳。
何斯违（伟）斯？
莫敢或遑。
振振（震震）君子，
归哉归哉！

殷其雷，
在南山之侧。
何斯违（伟）斯，
莫敢遑息（sì）。
振振（震震）君子，
归哉归哉！

殷其雷，
在南山之下。

何斯违（伟）斯，
莫或遑处。
振振（震震）君子，
归哉归哉！

今译：

雷声昂扬，
响在南山之上。
何其魁伟，
谁敢不敬！
轰隆隆的神君，
英武雄壮！

雷声连连，
响在南山之侧。
何其魁伟，
谁敢怠慢！
轰隆隆的神君，
英武雄壮！

雷声赫赫，
响在南山之下。
何其威武，
谁敢逃避！
轰隆隆的神君，
英伟雄壮！

由诗中，这位雷神是已被人格化了的所谓“振振君子”。振、震古字通用。《说文》：“震，劈历（雳）振物者。”振、震都是古代的雷神之称。（《易经》：“震为雷”“震来虩虩，震惊百里”。《五经通义》：“震与霆，皆霹雳也”。）试问：这位“振振君子”不是龙君（即人格化的鳄鱼之神）又是谁呢？

图192　雷神（98.4厘米×32.4厘米）

河南南阳出土汉画，图中的雷神具有鸟状尖嘴、长尾、虎爪，这些特征显然是来自鳄。

注释

①马王堆帛书《易经》中离卦记作罗卦，知“离”古音可读“罗”。

②商汤名号亦为“商羊”转音。

③商羊，传说中是一种神异怪物。商羊又记作“相羊”，相、蜥，羊、蜴双声，相羊还是蜥蜴转语。蜥蜴俗名“龙子”“小龙”。蜥蜴是小型版的鳄类。

④又，寿（畴）与申亦是同源之字。寿者，申也，长也。后来转为名词。长寿即长申，亦即长身，亦即长生。

⑤此又与蜥蜴及蚯蚓同名。

第四十九章　鬼、夔与音乐钟鼓之神

章炳麟在《小学答问》中指出：

古言鬼者，其初非死人神灵之称。鬼宜即夔。《说文》言鬼头为甶，禺头与鬼头同。禺是母猴，何由象鬼？且鬼头何因可见？明鬼即是夔……魖为秏鬼，亦是兽属，非神灵也。韦昭说夔为山缫，后世变作山魈，魈亦兽属，非神灵……故鬼即夔字，引申为死人神灵之称。

在这里，章太炎认为：1. 鬼就是夔。2. 鬼是秏鬼。3. 鬼是山魈。

魈，字又作“蛟”，乃是蛟龙（鳄鱼）的别号。至于所谓秏鬼，秏从毛，字又作豪；所谓豪鬼，即有鬣之鬼。

韦昭《国语注》把夔释作山魈，字又记作山魈、山缫。蛟龙又名山蛟，山蛟即山魈，亦即嚣，实际上就是《山海经》中所谓“狍（鸮）”（即“咆啸”），因传说其具有羊身又称作“枭羊”。而这怪物也就是著名的饕餮：

有兽焉，其状如羊身而人面，其目在腋下，虎齿人爪，其音如婴儿，名曰狍鸮，是食人。（《山海经·北山经》）

饕餮，兽名，身如牛，人面，目在腋下，食人。（《左传》文公十八年正义引《神异经》）

周鼎著饕餮，有首无身，食人未咽，害及己身。以言报更也。（《吕氏春秋·先识览》）

按：“以言报更”一句，古今注此文罕有解者；此乃指鳄鱼夜鸣合于更鼓仿佛报更的传说。郭璞《山海经图赞》：

> 狍鸮贪婪，其目在腋，食人未尽，还自龈割。图形妙鼎，是谓不若。

由上述材料可知狍鸮与饕餮实际是同一种怪物，而且都被形诸鼎器。这也就解释了商周鼎器上那些复杂的铜器花纹的由来。

在这些保留较多的原始形态的古传说中，我们尚能看出饕餮—狍鸮—枭羊即贪婪善吼的鳄鱼形象。至于“其音如婴儿”，则显然是把娃娃鱼混入鳄鱼形态之中了。

从动物学的观点看，鳄鱼的贪食在兽类中确实是惊人而罕见的。

扬子鳄的食量大得出奇。一个体重100斤的人，一餐吃下10斤肉，若不胀破肚皮见阎王，也是个罕见的大肚汉。在鳄鱼这却是件平常事。一条体重仅15斤的扬子鳄，可以毫不费力地吞下一斤半鱼。

由此进一步演化为将鳄鱼人格化，即把饕餮说成一种贪食人物。

> 缙云氏有不才子，贪于饮食，冒于货贿，侵欲崇侈，不可盈厌。聚敛积实，不知纪极，不分孤寡，不恤穷匮。天下之民，以比三凶。谓之饕餮。(《左传·文公十八年》)

> 西南方有人焉，身多毛，头上戴豕，贪如狼恶（此“恶”字当释作“鳄”）。好自积财而不食人谷。强者夺老弱者，畏群而击单，名曰饕餮。〔《春秋》言饕餮者，缙云氏不才子也。一名贪婪，一名强夺，一名凌弱。此国之人皆如此也。〕[①]（《神异经·西南荒经》

“多毛”，也就是秏鬼。这种传说之所以发生，很可能的情况是：由于

图193　商代铜器上的饕餮纹及夏代的饕餮铜牌饰

鳄类贪婪，人们把那些贪婪的人比喻为鳄类（饕餮）。这也是中国古神话形象历史化的一种方式。

在唐段成式《酉阳杂俎》中，尽管他并不理解夔之真相是鳄鱼，但在他所采录关于“山魈”的一系列古传说中却部分地保存了这一真相：

山萧，一名山臊，《神异经》作獠。《永嘉郡记》作山魅，一名山骆，一名蛟，一名濯肉，一名热肉，一名晖，一名飞龙。如鸠青色，亦曰治鸟。巢大如五斗器，饰以土垩，赤白相间，状如射侯，犯者能役虎害人，烧人庐舍，俗言山魈。②

在这一传说中，有些显系后人增饰附会，如所谓“状如射侯”“役虎害人，烧人庐舍”之类。其中有些名称也颇为难解，如所谓“濯肉”“热肉”之类。在这里段成式明确指出了山萧就是蛟，就是飞龙。又所谓“晖”，音通于“浑”，又记作“獐”，实际就是《山海经 · 北山经》中所谓“山獐”：

有兽焉，其状如犬而人面，善投。见人则笑，其名山獐。其行如风，见则天下大风。

晖，其实也就是鲧（鲧）。

鲧，大鱼也。（《玉篇》）

鲲，鱼子（鱼子即鱼卵），或作鳏。（《类篇》）

鲲，胡昆切，大鱼，鳏。又读姑颜切。《说文》：“鱼也”。一曰丈夫六十无妻曰鳏。又古本切，鲧或作鳏。（《类篇》）

鲧、鲲、鳏皆音同义通之字，可确认为是一组同源字组。它们可训为“鱼子（卵）”，显然是因为其音通于“浑”“滚”，音中寓有环圆、浑圆、浑沌之义。这几个字均为鱼名，并训作大鱼。凡鱼之大者皆可称鲲，故鳄鱼也可称鲲（海鲸亦称鲲）。这应当是本义。鳏又有孤单无妻之意，这显然是由鳄鱼孤单的生态习性引申出来的。《类篇》中又有鱼名曰“鲩”，“似鳟而大”。“鳟”，亦“赤目鱼”也。我们前面已指出，鳄鱼正是赤目鱼，民间传说认为它有“火眼”（龙眼夜明珠的传说亦由此发生）。鲩、鲧字音亦相同，所以也是晖的别写。耐人寻味的是，正如饕餮在先秦传说中由鳄历史化为人物一样，鲧、鲲也由一种大鱼（即鳄鱼）后来演变成了中国历史上一位非常重要的神话人物——大禹的父亲：

> 洪水滔天，鲧窃帝之息壤以堙洪水，不待帝命。帝令祝融（太阳神）杀鲧于羽郊。鲧复生禹。帝乃命禹卒布土以定九州。（《山海经·海内经》）

这个神话将来讨论中国上古先民的图腾和起源问题时还要讨论。《左传》文公十八年杜预注：

> 梼杌，谓鲧……顽凶无俦匹之貌。

鲧与梼杌是同物。而关于梼杌，《左传》说：

> 颛顼氏有不才子，不可教训，不知话言。告之则顽，舍之则嚚。傲狠明德，以乱天常。天下之民谓之梼杌。

至于其形态，服虔引《神异经》说：

> 梼杌状似虎，毫长二尺。人面虎足猪牙，尾长丈八尺，能斗不退。

梼杌是鳄的古名命之一（传说中强调它的多毛——秏鬼）。

另有传说认为鲧死后现真身为黄龙：

> 鲧殛，三岁不腐。剖（副）之以吴刀，化为黄龙也。（《海内经》郭璞注引《启筮》）

所谓黄龙，即黄鼍。如果了解鲧也是上古鳄鱼的一种名称，那么这些古神话的真相也就都不难理解了。

山萧既然是夔的别名，那么也就证明了夔的真相确是鳄鱼。由此也就可以理解上古传说中“夔神作乐”，即夔龙之神发明音乐的神话，实际与鼓神鼍龙发明鼓乐的神话应出自同一渊。在《吕氏春秋·仲夏纪·古乐》中发明音乐的还有一位神灵，名叫“飞龙”。

近年在湖北隋县曾侯乙墓出土一座五弦击筑，考古学者报告：

> （其器）首端，线描鳞纹；大小相近的菱纹框出全器的轮廓。琴身前半段两侧，在非常致密的方格纹上各绘十一和十二只引颈振翅的凤鸟，底部亦用同样的手法绘六对凤鸟和变形云纹。琴身后半段，尾

端绘两对变形鸟纹、变形龙纹以及三角雷纹，其余部分则漆绘两幅人与龙的图案画。这两幅图基本相同，上下相连。其一，人作蹲状，有面有孔，头上长发高竖且向两旁弯曲，头两侧各有一蛇。颈下横亘一龙身，组成上肢由左右向上延伸，龙之首、尾犹如两手作握物状。胯下有二龙互相缠绕，龙首相对，尾各后摆上翘，身绘菱纹。其二，人亦作蹲状，面孔多出几个大鼻梁直冲天灵盖，月牙形的大嘴左右上翘，双目倒挂；耳部各叮一蛇，蛇身后摆，胯下双龙如前状。③

图 194

这一图形的含义，有人认为应是“夏后开”，根据是《山海经 · 大荒西经》说：

西南海之外，赤水之南，流沙之西，有人珥两青蛇，乘两龙，名曰夏后开（启），开上三嫔于天，得《九辩》与《九歌》以下。此大穆之野，高二千仞，开（启）焉得始歌《九招》。

郭注说夏后开即启，避汉景帝讳改字。

按：“开、启”古同音。其音变之理，正同于“鬼”之古音可读作九。“开、鬼”古音同（“鬼”古音“奎”，与“开”双声音转）。“启”古音“扃”（二字是同源字），与“九”亦为一音之转。由此观之，所谓夏后开就是乐正夔。《荀子 · 成相》：“夔为乐正鸟兽服。”所谓鸟兽服，即装扮成鸟兽而作乐舞——如龙舞。“九”古音又读作“高、罪”（犹如“句”古音读作“勾”）。“高、罪”在古代是天的别名。所以所谓《九辩》《九歌》即“天辩”“天歌”。“九辩”又称“九代”（代通作带，辩亦即带）。《山海经 · 海外西经》：

大乐之野，夏后启于此舞九代，乘两龙，云盖三层，左手操翳，右手操环，佩玉璜，在大运北山，一曰大遗之野。

夏朝是中国上古史上有文字记载的以龙为图腾的第一个王朝。现在看来，这个王朝的三位创业者——鲧、禹、启，都是以龙（鳄）为个人和部族图腾的传说人物。启（夔）发明了典乐，实际上也就是鳄鱼发明鼓乐这一神话的变型。曾侯乙墓出土的五弦击筑，头大尾细，正是模仿鳄的形状。这种五弦击筑后来演变为胡琴、马头琴、琵琶，琴头往往有“虺（鳄别名）首”“鼍首”“龙首”或“马首”之饰。所以古胡琴实际就是虺琴，即鳄鱼琴。有人以为胡琴是胡人传入的，真是极大的荒谬。清代姚燮《今乐考证》引《南部新书》说：

> 韩晋公入蜀，伐奇树，坚缎如紫石。匠曰：“为胡琴槽，它木不可并。”遂为二琴，大曰大忽雷，小曰小忽雷，后献于德皇。

所谓忽雷，正是鳄鱼的古名。[④]

在中国古代神话中，发明音乐的是夔。我们在这里断定夔是龙——鳄鱼神。《文选·东京赋》薛综注可以佐证我们的这种推测：

> 夔，木石之怪。如龙，有角，鳞甲光如日月，见则其邑大旱。

什么是“木石之怪”（古传说中的“梼杌也是“木石之怪”[⑤]）？我们可以看一看下列报道：

> 漫步鳄乡的山水间……有时，水面中央露出一根“木桩头”。有趣的是，上面常常栖息着一只小青蛙。而“木桩头”快要全部没进水里的时候，“木桩头”的一端突然张口，“扑噜”一声，吞食了小青蛙。有时，水中的小岛上，横躺竖卧着几条“枯松枝”，可是一有异样的响动，“枯松枝”便敏捷地抬起头，迅速钻入水中。[⑥]

这种活的“木桩头”——木石之怪，正是现代动物学者记述的鼍鳄。

又据动物学家报道，水中鳄鱼鳞甲在阳光照射下可以反射强烈光芒——这就解释了夔为什么“鳞甲光如日月”。至于“见则其邑大旱”（此说常见于《山海经》），其实也毫无神秘可言：鳄鱼通常是喜欢生活于水中的动物，但它也可以栖于山林、丘陵，是一种在环境干旱不得已时即能由水生变作两栖和旱生的动物。所以如果这种动物大量出现在陆地上，那就表明当地可能发生了旱情致使水源干涸了。古人似乎曾以鳄鱼的生态作为物候。鳄鱼在水中是风调雨顺的标志，所以上古风俗常以见“龙”写祥瑞。

在前面曾经指出鳄类在中国古代被看作鼓神。用鳄皮蒙制的鼓，古称鼍鼓，亦称灵鼓，被视作一种神鼓。在古代关于鼍的资料中可以看到许多关于鼍皮制鼓的记载。

《夏小正》：

> 二月……剥鳝，以为鼓也。

《渊鉴类函》：

> 诗云："鼍鼓逢逢。"先儒以为鼍皮坚厚，取以冒鼓，故曰鼍鼓。

晋安《海物记》：

> 鼍宵鸣如桴鼓。今江淮之间谓鼍鸣为鼓，亦或谓之鼍更。以其声逢逢然，似鼓而又善夜鸣。其数应更，如初更一鸣而止，二即再鸣也……鼍欲雨则鸣，故里俗以鼍谶雨。

赵辟公《杂说》：

> 鼍闻鼓声则鸣。

有人曾问：商周时人为何要在青铜礼器特别是乐器上铸铭鳄类图纹？回答是：铸鳄纹也就是铸龙纹。龙（鳄）在中国神话中乃是雷神、鼓神、音乐之神。

《山海经》中记："雷泽有雷神，龙身人头，鼓其腹而熙（歌）。"《吕氏春秋·仲夏纪·古乐》记发明音乐之神名"夔"，又称夔龙，其别名"鳝"。当鳝作乐时，"以其尾鼓其腹，其音英英"。马叙伦曾指出文中鳝当作鼍，其说至确；其实这一形象就是鳄鱼振尾鼓腹而鸣叫的生动写照。在后文中将证明"夔"与"鬼"通，而夔、鬼就其初义也都是鳄类之名。至于鳝，今通作鼍。

在山西襄汾陶寺龙山文化墓地曾出土一批彩绘木器，其中有一种鳄鱼鼓。此鼓鼓形如木桶，鼓腔为木质，外壁著绘。最大的一件，通高 100.4 厘米，上口直径 43 厘米，下口直径 57 厘米（《1978—1980 年山西襄汾陶寺墓地发掘简报》）。鳄鱼鼓在墓中与石磬、陶质鼓器共存。据报道，"鼓腔内常见散落的鳄鱼骨板数枚至数十枚"。因此考古工作者认为，此鼓

“原以鳄鱼皮蒙制，应即古文献中所记载的鼍鼓”。这一论断是正确的⑦。

图 195　夔牛（南阳地区出土）

图 196　鳄鱼鼓

早在 20 世纪 30 年代，梁思永先生发掘安阳西北岗 1217 号大墓，在这座庞大的殷王陵墓中即曾发现过与石磬并存的鳄鱼鼓。鼓以彩漆修饰，横向放置。两面皆有鼓皮，一面鼓皮上鳄骨板的痕迹清晰可见。又有悬挂鼓、磬的木架，木架都经过修饰，并用蚌片嵌出饕餮纹、虎纹和人字形纹。又据报道，传世至今的灵鼓中还有一件商代（或西周）铜鼓，鼓高二尺四寸，鼓腔横置，遍饰饕餮纹。上踞双鸟，下以四兽首为足。鼓面饰鳄鱼皮纹，方块状的骨板排列整齐，其边缘钉纹三列，将以鳄鱼皮冒鼓的情形表现得十分真切，应是依照当年流行的鼍鼓样式所铸。

《诗经 · 大雅 · 灵台》：“於论鼓钟，於乐辟雍。鼍鼓逢逢……”此诗生动地记述了周文王作邑于丰，在灵台、辟雍用鼍鼓祭神的盛况。

东周时期的铭文记：“大钟既县（悬），玉锷鼍鼓。”鳄鱼鼓、大钟都是祭祀神祖的乐器。

《史记 · 李斯列传》引《谏逐客书》，文中有“灵鼍之鼓”亦即鼍鼓、灵鼓。灵、雷二字音义相通。由此可知，鼍鼓、灵鼓即雷鼓，亦即以鳄皮所制的祭神大鼓。这种鼓是上古专用于祭祀等重大典礼活动的庄严乐器。

实际上，在上古文明中，鼓不仅是一种敬神之器，而且本身就是一种神器。它是由社器石且（祖）直接演变而来的，所以古代祭社神必以鼓。在古代南方文化中占有重要地位的铜鼓，其来源也在于此。

据报道，陶寺附近另一处遗址的龙山文化层中也曾发现过鳄骨板。由此看来，数千年前的汾河中下游地区曾有自然分布的鳄鱼群存在。以此印证于《左传》中所记晋都城（今侯马）发现鼍的报道，可知不是偶然的。

此外，在山东兖州王固遗址及泰安大汶口墓地也都曾发现过鳄骨板。如大汶口墓地10号墓是大汶口文化中随葬品最丰富的一座大型墓，在该墓坑内曾发现鳄骨板84枚，分两堆放在靠近墓角处。10号墓属大汶口文化晚期，年代约公元前2800年至前2400年之间。另外，泗水尹家城的一座山东龙山文化大型墓葬中曾发现鳄骨板40余枚。这些古墓中的鳄骨板多是鳄皮腐朽后的遗存物。

注释

①括号中话应是注文混入原文。

②治鸟，《搜神记》中作“治鸟”：“越地深山中有鸟，大如鸠，青色，名曰‘冶鸟’。穿大树作巢……周饰以土垭，赤白相分，状如射侯。”此冶鸟即山魈（此条是《酉阳杂俎》之说所依据的原始资料之一）。

③冯光生《珍奇的“夏后开得乐图”》，载《江汉考古》1983年第1期。

④云南民间迷信有“琵琶鬼”，其实是鳄鱼精的别名。鳄鱼多节，与琵琶相像。

⑤“梼杌状似虎，毫长二尺，人面虎足猪牙，尾长丈八尺，能斗不退。”（《左传》文公十八年正义引《神异经》）这种形态正与鳄类相符。

⑥《珍贵动物扬子鳄》，安徽科学技术出版社。

⑦陶寺龙山文化鼍鼓是迄今所见可确认为鳄鱼鼓中最古老的实物标本。

第五十章　狐神与鳄鱼

中国长期流传一类以狐狸精迷人为题的传说故事。

这一类故事从何而来，较通行的说法是：狐狸常居坟穴中，行踪神秘，且能放出异味，故演变而成神话。但在研读古代典籍与辞书后发现一些颇有趣味的古代语言现象，如果能从语义分析和语源寻绎的方法入手，不仅可以找到狐狸精怪故事的真正由来，而且可以连带地揭开一系列长期难以破解的古代文化之谜。

鳄鱼别名称“忽雷”。忽雷，字又记作“呼雷”，又转记作“忽律”——《水浒传》中开酒店的朱贵绰号“旱地忽律”，就是说此人剽悍如旱地鳄鱼。有人曾指出，鳄鱼被称作“呼雷”是因为它被古代中国人看做雷神，并且呼唤声如雷。但是从“呼雷—忽雷—骨雷—忽律”等诸名的变化，我们可以看出这些名称实际并无定字，都只是拟声之字。由此我们注意到：“呼雷—忽律—狐狸”三名，音亦极为相似。那么在鳄鱼与狐狸这两类乍看起来似乎毫不相干的动物之间，是否也会由于语言的近似而发生某种关联呢?

狐狸简称狸。在《尔雅》中，狐与狸被注家视作同类。狐狸是一种并不凶猛的小型食肉类动物，但狸却不同。《夏小正》和《礼记》中都说“狸司杀”，认为狸是一种凶猛的杀兽。其异写，又记作“离”“黎”“厉”（“厉”是中国神话中的死神和刑杀神之名）。

这种作为猛兽的狸，显然不是指那种普通狐狸，而应当是古书中所记的“虎狸”。《本草集解》中说：“狸有数种……有斑如貙虎而尖头方口者为虎狸。”狸中有狐狸，又有虎狸，一不凶猛，一凶猛，二者名称相近。

在一些古书中，虎狸又称作“貔”“貔狸”。《诗经》中形容武士往往说“如虎如罴”，也有异本记作“如虎如貔”，可见貔、罴字通。罴，有人认为是一种人熊，笔者则疑之：所有的熊都像人，为什么唯独罴不称熊却称罴？

雷别名霹雳，而貔狸读音与霹雳完全相同。鳄鱼别名“呼雷”，《山海经》中记述过一种“音如雷鸣”的雷兽——那也是鳄鱼。那么这种与“霹雳”同音的“貔狸”（劈雷）是否在语源上与鳄鱼有某种关系呢？

据古代辞书的记载，与狸同名的“螭”乃是这样一种怪物：其形态“若龙无角而黄”，是“山泽之神”，是“猛兽也”，又是龙中的一种。这种“螭”凶猛到什么程度呢？据说它“如虎而啖虎”——它可以吃老虎。“螭”就是鳄鱼。螭、鳄二字今读异音，据文字学家研究，在秦汉古语中二字同义同音。鼍龙，据说是一种比蛟龙为小的龙，蛟龙是湾鳄，而螭龙则是扬子鳄。古代传说为司杀之兽的“螭”“狸”，若从语源学的角度分析，确实应与鳄鱼具有关系。

在中国神话中，大地之神称作“句龙”（《左传》），又称作“黎”（《国语》及《史记》）。笔者以为，句龙就是蛟龙的转语，而司地之神“黎”，也就是“狸”或者“螭”。鳄鱼穴居，凿洞于地下，又凶猛神秘，所以先民以为它乃是地中之神灵。古字书《埤雅》说：“兽之在里者，故从里，穴居埋伏之兽也。”鳄鱼不正是这种穴居埋伏之兽吗？

据古代记载，鳄鱼往往被认为与虎同类。《太平广记》说鳄鱼“秋化为虎”，表明古人认为二者可以相互变化。鳄鱼在古代有别名称作“水虎”。由此看来，“虎狸”一名在上古时代确实可以用作鳄鱼的名称。

《抱朴子》中有如下记载：

> 鼍之为虎……虎及鹿兔，皆寿千岁，寿满五百岁者，其毛色白。

扬子鳄古名称鼍，又称作鼍龙。古人认为，鳄鱼不但可以变成老虎，而且在500年后可以变为白虎。

在秦汉时人的信仰中，“白虎”可是一种非同寻常的动物，“白虎”出现乃是人间吉祥幸福的象征：

> 德至鸟兽，则白虎见。（汉纬书《孝经援神契》）
>
> 白虎者，仁而善，王者不暴则见。（汉纬书《瑞应图》）

这种被称为祥瑞之兽的“白虎”，其真相是扬子鳄。秦汉时代，中原气象、地理、生态条件都已不同于上古，那时鳄鱼已成稀见之物，但鳄鱼作为“龙”乃是中国古代宗教中的社稷之神。因其稀少，故每当其出现即往往被看作一种神秘、一种祥瑞。据邹衍说，早在黄帝登位时就有“黄龙地螾见”。黄龙地螾，作为黄帝享有土德的象征，实际都是指鳄鱼。汉代学者高诱说，大螾别名土龙、曼延。曼延是蜥蜴的异名。而蜥蜴与鱼，古人认为属于同类动物。这种称作“白虎”的祥瑞之兽，在秦汉书中又常被记作“白狐”：

黄帝之生，先致白狐。（汉纬书《河图稽耀钩》）

白狐，祥瑞兽也。（汉纬书《通帝验》）

狐、虎音相近，所以在口语转变为书面语时常相混讹。汉纬书中所述的白狐实际就是白虎，此二者都是作为祥瑞之兽的黄龙（鳄鱼）的语词变相。

图 197 唐银器饰九尾狐、白狐

更耐人寻味的是，白虎（白狐）的故事又与中国神话中另一种神秘而不可思议的动物“九尾狐”具有密切关系。据《吕氏春秋》记载，大禹为了治水年三十尚未成婚，当他经过涂山时遇到一条九尾白狐，听到涂山人的祝福歌声：

大大的白狐呵，九条尾巴蓬蓬长。

愿你早日结婚吧，子子孙孙永繁昌。

（原文：绥绥白狐，九尾庬庬。成于家室，我都攸昌。）

于是，大禹在此地取了涂山女为妻，并且生了儿子启。在这里，白狐（九尾狐）显然是用作婚媒女神——古代称作“高禖之神”的暗喻。

古代的高禖神就是作为大地之神（社神）的句龙（鳄鱼），鳄鱼神在语言表层结构转换中演变成九尾狐，又在较晚期的神话中成为生殖神的神话意象。由此我们又可以理解，为什么在《山海经》中九尾狐被认为是一种吃人而凶猛的狐狸：

有兽焉，其状如狐而九尾，其音如婴儿，能食人。(《山海经 · 南山经》)

实际上，大自然中是绝不可能出现有九条尾巴的白狐狸。一切神话都有某种不可理解的神秘性。尽管如此，在许多表面看来完全不可理解的表层故事之下，神话往往隐藏着一个具有可理解意义的内核。九尾狐的故事也是如此。如果打破表层语言转换的闷葫芦，笔者以为，九尾狐实际就是交尾狐。在《尚书》中有“鸟兽孳尾”的说法，“孳尾”也就是“交尾”——在中国语言中，这个词乃是男女生殖活动的一种暗喻性说法。

人们很可能会对以上的分析采取半信半疑的态度：他们一方面难以相信曾经困惑了历代研究者上千年的那些古神兽之谜可以如此轻而易举地得到破解，另一方面他们恐怕更难接受笔者所采用的这种语言分析方法。尽管人们在抽象逻辑的意义上能承认“A = C，B = C，则必然 A = B”，但在运用这一简单的逻辑引出具体的结论时他们还是会迟疑。毕竟在表层符号的意义上，狐不是虎，A 不是 B 啊！

那么就让我们再引证一个更为直接的故事吧。汉代《列女传》中叙述了这样一个故事：周幽王时有一天，在王宫里的庭院中出现了两条龙。这两条龙在院子里交配，其结果是龙的精液在这块地上化生为一条玄蚖。

这个故事在秦汉时代传布极广，亦见于《左传》《史记》等书。什么叫“玄蚖”?《列女传》注者引古书对此作了回答：“玄蚖，蜥蜴，像龙。”也就是说：1. 龙的形相像蜥蜴。2. 蜥蜴有别名称玄蚖。

注者的这两点论断都具有坚实根据。在《方言》《尔雅》《说文》等书的“蜥蜴”条中，历代注家都曾指出蜥蜴有众多变名，其中有一种名称确实是“玄蚖”。蚖字又作鼋——这就意味着蜥蜴古名曾与鳖相同。在古代关于龙的大量记载中，往往都把龙描写成一种大蜥蜴状的动物。汉代著名学者王充曾指出，龙是“马蛇之类”也。(《论衡 · 龙虚》)“马蛇”并非通常所误解的马与蛇的合成词。据《尔雅注疏》，蜥蜴的别名就是马蛇(至今北方农民仍有这样称呼的)。宋人笔记《戎幕闲谈》说，唐宋时江苏茅山有一龙池，池水中有龙，龙形状如大蜥蜴。又据说秦始皇时，岭南端溪有一温姓老太婆在水边捡到一只大卵，带回家中十数天后卵中孵出一条“守宫”，约一尺长，后生长至二尺，能入水捕鱼。又长至四五尺，遂入江水远游。数年后游归，已长成一条金灿灿巨龙。老太婆极为高兴，呼之为“龙子”。秦始皇知道了此事，认为温老太太养龙有功，派人厚加赏赐。（事见《南越志》）直到今天，广东越城县尚有为这位老太婆和龙子塑的像和建的庙，并有历代帝王的题匾。

这个故事中最可注意的，不是养龙，而是龙的形象被认为像守宫。守宫正是蜥蜴的别名。至于温老太太称那条龙为“龙子”，从语言角度研究也是耐人寻味的。蜥蜴民间俗名称“龙子”（在山中称“山龙子”，岩石中称“石龙子”，水生称“泉龙子”）。据《本草纲目》记，扬子鳄也有俗名称“龙子”。而古神话书《山海经》及古字书《广韵》中均曾记述一种“水行猛虎”名叫“龙豸”，实际上就是鳄鱼。

以上所举的例子，都是从古书中信手拈来的，远不是全部。由此我们知道，在古人心目中龙——蜥蜴——鳄鱼三者之间实在具有一种极为深刻的关系。

若从口语角度分析，蜥蜴在古代语言中也称作“蜴蜴”（见《尔雅》《方言》），而“蜴”的古音正读作“鳄”。也就是说，蜥蜴与鳄鱼在上古语言中实际本来是同源和同名的。

图 198　蜥蜴

在汉代石刻艺术中常见到一种奇特的人物形象，长着蜥蜴状的四肢，有时是单人，有时是正在交尾的连体之人。

考古学家认为，这种人物形象就是古神话中人首龙身的羲娥（即嫦娥）、女娲（即女娥）。这是一种很正确的阐释。但极为微妙的是，所谓“羲娥”，从口语角度其音正是蜥蜴：伏羲就是大蜥，而女娲、女娥也就是女鳄。中国上古神话中的几位始祖神、太阳和月亮神，无论从语言角度分析，还是从他们的古艺术形象看，都与蜥蜴神、鳄鱼神（也就是龙神）具有一种非常深刻而重要的关系。

笔者此前已指出，女娲、嫦娥、西王母，这三位中国神话中最著名的

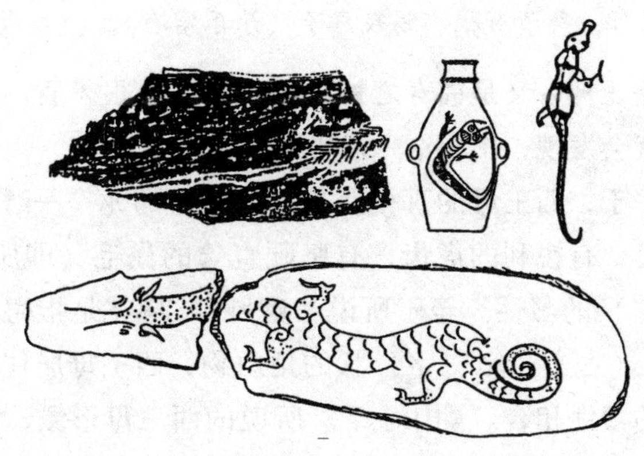

图 199

女神，具有一种统一的关系。现在可以对这一点提出一个新的重要证据。据《山海经》的描述，西王母是这样的一位女神：

昆仑之丘有神，人面虎身。有纹有尾，皆白。(《山海经·大荒西经》)

原来，西王母也是一位白虎之神。

《山海经》中又说：

西王母状如人，狗尾（此据《庄子》释文引，今通行本作“豹尾”，字讹），虎齿，善啸，蓬发，戴胜，是司天之厉及五残。(《山海经·西次三经》)

有人戴胜，虎齿，有豹（狗）尾，穴处，名曰西王母。(《山海经·大荒西经》)

这就是说，西王母有一条像狗那样弯曲上翘的尾巴，有锐利如虎的牙齿，善于吼叫，有直耸的头发，头上戴有一块奇怪的“胜”物，是司杀的“厉”神及“五残”。这个形象极难理解。

更令人奇怪的是：如果从以上论述看，西王母应该是一位很凶恶的妖神，事实上，在秦汉传说中她却又是一位赐人福寿和赐人子孙的幸福之神。汉代书中及铜镜铭文中常有这样的吉祥语：

西逢王母，慈我九子。相对欢喜，王孙万户，家蒙福祉。(《焦氏易林》卷十三)

王母祝祷，祸不成灾。(《焦氏易林》卷十二)

西见王母，拜请百福。赐我喜子（乐乐富有）。(《焦氏易林》卷九)

西王母既是死神，又是福寿之神，看起来似乎很矛盾，但我们回顾一下以上的研究就会发现，出现这一矛盾是不奇怪的。

关键之点在于，西王母的真相乃是一位神奇的龙——鳄鱼女神。她有弯曲而长的尾巴，有锐利的虎齿，有坚硬直耸的鬣毛（即所谓蓬发），有善于吼叫（善啸）的习性。至于所说“戴胜”，应就是指鳄鱼头部正中那几个仿佛“▽”（古文“辛”字）状的角质物，西王母居住在洞穴中，这也与鳄鱼穴居的习性相合。《山海经》所说的西王母形象，实际完全是寓言化、拟人化了的鳄鱼神形象。

图 200

传说中的西王母又是一位白虎神。这进一步验证了上面所说白虎即鳄鱼的判断。前面已知鳄鱼是中国古代的社神，即大地之神。

据史书记载，中国古宗教中的大地之神——社神有一种十分矛盾的性质：一方面，它是司杀厉的死神，而另一方面它又是主管人间婚配、多子多孙的生殖之神。每当战争之际，必先誓众于社；战胜归来，则以战俘人血祭于社。

君以军行，祓社，衅鼓。(《左传》定公四年)

及军归，献于社。(《周礼·大祝》)

每年三月三日春天降临之际，天子要率全族男女欢聚于社，向社神祈祷丰收，祈祷多子多孙。是时也，男女轻歌曼舞，自由结合，“奔（朋）者不禁”（《周礼·春官》）。在这时，社神乃是婚媒神、生殖神和农神。

古代中国的社神——大地之母神，之所以具有这种相反的宗教文化功能，可能来自这样一个事实基础——土地既是人死之所归（死神所在），又是一切生命（农业、植物、动物与人类）之所由来。

西王母是鳄鱼神，而鳄鱼正是古代中国的土地神，所以她既是“司天之厉及恶残”（恶残原作五残。恶古音与五同，笔者以为当释作恶），又能赐人多子及福祉，其原因也就在此吧。

通过以上讨论，我们就可以解释为什么狐狸这种动物在中国神话与民间传说中常常会成为一个美女妖精的形象了。

由于鳄鱼女神，正如以上对西王母、涂山女、九尾狐、白尾狐、白狐和白虎的讨论所指明的那样，乃是中国远古信仰中的婚媒之神和生殖之神。所以笔者认为，狐狸作为女妖而媚人的故事，其实是鳄鱼女神作为婚媒的祈子之神这一原始图腾信仰的变形。至于这一故事的较早原型则隐藏在那个古代神话中：

> 周幽王时，褒人之神化为二龙，交配于王庭，其精化为蜥蜴。蜥蜴后来变成一个美女名叫褒姒。褒姒长大后诱惑周幽王，最后导致西周政荒国弱，使西周亡了国。

这是中国历史上一个最早的美女（鳄鱼）变形故事。另一个故事颇为相类，这就是《封神演义》中妲己诱惑商纣王亡国的故事。在《封神演义》中，妲己被解释为千年老狐成精。笔者以为，鳄鱼古名称“单”（即“鼍”），妲己实际也是一位鳄鱼妖女。

中国古代美女常称“婵娟”，“婵娟”在口语中通于“蝉蜷”或“蝉联”——“长而柔曲之貌也”（《广雅》注）。蝉联、婵娟、曼延，都是具有共同语源的联绵词。苏轼《水调歌头》：“但愿人长久，千里共婵娟。”“婵娟”二字旧注多错，实际也是蝉联之义。而曼延是鳄鱼、蜥蜴的别名，《尔雅》中释作“长脊兽”：“大兽，似狸，长百寻。”所以以“婵娟”称美女，就是说其体态柔长婀娜如鳄鱼。这一点似乎不可思议，但《诗经》中形容美女谓“美发如虿（蝎子）”“项如蝤蛴”，蝤蛴是古代蝎子、鳄鱼、蜥蜴等多环节动物的共名。在语言表层上这均是以丑物喻美，但在深层结构中也都含有以鳄鱼女神作为婚姻生殖之神的图腾意义。

《渊鉴类函》引《名山记》说：

> 狐者，先古之淫妇也，其名曰紫，化而为狐，故其怪多自称阿紫。

《博物志》中记有一个与此非常相像的老虎变人并爱穿紫衣的故事：

> 江南有貙人，能化为虎。俗云，貙虎化为人，好著紫葛衣。

这两个故事实际具有相同的深层结构，狐就是虎。使人费解的是：为什么古人头脑中会产生这样一种怪想，认为狐、虎变人后都爱穿紫衣，并都称作“阿紫”呢？笔者这里有一个推测，不知能否成立。《淮南子》高诱注：淮南人呼母曰“阿姊”。姊即“姐”之谐音。“姐”在上古语言中是女祖元称，与今语意义不同（陈梦家先生论此甚详，见1933年《燕京学报》）。由古代语言的这一深层结构中，也许可以猜破古人称狐、虎为“阿紫”的真正含义。阿紫就是阿姊，即阿祖——这仍是来自以鳄鱼神作为图腾神，而狐、虎又是“鳄鱼神”语言表层结构的变型。在这一语言变型中，“阿紫”成为“阿祖”即祖母神的一种语言暗喻。这种暗喻由于语言谐音变作“阿紫”，遂在传说的附会中产生出狐狸、老虎好穿紫衣并自名阿紫的神话。

在晋书《搜神记》中可以看到鳄鱼女妖故事的又一种类型：

> 荥阳人张福，船行野水边，遇雨。夜有一女子，容色甚美，独乘小船，来投福，云：“日暮畏虎，不敢夜行。”遂入福船就寝。三更许，雨晴月照，福视妇人，乃是一大鼍，枕臂共卧。福惊起，欲执之，遽走入水。视女所乘小舟，是一枯槎段，长丈余。（大略）

同书又记：

> 丹阳道士谢非，日暮不及还家，宿山上庙舍中。俗传庙中有鬼神，常于夜出。及二更，有客来庙中，惊扰不得眠，遂起问之：“先来者谁？”答：“是水边穴中白鼍。”“汝是何等物？”答：“是庙北岩嵌中白龟也。”谢非暗记之。天明，便告居人云：“此庙中无神，但是龟、鼍之辈，徒费酒食祀之。”于是并会伐掘，皆杀之。（大略）

在这两则故事中，一记鳄鱼变化成美女，一记鳄鱼变成精怪。在此已经依稀可以看到后世志怪小说如《聊斋》《西游记》中许多妖精——美女故事的原型。

由以上讨论可证明，中国最早的精怪故事实际上多起源于鳄鱼神话，但是为什么鳄鱼的故事在后世反而鲜为人知？取而代之以至家喻户晓的却是大量关于狐狸成精的故事呢？这一方面有动物学的原因——周秦以后中原地区鳄鱼日益稀见，其存在渐少为人知。另一方面起决定作用的则是语言学的原因：狐、虎这些名称在周、秦以后其深层结构与鳄鱼已完全相分离，使后人很难想到其在古语言中竟曾与鳄鱼有关系了。唐宋以后，中国北方已极罕见鳄鱼，因此鳄鱼（狐狸）精怪的故事遂发生了意义上的重大变化。《玄中记》："千岁之狐为淫妇，百岁之狐为美女。"狐五十岁能变化为妇人，百岁为美女，为神巫。或为丈夫与女人交接，能知千里外事，善蛊惑使人迷惑失智。千岁即与天通为天狐。

《酉阳杂俎》：

> 道术中有天狐别行法。言天狐九尾金色，役于日月宫，有符有醮日，可洞达阴阳。

所谓天狐九尾，显然取材自上古关于九尾狐的神话，意义却已不同。它不是鳄鱼神，而是狐狸精了。尽管故事的表层意义变了，其深层内涵却仍然可以找到与早期鳄鱼神话相关的连续性。这主要表现在，鳄鱼神是社神、婚配和生殖神，而狐精故事则多与男女之事有关。

《搜神记》中除了记下鳄鱼女怪故事，也记录了一则狐狸精变作美女的故事，是现在所见此类神话中较早的一则：

> 后汉建安中，沛国郡陈羡为西海都尉。其部曲王灵孝无故逃去。陈羡察问其妇，妇以实对。羡曰："是必魅将去，当求之。"遂率步骑数十人，领猎犬于城外搜索。果见王灵孝与一女怪共隐于古墓圹中。闻人及犬声，女怪遂遁去。羡使人扶王灵孝归。其形颇象狐矣，不复与人相语，但啼呼"阿紫"。阿紫，狐字也。过十余日，乃醒悟。自云："狐始来时，形似美女，自称阿紫招我，乐无比也。"道士云："此山魅也。"（大略）

山魅，也就是屈原《九歌》中的"山鬼"："若有人兮山之阿，披薜荔（霹雳谐音）兮带女罗；既含睇兮又宜笑，子慕予兮善窈窕。"从这一山鬼形象中，一方面似仍可看出其脱胎于鳄鱼女神（体窈窕，面带"霹雳"）的痕迹，但另一方面这一美丽女神却又似乎就是原始的狐狸女精形象。

唐朝张鷟所撰笔记《朝野佥载》中有一则极有趣而重要的民俗学材料："唐初以来，百姓多事狐神，房中祭祀以乞恩，食饮与人同之。事者非一主。当时有谚曰：'无狐魅，不成村。'"白居易《古冢狐》诗云：

古冢狐，妖且老，化为妇人颜色好。头变云鬟面变妆，大尾曳作长红裳。徐徐行傍荒村路，日欲暮时人静处。或歌或舞或悲啼，翠眉不举花颜低。忽然一笑千万态，见者十人八九迷……

这首诗所咏也与唐代把狐狸精看做婚媒之神的风俗有关。

以上这些史料都表明唐代的狐狸精本来是被作为主管婚姻、生子之社神而受到家家供奉的，在流传的狐精故事中，狐不仅可以化为诱惑男人的美女，也可化身为诱惑女人的美男。如《广异记》中就记载过唐初的一个妖狐故事：唐太宗以美人赐赵国公长孙无忌，有殊宠。忽遇狐媚，其狐自称王八，身长八尺余，恒在美人所。美人见无忌，辄持长刀斫刺。太宗闻其事，诏诸术士，前后数四不能却。唐太宗下令请来会除妖之术的崔参军。崔参军作法术，遍召五岳诸神，察知狐妖来历，才终于把它擒获。原来这个狐妖也是从天宫下降人间的（犹如西王母的侍者九尾狐一类）。崔参军问其罪，以桃木棍责罚五下（据说相当于人间500下）后，将狐逐去。

这个故事承前启后，在中国文学史中具有一种重要意义。王八即鳖。鳖古称玄元，是与蜥蜴及鲲鱼同名之物。所以这位狐公自称“王八”，看来并非出于偶然。又唐太宗召崔参军驱邪，到吴承恩的《西游记》中，演绎为崔参军为唐太宗伏龙怪的故事。至于以桃木杖击狐妖，称天狐为天神仆役，则更是秦汉神话中常见之说。

先秦传说中常记载一件极奇怪之事，谓“挖井得羊”。对这种地下穴居的“羊”，孔子曾称之为“商羊”“土怪”。典籍中“商羊”二字无定形，又记作“蛟羊”“常羊”“成羊”“夷羊”等。这些所谓“羊”其实都是口语中“蜥蜴”一名的变音。在古人心目中，这种神羊是“雨工，雷霆（神）之类也”（《柳毅传》），真正透露了这种神羊秘密的却是汉纬书《白泽图》：

羊有一角当顶上，龙也，杀之震死。

又《龙鱼河图》：

羊有一角，食之杀人。

鳄鱼头顶有一角状突起，在古传说中常被称作“独角兽”。由此看来，这种作为龙、雷神的怪羊，实际也是鳄鱼。

由此我们才能解释为什么此羊可在地下穴中被挖出来。正如白虎、白狐是吉祥瑞兽一样，这种“商羊”也是祥瑞之兽：“钟律和调，五声当节，则神羊见。”（《瑞应图》，另一本作“玉羊”）由此又可以证实，商周青铜器中所常见的那些神羊头饰正是饕餮之怪，即鳄鱼艺术形象的符号演变。

并非偶然的是，狐在古语言中也有“羊”之称：“山中称成阳者，狐也。”（《渊鉴类函》卷四三一）所谓成阳，就是口语中“成羊”“常羊”的转写。狐可称羊，所以九尾狐也被传说为“九尾羊”——“有灵羊九尾”（《北史》）。

以上通过古文献中语言材料的研究，初步解决了鳄鱼—狐狸—美女的传说真相及演变。也许有人会问：为什么“狐”字在上古语言中竟会与鳄鱼有关？《本草纲目》引《埤雅》云：

> 狐，孤也。狐性疑，疑则不可以合类，故其字从孤。

我们知道，鳄鱼在古代称作“鼍”，字从单。人们在自然界中所见到的鳄鱼往往是“天马行空，独往独来”的。鳄鱼绝不群居，雌雄即使在交配期也不共穴。这种喜孤独的习性恰恰也正是传说中龙的特征：

> 黄龙不众行，不群处，必待风雨而游乎青气之中。（《瑞应图》）

在汉语中，“孤单”两字往往合组成词。鳄鱼名“单”，所以也可称“孤”，孤就是狐。这是从语源上可以追溯的狐鳄关系。更可注意的是，鳄鱼是传说中的水神，《韩诗外传》称：“狐，水神也。”如果不了解“狐”曾是鳄鱼的古名，那么对于旱地所生、不习于水的“狐”竟是水神这一传说就完全无法理解。

大禹命鳄鱼治水：

> 有人出石夷掘地代，戴成钤，怀玉斗。郑玄注曰：“怀璇玑玉衡之道。姚氏以禹胸有黑子如北斗。”（《玉函山房辑佚书续编》卷八十）

《拾遗记》：

> 禹尽力沟洫，导川夷岳，黄龙曳尾于前，玄龟负青泥于后。玄龟，河精之使者也。龟颔下有印，文皆古篆字。

第五十一章　鳄鱼在古代中国的分布

古气象学的研究表明，商周以前中国的中原地区具有接近于亚热带的气候条件。中国“在近五千年中的最初二千年，即从仰韶文化到殷墟，大部分时间的平均温度高于现在摄氏二度左右。一月温度大约比现在高摄氏三至五度”①，冬季罕见冰雪。当时河南殷墟一带属于亚热带型气候。这时的雨量也很充沛，胡厚宣先生根据甲骨文的记载，考证出“殷代自一月至十二月，终年可以降雨”，“殷代安阳一带之雨量，必远较今日为丰”。②再从当时的地理环境来看，殷墟周围有高山、丘陵，亦有广阔的平原。甲骨文的材料表明，在广袤的中原大地上，“殷代黄河流域必有面积极大之森林与草原”③。这样的气候条件与地理环境，正是适合鳄类活动和繁殖的场所。因此，中原新石器文化区域考古发现物中，常有鳄类化石伴随象类及水獐、竹鼠、貘、水牛、野猪、犀牛等属于热带或亚热带型的动物骨骼一同出土。④

有证据表明，鳄类动物在上古时代曾广泛分布于南海、东海、渤海沿海以及江淮和黄河中下游流域。自西周中期以后，中原一带的气候发生了巨大变化。《竹书纪年》载“孝王七年……冬，大雨雹，牛马死，江、汉俱冻”，气候变冷，连长江、汉水都结了冰。竺可桢先生在《中国近五千年来气候变迁的初步研究》一文中指出：“这就表示公元前第十世纪时期的寒冷”，而且这段寒冷的时间延续了“一二个世纪”。这样寒冷的气候是鳄类不堪忍受的，它们要逐渐向南方温暖地带迁徙，去寻找适宜生存的新天地。

其次，中原一带的地理环境也逐渐发生了变化。生产工具的改进和大规模协作的加强，促进了土地的开辟。西周晚期，由于各国“庸次比耦，以艾杀此地，斩之蓬、蒿、藜、藋”，开垦的土地逐渐增多；再后来，由于铁器工具的使用，生产力进一步发展，更大地提高了人们改变自然环境的能力，连较为偏僻的地区，昔日“狐狸所居，豺狼所嗥”的荒野，经过“翦其荆棘，驱其狐狸豺狼”（《左传·襄公十四年》，也变成了可耕土地。许多水泽湖沼也由于排水系统的建立，或由于竭泽而渔的人为破坏，逐渐干涸。自然环境发生了很大变化。

地理气候生态的重大改变，导致华北地区鳄类的数量迅速减少，终于在中原地区濒于绝迹，只留下了关于这种神秘恐怖怪物的大量神话和传说。周秦以后中原地区偶尔仍可见到鳄类，却很少有人能知道鳄就是古传说中之所谓龙了。代之而起的则是距离真相愈来愈远的关于龙的各种神话，而龙的神秘化也就是鳄的世俗化。

在多种史志资料中均记载过一种巨大似龙、能吞食虎豹的水生怪兽。这种怪兽，其名甚多而不一，或称“虎鱼”，或称“勾龙”，或称“蛟”或“驳”，或称“骨雷”或“忽雷”（呼雷）。忽雷，古音“轰隆”，亦即“丰隆”。

所谓逆蛇即蜥蜴，亦记作“蛇蜴”，古人认为与鳄鱼同类。

古书中所描述的蜥蜴的“火眼”，其实正是鳄鱼的形态。动物学家告诉我们：夜间在光的照射下，鳄眼有如天上的星星，闪闪发红光，相距数百米亦清晰可见。

> 许许多多弹丸一般大小的红宝石，忽亮忽亮的，成双成对地出没在草丛里……来来往往，上上下下，像一团团流火，像一颗颗红色的夜明珠……给鳄乡的夜晚增添了无边的神奇。

《文选·吴都赋》刘逵注引《异物志》：“鳄鱼，长二丈余，有四足似鼍，喙长三尺，齿甚利。虎及大鹿渡水，鳄击之，皆中断。生则出在沙上乳卵。”

郦道元《水经注·泿水》记：交州南海“林麓鸟兽，于何不有？海怪鱼鳖、鼋鼍鲜鳄，珍怪异物，千种万类，不可胜计”。

《梁书·扶南传》：“鳄大者长二丈余，状如鼍，有四足，喙长六七尺，两边有齿，利如刀剑。”

《太平御览》引《吴时外国传》：“鳄鱼大者长二三丈，有四足，似守宫，常吞食人。”

《真腊风土记》：“鳄鱼大者如船，有四脚，绝类龙。”

《太平广记》引《岭表异录》记：

> 鳄鱼，其身土黄色。有四足，修尾，形状如鼍，而举止趫疾，口森锯齿，往往害人。南中鹿多，最惧此物。鹿走崖岸之上，群鳄嗥叫其下，鹿必怖惧落崖，多为鳄鱼所得。

到唐宋时代，史书中仍不时可以见到有关蛟鳄的记载。例如《宋史·陈尧佐传》记：一个姓张的16岁少年，同其母洗濯江边，“鳄鱼尾而食之”，即先用尾巴猛力一扫，将少年打落水中，然后一口吞噬。

动物学家指出：

1. 2000多年来，马来鳄在中国华南地区曾经广泛地分布于今广东、广西、福建、台湾四个省区。其中有具体地点可考的多达20多处。它不仅栖息在大陆沿海的港湾和河口，而且还深入内陆地区。

2. 历史时期中国的马来鳄到唐宋时代仍然分布较广，数量较多；南宋以后，马来鳄分布地区逐渐缩小，数量也逐渐减少。

中国内陆地区马来鳄的消亡较沿海为早。内陆地区消亡的早晚也有差异，如广东内陆地区就早于广西，大约南宋以后广东内陆的马来鳄基本消亡了，而广西内陆的马来鳄一直活动到清初，以后才逐渐消亡。

在中国大陆沿海的港湾和岛屿，马来鳄栖息时期较长，约到20世纪初期才趋灭绝（文焕然等著《历史时期中国马来鳄分布的变迁及其原因的初步研究》）。

实际上，从古籍中的记载看，鳄类（蛟鳄及鼍鳄）活动的区域远非仅限于长江以南的南中国区域。从地名看，湖北古称“鄂国”，山西有鄂城、鄂水，河南有鄂坂，山东有单县。《殷本纪》有“鄂侯”，甲骨文中亦有“噩方”“噩侯”。鄂、噩与鳄，在上古语言文字中皆属同声可以通假，所以这些称噩、鄂及单者，可能都是由于与鳄、鼍有关而得名的。南宋人朱翌《猗觉寮杂记》中记：

> 宣和己亥，都城北小民家，晨起见一物如龙，伏床下，大惊。都人竞往观之。禁中取验之，乃鼍也。

可见宋代地处中原的河南开封尚偶有鼍活动的记录。动物学家朱承琯根据文献中的部分记载，归纳了鼍在古代中国的北半部和西南区域的活动情况：

时代	分布区	鳄鱼类别记载	生态习性	出处
秦汉以前	吕梁 黄河流域 山西	有鼍 鼍，似蜥蜴，长丈余 出土商代鼍皮鼓	季夏之月，命渔师伐蛟取鼍	《庄子》 《夏小正》 《月令》 《说文》
三国、晋	湖北公安 江苏建业 湖北江陵	有白鼍及灵鼍鸣	居穴中	《三国志 · 吴志》 《吴都赋》
唐代	淮南 江西庐山 湖南武陵、岳州 江苏扬州、常州 太湖、吴县	有白鼍 有鼍 鼍吟浦口飞梅雨	于穴中掘之，性嗜睡，极难死，声可畏	《唐宋丛书》 《本草图经》 《全唐诗》（李贺诗）
宋代	河南开封	有鼍见于居民屋内		《宋人笔记大观》
清代	四川巴陵	有白鼍		《巴陵县志》

我们可以注意到，中国大陆自有历史记载的上古以来，至少在北纬36°线以南，几乎各省份都曾有过发现鳄鱼活动的报道。

注释

①竺可桢《中国近五千年来气候变迁的初步研究》，《考古学报》1972年第1期。

②③胡厚宣《气候变迁与殷代气候之检讨》，《甲骨学商史论丛》二集下册。

④德日进、杨钟健《安阳殷墟之哺乳动物群》，《中国古生物学志》丙种第十二号，第一册。又，杨钟健、刘东生《安阳殷墟之哺乳动物群补遗》，《中国考古学报》第4册。

第五十二章　龙生百种

以上我们详细地讨论了传说中龙的两大主要属类，即作为真龙的蛟龙与作为龙之别种的鼍龙。而在中国古代典籍中，龙属动物似乎并不止于以上所论的这两大类型。

根据明人陈弟的考证，“龙，古音宠，省声”，即读若“虫”。所以古代的“龙”类是一个庞大复杂的种类。“虫”，乃是古代一切动物的共名（虫、动古语相通）：人称裸虫，鸟称羽虫，爬行动物称鳞虫，走兽称毛虫。

《广雅》：

> 有鳞曰蛟龙，有翼曰应龙，有角曰虯龙，无角曰䗍（鼍）龙。龙，能高能下，能小能巨，能幽能明，能短能长，渊深是藏，敷和其光。

《淮南子·墬形训》：

> 羽嘉（介）生飞龙……毛犊生应龙……介鳞生蛟龙……介潭生先龙。

嘉通作介。羽介，鸟类，故言飞龙。毛犊即兽类。介鳞即虫类。介潭即鱼类。据此说鸟兽虫鱼皆有其“龙”。

《渊鉴类函》卷四三七引《潜确类书》：

> 龙生九子，不成龙，各有所好，蒲牢好鸣，形钟纽上。囚牛好音，形胡琴上。蚩吻好水，形桥梁上。嘲风好险，形殿角上。赑屃好文，形碑碣上。霸下好负重，形碑座上。狴犴好讼，形狱门上。狻猊好生，形佛座上。睚眦好杀，形刀柄上。

同书引《内典》：

龙有胎〔生〕、卵〔生〕、湿〔生〕、化〔生〕四种。

同书引《华严经普贤行愿品别行疏钞》曰：

有四种龙：一、天龙，守天宫殿，持令不落者；二、神龙，兴云致雨益人间者；三、地龙，决江开渎者；四、伏藏龙，守轮王大福人藏者。

天龙守宫，即蜥蜴（别名守宫）。神龙即蛟龙。地龙即土龙、鼍龙。伏藏龙出自佛书，即唐人卢求《成都记》所记龙之梵语名“毗罗”。佛教及婆罗门奥义书神话中均有龙神，但与中国不同，其形为蛇。

《本草纲目》：

龙者，鳞虫之长。王符言其形有九：角似鹿，头似驼，眼似兔，耳似牛，项似蛇，腹似蜃，鳞似鲤，爪似鹰，掌似虎是也。其背有八十一鳞，具九九阳数。其声如戛铜盘。口旁有须髯，颔下有明珠，喉下有逆鳞，头上有博山，又名尺木。龙无尺木，不能升天。呵气成云，既能变水，又能变火。

上引诸说，来源各不相同。从中可以看出，龙在汉魏以后似乎已成为一切神秘动物之共名。所谓神龙、虬龙是指蛟龙（蛟鳄）与鼍龙（鼍鳄）两类。在古代关于龙的诸分类中，以《广雅·释鱼》的分类最为值得注意。《广雅》系魏博士张揖著，书中收录古训甚多，其对龙的训释应有所自。前人读此书者，由于未明龙神话来源的真相，所以误解亦颇多。《广雅》书中，将龙属划分为四类：1. 蛟龙；2. 虵龙；3. 应龙；4. 虯龙。

关于蛟龙、虵龙的真相，我们以上已经阐明，需要作进一步研究的是：有翼的应龙和有角的虯龙。

应龙实际就是蜥蜴类动物。从分类学观点看，蜥蜴与鳄类同属爬行纲。蜥蜴在有鳞目，鳄在鳄目，二者形貌酷为相似。例如蜥蜴属动物中的异蜥科，其中有些动物从外部形态看与鳄类几乎毫无区别。据动物学家报道：

异蜥科（Xenosauridae）只有一种，叫做鳄蜥（Shinisaurus crocodilurus），形似小鳄鱼，头高顶平，呈长方形；尾侧扁，其上方有两行显著脊棱；体被革质皮肤，上有角质突起；具四肢；指趾有爪。体色，背面橄榄褐色，头侧及体侧桃红或橘黄色，杂有黑纹。分布于我国西南山地丛林，喜在枝头昂首假眠，受惊后落水逃避。当地社员叫它大睡蛇，但无毒，为我国特有的珍贵动物。[①]

鳄鱼与蜥蜴同类，在形态上酷似，所以古书中描述鳄类常言其形“似蜥蜴（或守宫）而大”。若以音类求之，蜥蜴之“蜴”古语有读“e”的尾音，与鳄音相近，从而表明二者有同源关系。“析”之古音，据章太炎考证，当读作单（tuó）。《章太炎全集》第一卷第132页：“泰析之析，当即单字之借。”《王吉传》引《诗》：中心制兮。今毛《诗》“制”作“怛”，从“旦”声，旦单声亦通。故东门之单亦作东门之坛。怛可作制故单可作折。析、折，古同字、同音、同义。由此看来，蜥蜴一名之古音实即读作鳄鼍。丁惟汾《方言音释》：“蜥蜴古音读娑驼，字亦记作委蛇。”以音类求之，“委蛇”古音亦作“恶（wū）驼”。蜥蜴又名四脚蛇。“蛇”字古音有多种异读：1. 读若“易”；2. 读若“佗”；3. 读今音。

第一音与蜴、螾音近同。第二音与鼍相同。第三音与蜥双声。大蛇古名“委蛇”。“委”古音亦有二读：1. 读“易”；2. 读“鄂”或“我”。

由这些语音异读和演变的关系可知：所谓蜥蜴，所谓鳄、鼍，所谓委蛇、委迤、亚驼，其实均来自同一语根和语源。

如果在古人眼中，鳄类动物与蜥蜴具有密切的亲属关系，那么他们是否认为龙与蜥蜴也具有这样一种关系呢？从古文献的记述看，这个问题的答案完全是肯定的。

关于与熊关系，任昉《述异记》曰：“黄能即黄熊也……熊，蛇之精，至冬化为雉，至夏为蛇。”

> 正月蛇与雉交生卵，遇雷即入土数丈为蛇形，经二三百年乃能升腾。

《淮南子·精神训》：

> 视龙犹蝘蜓。

王充《论衡·龙虚篇》：

> （龙）马蛇之类也（马蛇，系蜥蜴别名，亦记作“马舌头”，今

河北方言犹如此称蜥蜴）。

《戎幕闲谈》记：

茅山龙池中，其龙如蜥蜴而五色。自昔严奉，贞观中敕取龙子以观，御制歌送归。黄冠之徒竟诧其神。李德裕恐其惑世，尝捕而脯之，龙亦竟不能神也。

又据《宋史》，茅山这种“蜥蜴龙”一直到北宋中叶还有：

茅山有池产龙如蜥蜴而五色。祥符中尝取二龙入都，半途失其一，中使云“飞空而逝”。民俗虔奉不懈。程颢捕而脯之。

《南越志》记有秦始皇时代的这样一件事：

昔有温氏媪者，端溪人也，居常涧中捕鱼以资日给。忽于水侧遇一卵大如斗，乃将归置器中。经十日许，有一物如守宫，长尺余，穿卵而出。因任其去留，长二尺便能入水捕鱼，日得十余头。稍长五尺许，得鱼渐多。常游波水，萦洄媪侧。媪后治鱼，误断其尾，遂逡巡而去，数年乃还。媪见其辉色炳耀，谓曰：“龙子今复来也。”……秦始皇闻之曰：“此龙子也，朕德之所致。”

端溪温媪所养的“龙子”，可能是一条鼍鳄，因为鼍鳄幼仔与蜥蜴（守宫）之形酷似。

由上述记载看，在古人眼中，蜥蜴、鳄鱼、龙确实是被认为同属之物的。由此我们方能理解为什么古代记载中蜥蜴常被称作“龙子”“山龙”或“石龙子”。所谓龙子，其实就是小龙或雏龙。而蜥蜴称作“山龙”或“石龙子”，则是因为蜥蜴中的许多种类均生活于山陵丘阜的草石之间。

蜥蜴之蜥，古籍中或记作“虺”（《诗经·小雅·正月》中“胡为虺蜴”，历代注家均认为即蜥蜴。由是可见，“虺、蜥”二字古相通用），而虺乃是古代传说中著名的山林鬼物，其真相也是蜥蜴。由此我们方可理解《述异记》中“虺五百年化为蛟，蛟千年化为龙”这一传说的真实含义应该是：古人以为，蜥蜴500年后可以长成为蛟鳄，而蛟鳄1000年后可以长成为巨龙。

李时珍《本草纲目》“石龙子”和“守宫”目下收集了古代书中关于

图201　有角的龙——美蜥钝口螈（水陆两栖）

蜥蜴的大量记载，集中地反映了中国古代对这种与龙有关的动物的认识。兹略引如下：

石龙子：山龙子、泉龙、石蜴、蜥蜴、猪婆蛇、守宫……此物生山石间，能吐雹，可祈雨，故得龙子之名。蜥蜴本作析易。许慎云："易字篆文象形。"陆佃云："蜴善变，易吐雹，有阴阳析易之义，周易之名盖取乎此。今俗呼为猪婆蛇是矣。

……龙子即蜥蜴。形细而长，尾与身类。似蛇有四足，去足便是蛇形，以五色者为雄。

按《渊鉴类函》引《倦游杂录》记古祈雨法曰：

熙宁中，京师久旱。按古法，令坊巷以瓮贮水，插柳枝，泛蜥蜴。小儿呼曰："蜥蜴、蜥蜴，兴云吐雾，降雨滂沱，放汝归去。"

《本草纲目》引《夷坚志》记：

刘居中见山中大蜥蜴百枚，长三四尺，光腻如脂，吐雹如弹丸。俄顷风雷作而雨雹也。

又引寇宗奭言：

有人见蜥蜴从石罅中出，饮水数十次。石下有冰雹一二升。行未数里，雨雹大作。今人用之祈雨，盖取此义。

蜥蜴类中很少有长三四尺者，疑三四尺长的蜥蜴实际上可能是鳄类。以蜥蜴求雨实际上是以鳄类（龙）为雷雨之神的神话的变型。

《太平广记》引《酉阳杂俎》记唐代求雨法术如下：

"求蛇医四头，十石瓮二。每瓮实以水，浮二蛇医，覆以木盖，分置于闹处。瓮前设席烧香，选小儿十岁已下十余，令执小青竹，昼夜更击其瓮，不得少辍。"王如其言试之，一日两度雨，大注数百里。旧说，龙与蛇师为亲家。

蛇医、蛇师均是蜥蜴别名（音转）。因为蜥蜴与鳄类形态相似，所以在古人眼中蜥蜴与龙（即鳄类）是亲家，因而也被认为是能兴云致雨的神秘动物。

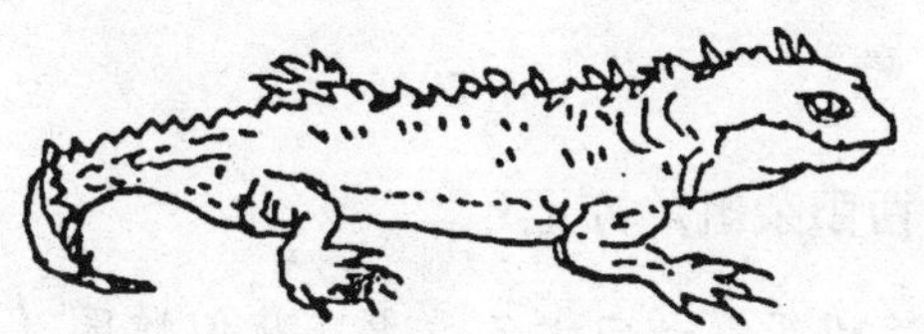

图 202

从动物学观点看，蜥蜴类动物是生态和形态均极为多样和复杂的种类。被称作蜥蜴的动物包括着爬行纲中的喙头目（Rhyncocephalia）和有鳞目（Squamata）两大属类。前一目的代表动物是楔齿蜥。这一属蜥蜴的特征是头上生有角状物。根据动物学家所作的不完全统计，现存于世界上的蜥蜴属动物总品类超过 4200 种以上，在中国生活的种类达到 290 种之多。

对蜥蜴类动物的崇拜，似乎早在新石器时代即已产生，在中国新石器文化的遗物中可以看到许多与蜥蜴有关的艺术作品。

图 203

蜥蜴中确有一类"善变易"者，就是《本草纲目》蜥蜴类中所记"十二时虫"，今通名"变色龙"：

十二时虫，一名避役。出容州、交州诸处，生人家篱壁树木间，守宫之类也。大小如指，状同守宫，而脑上连背有肉鬣如冠帻，长颈长足，身青色，大者长尺许，尾与身等，啮人不可疗。

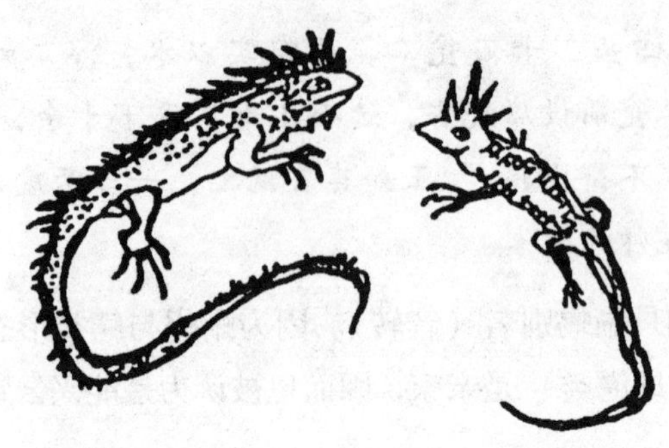

图 204

又唐段成式《酉阳杂俎》亦记：

> 南中有虫名避役，一曰十二辰虫。状似蛇医（即蜥蜴）……其首倏忽更变，为十二辰状。

这种蜥蜴能变色，所以称“辟役”；实即“变易”的谐音。又推而广之，凡能变易之物，语言中皆称作“易”。蜥蜴是龙属，所以此物亦称“变色龙”。从以上传说看，这种变色龙是一种吉祥之物。

李时珍《本草纲目》认为，蜥蜴得名就是由于古人认为它的体色能十二时变易。所以蜥蜴本义应专指辟役，而现在所通称的蜥蜴正名应为守宫。

> 所谓守宫螫人必死，及点臂成痣者，恐是此物。至若寻常守宫，既不堪点臂，亦未有螫人者也。

由于蜥蜴属动物品类繁多，形态相似，不仅易与鳄类混同，而且自身也常易混淆，所以李时珍在《本草纲目》中试图加以澄清：

> （苏）颂曰：“《尔雅》以蝾螈、蜥蜴、蝘蜓、守宫为一物。《方言》以在草为蜥蜴、蛇医，在壁为守宫、蝘蜓。《字林》以蝾螈为蛇医。据诸说，当以在草泽者为蝾螈、蜥蜴，在屋壁者为蝘蜓、守宫也。”时珍曰：“诸说不定，大抵是水旱两种，有山石、草泽、屋壁三者之异。”

在这里，李时珍根据蜥蜴的生态环境，分为（草泽）水生、山林生和屋壁生三类。

从现代动物分类学观点看，古人所谓守宫今多归入爬行纲有鳞目中的蜥蜴亚目（壁虎科），无毒性。而古人所谓在山林中的“石龙子”，则多属于同亚目中的鬣蜥科、蛇蜥科（状类蛇，无四肢）、毒蜥科（为唯一一类有毒的蜥蜴，可啮人致死）及巨蜥科（体型大，长达 1 米）。

至于古人所谓草泽生即水生的蝾螈，虽然其形态也与蜥蜴相似，但从现代分类学观点看，与蜥蜴却并非同种。蝾螈属于两栖纲（与蛙类同纲）。古人所说的蝾螈类蜥蜴，可能包括隐鳃鲵科（代表类型为大鲵）、钝口螈科、蝾螈科、小鲵科、洞螈科在内的多种水陆两栖动物。这类动物多栖生于山溪水石中，遇敌害则匿入水，觅食则出，多数能攀爬树木。其中体形最大者即大鲵（俗称娃娃鱼），体长可达 2 米，分布于华中、华南山溪江河中，昼伏水中，夜出觅食。

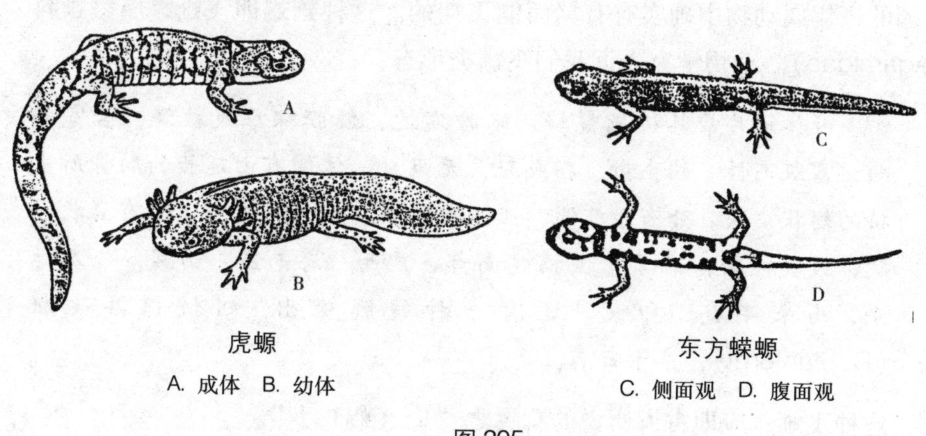

虎螈
A. 成体　B. 幼体

东方蝾螈
C. 侧面观　D. 腹面观

图 205

在古代传说中，南方有一种动物，名叫“若龙”：

有水虫名诺龙，状如蜥蜴，微有龙状。俗云，此虫欲食，即出水据石上，凡水族游泳过者，至所据之石，即跳跃自置其前，因取食之。(《太平广记》引《投荒杂录》)

图 206

此种若龙的水蜥蜴是指蝾螈。又传说有一种蜥蜴能与鱼交配：

> 鱼跳跃，则蜥蜴从草中下，稍相依近，便共浮水上而相合。事竟，鱼还水底，蜥蜴还草中。(《太平广记》引《异物志》)
>
> 守宫鳞色似蛇而四足亦有鱼合。(《渊鉴类函》引《三教珠英》)
>
> 南方溪涧中有鱼生石上，号石斑鱼。至春含（感）育，则毒不可食，云与蜥蜴交也。(《渊鉴类函》引《墨客挥犀》)

这种能入水中交配的蜥蜴，所指亦应是蝾螈。

综上所论，蜥蜴、蝾螈、鳄，在古代人的生物学观念中都被看做属于同类的动物。那么由此我们也就可以理解为什么“有翼曰应龙”。原来在中国的蜥蜴属动物中确实有有翼而能飞翔的。这种蜥蜴即飞蜥，属鬣蜥科（Agamidae）。动物学家告诉我们飞蜥类形态：

> 身体鳞片常具棱或鬣鳞。眼睑发达，鼓膜裸露或被鳞，舌宽而短，富肌肉性。端生齿、指或趾，无吸盘。体侧有由延长的肋骨所支持的翅状皮肤。分布于非洲、亚洲及澳洲。如斑飞蜥，体侧有翼状皮膜，鼓膜被麟，产于中国福建南部、广西、海南岛、西藏，以及越南、马来半岛、印度。还有一种鼓膜裸出，叫做裸耳飞机（D. blanfordi），产于云南。②

这种飞蜥，应即古人所说的有翼之“应（蝪）龙”。

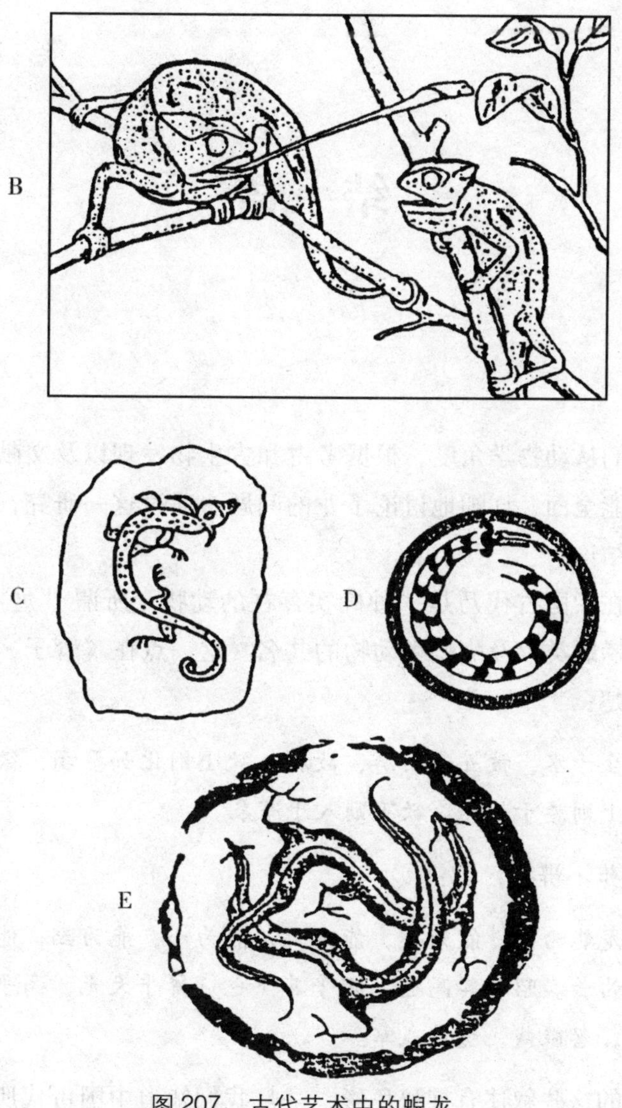

图 207　古代艺术中的蜺龙

注释

①②参看丁汉波编著《脊椎动物学》，高等教育出版社。

结 语

以上我们从动物学角度，根据考古和古生物发现以及文献记载、历史传说，尽可能全面、详细地讨论了龙的问题。通过这一研究，我们可以得出几点重要结论：

一、龙在中国古代乃是一种确实存在的动物。所谓“龙”，就是古人眼中鳄类、蝾螈类以及蜥蜴类动物的共名。这一点在《管子·水地篇》中讲得尤其清楚：

> 龙生于水，被五色而游，故神。欲小则化如蚕蠋，欲大则藏于天下，欲上则凌于云气，欲下则入于深泉。

又《说苑·辨物》云：

> 神龙能为高，能为下，能为大，能为小，能为幽，能为明，能为短，能为长。昭乎其高也，渊乎其下也，薄乎天光，高乎其著也。一有一亡，忽微哉，斐然成章。

关于龙的这些叙述有神秘色彩，一旦我们知道中国古代所谓龙的真相是形态至为丰富，能飞于天，能潜于渊的鳄类、蝾螈类与蜥蜴类的庞大家族，则这种神秘性也就打破了。

二、顺便指出猪与鳄的关系，这将可以解释在中国北方龙的传说中有时龙何以会具有猪的意象。

猪与鳄在形态和生态上的相似性——均为四足动物，均有长嘴，均于背部有硬鬣，均贪食，均善嬉于沼泽泥水中等。

在上古动物分类和命名系统中，鳄之名与猪之名语音颇相近。鼍鳄有猪婆龙之称。《渊鉴类函》卷四四一："鼍之大者食大，即世之所谓猪婆龙也（蜥蜴别名亦叫猪婆蛇和山猪）"。而猪古名豨（音与蜥通，古音正读若"鳄"）。而鳄之古名曰"螭"（chì），又与"豕"（chǐ）、"彘"（zhì）音相近通，猪即彘之音转。这种近音关系似乎暗示我们：猪、鲸与鳄在古代动物分类中，即使不是被看做同类的话，那么也可能具有共同的语源。

这样我们就可以解释，何以中国北部新石器晚期红山文化的玉龙以及商代玉龙饰物中的少数式样具有猪首而鳄身（勾曲）的形态。鳄类在中国北方，从文献记载看虽然最北曾经到达山西中部（北纬37°），但越过北纬38°以上进入内蒙古山地和戈壁却似乎不可能。因此，古中国北部地区的人们也许只能通过龙的传说去了解和想象龙这种神奇动物的形貌。如果他们知道鳄和猪相似的传说，那么就很可能正是根据这种传说而设计出了猪龙的形象。实际上，今日流传于中国北方一些地区的猪神传说，往往与关于鳄的神话有关。如山西霍山龙泉之神在传说中就是一条喜拱地打穴的黑猪（见山西《广胜寺民间故事》）。而雷公本来就是龙神，在传说中却具有猪的形象：

> 雷州春夏多雷，无日无之。雷公秋冬则伏地中，人取而食之，其状类彘。(《唐国史补》卷下)
>
> 尝有雷民，因大雷电，空中有物，豕首鳞身，状甚异。民挥刀以斩，其物踣地，血流道中，而震雷益厉，其夕凌空而去。自后挥刀民居室，频为天火所灾……雷民图雷以祀者，皆豕首鳞身也。(《投荒杂录》)

所谓雷公秋冬伏地中，应指鳄的冬眠习性。而在这一类传说中，最具有典型意义的就是黄河之神伯夷（古音"伯鳄"）、彭夷（彭是龙之古音）由龙神变形为猪神的故事。

所以笔者认为，有人根据红山文化玉龙呈猪首形而以为龙神话来自猪崇拜的说法是站不住脚的。

红山玉龙——猪首龙，我认为更为可能的是古渤海海神鲸鱼（禺京）的象征。

三、这里还想简略地谈一下蛇与龙的关系问题。

在前人关于龙的研究中，直到目前流行最广者应属以龙为蟒蛇变形的说法。我们的确不能完全排除龙与蟒蛇的关系。龙古音与蟒通，蛇的几种古音均与鼍、鳄相近，这似乎表明在上古语言中，作为爬行动物的蟒蛇并曾被归入鼍、鳄、蜥蜴、蝾螈的同类。就龙神话的本体来说，我们又必须注意，其绝不可能是指蟒蛇。蟒蛇不能鸣叫，不能知云雨，无巨口利牙，一般也不能栖生于水中。最重要的是，关于蟒蛇的古代文献记载，远不像鳄类那样在古代中国从南到北均有广泛的分布。蛇类动物有强烈的定向择居倾向，往往终生定居一地，很少迁徙；而鳄类则不同，它们能浮游江海，可以顺溯长江黄河，沿诸水系广泛四处游迁。另据报道，鳄类也如同候鸟那样适时而迁移南北。综合以上各点统而观之，关于龙的原形是蟒蛇这一说法也是站不住的。

1988. 12. 25 稿于北京

附录一　食鳄遗俗与文物

1991 年 7 月，洛阳偃师县高龙乡辛村西南，发掘了一座新莽时期（公元 9 年—23 年）的空心砖壁画墓，壁画内容有《六博图》《宴饮对舞图》《庖厨图》等，其中发现有一陶灶模型图，灶为长方形，长 29. 8 厘米、宽 22 厘米、高 9. 5 厘米。火口为半圆形。灶面右侧上下两角分别置一釜，中间横置二釜；灶面上模印有挂肉铁钩、通条、刀、羹勺、盘、碗、耳杯，灶面左侧上放鱼 3 尾、鳖 1 只，中间放蝎 1 只，右下角放大鳄 1 尾。

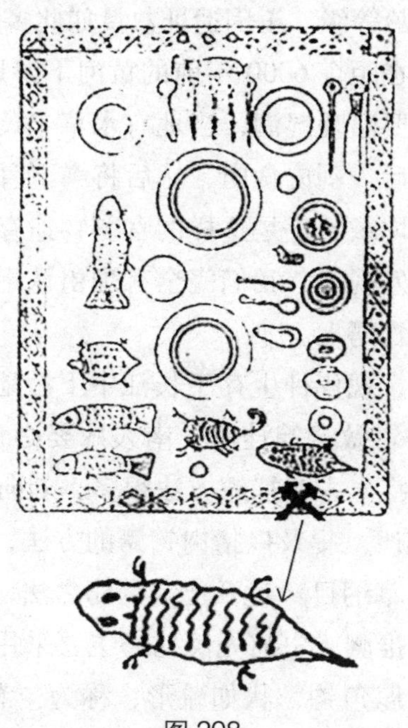

图 208

此图表明：直到汉代，黄河流域人们仍以鳄为美食。

我国东部地区的一些新石器时代遗址相继发掘出土过扬子鳄遗骸。1973年，在浙江余姚河姆渡文化遗址发现扬子鳄完整颌骨2块和残破颌骨30多块，还有肱骨和股骨24根及牙齿数枚。对这么重要的发现，当时并不曾有研究者给予应有的评价；也许因为出土地点在南方，没有什么值得大惊小怪的。

史前扬子鳄遗骸的发现被重视，还是它在北方地区的新石器时代遗址出土之后。黄河下游地区的山东境内，在大汶口和龙山文化的多处遗址中都曾发掘到扬子鳄遗骸，主要有滕县北辛、兖州王因、泰安大汶口、泗水尹家城、临朐西朱封等处。

1959年发掘泰安大汶口墓地时，在10号墓中发现了84枚方形小骨板，鉴定者认为它很接近扬子鳄前腹的鳞板。由于这是北方地区的首例发掘，鉴定时未能得出肯定的结论。在1976年—1978年对兖州王因遗址的大规模发掘中，分别在11个庖厨垃圾坑中发现了扬子鳄残骸，有些骨板遗留有烧过痕迹，与其他兽骨、鳖甲、贝壳等弃置在一起。后来的科学鉴定表明，王因遗址中见到的扬子鳄残骸有头骨、下颌骨、牙齿和不同部位的骨板，至少分属于20个个体。这些扬子鳄体长有的在1.5米以上，有的不足1米，分属不同的年龄等级。王因遗址数量如此多的扬子鳄遗骸的发现，具有十分重要的意义：在距今6000年前的黄河下游地区曾有扬子鳄生存，表明当时的气候较现代要温暖湿润，当地有水草丰茂的宽阔水域。大汶口居民将扬子鳄就地捕杀后，剥皮食肉，然后将鳞下骨板及其他残骸一起抛弃。王因庖厨垃圾坑中埋藏的正是这样的食剩物遗存。这使我们又想起河姆渡和大汶口等遗址的发现来，我们完全有理由认定：河姆渡人和大汶口人都曾是捕鳄者，都是食鳄人。

扬子鳄为我国特产，现代种生存于长江中下游地区。鳄肉可食，有人说味似犬肉。古代人拿它做上等佳肴，南人嫁娶必食其肉。鳄还曾入药，主治湿气恶疮及妇科病症。古时捕鳄方法很多，刘向《新序》提到钓射之法，宋代沈括《梦溪笔谈》提及以猪肉钓鳄的方法，也有的古籍说以烤犬肉为上饵，李时珍《本草纲目》述及土穴钓鳄之法，其他还有矿灰呛杀之法等，不一而足。我们推测，史前先民捕鳄主要采用的是钩钓方法。考古发掘曾见到一种曲尺形鹿角钩，状如靴形，称为“靴形器”。它有锋利的尖，柄部刻槽钻孔用以系钓缆，钩弯处有绳孔用于系饵。发现这种钓钩的新石器时代遗址大都分布在东部地区，出土鳄骨的河姆渡、北辛等遗址都发现了鹿角钩。许多钓钩是作为随葬品埋入墓中的，墓主人几乎全为成年男子，说明钓鳄的营生是由男子干的。

黄河下游地区数千年来自然环境已发生很大变化，早已不是扬子鳄栖息地。现代扬子鳄仅在长江中下游一带可以看到，已经列为禁止捕杀的珍贵动物。

附录二　扬子鳄的古今分布变迁

文焕然

扬子鳄（Alligator sinensis），又名“鼍”“猪婆龙”“土龙”等，是世界上20多种鳄类之一。它同生活在北美密西西比河流域的密西鳄属同一种，是中国特产的珍稀动物。

扬子鳄是亚热带变温动物，适应低温能力较差，冬眠时居住在土质疏松、有芦苇和竹林覆盖的河湖滩地或沼泽中。扬子鳄每年10月下旬入眠，次年4月底5月初出蛰，喜吃鱼虾、螺蚌、鼠、蛙之类，系食肉类动物。

近六七千年来，中国扬子鳄从黄河下游到长江中下游及浙江中南部山地丘陵等地区均有发现。几千年来，扬子鳄从黄河中下游南部逐渐南移到长江中下游，最后残存于长江下游的安徽、浙江、江苏三省交界地区。其分布北界的变化主要分以下三个阶段：

（1）在7000多年前至公元200多年这段时期内，中国的气候较暖。据《夏小正》记载，扬子鳄是二月出蛰。这里的“二月”是指公历3月，这说明当时黄河下游气候比现在暖和。特别是黄河下游山东半岛一带（即泰安县、山东丘陵等地），既有海洋的调剂，又在山东之南，更适于鳄的生存。而且，当时这一带湖泊沼泽较多，土质疏松，人口也少，有芦苇等植被，有利于扬子鳄的栖息。因此，此阶段扬子鳄分布的北界在黄河下游南部，包括6000多年前的兖州王国。4000多年前的分布北界为山东泰安大汶口一带，安阳殷墟也可能曾有扬子鳄分布。此外，《夏小正》记载物候中指出的“二月剥鳝”，说明淮海等地区也有扬子鳄。

（2）公元200多年至19世纪中叶，由于气候转冷，河湖沼泽也有所减少；人口增加，大量的垦殖破坏了扬子鳄的栖息地，再加上人类的捕杀，使黄河下游的扬子鳄趋于灭绝。而长江中下游广大地区适于扬子鳄生存，且人口较稀少。因此，扬子鳄的北界逐渐南移到长江中下游及浙江中部山地丘陵地区。这在魏、晋、南北朝、唐、宋、明、清的古籍中都有记载。

在距今 3000 多年前黄河下游一带，分布有野象、犀牛、貘和野生水牛，足见当时华北地区的野生动物与现今大不一样。现在中国的犀牛、貘和野生水牛都已灭绝，野象只有小群分布在云南省西双版纳等地的热带雨林内。

狩猎是殷商时代一种重要的经济活动。在甲骨文记载中，猎取野犀的次数不少，据最近新材料，最多有一次猎获几百头的，说明当时黄河中下游野犀分布的数量不少。就在 1000 多年前的唐代，今四川、贵州、湖北、湖南四省境内，还有许多野犀分布。以当时湖南而论，有 10 个州郡土产或土贡犀角，分布几乎遍及湘西、湖南和湘中。北宋以后，中国野犀分布的北界南移到南岭以南；到 19 世纪末或 20 世纪初，中国野生犀牛在云南省西南部最后灭绝。

早在 20 世纪 30 年代，在河南安阳殷墟发现野象遗骨时，曾有人提出是象从东南亚产象国运来的假说。这是不成立的。因为甲骨文中早有获象的记载，如果没有野生的，象又从何猎获呢？事实上，在距今三四千年前，今河北阳原县一带有野象分布；距今 3000 多年前的殷商时代，黄河下游地区不仅产野象，而且还开始驯养野象。河南省简称豫，这个“豫”字就是一个人牵了大象的标志。殷商时代还用象作战。到了春秋时代以后，中国野象分布的北界就由华北地区南移到秦岭、淮河以南。这个时期，长江流域从四川盆地到长江下游都有野象分布，不仅分布广，而且数量多。例如公元 6 世纪时“淮南有野象数百”，这个“淮南”是指今安徽。

扬子鳄也是中国所特有而数量极少的一种珍贵动物。近六七千年来，一直分布在长江中下游地区。大体西起湖北省江陵县，北到安徽省合肥市、江苏省扬州市，南到湖北省常德市、浙江省余姚市一带，都有它的分布。从 19 世纪以来，扬子鳄的个体数量迅速减少，分布也随之缩小到今安徽、浙江、江苏三省交界地区的狭小范围以内。

距今 200 年前后，中国广东、广西以及台湾省的澎湖列岛一带，还有马来鳄（Crocodilus Porosus）分布，现在则久已绝迹了。

动物的变迁，反映着环境的变迁。从安阳殷墟出土的动物遗存和卜辞记载来看，当时环境与现今大不一样。野象、犀牛、貘是热带或亚热带动物，野生水牛、竹鼠等是适宜温暖环境的动物，这些动物的存在说明安阳一带的气温在殷代远比现代温暖。四不像（麋鹿）、象、野生水牛乃至犀牛等都是离不开水的。例如四不像就是一种沼泽动物，在古籍上称为泽兽，没有沼泽，它就无法生存。这些动物的存在，又反映当时安阳附近还有湖泊沼泽存在。虎、豹、熊等是森林动物，竹鼠主要生活在竹林里以食竹根、竹笋为生，鹿是草原动物，这些动物的存在，反映当时安阳附近有森林和竹林，还有草原存在。